西华师范大学出版基金资助项目
西华师范大学"英才科研基金"资助项目成果

西华师范大学图书馆史

郭明蓉　著

国家图书馆出版社

图书在版编目（CIP）数据

西华师范大学图书馆史 / 郭明蓉著．— 北京：国家图书馆出版社，2021.11

（图书馆史书系）

ISBN 978-7-5013-7227-0

Ⅰ.①西… Ⅱ.①郭… Ⅲ.①西华师范大学－院校图书馆－图书馆史 Ⅳ.① G259.256

中国版本图书馆 CIP 数据核字（2020）第 265908 号

书　　名	西华师范大学图书馆史
著　　者	郭明蓉　著
责任编辑	邓咏秋
助理编辑	张晴池
封面设计	耕者设计工作室
出版发行	国家图书馆出版社（北京市西城区文津街 7 号　100034）
	（原书目文献出版社　北京图书馆出版社）
	010-66114536　63802249　nlcpress@nlc.cn（邮购）
网　　址	http://www.nlcpress.com
排　　版	北京旅教文化传播有限公司
印　　装	河北鲁汇荣彩印刷有限公司
版次印次	2021 年 11 月第 1 版　2021 年 11 月第 1 次印刷
开　　本	710mm×1000mm　1/16
印　　张	29
字　　数	470 千字
书　　号	ISBN 978-7-5013-7227-0
定　　价	145.00 元

版权所有　侵权必究

本书如有印装质量问题，请与读者服务部（010-66126156）联系调换。

现任西华师范大学图书馆领导班子
（左起：副馆长吴晓川、总支书记周申立、馆长杨红旗、副馆长李学宁）

北湖老校区图书馆外景

华凤新校区图书馆外景

1985年南充师范学院图书馆全体职工合影

2017年西华师范大学图书馆全体职工合影

（上图）1983年流通组工作人员在外借图书

（左图）1986年期刊组工作人员在整理期刊

1987年采编组工作人员在做新书分编

2005年"文献信息检索与利用课"教师郑慧珍在指导学生实习

2005年阅览部工作人员邓任远在接待读者

2006年采编部原主任夏至玉在指导馆员进行图书分类

2018年西华师范大学图书馆党员赴延安接受教育

2018年西华师范大学图书馆工作人员参加校田径运动赛

1987年文学家、历史学家王利器（前排中）到南充师范学院图书馆指导

2016年全国人大常委会委员、教科文卫委员会副主任委员吴恒（左三）一行到西华师范大学图书馆调研

2012年西华师范大学首届图书文化节活动留影

书香浓郁的图书馆吸引着莘莘学子（摄于2020年）

2017年全国师范院校图书馆联盟第二届成员大会暨学术研讨会代表合影

1993年获评全国高校图书馆先进单位

2016年获评全国社科组织先进单位

西华师范大学图书馆自编各版本"文献(信息)检索与利用"课教材

西华师范大学图书馆馆徽

序

　　大学的根本使命是培养人才，其灵魂是学术追求，本质是创新。为中华民族复兴和人民幸福而兴学育才，是西华师范大学办学的宗旨和使命。西华师范大学图书馆自诞生之日起，就肩负起传承中华传统文化、弘扬学术精神、哺育师大学子的历史重任。70余年来，图书馆与学校休戚与共，一起走过岁月的风风雨雨，不断发展壮大，为西华师范大学成就70余年辉煌作出了重要的贡献。

　　西华师范大学图书馆与学校同生共长，从1946年学校成立之初筹建的小型图书馆，发展成为今天现代化、数字化的大学图书馆，成为川东北地区重要文献信息中心、校园文化和社会文化建设的重要基地，经历了举步维艰的创立时期、院系调整带来的成长时期、艰苦卓绝的分校时期和曲折发展时期，以及更改校名后的开拓创新时期、现代化智能化建设的新征程时期。在西华师范大学图书馆70余年的发展历史上，尽管有高潮、有低谷，但图书馆始终以服务师生为宗旨，积极传承师大人吃苦耐劳的精神，谨记师大"勤奋、求实、敬业、创新"的校训，不断开拓创新、锐意进取，取得了令人瞩目的成就。一代又一代图书馆人艰苦奋斗、埋头苦干，取得了一项项喜人的业绩。这些都值得我们永远铭记。如今，西华师范大学图书馆馆藏日臻丰富、设备日益先进、环境日趋舒适、服务更加优质、管理更为科学规范、影响更加广泛，已成为校内外读者喜欢和向往的地方，成为集创新型、服务型于一体的现代化大学图书馆，正为建设成智慧图书馆而努力奋斗。

　　古人云："以史为鉴，可以知兴替。"牢记历史是为了更好地面对未来。从这个意义上，编写《西华师范大学图书馆史》是一件非常有价值和有意义的事情。

本书以时间为序，围绕"肇端""初创""起步""成长""分立""发展""创新""新征程"几个重要发展时期，拂去历史的尘埃，还原真实的史迹，对图书馆 70 余年的历史进行系统的回顾、梳理与总结，记录历代师大图书馆人的奉献与付出，再现几代师大图书馆人的梦想和追求，从历史发展的轨迹中寻找力量的源泉，既是对历史的记忆、对经验教训的总结，又是对 70 余年来师大图书馆人励精图治、开拓进取精神的肯定和弘扬，同时也表达出对未来发展的满怀信心和热切期望。

当前，中国正处于伟大变革的时代。作为四川省属重点师范大学，西华师范大学正处在扎实推进一流学科建设，全面提高教育教学质量，为实现新时代人才培养质量更优、科技创新能力更强、开放办学水平更高、教师教育特色更加鲜明的高水平综合性大学目标而努力奋斗的关键时期。放眼未来，作为大学重要支柱的图书馆，其作用、功能也必将得到更充分发挥。衷心希望这部图书馆史的出版，能够促使我馆的同志们在今后的工作实践中以更加认真的态度、更加昂扬的姿态和更加务实的精神，在支撑学校科研创新、人才培养和文化传承等方面作出更大的贡献，谱写更加绚丽的篇章，创造更加辉煌的未来，为早日把我馆建设成为智慧图书馆而努力奋斗！

西华师范大学图书馆馆长　魏晟

2019 年 8 月

前　言

"以史为鉴　再行振兴",牢记历史是为了更好地面对未来。编写图书馆史,可以使历史的经验在现代图书馆建设中发挥借鉴作用。"高等学校图书馆是学校的文献信息资源中心,是为人才培养和科学研究服务的学术性机构,是学校信息化建设的重要组成部分"[①],是学校建设与发展的重要支柱,其水平是学校总体水平的重要体现。回顾高校图书馆发展的历史,可以使高校图书馆汲取历史经验以促进当今各项工作的开展,从一个侧面也可以反映出高等学校与图书馆共同发展的历史轨迹。目前,国内外通论图书馆史及公共图书馆史的成果较多,如严文郁著《中国图书馆发展史——自清末至抗战胜利》、谢灼华著《中国图书和图书馆史》、杨威理著《西方图书馆史》、杨子竞编《外国图书馆史简编》、王酉梅著《中国图书馆发展史》、李朝先和段克强编著《中国图书馆史》、胡道静著《上海图书馆史》等;关于高校图书馆史的研究及成果这几年也正逐渐增多,目前国内主要有吴晞编著《北京大学图书馆九十年记略》、卢滨玲和袁慧主编《世纪篇章——哈尔滨师范大学图书馆馆史》、朱建亮主编《华南师范大学图书馆七十年史略》、苟文选主编《西北工业大学图书馆馆史1938—2002年》、东北师范大学图书馆编《东北师范大学图书馆馆史（1946—2006）》、李景文主编《河南大学图书馆史》、李嘉琳主编《山西大学图书馆史》、陈进主编《思源籍府　书香致远:上海交通大学图书馆馆史》、苏全有和王仁磊主编《河南师范大学图书馆史稿》、何明举著《河南中医学院图书馆史》、赵春旻主编《山西师范大学图书馆史》、岳凤芝编写《西藏民族学院图书馆馆史》、邱烈祥主编《陇东学院图书馆史》等。这些研究成果为我们研究

---

① 2015年12月教育部教高〔2015〕14号《普通高等学校图书馆规程》。

图书馆史提供了宝贵的经验，但这些成果大多集中在我国中东部地区；在我国西部，研究高校图书馆史的学者很少，特别是四川省内研究高校图书馆史的更少。李秉严教授1999年主编的《四川高校图书馆100年》是研究四川高校图书馆历史的先驱之作，但其立足全省高校图书馆，涉及的图书馆比较多，不能全面展现每个馆的历史发展情况。本书记录西华师范大学图书馆70余年的建设和发展历程，能在一定程度上弥补四川高校图书馆馆别史研究的不足，为四川高校图书馆史的研究"抛砖引玉"。

西华师范大学是四川省属重点师范大学，有着70余年的历史。作为学校建设和发展"三大支柱之一"的西华师范大学图书馆，同学校母体一脉相承、相伴而生。伴随着西华师范大学前进的脚步，西华师范大学图书馆也走过了她70余年的沧桑历程。70余年来，西华师范大学图书馆从肇端、初创、起步到不断发展、壮大、踏上新征程，期间经历了时事的动荡、时代的变迁和发展的辉煌。图书馆从几百平方米的小型图书馆发展到今天总面积34 000平方米的现代化图书馆，馆藏文献从最初的几百册发展到今天的500多万册，工作人员从最初的一两个人增加到今天的在职在岗正式职工近100人，管理方式从手工操作发展到今天的计算机、网络化管理，馆藏资源从单纯的纸质文献发展到今天的纸质、电子、网络数据库等多种类型文献。如今，前进中的西华师范大学图书馆已成为川东北地区重要的文献信息中心，正朝着开放型、智能化的大学图书馆迈进。

然而，所有这些过往与业绩，或模糊不清，或记载不全，或保存杂乱，一直没有被完整地记录和整理出来。为弥补历史记载的缺失和遗憾，在责任和使命的驱动下，笔者撰写了这本《西华师范大学图书馆史》。本书系统记录西华师范大学图书馆的发展历史，讲述图书馆故事，以期鉴往知新、缅怀前辈、激励后人、开拓未来。

本书共11章。第一章简述了西华师范大学图书馆的肇端——国立东北大学图书馆内迁及发展。第二至九章以时间脉络为主要线索，分7个时期较为完整地记述西华师范大学图书馆1946—2020年的历史进程、变迁及源流，让更多的人了解西华师范大学图书馆74年来众志成城、艰苦奋斗的创业精神，了解西华师范大学图书馆由小变大、由弱到强、不断发展壮大的历史进程，展示西华师范大学图书馆在学校的教学和科研方面所起的重要作用。第十章"西华师范大学图书馆人",记述几代图书馆人的典型代表及历届主要领导,展示西华师范大学几代图书馆人为西华师范大学图书馆的建设和发展作出的积极贡献。第十一章记述西华师范大学图书馆科普基地——"川北历史文化普及基地"的建立及开展的各项活动,展现图书馆服务地方文化建设的重要贡献。

  本书资料主要来源于西华师范大学图书馆各类工作总结、报告、报表、登记簿、文件汇编、老旧书刊、会议记录、工作笔记等,部分资料来源于西华师范大学档案馆、西华师范大学人事处、西华师范大学工会等单位,另有部分资料来源于四川师范大学图书馆、四川师范大学档案馆和校史馆、南充市档案局、三台县档案馆,还有部分资料由西华师范大学图书馆老职工提供。本书资料大部分截止于2020年7月。囿于时间及线索,加之本人水平有限,本书所记必是"挂一漏万""珠山拾玑",但是"抛砖引玉"便是我最大的心愿。西华师范大学弦歌不辍、书声不断,西华师范大学图书馆的发展仍在继续,西华师范大学图书馆历史必将为后人所续写,本书所留遗憾与不足必将得到弥补。愿明天的西华师范大学图书馆事业更辉煌、历史更精彩!

郭明蓉

2020年8月16日于西华师范大学

目 录

第一章　肇端：西迁四川三台的国立东北大学图书馆 …………………（ 1 ）
　　第一节　烽火岁月，国立东北大学图书馆内迁四川三台 …………（ 2 ）
　　第二节　抗战胜利，国立东北大学图书馆回迁沈阳 ………………（ 11 ）

第二章　初创：私立川北农工学院图书馆 ……………………………（ 13 ）
　　第一节　薪火相传，私立川北农工学院图书馆的建立 ……………（ 13 ）
　　第二节　私立川北农工学院图书馆的初步发展 ……………………（ 26 ）

第三章　起步：私立川北大学图书馆与（公立）川北大学图书馆 ……（ 29 ）
　　第一节　弦歌不辍：私立川北大学图书馆 …………………………（ 29 ）
　　第二节　起步发展：川北大学图书馆 ………………………………（ 32 ）

第四章　成长：四川师范学院图书馆 …………………………………（ 42 ）
　　第一节　四川师范学院图书馆的建立 ………………………………（ 42 ）
　　第二节　院系调整中的四川师范学院图书馆 ………………………（ 45 ）
　　第三节　四川师范学院图书馆的初步发展 …………………………（ 52 ）

第五章　分立：南充师范专科学校图书馆 ……………………………（ 55 ）
　　第一节　南充师范专科学校图书馆的建立 …………………………（ 56 ）
　　第二节　南充师范专科学校图书馆初步发展 ………………………（ 59 ）

第六章　发展：南充师范学院图书馆……………………（70）
　　第一节　发展初期…………………………………………（70）
　　第二节　停滞不前的"文革"时期………………………（87）
　　第三节　"文革"后的初步发展…………………………（92）
　　第四节　改革与进取时期…………………………………（104）

第七章　创新：四川师范学院图书馆……………………（131）
　　第一节　恢复四川师范学院图书馆原名，踏上创新之路…（132）
　　第二节　开拓创新，步入自动化网络化新时期…………（169）

第八章　新征程：西华师范大学图书馆（上）…………（193）
　　第一节　图书馆更名及新校区图书馆建设………………（193）
　　第二节　图书馆自动化网络化评估及建设………………（201）
　　第三节　领导班子及工作人员队伍建设…………………（208）
　　第四节　配合学校迎接教育部本科教学评估……………（213）
　　第五节　文献资源建设……………………………………（219）
　　第六节　读者服务新发展…………………………………（224）
　　第七节　读者教育培训及教材、师资建设………………（230）
　　第八节　科研工作与业务交流……………………………（236）
　　第九节　政治理论学习及党务、工会等工作……………（239）

第九章　新征程：西华师范大学图书馆（下）…………（246）
　　第一节　图书馆新领导集体与管理………………………（246）
　　第二节　干部调整与工作人员队伍建设…………………（257）
　　第三节　图书馆智能化建设………………………………（263）
　　第四节　文献信息资源建设………………………………（268）
　　第五节　服务工作迈上新台阶……………………………（281）
　　第六节　营造书香校园……………………………………（293）
　　第七节　创建图书馆信息咨询中心………………………（300）
　　第八节　读者教育与教研工作……………………………（304）

第九节　迎接"本科教学审核评估" …………………………………（308）
　　第十节　科研工作与学术交流 ……………………………………（312）
　　第十一节　党务及民主党派工作 …………………………………（321）
　　第十二节　工会及安全保卫工作 …………………………………（326）

第十章　西华师范大学图书馆人 ………………………………………（333）
　　第一节　图书馆历届主要负责人 …………………………………（334）
　　第二节　图书馆职工简介及名录 …………………………………（351）

第十一章　西华师范大学图书馆科普基地 ……………………………（376）
　　第一节　川北历史文化普及基地概况 ……………………………（376）
　　第二节　川北历史文化普及基地的主要活动 ……………………（382）
　　第三节　川北历史文化普及基地的社会影响 ……………………（397）

附录一　图书馆中层机构沿革及主要负责人 …………………………（400）

附录二　现任党政领导班子及中层机构 ………………………………（407）

附录三　图书馆大事记（1946—2020）………………………………（409）

后　记 ……………………………………………………………………（435）

第一章　肇端：西迁四川三台的国立东北大学图书馆

（1938年5月—1946年3月）

西华师范大学图书馆肇始于国立东北大学图书馆。1931年"九一八"事变后，沈阳沦陷，东北大学被迫内迁。1937年5月，东北大学更名为国立东北大学。1938年3月中旬，国立东北大学开始迁往四川省三台县；4月下旬，师生抵达三台，图书、仪器等也分批运抵三台。借用三台旧试院（川军二十九军军部）、草堂寺全部房屋及潼属联立高级中学校的一部分作为校舍，于5月10日复课[①]。1939年5月中旬，国立东北大学设教务、训导、总务三处。教务处下设注册组、图书馆等三组。图书馆（外景见图1-1）设主任1人、馆员若干人。由王锡藩担任图书馆主任。1939年7月上旬，东北大学将草堂寺大殿改造成图书馆，并在其左前方另建书库。经过几年建设，至1945年，东北大学图书馆在三台校区的藏书已达10余万册[②]。抗战胜利后，1946年，东北大学图书馆随学校回迁至沈阳，留存了部分图书资料在三台。这些留存在三台的图书资料成为后来西华师范大学图书馆之肇基，是西华师范大学图书馆历史的开篇。

[①] 高林远主编：《风雨六十年：四川师范大学简史》，成都：四川师范大学出版社2006年版，第5-6页。

[②] 王恩德主编：《延阁飞香：东北大学图书馆建馆九十周年纪念集》，沈阳：东北大学出版社2013年版，第29页。

图1-1 国立东北大学三台校区图书馆外景

第一节 烽火岁月，国立东北大学图书馆内迁四川三台

一、国立东北大学图书馆迁四川三台

1931年"九一八"事变爆发后，东北大学先后迁至北平、西安等地。1937年12月中旬，由于国立东北大学西安校址靠近西安飞机场，敌机空袭频繁，校方派文学院院长李光忠赴四川重选校址①。时任国立东北大学代校长的臧启芳②向

---

① 王恩德主编：《延阁飞香：东北大学图书馆建馆九十周年纪念集》，沈阳：东北大学出版社2013年版，第25页。

② 臧启芳（1894—1961），男，汉族，生于辽宁盖县。1920年8月入美国加州大学研究院，研究经济思想与财政学。1923年6月回国，任中央大学经济系教授。1926年任东北大学文法学科教授，1928年任东北大学法学院院长。"九一八"事变后，与陈立夫一起组织东北协会，来往于南京、上海之间，从事抗日救亡工作。1934年起先后担任盐城和无锡地区专员兼保安司令。1937年1月任东北大学代校长。1939年7月至1947年4月任国立东北大学校长。1949年6月去台湾。1957年后任台湾东海大学教授。1961年2月28日病逝。他在任国立东北大学校长时，正值学校流亡，流离失所，条件艰苦，但仍努力创造一个比较安定的环境，使师生能够从事学习和研究。1941年学校开始招收硕士研究生；1943年学校由初到四川三台县时的二院五系，发展成为三院十一系；在校生由不足200人增加到700余人。教学也力求着重实际，从三年级起，皆分组进行教学，以适应社会求才和兴业的需要。

教育部呈文，建议国立东北大学迁往四川三台①。1938年3月19日，国立东北大学师生分为三个中队开始迁往四川省三台县。4月13日，国立东北大学第一、第二中队到达三台。4月23日，迁校的最后一批师生（即第三中队）到达三台，迁校过程历时一个多月②。图书、仪器及重要校具则用火车由西安运到宝鸡，再用汽车由宝鸡运到三台③。图书馆于4月底随学校迁到四川三台。

二、国立东北大学图书馆在四川三台的设立

国立东北大学迁到四川三台后，借用三台旧试院、草堂寺全部房屋及潼属联立高级中学校④的一部分作为校舍，于1938年5月10日复课⑤。1939年5月中旬，国立东北大学根据其改国立后的《组织大纲》，于校务会议委员会下设教务、训导、总务三处及考试、体育、卫生、图书仪器等委员会。图书仪器委员会由教务长、训导长、总务长、各院长、各学系主任及图书馆主任组成。委员会在学期中每月开会一次，对图书馆相关事宜进行商定，如图书馆经费及使用、图书馆计划、图书的购买等，并制定了详细的《图书委员会组织章程》和《图书馆办事细则》。其中，《图书馆办事细则》对图书馆各部门的职责及工作内容有详细的划分，并对图书的采购、分编、典藏及流通流程做了详细的规

---

① 东北大学史志编研室编：《东北大学校志》第1卷上册，沈阳：东北大学出版社2008年版，第140页。

② 东北大学史志编研室编：《东北大学校志》第1卷上册，沈阳：东北大学出版社2008年版，第142页。

③ 王恩德主编：《延阁飞香：东北大学图书馆建馆九十周年纪念集》，沈阳：东北大学出版社2013年版，第25页。

④ 潼属联立高级中学校：前身是清末的铜川府中学堂，1913年废府存县，改名潼属联立中学校，由原潼川府所辖三台、盐亭、射洪、中江、蓬溪、安岳、乐至、遂宁及潼南九县共办，经费与学员名额分摊，为初级中学。后军阀割据，田颂尧二十九军设军部于该校。1927年由盐亭县龙顾井（今灵瑞乡）人袁诗荛（1897—1928）在中共党组织委派下回到川北工作，以国民党川北特派员身份任二十九军政治部主任到军部所在地三台筹建高中，并兼任校长，学校即改名为潼属联立高级中学校。因战事，学校规模小，1933年仅三个班学生共61人，教师14人。抗日战争全面爆发后，该校主动租借校舍给流亡来川的国立东北大学办学。

⑤ 高林远主编：《风雨六十年：四川师范大学简史》，成都：四川师范大学2006年版，第5-6页。

定①。原文摘录如下：

国立东北大学图书馆办事细则

第一章　总则

第一条　本则依据本大学组织大纲第七条及第二十二条之规定订定之。

第二条　本馆主任秉承教务长、总务长办理图书及出版事宜。

第三条　本馆各股职员商承主任掌管各该股一切事宜。

第四条　各股事务遇有连带关系时应由各股会商办理之。

第五条　本馆馆员除办理主管事务外，并得由主任随时交办其他特殊事项。

第六条　本馆为谋馆务发展及增进工作效率起见设有馆务会议。

第二章　总务股

（甲）文书

第七条　本馆收到各项文件由主任核批分交各关系股办理。

第八条　来往文件均须登入收发文簿来文页编号分类保存以备考查。

（乙）会计

第九条　凡本馆购买书籍、订定期刊、印制教材及其他出版品等需用现款时，须由主管人员开列详单，经主任复核盖章送请总务长批准后再由出纳室付款。

第十条　本馆收支款项均须分别登入账簿。

（丙）事务

第十一条　本馆一切用品均须开具领单，经主任盖章后向庶务组领取。

第十二条　本馆办公室藏书室及阅览室得随时指导工友整理之。

（丁）采购

第十三条　采购人员应照本馆预算额内增购图书。

---

① 王恩德主编：《延阁飞香：东北大学图书馆建馆九十周年纪念集》，沈阳：东北大学出版社2013年版，第29页。

第十四条　本馆在教授预备室及阅览室设有图书介绍箱，凡本校教职员学生皆得填写介绍购书单投入箱内，每日开取一次，本馆将介绍单汇齐送请图书委员会核准后即可照购。

第十五条　介绍各书已查核认为必购时，得按出版家汇集分别放置，如系中文书按书名排，西文按著者排，以备编制订购单。

第十六条　介绍各书已经查明为馆内存有者应即通知介绍人。

第十七条　图书购到时须照发票及购书单查核无误经注账后再由主任盖章，签请总务长核准由出纳室付款。

第十八条　采购人员应注意新版书籍以便增购。

第十九条　收到赠阅图书应致谢函，并通知期刊组将赠阅者登载发校刊簿，以备按期寄赠样刊。

（戊）登记

第二十条　登记人员须按发票查核采购人员所交图书并按发票次序价格逐一登入图书登记簿。

第二十一条　登记后将里书标上登记人员应填各栏分别填竣。

第二十二条　登记号数以每部为一号。

第二十三条　登记后应加盖馆章于每本书下列各处：

①书名页上；

②九十八页或九百一十八页上（纪念"九一八"）；

③每百页上；

④全幅图表上；

⑤最后一页上。

第二十四条　书籍遇有遗失或损坏时，应由各股签明缘由，经主任核准后交登记人员撤销该号并注入财产减损表列销。

第二十五条　凡撤销号码书籍，应将原因及日期在登记簿备查栏内注明。

第二十六条　每至星期末及学期年度终了，应编制新增图书统计表。

第二十七条　登记簿上统计数目应与编目股互相对照以免遗漏。

第二十八条　购入图书月终造具财产增加表送交会计室汇报。

第三章　编目股

第二十九条　编目股专司全馆图书之分类及编目事宜。

第三十条　关于编目分类之手续：

①编目人员将已登记之图书先拟稿片再按分类表详予分类注明号码；

②分类号码并注以著者号码；

③书号（分类号及著者号合称）须注明于里书标及稿片之左角上；

④每编一书应先查书架目录片以免号码重复或错误；

⑤编目人员按各书情形应查下列各种卡片：著者底片（以稿片代）、分类底片、书名片、分类片、著者片、译者片、类名片、书架目录片、编校注译等片、见片、互见片、丛书片。

第三十一条　关于审核之手续：

①片上书名、作者、年版、出版处、装订、部数函数及其他应表明者有无误漏；

②分类号是否有误并典以往同性质书籍之分类有无两歧之处。

第三十二条　关于缮制书号之手续：

①所有书片号码均写于每片之下侧；

②精装书号码直接用黑墨或白墨写于书脊背上；

③平装书号码写于书标签后再贴于书脊背上；

④线装书号码写于书标签后再贴书套背上；

⑤所有书号位置均置一线上不得参差；

⑥书外标写完后须用瓦利斯油或亮油涂之以免模糊；

⑦书袋贴于后页皮内但线装书则贴于书套内。

第三十三条　关于排片之手续：

（1）应将排列之卡片先行顺序排好，再行排入目录卡片箱内；

（2）书名片与著者片按书名或著者

第一字笔画之多少排列之，其法如下：

①笔画少者在前多者在后；

②凡同笔画之字先以纵横斜载复角方整为判，再以寒来暑往起笔之点横直概为先后次序；

③分类片之排法按分类表之次序，号小者在前号大者在后；

④目录柜内应随时增加导片（即指引片），以便借阅者之寻查。

第三十四条　每星期编出新书应印新书公布单分发各组馆室部及各班。

第四章　阅览股

（甲）典藏

第三十五条　图书之典藏：

（1）已编目各书入库时应按号码顺序排入书架上；

（2）每月终应检查架上图书有无错乱及残破等情形以便更正修改；

（3）修改图书手续如下：

①将书片抽出另排一盒内作为存根，

②书由架上撤出之后即将该书修改情形装订方法作成样张；

（4）书籍如有发现错号时应即通知编目人员更正之；

（5）书号如因日久模糊应即修正；

（6）发现遗失或破坏不堪的图书时应即通知编目人员及登记人员将该书号撤销。

第三十六条　期刊之典藏：

（1）中文期刊应按各刊名称首字笔画多少顺序排列于架上，少者在前多者在后，西文期刊按字母之顺序列；

（2）期刊如发现残缺时应即设法寻补；

（3）期刊至相当时期应装订成册。

第三十七条　每至月底或学期终了应检点全馆库存图书一次。

（乙）出纳

第三十八条　出纳人员应随时启发读者充分利用馆内藏书。

第三十九条　出纳人员应以和悦态度辅导阅者检寻书片目录。

第四十条　出纳人员应严格执行阅览借书规则不得通融以免争执。

第四十一条　架上参考书应随时整理以免凌乱。

第四十二条　每日应作出纳统计，每星期末应作出纳及晚间阅览人数统计。

第五章　期刊股

第四十三条　订定杂志报纸须先列清单，经主任盖章签请总务长核准后交由采购人员定购。

第四十四条　应注意新版期刊以便索购。

第四十五条　杂志报纸应按期编目以便检查。

第四十六条　杂志报纸逐一登记。

第四十七条　杂志报纸如有间缺或遗失时应随时补充以免日久难寻。

第四十八条　杂志报纸每至期末或月底应汇订成册以便保存。

第四十九条　收到赠阅期刊应即函谢并将赠者登入发校刊簿。

第五十条　应随时调查发往校刊户通讯处之变迁以便更易或撤销该户。

第五十一条　每至星期末、学期或年度终了应作期刊统计。

第六章　印刷辅助教材代售教科书籍及纸张

第五十二条　印刷本大学辅助教材。

第五十三条　代办或寄售书籍纸张均照实价以不取利不赔损为原则。

第七章　附则

第五十四条　本细则如有未尽事宜得随时提请修正之。

第五十五条　本细则经校务会议通过公布施行[①]。

图书馆位于学校北面的大礼堂东侧，与大礼堂合用5间房[②]。

图书馆主要任务是："（1）关于图书之采购、分类、编目、借阅及典藏事项；（2）关于图书统计之报部事项；（3）关于教材之印刷、出纳及保管事项；（4）关于对外刊物之交换事项"[③]。

---

① 转引自东北大学史志编研室编：《东北大学校志》第1卷上册，沈阳：东北大学出版社2008年版，第355-358页。

② 《东北大学在三台办学期间各类校舍概况》，现藏于四川师范大学校史馆。

③ 东北大学史志编研室编：《东北大学校志》第1卷上册，沈阳：东北大学出版社2008年版，第355页。

三、国立东北大学图书馆在四川三台的发展

经过近一年的建设,至1939年3月底,国立东北大学图书馆共有中外文书刊资料13 733册。其中,中文图书8964册、中文期刊3214册、外文图书1117册、外文期刊438册①。随着师生读者及书刊的增加,图书馆益不敷用。鉴于"图书馆之藏书室,原甚窄狭,阅览室则系借用礼堂。座位既不足分配,桌椅又须常移动,易损坏,亦诸殊不便。添购各项图书源源而至,藏书室已无地皮架","势须另行扩充"②。1939年5月10日,臧启芳代校长向当时国民政府教育部申报拨款,并建议改造草堂寺大殿作为图书馆③。7月上旬,东北大学将草堂寺大雄宝殿加以整修,作为阅览室,并于其左前方另建书库一幢④。此后,图书馆"各学系必需之参考书已相当充实"⑤,读者众多,"图书馆煤气灯四盏,夜间大放光明,为读书自修最佳处,当华灯初上,咸争先恐后,座无虚席"⑥。

1941年,国立东北大学在三台县城西门外马家桥租得地皮一处,"遂即鸠工庀材建筑草房十五间,共分前后两进各七间,附储藏室一间。以后进房七间为研究室之课堂及图书室"⑦。这时的图书馆馆舍较宽,库室设置较为合理(见图1-2)。

---

① 《1939年东北大学中外文图书资料概况》,现藏于四川师范大学校史馆。
② 转引自东北大学史志编研室编:《东北大学校志》第1卷上册,沈阳:东北大学出版社2008年版,第355页。
③ 王恩德主编:《延阁飞香:东北大学图书馆建馆九十周年纪念集》,沈阳:东北大学出版社2013年版,第25页。
④⑦ 东北大学史志编研室编:《东北大学校志》第1卷上册,沈阳:东北大学出版社2008年版,第146页。
⑤ 东北大学史志编研室编:《东北大学校志》第1卷上册,沈阳:东北大学出版社2008年版,第355页。
⑥ 周烈编:《国立东北大学六十周年纪念特刊——母校东大在三台》,出版社不明,出版时间不明。

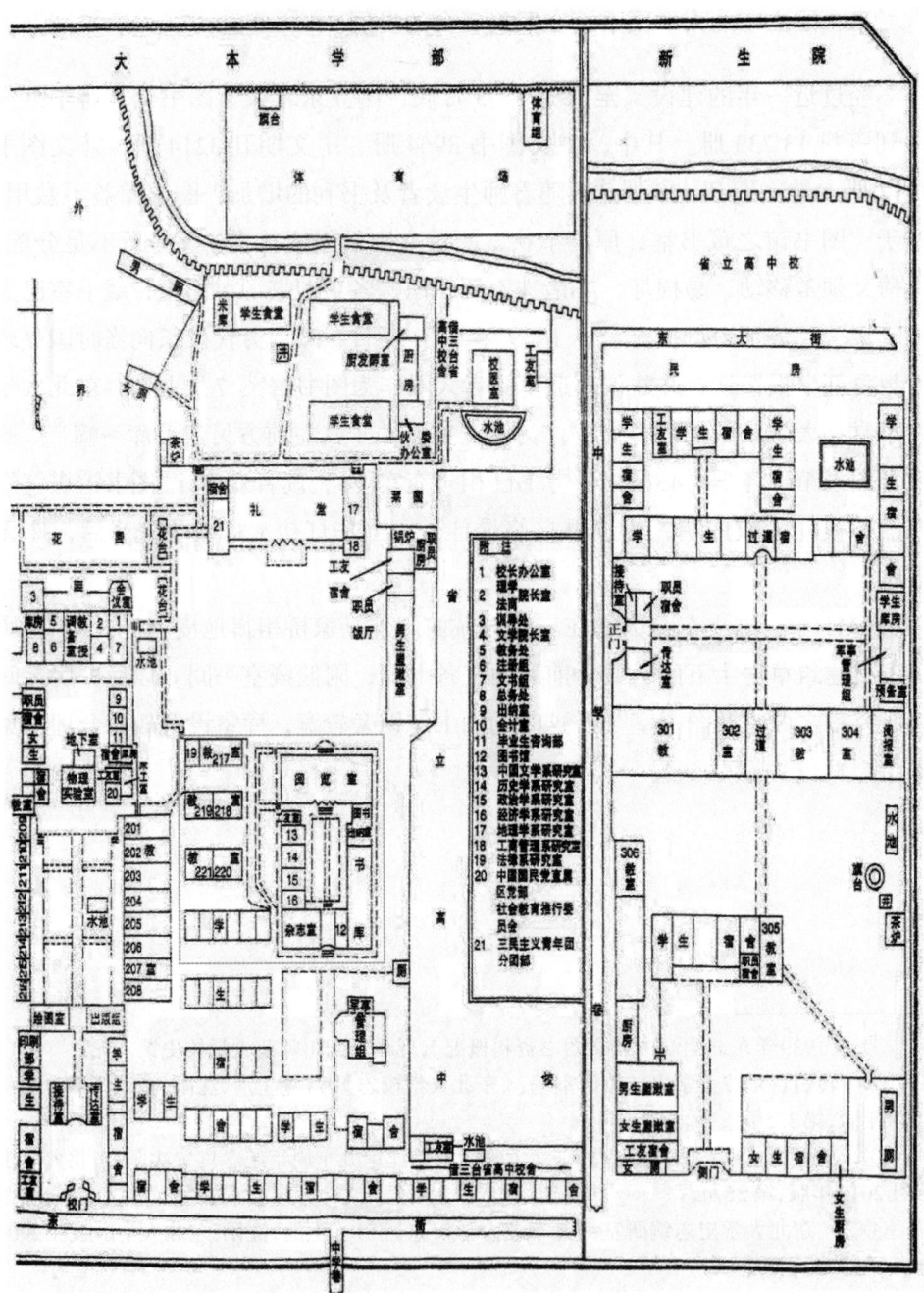

图 1-2　国立东北大学三台校园平面图及图书馆位置[①]

① 该图来自西华师范大学档案馆。

经过几年的建设，至 1945 年，国立东北大学图书馆在三台校区的馆舍已增加到 20 间房①，藏书已达 10 余万册②。国立东北大学在三台办学八年，为祖国培养和造就了一大批革命和建设人才。

第二节　抗战胜利，国立东北大学图书馆回迁沈阳

一、国立东北大学图书馆回迁沈阳

1945 年 8 月 15 日，日本战败投降。1946 年 1 月，国民政府的"东北教育复员方案"提出将三台的国立东北大学迁回沈阳。3 月，臧启芳校长奉部令任东北区教育复兴委员会主任委员。同月，臧启芳到沈阳，派员接收、修理国立东北大学沈阳北陵校舍。3 月 15 日，国立东北大学贴出布告，宣布放假，决定学校于 6 月起迁回沈阳，并通知学生、教职员工于当年 10 月去沈阳国立东北大学北陵校区报到。至 11 月中旬，国立东北大学学生从三台陆续返回到沈阳。最后一批离川的教职员工及家属，由校部负责人率领从水路经南京、葫芦岛等地，于 12 月初安全返回沈阳。至此，回到沈阳的教职员工有百余人，学生有五六百人③。图书馆也随学校迁回沈阳。

二、国立东北大学图书馆回迁后概况

国立东北大学图书馆迁回沈阳后，馆址仍设在国立东北大学北陵校区的原建筑楼内，图书馆有工作人员 10 余人，王锡藩仍为图书馆主任。1945 年 12 月 25 日，国立东北大学在图书馆举行了复员开学典礼④。1947 年，刘树勋任国立东北大学校长。这时，图书馆有图书 73 100 册，其中各学院通用图书 8300 册、文学院用书 24 500 册、法商学院用书 26 600 册、理学院用书 5800 册、工

---

① 《国立东北大学留川财产清册》，现藏于三台县档案馆。
②④　王恩德主编：《延阁飞香：东北大学图书馆建馆九十周年纪念集》，沈阳：东北大学出版社 2013 年版，第 29 页。
③　东北大学史志编研室编：《东北大学校志》第 1 卷上册，沈阳：东北大学出版社 2008 年版，第 154 页。

学院用书4200册、农学院用书3700册。这些图书中，有中文图书51 400册、英文图书9300册、日文图书12 400册。学校拟再增加中文丛书30 000册、中文普通书50 000册、英文书20 000册、日文书10 000册。1947年12月13日，图书馆统计了当时由三台复员运回沈阳及新购买的图书，总计约有136 100册，王一之为图书馆馆长[①]。

1948年，接国民政府教育部令，国立东北大学迁到北平，当时图书馆有图书共计20余万册。1949年初，国立东北大学在北平的部分藏书运往台湾，其后拨给台湾省立师范学院，共计2.5万余册（其中线装书1.26万册）。北平解放后，东北大学图书馆的藏书有10余万册，运回沈阳[②]。

[①][②] 王恩德主编：《延阁飞香：东北大学图书馆建馆九十周年纪念集》，沈阳：东北大学出版社2013年版，第30页。

第二章　初创：私立川北农工学院图书馆

（1946年5月—1949年4月）

"连东大血脉　传东大薪火"。抗日战争胜利后，国立东北大学及其图书馆迁回沈阳。留在四川的国立东北大学理工学院院长川籍教授李季伟等人，倡议利用原国立东北大学校舍及留存在三台的部分图书等续办高等学府，筹备成立私立川北农工学院。私立川北农工学院图书馆利用原国立东北大学图书馆留下的图书资料筹建起来，成为今西华师范大学图书馆之最初前身。私立川北农工学院图书馆虽历经艰难与沧桑，依然弦歌不辍、书声不断，为今天的西华师范大学图书馆发展打下了坚实的基础。

第一节　薪火相传，私立川北农工学院图书馆的建立

一、私立川北农工学院图书馆及其机构的设立

（一）私立川北农工学院成立

1945年，中国抗日战争取得全面胜利。1946年春，流亡四川8年的国立东北大学迁回沈阳。同年，时任四川省参议会参议员、国立东北大学理学院院长的李季伟与三台县参议长龙杰三等人，鉴于国立东北大学回迁后川北高等教育处于空缺的境况，倡议利用原国立东北大学校舍、留存的部分图书、设备及羁留的川籍和南方籍为主的大量师资、三分之二学生续办高等学府，筹备成立

私立川北农工学院[①]。经当时政府批准（教育部同意私立川北农工学院启用公章的函，见图2-1），私立川北农工学院筹备会于1946年5月成立，聘李季伟为私立川北农工学院院长、龙杰三为副院长。5月16日，筹备会在原国立东北大学三台校址开始办公，并以该日为校庆纪念日[②]。

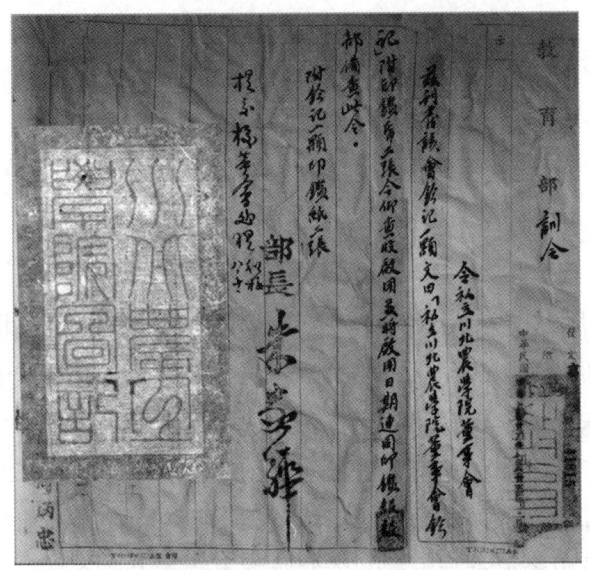

图2-1 1946年教育部同意川北农工学院启用公章的函

图2-2 私立川北农工学院校徽

①② 四川师范大学编写组编：《媒体眼中的四川师范大学》，成都：四川文艺出版社2006年版，第361页。

同年8月中旬，私立川北农工学院在成都、重庆和三台招收新生300人，另招一先修班60人①。设置农艺学系、农业经济学系、化学工程学系、土木工程学系、工商管理学系和一个先修班。9月，学院成立董事会，推举时任国民政府财政部部长的三台人徐堪为董事长，四川省第十二行政督察署第十二区专员程厚之（1947年辞职离川，李泽民接替）为代理董事长，李劲夫、龙杰三、李季伟为常务董事。董事会实际由龙杰三负责②。

图2-3　川北农工学院第四次扩大董事会成员合影

同年9月下旬，新生陆续来校报到，开学工作顺利进行。学校的绝大部分设备是国立东北大学留下来的；教职工除兰蔚丰、王定伯、沈君诚等教授③是原国立东北大学留下的外，大部分为新聘人员，如教务长杨志农聘于四川大学农学院，训导长许可均聘于重庆音乐学院（后因故未到职，聘卢伯欧为训导长），总务长谭卫根是由董事会推荐的。学校草创之初，教职工人数很少，全

---

①　四川省三台县志编纂委员会编：《三台县志》，成都：四川人民出版社1992年版，第718页。

②　佘正松主编：《西华师范大学校史（1946—2006）》，成都：四川大学出版社2006年版，第3页。

③　张庆著：《梓州史迹录：三台历史文化溯源》，北京：中国文史出版社2016年版，第179页。

院共有教职工40余人[①]，但大家责任心很强，各项工作都开展得有条不紊。10月8日，私立川北农工学院正式开学行课。

（二）图书馆及其组织机构的设立

1946年5月，私立川北农工学院成立后，制定了《私立川北农工学院组织大纲》，设立了教务、训导及总务三处。教务处分设注册组、出版组和图书馆三组。图书馆设在原国立东北大学图书馆原址，共有20个房间。图书馆共有阅览桌26张、大书架51个、杂志架6个、小书架79个、阅报架8个、字典架5个、梯式报架2个、目录柜2个、书片柜2个、柜台4个、书柜6个、借书卡片盒1个、借书单盒2个、介绍书籍箱2个、书替板200个[②]。图书馆设主任1人、馆员若干人，主任由马复瑛暂行代理（见图2-4），聘许才质为图书馆馆员。图书馆设立后，启用的馆藏印章为边沿呈锯齿状的双环蓝色椭圆形章（见图2-5）；图书馆分设总务、编目、阅览及期刊四股，"商承主任分别办理各该股事宜"[③]。

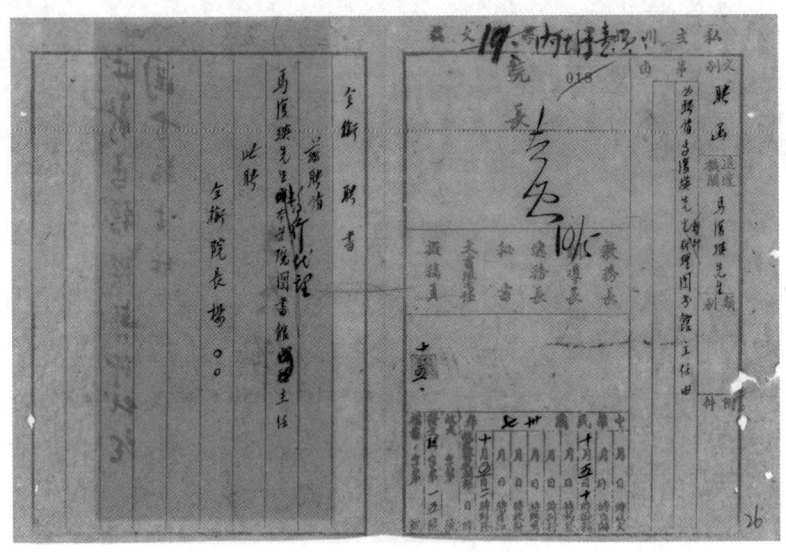

图2-4 图书馆主任马复瑛聘书

[①] 余正松主编：《西华师范大学校史（1946—2006）》，成都：四川大学出版社2006年版，第3页。

[②] 《川北农工学院借用三台县政府保管国立东北大学留川财产清册》，现藏于三台县档案馆。

[③] 《私立川北农工学院教务处图书馆办事细则》，现藏于南充市档案局。

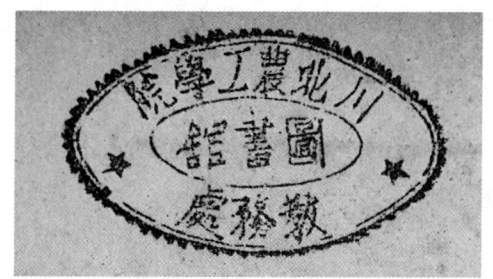

图 2-5 私立川北农工学院图书馆藏书章

二、私立川北农工学院图书购置委员会及组织章程

私立川北农工学院成立后,设立了图书购置委员会,并制定了《私立川北农工学院图书购置委员会组织章程》①。其内容如下:

第一条 本委员会依据本学院组织大纲第十一条设置之。

第二条 本委员会职权如左②:

(一)图书馆经费及购书费之预算编制;

(二)图书馆建筑及设备之计划;

(三)图书之购置;

(四)图书馆各项规则之编订;

(五)图书馆事务效率之推进;

(六)其他有关图书购置各事项。

第三条 本委员会以教务长、总务长、各学系主任及图书馆主任为委员。

第四条 本委员会置主任委员一人,由院长就委员中指定之,开会时为主席。

第五条 本委员会在学期中每月开会一次。遇有特别事项,经委员三人以上之申请,得开临时会。院长得召开本委员会临时会。

---

① 原件藏于南充市档案局。原文为竖排版,作者将其改为横排版,并适当添加标点符号。本章其余引文及第三章的引文同此。

② 因是竖排版文件,原文中的"如左""左列"均理解为"如下""下列"。下同。

第六条　本章程如有未尽事宜，由委员三人以上提议，得修正之。

第七条　本章程经院务会议通过施行。

三、图书馆办事细则

私立川北农工学院建立后，教务处制定了详细的《私立川北农工学院教务处图书馆办事细则》[①]，以便图书馆开展各项业务工作。其内容如下：

第一条　本细则依据本学院组织大纲第四条及第十六条之规定订定之。

第二条　本馆职掌事务如左：

（一）图书之采购、分类、编目、借阅及出纳；

（二）图书之统计；

（三）杂志报张之订购；

（四）关于图书之典藏；

（五）其他与图书有关者。

第三条　本馆置主任一人、馆员书记若干人，秉承教务长办理图书事宜。

第四条　本馆为增进工作效率计，特分设总务、编目、阅览及期刊四股，商承主任分别办理各该股事宜。

第五条　各股事务遇有连带关系时，应由各股会商办理之。

第六条　本馆馆员，除办理主管事务外，并得由主任随时交办其他有关事项。

第七条　本馆设总务股，内分文书、会计、事务、采购、登记五课。分别办理本馆总务事宜。

第八条　本馆总务股设文书课，于收到各项文件时，由主任核批分交办理之。来往文件，均须登入文件登记簿。来文须编号分类保存，以便考查。

---

① 原件藏于南充市档案局。

第九条 本馆总务股设会计课，凡本馆购书籍、订定期刊等须用现款时，须由主管人员列详单，经主任复核盖章，送请教务长转总务长批准后，再由出纳组付款。

本馆收支款项，均须分别登入账簿。

第十条 本馆总务股设事务课，本馆一切用品，均须开具领单，经主任盖章后，向庶务组领取。

本馆办公室、藏书室及阅览室，应随时指导工友整理之。

第十一条 本馆总务股设采购课，专司本馆采购图书等。采购人员应照本馆预算额内增购图书。

本馆在教授休息室及阅览室设有图书介绍箱，凡本院教职员、学生，皆得填写介绍购书单投入箱内，每月开取一次，本馆将介绍单汇齐，送请图书委员会核准后，即可照购。介绍各书，已经查明为馆内存有者，应即通知介绍人。图书购到时，须照发票及购书单查核无误，经记账后，再由主任盖章，签请总务长核准，由出纳付款。

采购人员应注意新版书籍，以便增购。

收到赠阅图书，应致谢函，并将赠阅者登载登记簿，通知出版组，以备按期寄赠本院刊物。

采购人员负有代办教职员学生购定图书杂志之义务。

第十二条 本馆总务股设登记课，登记人员须按发票查核采购人员所交图书，并按发票次序价格逐一登入图书登记簿。

登记后将里书标上登记人员应填各栏分别填竣。

登记号数以每部为一号。

登记后应即加盖馆章于每本书左列各处：

1. 书名页上；

2. 每百页上（如全书不及百页，则于第十页或五十页上）；

3. 全幅图表上；

4. 最后一页上。

书籍遇有遗失或损坏时，应签明原由，经主任核准后，方能交登记人员撤销该号，并注入财产减损表列销。

凡撤销号码书籍，应将原因及日期在登记簿备查栏内注明。

每至星期末及学期年度终了，应编制新增图书统计表。登记簿上统计数目，应与编目股互相对照，以免遗漏。

购入图书，月终造具财产增加表，送交会计室汇报。

第十三条　本馆设编目股，专司全馆图书之分类及编目等事宜。

第十四条　关于编目分类之程序：

（一）编目人员将已登记之图书，先拟稿片，再按分类表详予分类，注明号码。

（二）分类号码，并注以著者号码。

（三）书号（分类号及著者号合称）须注明于里书标及稿片之左角上。

（四）每编一书，应先查书架目录片，以免号码重复或错误。

（五）编目人员按各书情形，应分制各种卡片如左：

1. 著者底片（以稿片代）；

2. 分类底片；

3. 书名片；

4. 分类片；

5. 著者片；

6. 译者片；

7. 类名片；

8. 书架目录片；

9. 编校注译等片；

10. 见片；

11. 互见片；

12. 分析片；

13. 丛书片；

第十五条　关于审核之程序：

（一）稿片上书名、作者、年版、出版处、装订部数、函数，及其他应表明者有无误漏。

（二）分类号是否有误，并查与以往同性质书籍之分类有无两歧之处。

第十六条　关于缮制书号之程序：

（一）所有书片号码，均写于每片之左侧。

（二）精装书号码，用黑墨或白墨写于书脊背上。

（三）平装书号码，写于书标签后，再贴书套背上。

（四）线装书号码，写于书标签后，再贴书套背上。

（五）所有书号位置，均置于一线上，不得参差。

（六）书外标写完后，须用瓦利斯油或亮油涂之，以免模糊。

（七）书袋贴于后页书皮内，但线装书则贴于书套内。

第十七条　关于排片之程序：

（一）应将排列之卡片，先行顺序排好，再行排入目录卡片箱内。

（二）书名片与著者片，按书名或著者第一笔画之多少排列之。其法如左：

1. 笔画少者在前，多者在后；

2. 凡同笔画之字，先以纵横斜载复角方整为判，再以寒来暑往起笔之点横直为先后次序；

3. 分类片之排法，按分类表之次序，号小者在前，号大者在后；

4. 目录柜内，应随时增加导片（即指引卡），以便借阅者之寻查。

第十八条　每星期编出新书，应印新书公布单，分发各组、馆、室、部及各班。

第十九条　本馆设阅读股，内分典藏与出纳二课，分别办本馆阅（览）室事宜。

第二十条　本馆阅读股设典藏课，计分图书与期刊二种，以类别之：

（一）图书之典藏：

1. 已编目各书入库时，应按号码顺序排列于书架上。

2. 每月终应检查架上图书有无错乱及残破等情况，以便更正。

3. 修改图书程序如左：

（甲）将书片抽出，另排一盒内作为存根。

（乙）书由架上撤出之后，即将该书修改情形、装订方法，作成样张。

4. 书籍如有发现错号时，应即通知编目人员更正之。

5. 书号如因日久模糊，应即修理。

6. 发现遗失或破坏不堪之图书时，应即通知编目人员及登记人员将该书号撤销。

（二）期刊之典藏：

1.中文期刊，应按各刊名称首字笔画多少顺序，排列于架上；少者在前多者在后。西文期刊按字母之顺序列。

2.期刊如发现残缺时，应即设法寻补。

3.期刊至相当时期，应装订成册。

每至月杪或学期终了，应检点全馆库存图书一次。

第二十一条　本馆阅读股设出纳课，专司阅读者图书之借出与收还。

出纳人员应随时启发读者充分利用馆内藏书。

出纳人员应以和悦态度辅导阅读者检寻书片目录。

出纳人员应严格执行阅读借书规则，不得通融，以免争执。

架上参考书籍，应随时整理，以免凌乱。

每日应作出纳统计，每星期末应作出纳及晚间阅览人数统计。

第二十二条　本馆设期刊股，以专司杂志报纸之定购与管理。其应办理事项如左：

订定杂志、报纸，须先列清单，经主任盖章签请总务长核准后，交由采购人员定购。

应注意新版期刊，以便索购。

杂志、报纸，应按期编目，以便检查。

杂志、报纸须逐一登记。

杂志、报纸，如有间缺或遗失时，应随时补充，以免日久难寻。

杂志、报纸每至期末或月终应汇订成册，以便保存。

收到赠阅期刊，应即函谢，并通知出版组以便按期还赠本院刊物。

每至星期末、学期或年度终了，应作期刊统计。

第二十三条　本细则如有未尽事宜，得随时提请修正之。

第二十四条　本细则经院务会议通过公布施行。

四、图书采购规则及资源建设

（一）图书采购规则

为使有限的经费得到充分而合理的应用，学院制定了《私立川北农工学院图书馆采购图书规则》[1]，其内容摘录如下：

第一条　本馆购置图书经费，按照每年度学校预算数额核定之。

第二条　每月添购图书，除由主任签请图书委员会转呈院长许可外，其款额不得超过一个月预算额。

第三条　凡教授认为必须购置之图书，应填写介绍购书单，交由本馆主任审查馆中有无是项图书，预算是否敷用，及采买有无困难，签请图书购置委员会核准方能照购。

第四条　凡本校教职员及学生，均可介绍购买图书，但须填写介绍购书单，经过前条程序方能照购。

第五条　遇有本馆认为应行购备之图书，得经由本馆主任签请图书委员会核准后照购。

第六条　新书到馆先由采购人员审核无误，将发票连同图书交登记人员照收，经主任盖章、签请总务长核准后，方能由会计室付款。

第七条　本规则如有未尽事宜，得随时修正之。

第八条　本规则经图书购置委员会通过公布施行。

（二）图书馆文献资源建设

由于私立川北农工学院是地方自建的学校，无中央政府拨款，只能靠社会募捐、地方筹集，其开办费为川北各县摊募基金（5万石黄谷）[2]。学院"将黄谷变价存行生息，就其子息作为经常费用"，图书购置预算费为国币150万元（后增加到500万元国币），图书馆利用这些经费"略事添置"图书，

---

[1] 原件藏于南充市档案局。
[2] 《私立川北农工学院呈报开办用表（一）》，现藏于南充市档案局。

"先行购置急用各书，以后再分期购置"[①]。当时，订购了《蔬菜园艺学》《果树修剪整枝法》《科学画报》《科学》《电世界》《化学世界》《工程界》《科学大众》等书刊。私立川北农工学院图书馆初创时，接收了多少国立东北大学图书馆回迁时留下的书刊，由于资料缺乏，没有准确的数据，《风雨六十年：四川师范大学简史》中只记载"迁余的部分图书"[②]，《私立川北农工学院开办费预算表》中只记载"东大迁校后，重要图书均已携走，所留无多"，在今西华师范大学图书馆书库中尚未发现盖有国立东北大学图书馆藏书印章的书刊资料。图书馆当时新购了多少书刊，因资料缺乏，没有确切的数据，只能根据西华师范大学图书馆现存川北农工学院时期书刊的财产登记号和登记日期进行分析。从现存《今日之美国》的"里书标"（见图2-6）上的财产登记号（00424）和登记日期（民国35年10月14日）大概可以看出：川北农工学院图书馆初建时的藏书很少，不足1000册。其中，有《延安一月》、《联合国论》、《中国与美国》、《工业组织原理》(英文)、《袖珍牛津字典》(英文)、《战后和平的保障》、《抗战与财政金融》、《民国经济建设运动、意义及其实施》、《社会学纲要》、《行政法提要》等参考书。图书分类采用《杜威十进分类法》；图书加工十分细致，一般在书的封一或题名内页或扉页上贴有含财产登记号、分类号、册数、价格、来源、处理日期等内容的图书"里书标"，这对揭示图书的相关信息起到了很好的作用。

川北农工学院图书馆设立后，除购置新书刊外，还与多家出版社及研究所、政府机关联系，获赠相关专业书刊。例如，1947年1月，图书馆发函给中国地理研究所，希望获得该所免费赠送"六年余研究出版各书与地图"。从西华师范大学图书馆现存书刊上的馆藏章看，川北农工学院图书馆初创时期，获得了国民政府机关单位的少量赠书，如内政部总务司、礼俗司、教育部国际文化教育事业处等部门图书室赠送的《中华民国法规大全》、《教育部国际文教丛刊》(第一卷)等；另外，还有学院代理董事长程厚之捐赠的线装书《县自治问题丛论》(现存2册)(见图2-7)、叶屏侯捐赠的《工业化学分析》，

---

① 《私立川北农工学院开办费预算表》《私立川北农工学院开办费预算略计表》，现藏于南充市档案局。

② 高林远主编：《风雨六十年：四川师范大学简史》，成都：四川师范大学出版社2006年版，第5页。

以及陆军中将整编二十一师师长刘雨卿寄赠的一套百衲本《二十四史》等图书。当时，图书馆资料少、馆舍简陋，工作人员因陋就简对师生开放，为学院的教学和科研提供了应有的服务。

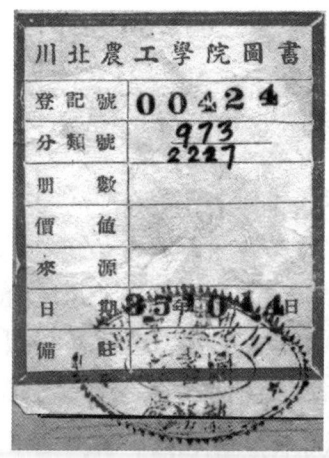

图 2-6　川北农工学院图书馆图书"里书标"

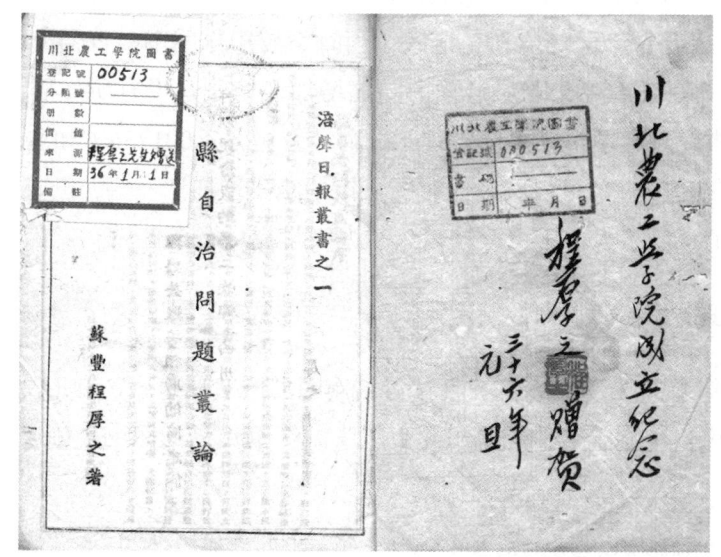

图 2-7　川北农工学院代理董事长程厚之赠书题名页及题签

第二节　私立川北农工学院图书馆的初步发展

一、私立川北农工学院图书馆的发展

1947年，私立川北农工学院暑期招生仍在三台、成都、重庆三地进行，除原有5系1先修班外，增设数理系和农田水利系，招生人数为270人。此时，在校生达400余人①。1948年春，院长李季伟因与董事长龙杰三在处理学院有关事务上意见不一致，辞去院长职务。1948年暑假后，龙杰三聘请原教务长杨志农教授担任院长。杨志农在师生中享有较高信誉，颇得大家拥戴②。

1948年暑期，学院依然在三台、成、渝三地招生。1948年秋，第三届学生入学后，教职工增多，各项设备有所补充，初具大学规模。全院设7系1先修班，学生共有648人③，教职工共有98人④。图书馆经费有所增加。据1948年11月《川北农工学院校刊》记载，当时学校用作图书、仪器、机械等的购置费为15 000石黄谷，图书馆藏书随之增加，馆藏建设有所发展。从西华师范大学图书馆现存图书《人的管理》的财产登记号（001256）和登记时期（民国37年11月19日）可以看出当时图书馆的藏书增加了一些，已有1000余册。学院规模的逐渐扩大，为更改校名、改办大学提供了条件。

二、图书馆借阅规则的制定

1948年10月，为规范和方便读者借阅图书馆书刊，私立川北农工学院第二次院务会议讨论制定了《私立川北农工学院图书馆借阅图书规则》，对图书的

---

① 佘正松主编：《西华师范大学校史（1946—2006）》，成都：四川大学出版社2006年版，第3页。

②④ 佘正松主编：《西华师范大学校史（1946—2006）》，成都：四川大学出版社2006年版，第4页。

③ 四川省三台县志编纂委员会编：《三台县志》，成都：四川人民出版社1992年版，第718页。

借阅方式、借阅范围、损毁遗失处理办法等进行介绍和规范。其全文摘录如下：

第一条 本院教职员学生借阅图书时，依照本规则办理之。

第二条 凡本院教职员学生，均由本馆发给图书出纳证一份，俾资应用（证内附普通图书出纳证券及期刊出纳券各一张）。但学生须先交学生证，附二寸半身像片一张，以凭领取图书出纳证。

第三条 本馆备有图书目录，借阅时须先查填借单，连同图书证、出纳券，向出纳人员借阅。如不悉检查目录方法时，可向出纳人员请问。

第四条 本馆图书，除左列各项外，均可借阅。（但有特殊情形，经本馆许可者，不在此限。）

（一）各种字典辞典；

（二）各种年鉴、地图、统计表；

（三）参考书及指定参考书；

（四）未编目之图书；

（五）装订成册之杂志报纸；

（六）阅览室内之最近杂志、报纸。

第五条 借阅图书如有遗失或污损时，须照时价赔偿。但该书如有绝版时，须照定价加倍赔偿之。

第六条 凡职员及学生长期离校时，须将所借图书，连同图书出纳证券一并缴还本馆。

第七条 本馆图书，除星期六下午及星期日停止出纳外，每月均在办公时间内办理之。

第八条 教职员学生每借图书之种类及数目如左：

（一）教师每人借阅图书以十部为限。（但总册数不得超过二十本，有特殊情形，经本馆许可者，不在此限。）

（二）学生每人借阅图书，以两种为限。（洋装书每部在五册以上者，得借一种；中文线装书每部在三函以上者，得借三函。）

（三）各学系四年级学生，因作论文关系，自论文题目确定后，得照上项之规定加倍借阅。

（四）职员借书限制，与学生同。

（五）凡向本馆借阅图书者，对于未订成册之杂志，以两种或四种为限。

第九条　借阅图书之期限，暂定如左：（但有特殊情形，经本馆许可者不在此限。）

（一）凡借阅书籍者，教职员以四星期为限；学生以两星期为限。但各学系四年级学生，因作论文关系，得以四星期为限。期满欲续借者，须将原书携至出纳课声明续借，如无他人预借时，得续借一次。

（二）凡借阅未订成册之杂志或报纸，均以一星期为限。

（三）续借期限与原借期限同。

（四）凡本馆参考室内之参考书，如因特殊情形必须携出时，须经本馆主任许可，但须于三日内送还。

第十条　借阅图书无论时间久暂，均须按照借阅手续办理之。

第十一条　借阅图书，如经教师指定为参考书或有特殊需要者，本馆随时收回之。

第十二条　借阅图书，必须将图书借阅证及借阅券二份并交借阅人检查，如查有一份所借图书逾期时，得拒绝其在［再］借任何他种图书。

第十三条　借阅图书逾期不还者，凡逾期一日以上，按照日数停止其借书权。如借阅两种图书逾期不还，则从其多者办理之。

第十四条　图书出纳证或出纳券遗失时，应即向图书馆声明作废。但在未声明以前，仍由原持证人负一切责任。

第十五条　图书出纳证或出纳券声明遗失后，得向本馆请补发。补领者须（缴）费五百元。

第十六条　图书出纳证于在校期间，随时通用；出纳券填满时，由本馆换发新券。

第十七条　图书出纳券一概不得转借他人。

第十八条　本馆借出图书，每届学期终了时，一律收回，定期再借。

第十九条　本规则如有未尽事宜，得随时提请修正之。

第二十条　本规则经院务会议通过施行。

第三章　起步：私立川北大学图书馆与（公立）川北大学图书馆

（1949年5月—1952年9月）

私立川北农工学院图书馆利用原国立东北大学图书馆留下的部分书刊资料建立后，虽历经艰难与沧桑，依然弦歌不辍、书声不断。经过两年多的建设，图书馆各方面工作得到了初步发展，为之后私立川北大学图书馆和公立川北大学图书馆的建设与发展打下了坚实的基础。

第一节　弦歌不辍：私立川北大学图书馆

（1949年5月—1950年6月）

一、私立川北大学图书馆的设立

1948年秋季招生后，私立川北农工学院董事会及地方人士鉴于学校的发展，主张在原有基础上加以扩充，将学校改为地方私立的大学。11月，川北农工学院第五次董事会扩大会议在图书馆召开，全体董事、川北各县县长、参议长、教育局局长以及地方知名人士共36人参会，决议去掉原校名中的"农工"二字，将私立川北农工学院改为私立川北大学，决定1949年秋季招生时改用"私立川北大学"名称[①]。董事会审议讨论拟将学校黄谷15 000石折价购置图书、仪器、机械、器材,以充实图书馆、各科实验室。

1949年5月(民国三十八年四月四日)[②],私立川北大学董事会成立大会胜利召开,推徐堪为董事长,龙杰三为代理董事长,私立川北大学正式成立。第十一行政监察区专员公署(即南充专署)派代表参加私立川北大学成立大会,提议将著名墨学家伍非百1943年春[③]在南充赛云台创办的西山书院扩充为私立川北大学文学院,其"提议"经大会通过,由董事会签订了扩院协议。同年5月16日,西山书院更名为私立川北大学文学院,并分设先修班,伍非百任文学院院长。文学院图书设备经各方人士捐助,日趋充实。

1949年秋,私立川北大学以新校名正式开始招生,在成都、重庆、三台录取新生363人,除原有7个系外,新增加中文、历史2个系。全校设农学院、工学院、文商学院3院9系,即:农学院设农艺系、农经系、农水系;工学院设化工系、工商管理系、数理系、土木工程系;文商学院设中文系、历史系[④]。当时,学校一至四届学生共有975人,有教师61人、职员17人、工人50人[⑤]。10月,文学院从私立川北大学独立出来,更名为私立川北文学院。11月,王宏实被推为校长,私立川北大学举行第一届开学典礼。同年,私立川北农工学院图书馆随学校的更名,改名为私立川北大学图书馆,仍隶属教务处管辖。图书馆设主任1人(后未设置,由卿迪夫负责)、馆员1人[⑥],馆藏印章(见图3-2)沿袭私立川北农工学院时期的蓝色椭圆形状,只是外部边沿不再是锯齿状。

---

①⑤ 佘正松主编:《西华师范大学校史(1946—2006)》,成都:四川大学出版社2006年版,第4页。

② "私立川北大学董事会成立大会摄影纪念"照片,现藏于四川师范大学校史馆。

③ 彭世福著:《心秋岁月》,2004年自印本,第151页。

④ 四川省三台县志编纂委员会编:《三台县志》,成都:四川人民出版社1992年版,第718页。

⑥ 《私立川北大学组织大纲》附《私立川北大学人员设置表》(1949学年度,修改稿),现藏于南充市档案局。

图 3-1　私立川北大学文学院藏书章

图 3-2　私立川北大学图书馆藏书章

　　1949年12月10日，南充解放，并设立川北行署，胡耀邦任行署主任；12月30日，三台解放。三台解放后，中国共产党对私立川北大学非常重视。川北行署主任胡耀邦指示新任县长刘石安务必注意保护私立川北大学。1950年1月2日，川北行署副主任秦仲方到学校召开师生员工大会，宣布王宏实继续代理校长、黄天祥以行署驻校代表身份协助校长处理校务。1月9日，学校正式复课。由于中国共产党的重视及对学校的恢复和发展采取了正确的政策，私立川北大学的各项工作在较短时间内得以恢复正常运作，为迁校南充、改为公立大学创造了条件[①]。

---

　　①　佘正松主编：《西华师范大学校史（1946—2006）》，成都：四川大学出版社2006年版，第5页。

二、私立川北大学图书馆的建设

私立川北大学图书馆设立后,通过订购、接受捐赠等方式,使馆藏书刊进一步增加。到1949年底,图书馆已有中西文图书杂志2000余册[①]。1950年3月,图书馆通过成都新华书店订购了《解放日报》《人民日报》等,并函请《川西日报》社捐赠《川西日报》数份用以张贴在报栏里,供师生阅览;4月,函请文化部科学普及局辅导处惠赠《科学普及通讯》27册。图书馆还收到了西南军政委员会文教部赠送的政治教育参考资料30册,以及川北行署教育厅副厅长傅子东捐赠的《傅氏文典》及《傅氏白话文法》各1部。

第二节 起步发展:川北大学图书馆

(1950年7月—1952年9月)

一、川北大学图书馆的设立

1950年7月15日,川北行署文教厅厅长贾子群主持召开私立川北大学全校师生员工大会,宣布了改组、并校、迁校的重大决定,并代表川北行署正式接管私立川北大学和私立川北文学院,将两校合并组成"公立川北大学"。决定将学校迁至南充小西街私立成达中学(今南充职业技术学院本部)原址。8月1日,迁校工作正式开始。8月底,学校顺利完成了从三台到南充的搬迁工作。校本部设在小西街原私立成达中学校址,分部设在赛云台原私立川北文学院(今顺庆区新建乡第三小学)旧址。图书馆拟设于学校礼堂附近,以礼堂为阅览室。9月,按川北行署文教厅指示,校名取消"公立"二字,改称"川北大学"。

[①] 《川北大学概况》,现藏于南充市档案局。

图 3-3　川北大学校名（摄影剪辑而成）

川北大学成立后，立即进行初步调整和改革，成立了川北行署文教厅领导下的"川北大学校务管理委员会"，行使对学校的领导权，从而彻底结束了原私立川北大学和私立川北文学院董事会对学校的领导。校务管理委员会由贾子群、段可情、徐孝恢、伍非百、李仙舟、夏昌槐、孙宗任、张静虚、傅子东、郑方、郝笑天、苏藜、卢子鹤、陈古松，以及原川北大学讲师助教会代表王正瑾、职员代表邱宗棣、青年团代表张永宁、学生代表周伦敦和原文学院学生代表邓淑贞等19人组成。贾子群任主任委员，段可情、徐孝恢、伍非百任副主任委员①。校务管理委员会下设秘书处、教务处和总务处。教务处下设图书馆等。9月24日，川北大学开学行课。全校共设中国文学、哲学历史、企业管理、农艺、农业经济、水利工程、土木工程、化学工程、数学物理等9个系，有教职工185人，学生578人②。1951年4月，增设水利、土木、化工、农机和采矿5个速成专修班，学习时间为一年半，招收学生171人③。同年10月，川北大学全体师生员工举行了隆重的国庆典礼。

私立川北大学图书馆随着学校的更名，改名为川北大学图书馆，仍隶属教务处，傅英伟任图书馆主任。图书馆新启用的馆藏印章为蓝色圆形章（见图3-4）。

---

①　余正松主编：《西华师范大学校史（1946—2006）》，成都：四川大学出版社2006年版，第7页。

②③　季啸风主编：《中国高等学校变迁》，上海：华东师范大学出版社1992年版，第936页。

图 3-4　川北大学图书馆藏书章印模

二、图书馆组织机构及人员

川北大学图书馆建立之初，仅有工作人员 1 名，加上主任傅英伟，图书馆一共有 2 人[①]。后经图书馆申请，增加了人员编制，工作人员增加到 3 名。为方便管理和工作，图书馆组织机构分为分类编目股和阅览股[②]。

图书馆工作人员有卿迪夫、冯汉镛、李靖芳 3 人。图书馆主任（兼职）傅英伟负责草拟各项规章（如借书规则、办事细则）、分配工作（临时工作）、登记图书底册及借书目录。馆员卿迪夫主要负责阅览股的有关事宜，如书籍之保管、图书之出纳、日报之订购等事项；馆员冯汉镛主要负责验收、登记新书及图书分类、编制借书证件、缮写购书函件、缮写图书卡片；馆员李靖芳主要负责杂志的订购、验收、登记和分编，并填写借书证、缮写图书卡片，同时完成其他临时性事件[③]。为了更好地促进图书馆的发展，为师生提供更好的服务，图书馆继续申请增加人员编制。1950 年 10 月 4 日，川北大学校务管理委员会以《函请三台教府准人民文化教职员谢鸣辞职来我校图书馆工作由》[④] 函件，函请三台文化职员谢鸣到川北大学图书馆工作。1951 年 4 月，毕业于重庆璧山国立社会教育学院图书博物管理系，并曾在国立女子师范学院图书馆做过管

---

① 《川北大学图书馆一九五〇年中心工作预计》，现藏于四川师范大学档案馆。
② 《川北大学图书馆办事细则》，现藏于四川师范大学档案馆。
③ 《川北大学图书馆办事细则》附件《川北大学图书馆人员职务分配详表》，现藏于四川师范大学档案馆。
④ 原件现藏于四川师范大学档案馆。

理员的贾荣昭调入，川北大学图书馆工作人员进一步增加。

三、图书馆中心工作计划及办事细则

（一）图书馆中心工作计划

1950年，川北大学图书馆由三台迁至南充后，为加强管理和进一步促进各项工作，制定了《川北大学图书馆一九五〇年中心工作预计》①。其全文（原文为竖排版且无标点，作者将其改为横排版，并适当添加标点符号）记录如下：

1.本馆图书系由三台迁至南充，因装箱及开箱关系，次序不免紊乱；本校开学后，因教职员宿舍尚未布置妥贴［帖］，指定之图书馆址楼上下均被占用。因此，无法展开工作。曾三次报请校方腾屋，直至十月十三日，始腾出楼下一小间作为登记新书及整理旧书工作。经加紧工作后，如期于十九日开馆。

2.本馆现有图书共三千八百三十三册，只有总登记号，并未分类、编目及制卡片。故不惟借书人不便，即取书者亦感困难，今后当竭全力作分类、编目及制卡片工作，预计本学期终了可以竣事。

3.布置阅览室一所，内陈列报章杂志，专供本校师生员工阅读之用，预计十月底可以成功。

4.接收及整理成达中学书籍。成达中学原有书籍四千余册，已点交校方。惟图书馆现仅主任一人、职员一人，以之应付日常工作尚感不足，故尚未接收是项图书，拟于新职员到公后，与原有图书一齐登记、分类、编目，预计以二人常规②办理是项工作，预计七个月可以竣事。

5.本校师生员工将近千人，所有书籍实嫌太少，不敷借阅，请校方于本年内再为购置壹千册。

6.拟定借书规则十一条及借书证格式一份，由教务会议及校管通过（后）施行。

---

① 原件现藏于四川师范大学档案馆。
② "规"字为作者辨识而得，原字模糊。

7. 拟本馆办事细则前，此本馆书籍甚少，仅职员一人工作，今因书籍日益增多，职员一人万不敷用，校方已允增添职员二人。故有草拟分股及办事细则之必要，新职员到公后，即行拟定内部分股办事细则。

（二）图书馆办事细则

图书馆搬迁至南充后，为尽快开展工作，制定了较为详细的《川北大学图书馆办事细则》[①]，对图书馆的组织机构、工作程序、开馆时间、书籍采购、工作管理等进行了明确的规定。为更好地了解其具体内容，在此将《川北大学图书馆办事细则》全文内容记录如下：

一、本馆按实际情形，暂分两股办事。

1. 分类编目股：专门作分类及编目事项。

2. 阅览股：专门担任书籍出纳及保管事项。

二、凡新购之图书，均由分类编目股验收、登记、分类、编目后，交阅览股。

三、本馆办公时间依照本校规定办理，但借书时间午后拟提前一小时闭馆，以便出纳人员整理书籍（阅览室则完全依照办公时间开闭）。

四、凡新出书籍、杂志、报章，图书馆得建议校方购买。校方购买书籍宜先将目录交图书馆查阅有无是项书籍，签具意见，以免重复。

五、凡购买书籍、杂志、报章之函件，均由本馆拟缮后，交庶务组寄发。购书之款，由出纳交兑。

六、各员每日工作，自行登记于工作簿，以便自行督促工作之进行。

七、本规则如有未尽事宜，得由馆内各员提出修改之。

八、本规则经教务处核可后施行。

---

① 原件现藏于四川师范大学档案馆。

四、图书馆书刊借阅管理

为保证图书馆书刊资料得到更好的保护,川北大学校务管理委员会针对学生读者,于 1950 年 11 月 6 日特别出台了《布告学生借阅图书务须遵守图书馆借书规则由》,指出:"本校图书馆书刊、杂志业经大体整理就绪,日内即已正式开放,以供学生借阅。惟查馆内所有图书年来颇有损失,考其原因系由少数人借出不还或任意损坏、不加爱护所致。此种陋习殊非我中华人民共和国新青年所应有。本校教育宗旨即以培养学生爱祖国、爱人民、爱劳动、爱科学、爱护公共财物为先务,诸生(尽)应体念斯旨,洁身自好。嗣后借阅图书务须遵守图书馆借书规则,做到到期必还,损害必赔,并加意爱护,勿稍污损,有厚望焉。"①

1950 年 12 月 5 日,川北大学校务管理委员会以教字第 39 号布告,公布《川北大学图书馆借书暂行规则》一式二份,分别张贴在小西街校本部和西山分部,并印发各教职员一份。该规则共 11 条,对借书程序、借出范围、册数、期限等进行了规定。为更好地了解其具体内容,在此将《川北大学图书馆借书暂行规则》②全文记录如下:

第一条　本校师生员工借阅图书悉依本规则办理。

第二条　凡本校师生员工来馆借书,须先填借书单,然后持单连借书证向出纳人员借阅所借书籍。

第三条　本馆图书除左列各书外,均得借出馆外阅读。

一、各种字典、辞典、汇书及手册。

二、指定参考书。

三、各种年鉴、地图、统计表册。

四、各学生毕业论文。

第四条　借阅人对图书应加爱护,不得随意污损、圈点或加批注。倘有污损或遗失,按时价赔偿。如系绝版,须按时价十倍赔偿。

---

① 川北大学校务管理委员会《布告学生借阅图书务须遵守图书馆借书规则由》,现藏于四川师范大学档案馆。

② 川北大学校务管理委员会《公布本校图书馆借书暂行规则由》附件,现藏于四川师范大学档案馆。

第五条　教授、副教授及讲师借阅图书，每人每次以八册为限；助教以四册为限；职员、学生以二册为限，但毕业学生作论文者，可借四册；工友以一册为限。借阅时间不得超过两周。期满欲续借者，如无他人借阅，得另写借书单续借一次，但基本参考书及教本不在此限。

第六条　已借出之图书，如经教授指定为参考书或有特别需要者，本馆得随时收回。

第七条　本校师生员工有因事长期离校时，在未离校前必须将所借图书全数归还清楚，其联系办法如下：

1. 离校人属于教师、职员部分，在其本人请准离去时，由秘书室通知本馆以便清查是否尚有未还图书。

2. 属于学生部分，由教务处通知本馆。

3. 属于工友部分，由总务处庶务组通知本馆。

第八条　凡借书人有违反本规则之规定时，照下列办法办理：

（甲）教师、职员、工友，如有不遵守本规则借还者，由本馆报请校管会，停止其借书权利；损毁、遗失者，即报请在应领薪金内扣回其应赔之数目。

（乙）本校学生借阅图书，如有不遵守本规则借还者，得由本馆报请教务处，停止其借书权利或予以应得之处分。

第九条　本馆借出图书，每届学期终了前一周时，一律收回并停借阅。

第十条　本规则如有未尽事宜，得随时修改之。

第十一条　本规则经教务会议通过并经校管会认可后，公布施行。

五、图书馆文献资源建设

（一）图书的整理

川北大学图书馆搬迁至南充后，由于工作人员最初只有1名，图书整理速度较慢。而学校要求将图书迅速整理出来，供读者借阅。为此，图书馆于1950年8月17日，请求校方调刘光礼、郑剑芸、汪天柱等3名学生到图书馆工作（临时帮忙）。经加紧工作，图书馆于10月19日开馆接待读者。

（二）书刊的购置

最初，川北大学图书馆书刊主要由总务处负责购买。这种采购方式比较机械，不够灵活，容易导致读者需要的一些书刊漏采，读者意见较大。对此，总务处于1950年12月2日提议"图书馆书籍以后请由图书馆直接派员采购，以便于选择版本"；学校领导集体商议后，于当日批复"由图书馆拟定一定办法遵办"[1]。

川北大学建立时，正是新中国成立初期，国家财政困难，学校底子薄，图书馆文献资源严重不足。据记载，1950年度全校图书只有9016册[2]，后增加到9317册[3]。为了解决图书馆文献资源不足的困难，学校号召师生捐献图书；并举办读书报告会，由看过新书的师生报告新书的内容和心得体会[4]。这样，在一定程度上满足了师生渴求新知识的愿望。

（三）张澜赠书及其他学校书刊的并入

1952年3月，中华人民共和国中央人民政府副主席、中国民主同盟第一届中央委员会主席张澜[5]基于对家乡人民的厚爱，通过其侄子张默生及民盟川北支部兼南充市分部临时工作委员会，向川北大学赠送了10册由人民出版

---

[1]《总务处提议以后图书馆应直接采购以便于选择版本请公决案》，现藏于四川师范大学档案馆。

[2] 1950年度《川北大学概况表》，现藏于四川师范大学校史馆。

[3]《川北大学登记簿》（第二册），现藏于四川师范大学校史馆。

[4] 余正松主编：《西华师范大学校史（1946—2006）》，成都：四川大学出版社2006年版，第10页。

[5] 张澜（1872—1955），字表方，四川省南充县中和乡（今西充县莲池乡）人。中国民主革命家，中国民主同盟主席。自幼随父读书。1902年，入四川成都尊经书院学习。1903年，被选派留学日本，入东京弘文学院师范科学习。1904年，归国。此后，在南充顺庆府中学堂任教习和监督，同时创办了南充民立两等小学、南充县立高等小学。1909年10月，被推举为四川谘议局议员，但坚辞不就。1911年，参与领导四川保路运动。1917年11月，被北京政府任命为四川省省长，次年离开四川到北京定居。1919年，支持新文化运动及四川籍学生留法勤工俭学。1920年，回到四川南充投身教育。1925年7月起，担任成都大学校长。1937年抗日战争全面爆发后，投身抗日民主运动。1941年3月，中国民主政团同盟成立，任主席。抗战胜利后，代表民盟参加政治协商会议。1949年9月，出席中国人民政治协商会议第一届全体会议，并在会上当选为中央人民政府副主席、中国人民政治协商会议全国委员会常务委员。1954年，当选为全国人民代表大会常务委员会副委员长；同年，当选为中国人民政治协商会议第二届全国委员会副主席。1955年2月9日，在北京病逝。

社出版、当时极难购得（需凭"购书证"限量购买）的《毛泽东选集》（第一卷），并在每册图书扉页上用毛笔题写："川北大学惠存　张澜赠　一九五二年三月"（见图3-5）。这些弥足珍贵的书籍对于川北大学广大师生员工学习毛泽东思想、了解中国革命历史、投入热火朝天的社会主义建设具有十分重要的意义。图书馆收到赠书后，于4月14日进行了登记入藏，供师生阅读。目前，在西华师范大学图书馆书库里发现了3册由张澜赠送的《毛泽东选集》（第一卷）①。

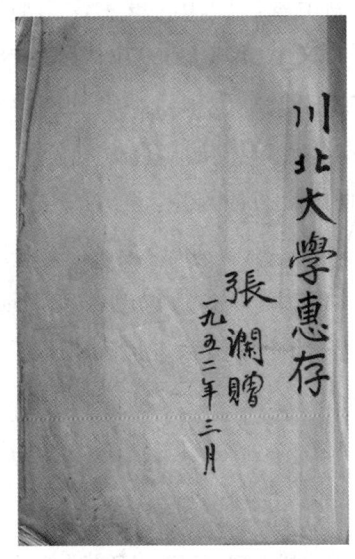

图 3-5　张澜赠书题签

私立川北文学院并入川北大学后，其书刊资料亦随之移入川北大学图书馆。虽然目前尚未在西华师范大学图书馆找到盖有私立川北文学院图书馆印章的书刊，但从现存的《全国学联通讯》刊名页上的赠书题签（"南充市学联赠文学院"）及其出版日期（1949年11月10日）可以看出，该刊是由私立川北文学院图书馆移入川北大学的期刊。

川北大学迁入南充小西街私立成达中学校址后，私立成达中学停办，其校舍、校具及图书仪器等全部交川北大学接收②。据记载，当年成达中学移交给

---

① 汤骅:《张澜赠书发现始末》,《文史月刊》2017年第11期。
② 中国人民政治协商会议四川省南充市委员会文史资料研究委员会编印:《南充市文史资料选集》第二辑,第105页。

川北大学的书籍有4000余册[1],这些书籍的移入,极大地丰富了川北大学图书馆馆藏。目前,西华师范大学图书馆还保存有部分成达中学当年移交的图书。如"万有文库"之《世界形势一览图》《四库全书总目提要》《通志略》《大唐西域记》等书。

为满足师生教学和学习需要,图书馆加强了文献资源建设。截至1952年9月,馆藏图书有近15 000册[2]。这一时期,虽然图书馆资源建设发展缓慢,但在艰难困顿的环境中依然为学校的教学和科研提供了力所能及的支撑服务。

六、安全工作及其他

安全工作历来是图书馆工作的重点。为保障川北大学图书馆安全,学校采取了如下措施:"甲、将近图书馆的厨房一所已予迁移。乙、配备灭火机四具及沙包五十个。丙、藏书楼和办公室内绝对禁止吸烟。丁、图书馆负责同志随时督促员工加意防范"[3]。

1951年4月,川北大学增设了水利、土木、化工、农机和采矿5个速成专修班。到本年6月,全校教职工由建校初的184人增加到206人[4]。图书馆读者逐渐增加。

1951年5月,西南文教部增拨给川北大学3亿元修缮费。鉴于"校舍修缮工程大体就绪",川北人民行政公署文教厅建议"此款用来兴建图书馆",并希望学校"编拟图书馆建修计划及预算书"[5]。这为后来图书馆的扩建奠定了基础。

---

[1] 《川北大学图书馆一九五〇年中心工作预计》,现藏于四川师范大学档案馆。
[2] 《川北大学登记簿》第三册,现藏于四川师范大学图书馆。
[3] 川北大学校务管理委员会《呈覆预策图书馆安全情形请核备由》,现藏于四川师范大学档案馆。
[4] 余正松主编:《西华师范大学校史(1946—2006)》,成都:四川大学出版社2006年版,第8页。
[5] 川北人民行政公署文教厅《为西南文教部拟拨付你校修缮费三亿元希编列图书馆建设资金预算呈部由》,现藏于四川师范大学档案馆。

第四章　成长：四川师范学院图书馆

（1952年10月—1956年7月）

第一节　四川师范学院图书馆的建立

一、四川师范学院图书馆的设立

新中国成立后，我国进入有计划、大规模的经济建设时期，大力培养建设人才成为发展我国教育事业的最基本、最迫切的任务。1951年8月，第一次全国师范教育会议在北京召开，其中心议题是如何解决大量而迫切需要的师资问题。在这次会议上，教育部提出了培养百万人民教师的奋斗目标，并提出了调整和设置高等师范学校的6条原则："（一）每一大行政区建立健全的师范一所，由大行政区教育部直接领导，以培养高级中等学校师资为主要任务。各省和大城市原则上设立健全的师范专科学校一所，由省、市教育厅、局直接领导，以培养初级中等学校师资为任务；如有条件，亦可设立师范学院。（二）现有师范学院，要加以整顿和巩固；没有文理方面各系科的，要逐渐添设，并充实其设备。（三）现在大学中的师范学院或教育学院，以逐渐独立设置为原则，并增设文理方面的系科。（四）根据需要与条件，得以个别大学的文理学院为基础，改组成为独立的师范学院。（五）规定师范学院教育系的主要任务为培养师范学校的教育学、心理学等科目的教师。大学文学院中的教育系应逐渐并于师范学院。现有各种专门教育系，如语文教育系、社会教育系等均应明确地规定其具体任务，加以调整或归并。（六）将有条件的学校改设一所至两所幼儿师范专科学校。"①

1952年8月，川东、川南、川西、川北行署撤销。9月1日，恢复四川省建制。10月，为实现教育部提出的培养百万人民教师的目标，西南军政委员会文教部根据第一次全国师范教育会议精神，下发文高〔1952〕字文件，决定"川北大学自一九五二学年度开始改为师范性质的高等学校，迁入川北人民行政公署原址，原校名撤销，改称'四川师范学院'"。川北大学接到文件后，立即进行了迁校和改名工作。经过全体师生员工的努力，学校很快由南充市小西街校址迁入原川北人民行政公署。11月3日，川北大学秘二函字第222号《报告》称，"原川北大学已奉命改为四川师范学院"。

图4-1 四川师范学院校门及校牌

1952年11月16日，四川师范学院正式开学行课。川北大学图书馆随学校的更名，改名为四川师范学院图书馆。

四川师范学院图书馆设在原川北行署广播电台大楼（今北湖老校区西六楼），馆舍面积有800多平方米（见图4-2）。馆藏印章亦进行了更改，启用

---

① 中华人民共和国教育部办公厅：《教育文献法令汇编：1949—1952年》，教育部办公厅1958年印本，第144页。

"四川师范学院图书馆藏书"印章（见图4-3、图4-4、图4-5、图4-6）。

图4-2　四川师范学院图书馆外景

图4-3　四川师范学院图书馆藏书印章（一）

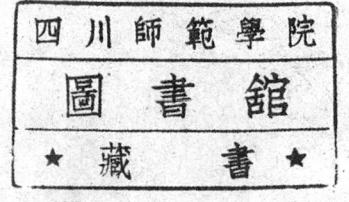

图4-4　四川师范学院图书馆藏书印章（二）

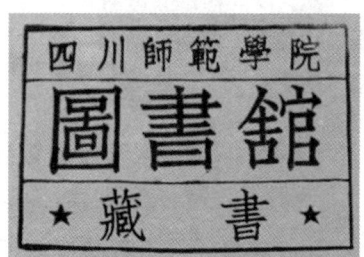

图4-5　四川师范学院图书馆藏书印章（三）

图4-6　四川师范学院图书馆藏书印章（四）

二、图书馆人员队伍及馆藏

当时,图书馆有工作人员 10 名。于哲文为主任。川北大学图书馆所藏书刊成为四川师范学院图书馆的馆藏主体,馆藏图书约 6 万册,其中线装书近 2 万册、中外文精平装书约 4 万册[①]。

第二节　院系调整中的四川师范学院图书馆

1952 年,为使全国高等教育适应国家经济建设事业发展的需要,全国高等院校进行了大规模的院系调整和专业设置工作,以改变旧中国高等院校的设置、分布和系科分布等不合理的状况。高教部提出了"以培养工业建设人才和师资为重点,发展专门学院和专科学校,整顿和加强综合性大学"[②] 的院系调整方针。根据教育部的工作指导方针,西南行政区文教部于当年提出了院系调整动员报告要点,指出:"院系调整是高等教育改革的重要步骤,1953 年将开展大规模的经济、文化、国防建设,国家急需大批专门技术干部,而国民党遗留下来的高等学校存在着很多不合理的现象,这与当前培养干部的任务存在很大矛盾,因此,只有进行院系调整,才能使高等学校培养的人才能适应国家需要"[③];并针对当时四川省高等院校规模小,专业设置冗杂、分散、重复,人力、物力、财力浪费严重,远远跟不上国家对人才的需要的现象,在周密调查研究的基础上,制定了院系调整的 3 条原则。10 月,西南文教部下达了《西南区高等学校院系调整师生员工调动办法》。尚未完成改名的川北大学根据西南行政区文教部下达的调整方案,进行了较大的系科调整:保留中国语言文学、哲学历史、数学物理 3 个科系,调出水利工程、土木工程、农业经济、企业管理、化学工程和农艺共 6 个科系,停办水利、土木、化工、采矿、电机等

---

① 张怀绶:《四川师范学院图书馆史略(1952.10—1993.12)》,《四川师范学院学报(哲学社会科学版)》1995 年第 2 期。

② 顾明远主编:《教育大辞典》第 10 卷(中国近现代教育史),上海:上海教育出版社 1991 年版,第 411 页。

③ 转引自佘正松,王治权主编:《四川师范学院院史(1946—1996)》,重庆:西南师范大学出版社 1996 年版,第 21 页。

5个专修科，调入川东教育学院、重庆师范学院、四川大学师范学院、华西协合大学等校的多个系科。经过1952年、1953年两次调整后，四川师范学院的专业设置基本确定，计有中文、历史、数学、物理4个四年制本科，有中文、历史、地理、数学、化学5个两年制专修科以及理化、数学2个一年制专业点。1954年秋季，成立化学系，招收四年制本科生。本年，为满足教学需要，购买了大批图书、仪器。1955年，高教部指示停止招收一年制学生，于是四川师范学院撤销了理化、数学2个一年制专业点。自此，四川师范学院就有中文、历史、数学、物理、化学5个系招收四年制本科生，中文、史地、数学、物理、化学5个专修科招收二年制专科生。院系调整后，全校共有助教以上教师89人，其中教授23人、副教授20人、讲师20人、助教26人，有职员71人、工人61人，有学生787人（其中补习班学生48人）[①]，行政管理机构、教学辅助单位等也不断完善，一所新型的社会主义高等师范院校从此诞生。1956年分校时，全校学生已达2002人[②]。院系调整的过程中，四川师范学院图书馆根据院系调整的需要，进行了书刊资料的调出与调入工作。

一、院系调整中，文献资源的调出

在院系调整过程中，尚未完成改名的川北大学根据西南行政区文教部下达的调整方案，调出水利工程系，合并到成都工学院（今四川大学工学院），随系调入成都工学院的教师有王毓泰（系主任）、李仲元、屈智炯、王正瑾、郭谦、冯广占、黄大寿、谭经文，图书馆所藏水利工程相关专业书刊亦调入成都工学院。《四川省水利志》第五卷记载："调整来系的师生，均在成都工学院安置。同时还调来了一些仪器设备和图书资料"[③]。同时，川北大学的土木工程系调出，并入重庆土木建筑学院，图书馆所藏相关专业的书刊随之调入重庆土木建筑学院；农业经济系调出，并入重庆的西南农学院，同时调出教

[①] 余正松主编：《西华师范大学校史（1946—2006）》，成都：四川大学出版社2006年版，第12页。

[②] 高林远主编：《风雨六十年：四川师范大学简史》，成都：四川师范大学出版社2006年版，第26页。

[③] 徐慕菊主编：《四川省水利志》第五卷《科教篇》，四川省水利电力厅1989年印本，第194页。

师9人、学生77人到西南农学院①，图书馆相关专业的书刊随之调入西南农学院；企业管理系调出，并入成都四川财经学院（今西南财经大学）；化学工程系调出，调整到由四川大学、重庆大学、华西大学、西南农学院、贵州大学、云南大学、西南工专、川南工专、自贡工专、西南技专、乐山技专等11所大专院校的化工专业调整合并成立的泸州化工学院，图书馆所藏的化学工程相关专业书刊也随之调入泸州化工学院②；农艺系调出，并入贵州大学农学院农艺系，图书馆的相关书刊随之调入贵州大学，成为今贵州大学图书馆的最初馆藏资料之一。

二、院系调整中，文献资源的调入

在院系调整过程中，调入四川师范学院的有：川东教育学院的数理系、二年制数学专修科，四川大学师范学院的二年制物理、化学专修科及一年制数学专修科和教育系部分教师，华西协合大学的中国语言文学系、历史系、化学系、教育系部分教师，以及重庆师范学院的部分系科；各校图书馆的相关书刊随调整系科调入四川师范学院图书馆，成为四川师范学院图书馆文献资源的一部分，使四川师范学院图书馆的馆藏资源更加丰富。目前，西华师范大学图书馆还保存有院系调整时期调入四川师范学院图书馆的各高校图书馆的部分书刊。这些来自不同学校图书馆的书刊均盖有原图书馆印章③，印章形式多样、色彩各异，充分揭示了当时全国院系调整的历史原貌。

（一）川东教育学院书刊的调入

院系调整时，川东教育学院图书馆调入四川师范学院图书馆的书刊数量较多且种类多样。

川东教育学院前身是1939年3月由中华平民教育创始人晏阳初等筹建于四川巴县歇马场（今属重庆市）的"私立中国乡村建设育才院"。1941年，"私

---

① 卢跃进,谌利主编:《农学与生物科技学院史》,重庆:西南师范大学出版社2016年版,第26页。

② 四川省泸州市地方志编纂委员会办公室编:《泸州市志》,北京:方志出版社1998年版,第1092页。

③ 郭明蓉:《方寸存真——试谈藏书章记录的西华师范大学图书馆源流及变迁》,《乐山师范学院学报》2018年第7期。

立中国乡村建设育才院"将"平教会"代干事长兼"乡政学院"院长瞿菊农改组的"乡村建设研究所"并入。1945年8月,"私立中国乡村建设育才院"改名"私立乡村建设学院",1950年12月1日由重庆市军事管制委员会乡建院接管小组接管。1951年,私立乡村建设学院与私立南林学院、白屋文学院及辅成学院合并、改建,成立川东教育学院。1952年9月,院系调整时,川东教育学院撤销,部分系科并入四川师范学院。因此,目前西华师范大学图书馆馆藏中还存有随川东教育学院图书馆迁入的中华平民教育促进会、私立中国乡村建设育才院、乡村建设研究所、农村建设协进会乡政学院、私立乡村建设学院等单位的部分书刊。这些书刊大部分藏于西华师范大学图书馆古籍珍特藏部及过刊库。

因川东教育学院由多个学院合并、改建而成,其图书馆书刊资料十分丰富。据1947年12月统计,私立乡村建设学院图书馆当时就有中外文各类图书30 112册,其中有外文书籍2745册[①]。1952年10月院系调整时,川东教育学院将调整入四川师范学院的系科所需相关书刊资料及其财产登记簿(见图4-7)、图书清册(见图4-8)等移交给了四川师范学院。四川师范学院图书馆主任于哲文和分类编目股的贾荣昭代表川北大学校务管理委员会(1952年12月撤销,成立以段可情、苏藜、张静虚、李炳英、田时雨、王继武、兰蔚丰、蒋梦鸿等13人组成的四川师范学院建校委员会)接收川东教育学院移交的书刊,贾荣昭负责清点(见图4-9)。据现存资料显示,川东教育学院调入四川师范学院图书馆的中文图书有4518册、小册子679册[②],主要包括哲学、政治学、数学、物理、心理学、教育学、历史地理等学科的中外文精平装书刊及部分古籍线装书。如,现藏于西华师范大学图书馆的《时事手册》《世界知识》《文物参考资料》《中国青年》《世界青年》《中国语法理论》等刊,及《中国通史》、《中国民族简史》、《人怎样变成巨人》、《鲁迅传》、《现代科学进化史》、《西洋科学史》和"万有文库""大学丛书"等图书,另有线装书《宋元学案》《扬子法言》《乐府诗集》等,还有《辞源》《中国人名大辞典》《辞通》《辩证法唯物论辞典》《四库大辞典》《英华大辞典》《德华大辞典》《俄华大辞

[①] 《重庆教育志》编撰委员会编:《重庆教育志》,重庆:重庆出版社2002年版,第463页。
[②] 《川东教育学院图书馆中文书登记簿》和《川东教育学院图书馆小册子登记簿》,现藏于四川师范大学图书馆。

典》等工具书。

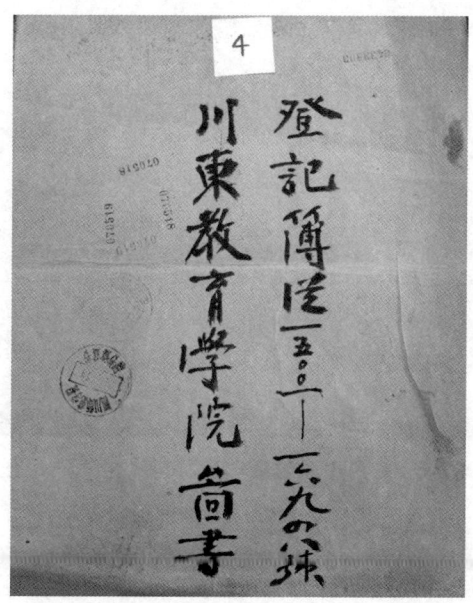

图 4-7　1952 年 10 月川东教育学院移交给四川师范学院的图书财产登记簿封面

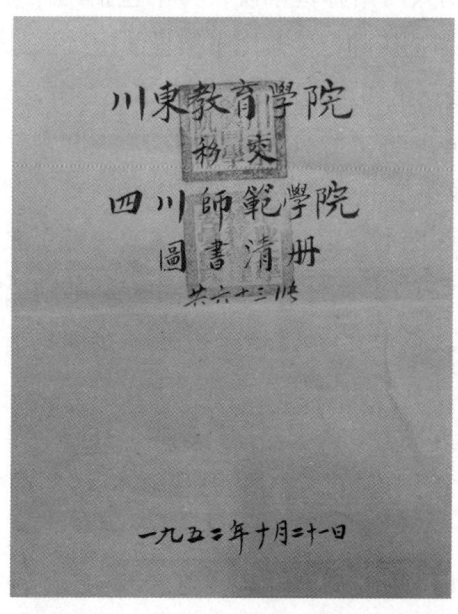

图 4-8　1952 年 10 月川东教育学院图书移交清册封面

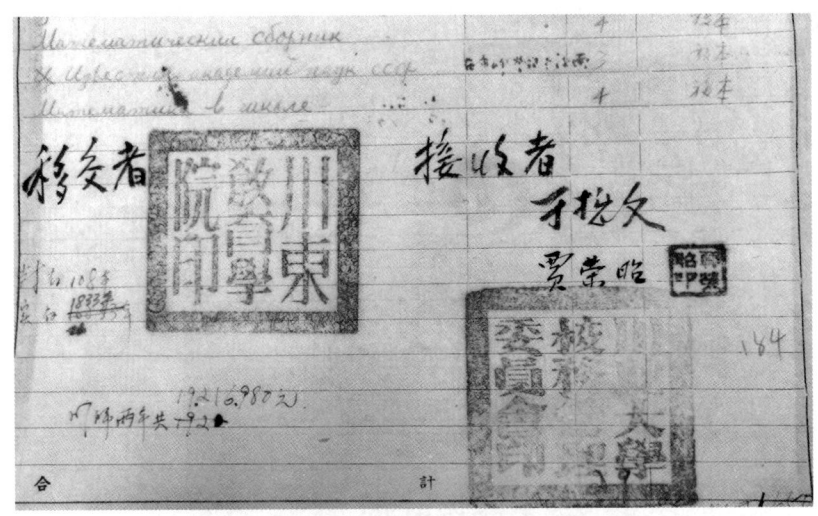

图4-9　1952年10月川东教育学院书刊移交章及川北大学签收章

（二）重庆师范学院书刊的调入

1953年，全国院系调整工作继续进行。同年3月，原重庆师范学院撤销，该校中文系二年制语文专修科、数学系一年制专修科学生全部并入四川师范学院，教师约有30人调入四川师范学院，其中包括冯伴琴、冉友侨、朱炳乾、秦丙木、李耀仙等。原重庆师范学院图书馆里的中文系、数学系所需相关文献资料亦于6月20日移交给四川师范学院图书馆。其中，有《世界知识》《中国数学杂志》《科学大众》《东北教育》《历史教学》《世界青年》《学习》等。

（三）其他学校及单位书刊资料的并入

在今西华师范大学图书馆馆藏中，还发现盖有私立求精商业学校、重庆市第二十五初级中学、私立南通学院和上海市市立新陆师范学校等校图书馆印章的中外文图书。据相关资料分析，这些图书应是全国院系调整时随川东教育学院或重庆师范学院，并入到四川师范学院图书馆的。

当时，由于川北人民行政公署已撤销建制，其图书馆及下属各单位所藏书刊亦并入四川师范学院图书馆，如《近代印刷本》《中国青年》《新中国妇女》《西南青年》等书刊。

以上这些学校和单位的书刊并入，进一步丰富了四川师范学院图书馆馆藏。

通过院系调整，四川师范学院图书馆就以川北大学图书馆为基础，接收川东教育学院图书馆、重庆师范学院图书馆、华西协合大学图书馆、四川大学图书馆的部分书刊及川北行署各机关的书刊组建而成。据1955年5月和6月两次统计,1952年1月至1954年12月,四川师范学院图书馆有中文平装书88 529册①、英文图书1599册(包括1952年川东教育学院、重庆师范学院等单位移交的250册)②、俄文图书2761册③。

遗憾的是,在西华师范大学图书馆未发现院系调整时期并入的四川大学图书馆和华西协合大学图书馆留存的书刊资料及藏书章墨迹。只在今四川师范大学图书馆发现盖有"华西协合大学哈佛燕京学社"印章(见图4-10)的图书。

图4-10　华西协合大学哈佛燕京学社藏书章印模

---

① 《四川师范学院图书馆图书登记册》(一)、(二),现藏于四川师范大学图书馆。
② 四川师范学院图书馆《英文书登记簿》(1952年1月—1954年12月)第1册,现藏于四川师范大学图书馆。
③ 四川师范学院图书馆《俄文书登记簿》(1),现藏于四川师范大学图书馆。

第三节　四川师范学院图书馆的初步发展

一、文献资源建设

（一）文献资源的加工整理

院系调整结束后，四川师范学院图书馆对各高校、川北行政公署等单位移交来的书刊及原川北大学图书馆书刊进行了整理和重新编号、登记造册。图书分类按王云五的"中外图书统一分类法"进行。

（二）文献资源购置

四川师范学院图书馆除整理加工原有书刊资料及校外移交书刊外，还继续购置新的文献资料。从《四川师范学院图书馆图书登记册》上看，当时所购图书基本是1951—1954年出版的书，复本量大多在2—10册之间，但有个别参考书及中学课本的复本量特别大，如东北师大教育系教育学教研室编的《教育学参考资料》（一辑）有复本60册、《怎样做算术习题和解习题》有复本30册、《初中世界古代史》（王芝久著，人教版）复本有200册、《初中中国地理》（下册）（王均衡著，人教版）有复本100册。1955年3月，俄文图书增加了1509册①。

1956年1月，周恩来总理在《关于知识分子问题的报告》（以下简称《报告》）中指出："为了实现向科学进军的计划，我们必须为发展科学研究准备一切必要的条件。在这里，具有首要意义的是要使科学家得到必要的图书、档案资料、技术资料和其他工作条件。必须增加各个研究机关和高等学校的图书费并加以合理使用，加强图书馆、档案馆、博物馆的工作，极大地改善外国书刊的进口工作，并且使现有的书刊得到合理的分配。"②四川师范学院根据周总

---

① 四川师范学院图书馆《俄文书登记簿》（2），现藏于四川师范大学图书馆。
② 转引自国家档案局综合处编：《党和国家领导人论档案》，北京：档案出版社1988年版，第19页。

理的《报告》精神,增加了不少书刊购置费,每年平均购进新书5万册[①]。到1956年4月,四川师范学院图书馆各类藏书已达218 693册,其中哲学社会科学类占56%,自然科学类占18%,其他类占26%;此外,还有中外文报纸及杂志360种[②];线装书中,宋刻本《方舆胜览》、元刻本《图绘宝鉴》、明蓝阁本《中原音韵》及《太和正音谱》等均系珍藏[③]。

图书馆在文献资源建设上除采用订购、现购的方式外,为丰富馆藏,还对外征集捐赠书刊,得到了一些校友、文化界人士及出版机构的慷慨捐赠。如1955年,人民出版社和语文学习社均赠送了《语文学习》月刊给四川师范学院图书馆。另有中国青年出版社赠送了《史学译丛》等。

二、工作人员队伍建设

为更好地为读者提供服务,图书馆不断加强工作人员队伍建设。1954年1月,曾在重庆师范学院图书馆做过管理员的贺益镠,在四川师范学院数学科学习结束后进入图书馆工作,主要负责各类新书的登记及统计,兼做采购室及编目室的一些工作。3月,在四川师范学院秘书处文书组和总务处庶务组任职的陈大荣调入图书馆,先后在编目组和流通组工作。8月,李凤仪和付大敦同时调入图书馆。李凤仪曾任川北军区文化速成小学、西南军区第八文化速成中学等校的文化教员,调入图书馆后,负责中外文期刊的预订、验收、登记、展出、配套合订,兼管理报刊库和学生阅览室,分发全院的报刊;同时,担任馆内政治学习小组长,与李若玲一道负责全馆的政治学习工作。付大敦主要从事图书流通工作。当时,图书馆大库工作人员只有3名,实行开架凭证入库,出纳台采用双轨排片(即书袋卡与借书券分别排列,便于查找读者或查找读者所借图书)。1955年11月,易德琼调入图书馆流通组。1956年6月,罗静思调入图书馆编目组。到1956年上半年,四川师范学院

[①][②] 佘正松主编:《西华师范大学校史(1946—2006)》,成都:四川大学出版社2006年版,第23页。

[③] 高林远主编:《风雨六十年:四川师范大学简史》,成都:四川师范大学2006年印本,第29页。

图书馆工作人员已有 20 多人[①]。

三、读者服务工作

图书馆除在馆内设一般参考室、科技参考室、特别参考室、期刊阅览室和报纸阅览室外，还在各系和公共课教研组分别设专业图书室 9 处[②]。并对阅览室进行了规范的管理，如在书刊上加盖"限馆内阅览 请勿携走"提醒章，要求读者不得随意将阅览室的书刊带出馆外。图书馆丰富的书刊资料和规范的管理为学院的教学和科研工作提供了保障。

---

① 张怀绥：《四川师范学院图书馆史略（1952.10—1993.12）》，《四川师范学院学报（哲学社会科学版）》1995 年第 2 期。

② 佘正松，王治权主编：《四川师范学院院史（1946—1996）》，重庆：西南师范大学出版社 1996 年版，第 38 页。

第五章　分立：南充师范专科学校图书馆

（1956年8月—1958年10月）

　　1956年，为了使四川省高等师范学院的布局更趋合理，教育部决定把四川师范学院迁至成都办学。同年7月，教育部给四川师范学院下达分校指示，决定本科部分于暑假迁往成都。8月3日，四川省教育厅〔56〕教字第1338号文件通知："关于你院迁成都后，留在南充的专修科部分新的校名问题，经请示教育部批准，决定定名为'南充师范专科学校'"[①]。于是，四川师范学院一分为二：本科部分，包括中文、历史、数学、物理、化学5个系全部迁往成都办学，校名仍为四川师范学院；专修科各专业留在南充原址，成立南充师范专科学校（见图5-1）。

图 5-1　南充师范专科学校校门及校牌

---

①　四川省教育厅〔56〕教字第1338号文件，原件现藏于西华师范大学档案馆。

第一节　南充师范专科学校图书馆的建立

一、图书馆初建概况

1956年8月25日，南充师范专科学校正式成立，由原四川师范学院副院长苏藜任校长，原四川师范学院副教务长冯伴琴协助校长处理校务。学校设教务、总务、人事、出版4个科，并设财务组等行政机构和图书馆。图书馆名为南充师范专科学校图书馆，并启用新的藏书印章（见图5-2、图5-3、图5-4）。

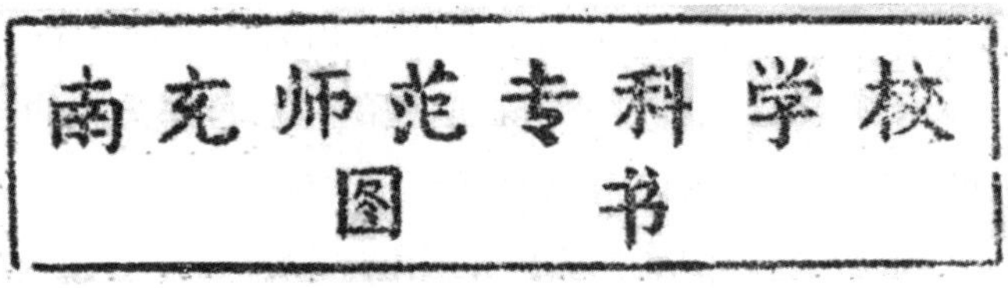

图5-2　南充师范专科学校图书馆藏书章（油印一）

图5-3　南充师范专科学校图书馆藏书章（油印二）

图 5-4　南充师范专科学校图书馆藏书章（钢印）

四川师范学院分校时，根据上级批示，对原有师资、校具和教学设备等基本按 2∶1 的比例进行分配。图书馆按照这个比例，留下罗静思、贾荣昭、陈大荣、李若玲、付大敦、易德琼、贺益镠、李凤仪、庄玉林、尹正科等 10 名工作人员在南充，图书馆主任于哲文调至成都；书刊资料三分之二迁到了成都，留下三分之一在南充，共计 86 310 册（包括一些小册子）。其中，中文精平装书 12 398 种，74 197 册；线装书 289 种，9393 册；外文书 822 种，1203 册；图片 234 种，419 册；报刊合订本 1124 册①。这些资料除去废旧书刊，实际只有 40 000 多册一般参考书，古典文学方面的书很少，更没有新建生物专业方面的图书②。分校时，四川师范学院图书馆的所有财产登记簿等及其他资料也全部迁到了成都。

南充师范专科学校图书馆利用"川师"分校时留下的工作人员和可用的 40 000 多册书刊，在四川师范学院图书馆原址（今西华师范大学北湖老校区西六楼）建立起来。当时，图书馆面积为 805.98 平方米，其中可用作书库与阅览室的面积只有 70% 左右③。据 1956 年 9 月到馆工作的李元强老师回忆，图书馆为原川北行署广播电台所在的二层小楼，后来添加了一层。该馆舍后来曾

---

　　① 张怀绥：《四川师范学院图书馆史略（1952.10—1993.12）》，《四川师范学院学报（哲学社会科学版）》1995 年第 2 期。注：中文精平装书等几个单列项册数和为 86 336 册，与总数 86 310 册不符，但原文如此。

　　②③ 佘正松主编：《西华师范大学校史（1946—2006）》，成都：四川大学出版社 2006 年版，第 28 页。

用作学校工会办公室、教工活动中心、离退休工作处等,目前是危房。据老馆员回忆,1957年图书馆又增加了平房一幢。

南充师范专科学校图书馆初建时,设备、资料、人力等都十分缺乏。对此,学校领导决定新建图书馆、大量补充图书资料,并陆续从学校各单位抽调人员充实图书馆。当时,原图书馆主任于哲文随四川师范学院调至成都后,新成立的南充师范专科学校图书馆没有馆领导,学校从中文系抽调图书馆学专家汪应文到图书馆担任主任。汪应文上任后,认真履行馆长之职,运用所学专业知识,实践自己的办馆理念,全身心投入到南充师范专科学校图书馆的建设和发展中。

二、图书馆组织机构建设

组织机构是实现图书馆既定目标的手段,机构设置的合理与否直接影响着图书馆管理职能的发挥[①]。1956年12月,教育部在北京召开全国高等院校图书馆工作会议,大会制定了《中华人民共和国高等学校图书馆试行条例(草案)》,明确了"高等学校图书馆是为教学和科学研究服务的学术性机构"[②]。南充师范专科学校图书馆汪应文主任应邀参加会议,并在大会发言[③]。这次全国高等院校图书馆工作会议的召开,推动了南充师范专科学校图书馆工作朝着正规化方向发展。会后,汪应文主任根据会议精神拟订了《南充师范专科学校图书馆组织纲要(草案)》(以下简称《纲要(草案)》),对图书馆的性质、任务、组织机构建设等提出了初步建议。建议"本馆由领导教学科研的校长或副校长直接领导,设馆长1人、副馆长1人,下暂设办公室(包括总务、秘书、采集)、编目组(包括中外文)、流通管理组(包括阅览室、书库、线装库、特藏库、资料库、期刊库)三组(室),学校成立校图书馆委员会,以加强

---

① 贺伟,李霞,李镇伟主编:《现代图书馆建设与管理》,北京:中国戏剧出版社2011年版,第257页。
② 倪波等编:《图书馆规章制度便览》,南京:江苏省图书馆学会1982年版,第75页。
③ 李秉严主编:《四川高校图书馆100年》,成都:四川科学技术出版社1999年版,第33页。

本馆与各教学单位之联系，……推动与改进图书馆的工作。"[1]根据《纲要（草案）》和馆情，初步建立起了南充师范专科学校图书馆管理服务机构，设置了流通管理组和编目组两个业务职能部门，并根据职责的不同，分别制定了岗位责任。据李元强老师回忆，当时图书馆编目组由贾荣昭担任组长，贺益镠担任采购工作，付大敦担任书刊验收兼总务工作，罗静思、李若玲、李元强担任分编工作，尹正科担任油印工作；流通管理组有易德琼、陈大荣、李凤仪、庄玉林，易德琼任组长，李凤仪后来主要负责线装书的管理与借阅工作，庄玉林专门管理期刊。

第二节　南充师范专科学校图书馆初步发展

一、图书馆委员会的设立及新馆建设

（一）图书馆委员会的设立

1957年11月，南充师范专科学校成立了图书馆委员会，由冯伴琴等9名委员组成，冯伴琴任主任委员。图书馆委员会定期听取图书馆工作汇报，讨论图书采购等有关图书馆建设方面的重大问题。

（二）新馆建设及布局

为使图书馆更好地服务师生读者，学校决定把扩建图书馆、增加馆藏、培养图书馆专业人员、加强图书管理等作为分校后的主要任务之一。经过努力，新建图书阅览楼（见图5-5）于1958年春竣工，建筑面积为1450平方米，是原馆舍面积的近两倍[2]。连同原有书库和工作室，图书馆馆舍共2200平方米，服务条件大为改善。新建馆舍主体为两层楼房，除门厅、走道、楼梯等外，使用面积为923平方米。二楼之上附加有单房5间，使用面积为130平方米。后来，整个馆舍的具体布置情况是：一楼左边各室分别用作过期期刊库、过期期

---

[1] 汪应文：《南充师范专科学校图书馆组织纲要（草案）》，现藏于西华师范大学图书馆。

[2] 佘正松主编：《西华师范大学校史（1946—2006）》，成都：四川大学出版社2006年版，第28页。

刊阅览室，右边各室分别用作过期报纸合订本库及过期报纸阅览室，中门有长方形一大间，外带两个小房用作装订房。二楼左右两大间各193平方米，分别用作文史与社科、理科与综合性现刊阅览室；中间前一室35平方米，作期刊组办公室；后一室66平方米，用作期刊收发、登记及编目室。三层上面的小房5间，共130平方米，为《汉语大字典》编写组借用，后用作馆刊编辑室、剪报室及工作人员寝室等[①]。1987年后，这一馆舍一楼右侧用作图书馆线装书阅览室和书库，左侧为历史系办公室，后来整个馆舍曾用作历史系行政办公室和校史陈列室。目前，该馆舍被用作校学生工作部、教育学院、管理学院、商学院等单位在北湖老校区的办公室。

图 5-5　1957年南充师范专科学校所建图书馆外景（2018年拍摄）

二、文献资源建设

当时，全国图书馆的主要任务是贯彻党的教育方针、政策，为教学、生产、科学研究工作提供必要的图书资料和科学技术情报，并根据具体条件不断研究和改进各项业务工作。因此，南充师范专科学校图书馆加快了文献资

---

① 汪应文：《南充师范学院新图书馆舍基建工程的初步设想》（1983年11月），现藏于西华师范大学档案馆。

源建设步伐。1957年，购置中文图书4800种25 324册；1958年，新购中文精平装图书9525种24 315册、线装书611种7357册、外文图书1146种1348册①。书刊资料的不断增多，基本满足了学校教学和科研的需要。

（一）争取经费，保障资源建设

充足的经费是图书馆开展工作的先决条件，是图书馆文献资源建设顺利进行的保证。因此，国外的图书馆立法过程中，对于经费的规定是重点内容之一②。南充师范专科学校成立之初，学校经济十分困难，图书馆的文献购置费更加短缺，并且每年的经费不定，上下浮动大。如，1956年9—12月的文献资源购置支出为34 469.63元，1957年的文献购置费为53 024.33元，1958年的文献购置支出为46 844.17元，经费短缺直接影响着文献购置计划的完成。对此，汪应文主任多次向学校领导反映情况，努力争取更多的文献购置经费，以保障图书馆文献资源建设的顺利进行。经过努力，图书馆1959年的文献购置费增加了一些，当年文献购置支出经费为54 031.76元。

（二）多途径完善馆藏资源

1. 图书馆确立了"为学校科研与教学两个中心服务""为广大群众服务"的文献资源建设方针，主张"向校外的有关单位征集与交流资料，供应学生使用的大量指定参考书与补充教材，收集和保存学校所出的书刊、师生所做的科研报告、毕业论文、学位论文等"。在这一方针指导下，南充师范专科学校图书馆的藏书不但增长很快，而且有不少精品。

2. 确立"合理经济"的采购原则，以"最低的代价，而取得最高的报酬"③，即用最少的经费购置最适用的文献。基于这一原则，在图书订购方面，"先由图书委员会向本校各系教授征集应购之书单，再向图书馆检查本馆是否已有是书，如系本馆未备之书籍，即由室组负责人交由购书人员购买。"这种层层遴选、审核的采购传统一直沿袭到现在，如今西华师范大学图书馆采购大码洋图书，均需要通过网络征求师生读者的意见，再由馆领导、部室主任审核，最后才由采购人员采购。在采访工作中，汪应文主任对采访人员素质也提出了要求，他要求采购人员要有较高的思想素质和掌握必要的技能，要熟悉馆

---

① 《南充师范专科学校图书馆财产登记册》，现藏于西华师范大学图书馆。
② 朱庆华，杨坚争编著：《信息法教程》，北京：高等教育出版社2001年版，第245页。
③ 汪应文：《空军文献的搜求与整理》，《中国的空军》1939年第23期。

藏，随时留意馆藏变化及读者利用情况，及时补缺，保证馆藏资源的连续性、完整性，并提高图书的时效性。

3. 多渠道加强文献资源建设。南充师范专科学校成立之初，图书馆为了尽快为学校的教学和科研提供保障，广开书源、多渠道购书。中文图书主要根据各地新华书店图书目录，并参考各系教师意见进行选订，同时向全国各古旧书店订购和派工作人员外出采购；此外，还请在外地出差的教师代购。外文图书主要通过国际书店进行订购（见图 5-6），或委托国外一些出版公司购买等。汪应文主任还亲自采选外文图书和古籍线装书。

当时，购买的重点是化学化工和外语方面的书刊资料，特别是石油炼焦方面的书买得比较多。

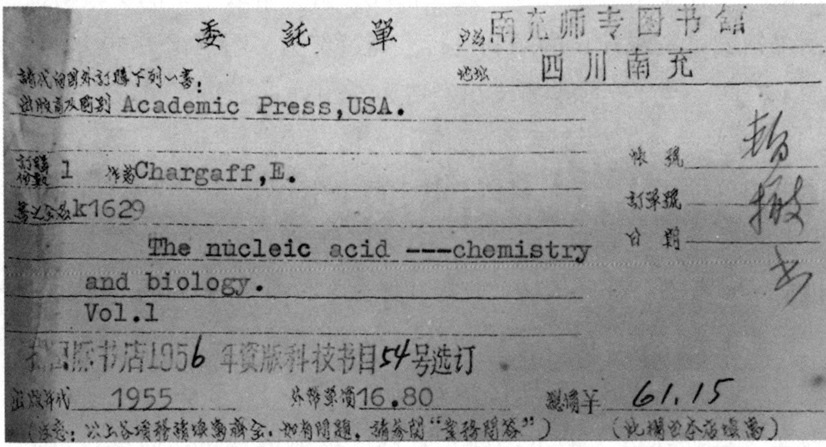

委託單

戶名 南充师专图书馆

地址 四川南充

請代向國外訂購下列之書：

出版商及國別 Academic Press, USA.

訂購份數 1 著者 Chargaff, E.

書名 k1629

The nucleic acid ---chemistry and biology.

Vol.1

在国际书店1956年资版科技书目54号选订

出版年代 1955 外币单价 16.80 总价¥ 61.15

帐号

订单号

日期

（注意：以上各项务请填写齐全，如有问题，请参阅"业务问答"）（此栏由本店填写）

图 5-6 1956 年南充师范专科学校图书馆外文图书订购委托单

经过多方努力，1956 年 9 月至 12 月底，仅 4 个月时间，到馆的就有：中文精平装图书 6043 种 23 521 册[①]，线装书 990 种 17 603 册，外文书 305 种 345 册，期刊合订本 1525 册，另有外文精平装图书、中文期刊、外文期刊等数千册。新购图书中，有一些大型丛书，如《丛书集成》《万有文库》《四部丛刊》等，以及“十通”、六省《通志》、《大清一统志》等旧版书，另有外文版的《不列颠百科全书》《美国百科全书》《日文世界历史事典》《哈佛古典文学名著

① 张怀绥：《四川师范学院图书馆史略（1952.10—1993.12）》，《四川师范学院学报（哲学社会科学版）》1995 年第 2 期。

丛书》等，都是当时不易购得且较为珍贵的图书①。

除订购外，图书馆还采取征集、接受捐赠、交换等多种方式，向国内外各文化机关、学校及文化界知名人士、本校教师等发送征求捐赠、交换书籍的信件，大量收集所需书刊，以补购买之不足。这种方法十分奏效，图书馆由此收到了不少国内外捐赠资料，有些甚至是比较珍贵的资料。如，民族事务委员会政法司捐赠的《中华人民共和国民族分布简图》、广州哲学社会科学研究所赠送的《中国科学院广州哲学社会科学研究所收藏中文古籍目录初编》、福建文化局赠送的《福建戏曲传统剧目清单》、〔日〕竹下俊雄②著《日本学术会议最近八年概况》、邓明聪③赠送的 COLLEGE GEOMETRY（《大学几何》）等。图书馆对私人赠书还进行了特别的注明，在书的扉页盖上"此书系某某先生赠"的赠书章。

为了满足学校中文、历史等重点学科的教学和科研的需要，图书馆特别重视线装古籍的收藏。主要通过向各古旧书肆（如上海旧书店、扬州市古旧书店等）购买、接受私人捐赠等途径，"肆意搜罗"有价值的线装古籍。仅1957年就入藏线装书1375种14 450册④，并在图书馆另辟一室，成立"线装书库"。

（三）文献采购验收规范化

文献采访是馆藏资源建设的前提，是图书馆一切业务工作的基础。汪应文主任十分重视文献资源的采访工作。他要求采购人员做好周密的前期准备工作，如根据图书馆的任务、服务对象和服务范围制订采访计划，并根据读者实际需要灵活确定复本标准。

新购文献到馆后，均要进行严格的登记造册和资产管理。首先由工作人员加盖馆藏章、打上财产编号，然后造册登记。因此，南充师范专科学校图书馆制作了各类书刊财产登记册和总括登记表，详细记载每次收入新书的各项信息，作为日后查看书刊收藏历史、具体数目、书籍价格等信息的依据。1956

---

① 佘正松主编：《西华师范大学校史（1946—2006）》，成都：四川大学出版社2006年版，第29页。

② 〔日〕竹下俊雄，1955年任日本学术会议学术部长。1955年12月，曾负责陪同郭沫若率领的中国科学代表团访问日本。

③ 邓明聪，南充师范专科学校教师，1959年2月当选为南充师范学院第一届院务委员会委员。

④ 《南充师范专科学校图书馆财产登记册》，现藏于西华师范大学图书馆。

年，图书馆编制了《南充师范专科学校图书馆书刊收入总括登记簿》（见图5-7），对书刊的收件号码、登记日期、入馆方式（包括购、赠、移入、征集等）、来源、语种、册、价格、验收人等信息进行了详细的记载。

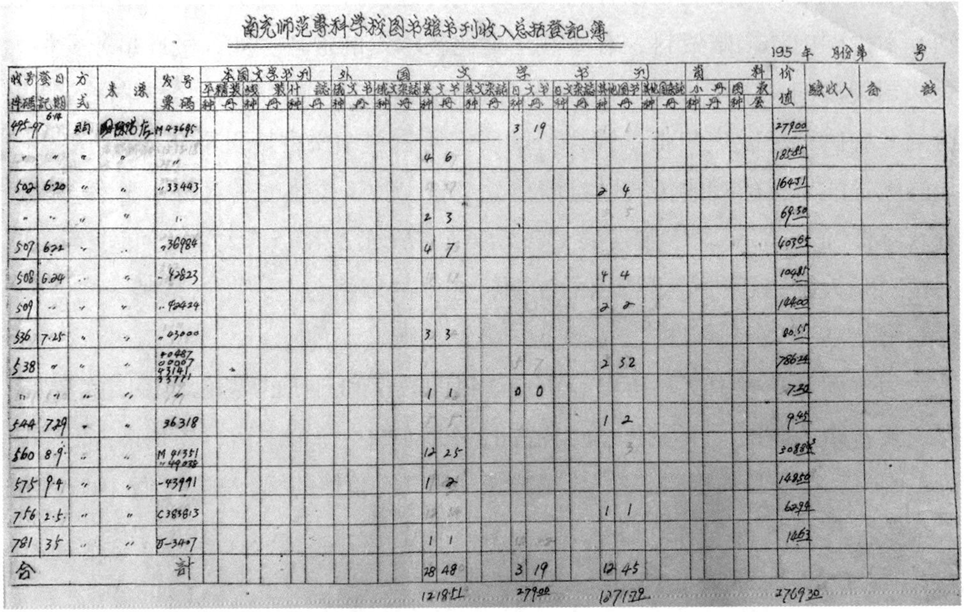

图 5-7　南充师范专科学校图书馆书刊收入总括登记簿

（四）文献分编规范化

分编工作是图书馆科学管理的基础，是图书馆组织书籍工作中的重要环节，书籍组织得如何直接决定着读者工作的质量，通过分类、编目可以实现图书科学排架，便于读者快速查阅。南充师范专科学校图书馆十分重视图书的分类编目工作，制定了一系列分类编目的规章制度，规范和指导工作人员的分类编目工作。

1. 改订"人大分类法"

当时，全国多数图书馆使用的是《中国人民大学图书分类法》（简称《人大分类法》），但该分类法的类目标记符号采用阿拉伯数字，其分类符号在排架、排片时容易混乱。南充师范专科学校图书馆主任汪应文根据工作人员及读者习惯，对《人大分类法》进行了改订，用拉丁字母作为类号，拉丁字母后的数字则采用层累式的十进法，并根据南充师范专科学校图书馆的实际情况，对类目略作增删,确立了适合本馆的图书分类法。修改后的图书分类号码简短,易学易记,便于排架和查找图书。当时,汪应文主任改订的《人大分类法》被称作"汪氏分类法",付诸使用后,效果很好。为规范图书资料的分类,汪应文主任亲自拟订了《图书类分准则(草案)》《本馆所用分类法重要纲目表》。其中,《图书类分准则(草案)》中的一些规定,至今仍在西华师范大学图书馆执行。

2. 制订分编原则及著录规则

为了方便教师教学,图书馆在文献分编方面采取"择要进行,重点编目"的原则[①],将教学上急需的、含有新知识、新技术的新版书作为重点优先分编,并及时将分编、加工完备的新书送到各书库和阅览室供读者阅读。

为规范书刊的编目工作,图书馆订立了书刊《著录条例》及《排列办法》。在此,将其中关于图书著录和取号的相关规定摘录如下:

> 甲)书名概据书名页、版权页上所题者著录。凡内容相同而题名不同、加工人不同及版别不同者,均作为另条处理。"版别"如增订本、改写本、节本等,除书名本身已有表示者外,均以圆括弧注在书名之后。凡书名易混误解者,均酌量加注,如"西厢记"(越剧)是。"册别"如上下册,1—8册等,亦紧随书名之后。新书以卷计册者,仍照录原题,如"第一卷""1—8卷"等。
>
> 乙)著者包括个别和集体的撰述、编纂、校订、注释、翻译、整理及绘图人等。不论其所用者为本名,抑为别名、笔名,概照原题著录。未题名氏而又无法查考者,称"不著撰人"。有时代可考者,称"某朝人佚名撰"。除本国的现代的人名外,前人及外国人名之前,概以圆括弧注明朝代及国别。但革命导师的名氏前均不加注。……团体著者采用简称。凡同时题有团体著者和个别著者的书,一律著录在个别著者名下。
>
> 丙)出版年,不论为初印本或重印本,概以书上所题距现时最近之一年为准。一书而有两个以上不同的时间的印本,作复本处理,复本书

[①]《南充师范专科学校新书简目》"说明",南充师范专科学校图书馆1958年印本,第1页,现藏于西华师范大学图书馆。

概以最早著录之本的时间为准。一书多册，各册的出版时间不同者，一般采起迄［讫］式，如1954—1956。

凡分类号码相同的书……按四角号码法取其著者号码，然后依其次序排列。著者号码的决定大体按照国际通行的原则办理。甲）团体著者依其名称的关键字取码，如"北师大""川文联"。乙）外国著者的汉译名称歧异，依其最早编的一本取码。丙）凡称"旧题""原题"某人撰的书仍依旧题原题的名氏取码。丁）丛书与连续出版物各册著者不同，如未题主编人，则依为首一册取著者号码。戊）孽乳本与改写本统依其祖本的著者取码，但注疏之作仍得依注疏人取码。己）遇著者号码相同，只求其有所区别，不必一定按书名或副著者而取"部号"。庚）同一书而有精装平装者，精装本的"卷册号"或"复本号"前，以0区别之。①

3. 编制书目

根据使用对象不同，图书馆文献目录分为供内部工作使用的公务目录和供读者借阅书刊使用的读者目录两种。为方便工作及读者查找书刊，南充师范专科学校图书馆编制了多种卡片式书刊目录。供读者使用的中文图书目录有3套，即分类目录、书名目录、著者目录；外文图书目录有2套，即书名目录、著者目录。供公务使用的中外文图书目录有2套，即分类目录和书名目录。

为方便读者了解和查找所需图书，南充师范专科学校图书馆还组织人员编制了多种书本式书目分放各系及图书馆阅览室。如1958年6月，图书馆在汪应文主任的组织下编印了《南充师范专科学校新书简目》（以下简称《简目》），将1956年10月至1957年底到馆的精平装中文图书按类编成书本式目录，供读者查找。《简目》包括书名、著者、出版年及索书号。同时，为使读者尽早知晓到馆新书信息，"一切未编的书，也有必要让它们和读者见面"，图书馆还组织人员编制了《未编新版书草目》附于《南充师范专科学校新书简目》后，将新到图书馆尚未分编、整理的图书书名、作者、出版年和册数告知

---

① 《南充师范专科学校新书简目》"说明"，南充师范专科学校图书馆1958年印本，第1—4页，现藏于西华师范大学图书馆。

读者，以达"即目求书，因书究学"的目的[①]。1958年，图书馆还编印了《南充师范专科学校旧版书草目》（见图5-8），将图书馆1958年3月以前到馆的旧版[②]中文精平装图书目录按类编辑成册，供读者查找。

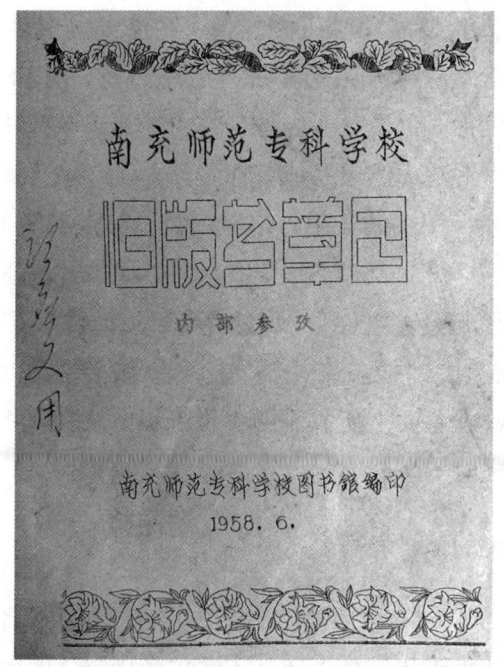

图5-8 《南充师范专科学校旧版书草目》封面

（五）总校、典藏规范化

图书分编后的总校及典藏工作是图书馆业务工作的重要一环。南充师范专科学校图书馆的新书在完成分编、加工整理后，在移交给有关库室之前还要进行分编总校，以确保分编工作及图书种（册）数据的准确性。总校人员主要负责对分类编目数据的校对和核查，如有遗漏或错误则交给原分类或编目员补正、修改，或自己修改，准确无误后，再对新书进行分配、典藏，并在新书分配报表上填写新书分配情况。同时，总校人员还要组织公务书名目录和分类目录。

---

① 《南充师范专科学校新书简目》附录《未编新版书草目》"说明"，南充师范专科学校图书馆1958年印本，第2页，现藏于西华师范大学图书馆。

② 旧版书是南充师范专科学校图书馆对新中国成立前出版图书的称呼。

三、读者服务工作

1956年,党中央发出了向科学进军的号召,周恩来总理在《关于知识分子问题的报告》中强调了图书资料工作的重要性,指出:"为了实现向科学进军的计划,我们必须为发展科学研究准备一切必要的条件。在这里,具有首要意义的是要使科学家得到必要的图书、档案、资料、技术资料和其他工作条件。"① 为了响应党中央向科学进军的号召,南充师范专科学校图书馆通过室内阅览与外借、个人借书与集体借书等多种服务方式,尽量满足学校的教学和科研需要。为了充分发挥图书的作用,南充师范专科学校图书馆强调把复本少、借阅量大的专业图书尽量放到有关阅览室里,以促进其流通;同时,为满足师生需求,让新书尽快与读者见面,图书馆采取"择要进行""重点编目"的新书分编原则,即分编时以中文新版书为重点,新版书中又以教学上急需者为重点;并且规定"教师在备课上所急需的少量未编的书",可以"暂时出借"②。这样,基本满足了当时的教学需要。

四、政治运动中的曲折发展

1957年以后,"整风""反右倾""大跃进"等各类全国性政治运动频繁开展,学校工作受到严重干扰,教学活动不能正常进行。图书馆亦受到影响,常常闭馆参加"运动"。学校于1958年2月中旬对上级"关于精简机构,紧缩编制,下放干部劳动锻炼"的指示,在教职工中开展了学习讨论。3月,学校党总支批准下放干部(含教师)62人到苍溪县的文昌乡和岳东乡劳动锻炼。图书馆派赵淑华、刘文践、王雅洁、李元强去苍溪劳动,直到1960年回到学校。由于学校领导,特别是苏藜校长在力所能及的范围内采取各种办法,尽量减少了因"运动"带来的教学损失,使学校日常工作得以维持。图书馆在"运动"中也尽力为师生服务,在曲折中发展。

到1958年下半年,南充师范专科学校经过两年多的建设和发展,师资力量、教学设施建设大大加强,办学规模逐渐扩大,教职工总数由204人增

---

① 周恩来:《关于知识分子问题的报告》,北京:人民出版社1956年版,第4页。
② 《南充师范专科学校新书简目》附录:《未编新版书草目》"说明",南充师范专科学校图书馆1958年印本,第2页,现藏于西华师范大学图书馆。

加到412人，在校学生由建校时的66人增加到1711人。学校规模已达到或相当于分校前的水平，为师专扩建为学院准备了条件。图书馆建设也得到了加强和发展，藏书亦有了一定规模，馆藏书刊由分校时的80 000余册增加到255 000册[①]，提高了为学校教学科研服务的能力，也为图书馆后来的发展打下了基础。

---

① 佘正松：《西华师范大学校史（1946—2006）》，成都：四川大学出版社2006年版，第37页。

第六章　发展：南充师范学院图书馆

（1958年11月—1988年12月）

第一节　发展初期

（1958年11月—1966年4月）

一、图书馆的升格更名

1958年，全国各条战线掀起了社会主义建设的新高潮。南充师范专科学校经过一年多的建设，也得到了发展，具备了升格更名的条件。根据教育事业发展的需要，经四川省高教局转报四川省人民委员会研究同意，1958年11月18日，四川省人民委员会川办〔58〕776号文批复，"将南充师范专科学校改为南充师范学院"①（见图6-1）。王叙五、苏藜任南充师范学院副院长，苏华为第一届党委副书记。

1958年，南充师范学院成立后，立即将中文、历史、数学、化学、生物五科改为"系"的建制，并新设物理系，从已进校的化学科新生中分出一个班学习四年制本科物理专业，又从各科招收的新生中分出一部分，作为四年制本科生。这样，学院从师专时期的5个专科专业发展为6个本科专业（中文、历

---

① 佘正松主编：《西华师范大学校史（1946—2006）》，成都：四川大学出版社2006年版，第37页。

史、数学、物理、化学、生物）和5个专科专业（中文、历史、数学、化学、生物）[①]。南充师范专科学校图书馆则随学校的升格更名，改为南充师范学院图书馆，馆藏印章亦进行了更新。更新后的馆藏章有四种形式（见图6-2、图6-3、图6-4、图6-5）。

图6-1　南充师范学院校门

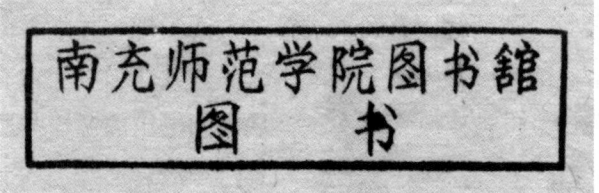

图6-2　南充师范学院图书馆普通书刊馆藏章

[①] 佘正松主编：《西华师范大学校史（1946—2006）》，成都：四川大学出版社2006年版，第39页。

图 6-3　南充师范学院图书馆线装书馆藏章（一）　　图 6-4　南充师范学院图书馆线装书馆藏章（二）

图 6-5　南充师范学院图书馆外文原版书馆藏印章

图书馆改名后，陆续对原有图书进行了全面清理，并加盖南充师范学院图书馆的馆藏印章。部分图书因图书馆多次改名，其题名页上盖有多枚不同的馆藏印章，财产登记号也被修改了多次，体现出图书馆的源流与历史变迁。

二、馆舍建设

由于馆舍不足，学院下了很大决心修建新馆。1965 年，一座 3219 平方米的新馆修建竣工[①]，使图书馆面积与 1956 年的面积相比增加了近五倍[②]。该馆舍一直使用到 2004 年华凤新校区图书馆投入使用后为止（20 世纪 90 年代，部分库室曾被用作地理系和计算机科学系办公室），现为西华师范大学教育信息

[①] 南充师范学院院字〔1982〕60 号《南充师范学院关于扩建图书馆的设计任务书》，现藏于西华师范大学档案馆。

[②] 张怀绥：《四川师范学院图书馆史略（1952.10—1993.12）》，《四川师范学院学报》（哲学社会科学版）1995 年第 2 期。

技术中心。新馆的建成,进一步提高了图书馆的服务条件。

图 6-6　南充师范学院 1965 年建成图书馆正面图（2018 年拍摄）

图 6-7　南充师范学院 1965 年建成图书馆侧面图（2018 年拍摄）

三、组织机构及工作人员队伍建设

（一）精简人员与机构建设

1961 年 1 月,党的八届九中全会在北京召开,决定从 1961 年起,对整个国民经济实行"调整、巩固、充实、提高"八字方针。1962 年初,根据四川省高教局《关于高等学校定员编制工作及精简处理人员问题的通知》规定,南充师范学院精简了教师 23 人、教辅人员 1 人。被精简的教师和教辅人员分别做了外调其他单位、下放中学或退休处理[①]。

1958 年南充师范学院图书馆建立后,设立采编组和流通组。1963 年,图书馆新成立了期刊阅览组,图书馆机构设置进一步健全。图书馆共设三个业务组,即采编组、流通组、期刊阅览组。1963 年以前,期刊管理与展出工作属于流通组业务的一部分；期刊订购工作则属于采编组,由图书采购人员办理。期刊阅览组成立后,负责全馆杂志报纸的订购、登记、验收、分配、编目与读者借阅等全部业务。

---

① 佘正松主编:《西华师范大学校史(1946—2006)》,成都:四川大学出版社 2006 年版,第 78 页。

(二)工作人员队伍建设

1. 工作人员管理

1963年10月,图书馆为加强管理、提高工作效率,制定了《南充师范学院图书馆工作、学习及生活制度》。该制度一共14条,对图书馆工作人员的权利与义务、上下班时间、请假事宜、思想作风、工作责任、工作移交等进行了详细规定。为了保持历史原貌,体味历史韵味,在此将主要内容照录如下:

南充师范学院图书馆工作、学习及生活制度

1. 全馆职工,除流通阅览部门为便利读者,得另行规定外,统按全院统一规定之作息时间上班下班。

工作中应有适当休息,可于课间操及文体活动时间内为之,但以一刻钟为限。休息时间中如工作上不能离开,仍须服从工作需要。

上班以外的时间,如全院有统一布置,或经馆务会议决定突击某项任务者,仍得作为上班时间。

假期节日应按排定之轮次值班者,由馆秘书临时通知。

凡因事迟到者,应向室组负责人说明缘由,因事需要中途离开或提早下班者,应取得室组负责人同意。

2. 职工病假及探亲假等,按全院统一规定办理。凡请假时间不超过半日者,应通过室组负责人,并须在请假簿上登记。超过半日者,或连续请假前后时间超过半日者,应具假条由室组负责人转馆领导核准,仍须在请假簿上登记。请假登记簿由室组负责人保管之。

凡请假或连续请假超过二日者,其假条由馆领导签注意见,转人事科核定。

凡请假及因事短时期缺勤者,其工作应有人代理或兼理,由室组负责人于其室组内调整之。凡时间较长而室组内人力不足者,应报由馆领导研究,临时指定其他室组同志代理之。代理人应本互助协作精神,认真负责地工作。被代班人于暂离工作岗位以前,应尽可能将情况、作法及未了手续交代清楚。如未经交代或交代不清楚,以至发生错误者,其责任由被代班人负之。

3. 凡新到馆的同志，原则上应通过一定的业务学习或见习阶段，然后分配工作。为培养多面手，适应业务发展上之需要，或为了完成紧急任务，经馆领导提请馆务会议研究，得随时改调个别同志或重新安排全体同志之工作。

在分配或改调工作之始，个人得提出意见，供馆领导参考。但既经决定以后，不论适合个人之愿望与否，均应服从工作上的需要。

全馆同志对个人所担任之工作，或其他同志所进行之工作，均可直接向馆领导及室组负责人提出建议，以便改进质量，提高效率。馆领导及室组负责人应虚心研究，予以答复及处理。

全馆同志有义务收集与反映读者之意见，以便更好地为读者服务。

4. 全馆同志，在思想作风上，要求：不断提高社会主义的觉悟，树立全心全意为人民服务的思想。体现于具体工作上的是：爱护书刊和一切公共财物，关心读者的利益，发挥集体主义精神，自觉遵守规章制度和工作纪律。

凡日常例行工作有规章制度可循者，或临时性工作其办法已交代清楚者，应切实按照执行。遇有困难亦应主动地设法克服。各部门的工作同志对于本身所担当的任务，应有一定的主动性与灵活性。尤希能主观地改进工作质量，提高工作效率。但问题重大，涉及规则制度或原定办法之改变者，应事先与领导上交换意见，或在馆内有关业务之会议上提出，经讨论通过或经转上级审核批准后，始得进行。否则发生问题，其责任应由擅自执行人负之。

工作中应力求多快好省。要不断提高质量。耐心细致和有条有理，才能保证工作质量的提高。

5. 书刊处理过程中，内部交接和外面借还，均应保持明确记录。一切记录必须及时依序排列，不得随便搁置。因记录损毁遗失而发生责任问题，由保管记录人负之。

目录卡片、借书记录如因遗失未见，未经馆领导人同意，不得随便补制。所有补制的记录，均应注明或加盖戳记。

各种统计及报表，应依式按时填报，不得事后凭记忆补作。

工作调动时，有关之一切记录（包括文件簿册及单据）应移交清楚。

室组内的同志移交，由室组负责人监交，室组负责人移交，由馆领导监交。移交中遇有尚未解决的问题，由交接双方协商，尽快处理。凡移交完毕，其责任即由接管人负之。

6. 在工作时间之内，不得办理私事及阅读书刊，但因工作上需要，如分编同志因需要明了学术体系，解决疑难；书库同志因需要了解各书性质、熟悉书藏等，在不妨碍读者借阅和影响工作进度的前提下，可以适当地翻阅一些书刊。借以提高业务水平。阅读报纸及小说，希望尽量利用休息时间。

图书馆的书刊应首先满足读者的需要，工作同志不得图谋个人便利而妨害读者的利益。

图书馆的任何同志，无论为自己或代他人借书，均应按照规章制度，办理借书手续，不得私自将书刊携带出馆外。

7. 下班及因事外出之前应注意关锁门窗。书库和阅览室之内应检查有无读者逗留未走。

办公室及库房门钥，领用时应予登记，持有人应妥善保管，如因遗失或保管不善而致发生事故，其责任由持有人负之。除领导干部，值班人员及经领导上同意或派往之人员外，其他人员非办公时间不得进入办公室及库房。

私人来客应在会客室及个人宿舍中接待，非经室组负责人同意，不得引入办公室及库房之内。

书库之内禁止吸烟，任何人不得例外。如发现有读者在内吸烟，工作同志得婉言制止之。

办公室、阅览室及书库，冬日生火取暖，凡在该处工作之同志，均有责任加以照料。中午下班前应有戒备措施，下午下班前应予灭熄。室组负责人并应指定专人负责检查。

学习应视为工作之一部分，在工作时间以内行之。参加学习的同志均应认真研究，踊跃发言，不得无故缺席或迟到早退。

政治理论及时事政策学习，按照全院统一布置进行……①

11. 馆内的清洁卫生以及有关公共利益等问题，由居住在内的职工协商解决之，最好订立公约，共同遵守（部分内容略）。

12. 图书馆常设的会议有下列两种：

馆务会议：每周举行一次。由馆领导召集室组负责人会［汇］报及布置工作，讨论全馆性或室组间相关联之问题。必要时其他工作同志得列席参加。馆务会议的记录由馆秘书负责保管。并按时根据记录，逐项检查其执行情况。

室组务会议：每月举行一次，由室组负责人召集室组内的成员（包括工人）交换有关工作之意见，并结合"民主生活"，对同志间的工作及思想作风，展开批评与自我批评。室组务会议由室组负责人临时指定室组内成员一人担任记录。此项记录由室组负责人保管并检查其执行情况。

室组务会议必要时得临时召开及联合举行。所有参加的同志必须按时到会，并发挥民主精神，认真讨论研究。

13. 全馆各部门工作应于每半年小结一次，全年总结一次。时间定在当年七月与次年一月，在小结与总结的同时，应拟定下半年或下一年度的整个工作计划，全馆同志均应参加意见，以收集思广益之效。

在每年七月与一月的第一周之内，每一库室的工作同志应根据记录及统计报表，将半年与全年的工作写成书面报告交室组负责人审定，由室组负责人汇转馆领导，以为小结与总结的材料。全馆工作半年小结得以口头在全馆馆员会议上宣布之，仍须作出记录。全年总结应以书面为之，除在全馆馆员会议上宣读外，并须呈报馆领导审核批准。

工作总结报告中列有次一年度的工作计划，除需要改变或补充者外，既经院领导批准，即应按照执行，不再请求批准。

14. 以上规定的制度由全馆馆员会议讨论通过，呈由院领导批准施行。如有未尽之处，得随时补充修订之。

凡由院领导公报之全院性的规章制度与本规定相抵触者，应以全院

---

① 作者注：现存原件缺此条的省略部分及第8—10条，《南充师范学院图书馆工作、学习及生活制度》，现藏于西华师范大学图书馆。

性的规章制度为准。

1963 年 10 月 26 日全馆人员会议初步通过
经院办公室口头指示可以试行

2. 工作人员培训

为提高工作人员整体素质，南充师范学院图书馆采取了馆内培训和馆外培训等多种培训方式。馆内非正规培训主要有在职人员短训、在职人员的业余教育、经常性的业务学习或临时举办的专题讲习 3 种形式。在图书馆工作人员培训方面，汪应文主任花费了很多心血，制订了图书馆工作人员业务学习计划，亲自编写教材并主讲了图书馆学概论、图书分类编目、检索工具及古汉语等课程。为使工作人员能熟悉和使用汪应文主任改编的《人大分类法》，图书馆特规定每天上午第一节课为业务学习时间，由汪主任亲自讲课，让职工从头至尾进行学习。

除馆内培训外，图书馆还派部分工作人员外出进修业务。如 1963 年，派李元强到成都参加四川省中心图书馆委员会进修班学习。同时，图书馆还不断派工作人员去兄弟馆参观学习。

通过学习，全馆人员业务水平和科学文化知识水平不断提高，工作也有所改进。但是，由于长期以来图书馆不仅工作人员配备不足、文化水平较低，而且缺乏长期的培养计划，因此工作人员整体业务水平提高较慢。

四、文献建设与读者工作

（一）文献建设

1. 文献资源发展概况

升格更名后，南充师范学院进一步加强了图书资料建设工作，图书馆的馆藏文献继续增加。据现存《历年进馆各类型图书统计表》记载：1959 年，图书馆总共新购中文精平装图书 7705 种 27 932 册、线装书 368 种 2995 册、外文书 2874 种 3390 册；至 1964 年底，馆藏文献总计 77 352 种 359 814 册。另据现存《南充师范学院图书馆编目组 1965 年移送编竣书刊日记表》记载：

1965年2月份移送编竣精平装图书160种1069册、特藏书26种106册；4—7月份移送编竣图书1271种7811册，其中精平装456种2492册、特藏139种377册、画册6种11册、线装书117种1065册。图书馆较为丰富的馆藏资源为学校的教学和科研进一步发展提供了条件。

2.文献订购

1960年7月，南充师范学院制定的《1960—1962年三年发展规划》报经高教局批准，增设学校教育、外语2个四年制本科专业，并增设无线电技术、无线电物理、高分子化学3个五年制本科专业，同时将政治教育科改为本科。这样，南充师范学院的本科专业由6个发展到12个（中文、历史、政治、外语、教育、数学、物理、无线电技术、无线电物理、化学、高分子化学、生物），系的建制由6个发展到9个，除无线电技术和无线电物理归物理系建制、高分子化学归化学系建制外，新设政教系、外语系、教育系[①]。为满足新增专业师生的教学和学习，图书馆增加了新设专业的相关书刊。如新购《高分子化学工业译丛》《油脂化学》《冷冻装置》《染料中间体的工业分析法》等。据现存《历年进馆各类型图书资料统计表》载：1960年，图书馆新购外文图书2747种3082册；预订外文报刊376种3087册[②]，为新设外语系的教学和科研提供了文献资料。

南充师范学院建立后，十分重视学生思想政治工作。经常组织学生学习马列著作和毛泽东著作，学习时事政策。广大学生的政治热情都很高，学习毛泽东著作很积极。1960年发行《毛泽东选集》第四卷时，不少学生争相购买、学习，图书馆也购进了50册。当时，为满足师生学习毛泽东有关著作的需求，图书馆购置的复本都比较多。如毛泽东的《关心群众生活，注意工作方法》《关于领导方法的若干问题》《抗日战争胜利后的时局和我们的方针》《关于健全党委制》《反对资本主义》《实践论》《毛泽东论文学与艺术》等著作，图书馆购置的复本都是20册。1961年，《高教六十条》公布后，南充师范学院按照《高教六十条》的三个"必须"，认真贯彻"以教学为主"的方针，强调教师以教学为主，学生以学习为主，要求学生把主要精力用在学习

---

① 余正松主编：《西华师范大学校史（1946—2006）》，成都：四川大学出版社2006年版，第40页。

② 南充师范学院图书馆《资版书登记册》，现藏于西华师范大学图书馆。

上。院团委配合学院及时开展了认真读书活动，要求广大学生干部以身作则，带头读书[①]。按照《高教六十条》的有关规定，南充师范学院图书馆配合学校，加强了文献资源建设工作，增购了一些教学辅导资料。

当时，南充师范学院图书馆各类书刊大都根据相关书目办理预订。中文期刊主要根据邮局发行的期刊目录，分送各系圈选，图书馆统一汇总，经馆领导审批后，由采购人员向邮局办理订购手续；中文图书目录主要来自各新华书店；外文书刊主要通过国际书店或图书进出口公司分发的目录办理预订手续。图书馆除订购正式出版物外，还对有关单位的内部出版物以及新华书店发行的内部试刊（尚未公开发行的）注意收订，使资料保持完整。订购种数和册（份）数按学校专业的需要和学生人数来确定。

3. 文献登记

南充师范学院图书馆的书刊财产登记一如既往的规范。新购书刊到馆后，均要进行严格的验收、登记、造册。对于各类型文献的财产号个数（即财产登记起止号），图书馆进行了大致的分配。如小册资料分配的财产号是00001—39999、线装书是40000—199999、中文精平装书是200000—750000、中文杂志是750000—800000、日文书是800001—840000、日文杂志是840001—850000、俄文书是850001—900000、英文书是900001—950000、英文杂志是950001—990000、俄文杂志是990001开始的数字。这些书刊财产登记号段的分配是根据当时的国内外形势和馆藏情况进行的。就后来实际情况看，有些书刊的号用不完，而中文精平装书的号却远远不够。2013年3月，经馆务会讨论决定，财产号与条码号合一，不再用原号段。

图书除有规范的总括登记册外，还有分编加工处理后的移送登记表（图6-8）及移送编竣日记表。

[①] 佘正松主编：《西华师范大学校史（1946—2006）》，成都：四川大学出版社2006年版，第56—57页。

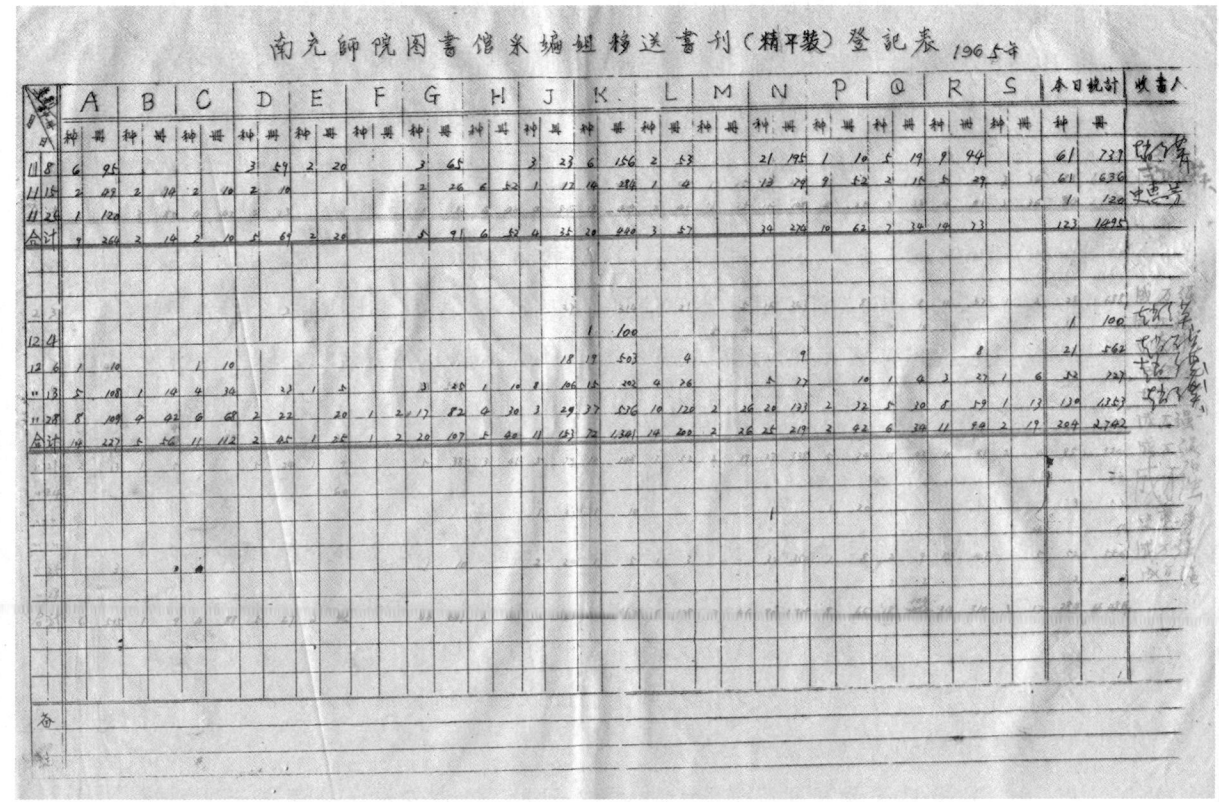

图 6-8　南充师范学院图书分编加工后的移送登记表

4. 文献分类及目录组织

南充师范学院图书馆中外文图书（包括线装书）、期刊均采用汪应文主任改订的"人大分类法"进行分类。

中文图书有分类、书名、著者（译者）三种卡片式目录。分类目录依分类号排列，书名、著者（译者）目录依书名和著者姓名的四角号码进行排列。

外文图书也有分类、书名、著者三种卡片式目录。分类目录依分类号排列，同一主类下的各书按编著者的姓名字母顺序排列；未题有编著人者，依书名字母顺序逐字排列。

为便于读者了解和检索馆藏文献，方便教学科研使用图书资料，图书馆继续编印各种书本式目录。1959 年 11 月，编印了《南充师范学院外文书目》和《南充师范学院线装书草目》。《南充师范学院外文书目》将 1958 年底以前到馆的俄文和西文图书书目编辑成册，供读者查找；《南充师范学院线装书草目》将1958年6月前到馆的线装书书目编辑成册，供读者使用。这些书目中所录各书均先根据其学科性质按改订《人大分类法》分为十七大类依次排列；再在各大类中，根据书名第一个字的四角号码顺序排列（外文书则依著者或书名字母顺序逐字排列）。各书目的书口处均标示有各大类的起止位置，便于翻检；书目前均有"说明"。值得一提的是，这些书目前的"说明"，内容十分丰富，除对书目所收图书范围、图书外部信息（如书名、著者、出版年、价格等）、排列方式、检索方法等进行详细的介绍外，还对图书分类、著录、取号等相关细则进行了具体说明和规定。在此，将《南充师范学院外文书目》的"说明"内容摘录如下：

1. 我馆外文书分俄文、西文与日文三部分。日文部分因编印不及，尚未合订在本编之内。

2. 收在本目录俄文与西文两部分中的书，均以1958年底以前已经登记者为限，尚未登记及以后续到者，改以新书通报的形式印出。新书通报已于1959年1月底开始印行。

3. 条目著录照国际通行标准，但一般以册为单位。整部书一次到馆者则以部为单位。

4. 凡同一书而有两种以上不同版本者，分别成条，但仍排在一处，以"同上"表示之。

5. 一书多卷者，就手边实有的卷数合并为一条。但各卷编著人不同，又非同时到馆者，可能使其散见多处。此种缺点当从卡片式的书名目录弥补之。

6. 各条依其内容性质，按我馆改订之中国人民大学图书馆分类法的主类分别集中（类目主表附后），主类之下未再区分细类。

7. 同一主类下的各书统依编著人的姓名字母顺序排列。未题有编著人者，依书名字母顺序逐字排列。

8. 条目中所采用之略字，除 Evm's Lib 代表"万人丛书本"，PIC 代表影印本，乃我馆自定者外，其余均为常见的略字，不另列表解释。

9. 每条最后所列之号码，6位数字者乃我馆登记号，3位数字者乃四川师范学院图书馆拨交书的原登记号。

图书馆除编印书本式目录外,还从1959年1月起开始印行《新书通报》,并盖上含有年月日及"南充师范学院图书馆中文(或英文)新书通报"字样的印章,分发到各系(处),向读者宣传、介绍新书刊,以此提高馆藏书刊的利用率。

(二)读者服务工作

读者服务是图书馆办馆目的及一切工作的出发点和归宿,是图书馆工作的核心。南充师范学院图书馆非常重视读者服务工作,始终如一地把满足读者需求放在第一位。因此,图书馆各项业务工作,无论是图书的分编、加工,还是目录组织、新书通报、流通借阅,都是从读者的需求和方便出发。

1. 订立借阅制度,规范服务管理

南充师范学院图书馆工作人员编制虽有30多人,但实际在岗工作的不足30人,他们担任着图书采编、流通、期刊管理和阅览室的工作,管理藏书30余万册,服务对象近2000人,人员少,任务较重。为了搞好服务工作,使馆藏书刊资料能够在教学、生产和科研中发挥更大的作用,图书馆提出了开门办馆、送书上门、"一切为了读者"的口号,先后采取了一些有效措施,订立了一些借阅制度,规范服务管理,提供个性化服务。

建立图书资料和报纸杂志阅览制度,是充分发挥书刊资料效益、延长书刊使用期限、保证学校财产不受损失的重要管理手段。为此,南充师范学院图书馆制定了各种完备而严格的借阅管理制度和管理办法,要求阅览室管理人员严格按制度办事、师生读者自觉按制度约束自己,确保阅览制度的严肃性和阅览工作的顺利开展。1964年,先后制定了《教工阅览室规约》(1964年9月9日)、《外文库借书办法补充规定》(1964年9月21日)、《借书券的使用及借书手续的几点说明》(1964年9月15日)、《期刊借阅暂行办法》(1964年9月18日)、《内部及特藏书库书刊借阅暂行办法》(1964年10月)、《图书损毁遗失处理办法》(1964年12月5日)等。这些"规约"和"管理办法"除放置在各书库和阅览室,还以学校文件的形式送到各系(处)传阅,要求阅后由各教学单位党支部保存备查。这些"规约"和"管理办法"对借阅书刊的册数、借期、范围等进行了规定。其中,《教工阅览室规约》第二条规定"教工入内阅书以校章或工作证为凭，入室时请签名，以便统计"，第八条规定"教工入室阅书，除笔记本外，请勿将私人之书或私人向图书馆其他库室所借之书以及书包提袋等携入室内"。《借书券的使用及借书手续的几点说明》中规定"除集体借书外，学生在各库个别借书一律凭学生证与借书券，每券每次借书一本，借期最多一个月，并可根据具体需要情况随时提前催收借出图书。为了防止冒借、代借所造成的混乱和损失，每次借书一定要缴验学生证，验毕即时发还"，"书阅毕后，希及早到原借书处归还，经馆员查对无误，然后退还借书券。此时如发现书有污损，应照章赔偿"，"借去的书如有失落，应主动报告图书馆，以便协助清查或及早设法解决"，"每学年结束，图书馆要把全部借出的图书核对一次，在未经核对和了清手续以前，暂不继续借书"。《期刊借阅暂行办法》中第一条规定"教工借阅期刊一律凭借书券，每券只借一本，每次不得超过三本。时间以一周为限，但可以续借一周"，第二条规定"学生阅览期刊，一律在杂志阅览室内阅览，不得携出室外或私自带走"，第四条规定"凡学生因进行科研或撰写毕业论文，需要参考期刊者，应持有系行政和负责教师的书面证明，并开列所需期刊之名称、年号、期数，交由管理员查找，如有，仍以个人借书券借用，每张借书券只能借一本（不论为单本或合订本），时间不得超过一周，以免妨碍其他读者借阅"。《外文库借书办法补充规定》特别对外文影印书的借阅进行了严格的规定，如规定"各教学单位的资料室对于所提借之影印版外文书刊，一定要指定政治上可靠的专人负责管理。借阅一定要订阅制度，最好是在资料室内阅览"，"教工个人得以其本人的借书券借阅影印版外文书，借期以一月为限"，"学生借用影印版外文书刊，仍照旧由系上以书面介绍，除加盖公章外，并须由盖章的同志签名。此项借书一律限两周归还"。以上这些"规约"和"管理办法"，不仅使图书馆读者工作的正常开展有据可依、有章可循，而且对各阅览室和书库的规范管理起到了重要作用，有些条款一直沿用到21世纪初，借书券的使用也一直沿袭到20世纪90年代末，见图6-9。

2. 以读者需求为本，提供个性化服务

为读者服务是图书馆的宗旨和归宿。南充师范学院图书馆一切工作都以读者为主。

一方面，尽力为读者提供更多的借阅时间。南充师范学院图书馆开馆时间每周 6 天，每天 8 小时，基本满足了师生读者的需求。

另一方面，南充师范学院图书馆 1963 年 10 月制定的《南充师范学院图书馆工作、学习及生活制度》第六条明确规定"图书馆的书刊应首先满足读者的需要，工作同志不得图谋个人便利而妨害读者的利益"，"书库同志因需要了解各书性质、熟悉书藏等，在不妨碍读者借阅和影响工作进度的前提下，可以适当地翻阅一些书刊"。在《教工阅览室规约》（以下简称《规约》）第五条中规定"读者所借之书，到下班时尚未阅毕者，得请管理员保留，以便下次上班时继续阅览"；在《规约》第一条中虽然规定"由于可陈列之书每种均只有一本，原则上概不借出"，但在第六条中又采取折中办法，"教师因晚间及星期天备课需要使用图书，而在我馆大库和各系组自己的资料室又无法借到者，得与本室管理员协商。在下午下班前将该书借出，供晚间或星期天使用。……次日或星期一上午上班后两小时内归还"；并在第七条中规定"凡教工需要阅览之书，而为本室尚未备有者，如该书不便改变收藏位置，除内部及特藏库的书外，其他各库之书，只要确实藏有而且尚未借出者，均可临时提到本室来，供需要阅览该书的读者使用"。从这些规定中体现出图书馆始终把读者放在第一位、处处为读者提供方便，即使有些情况会给工作人员带来管理困

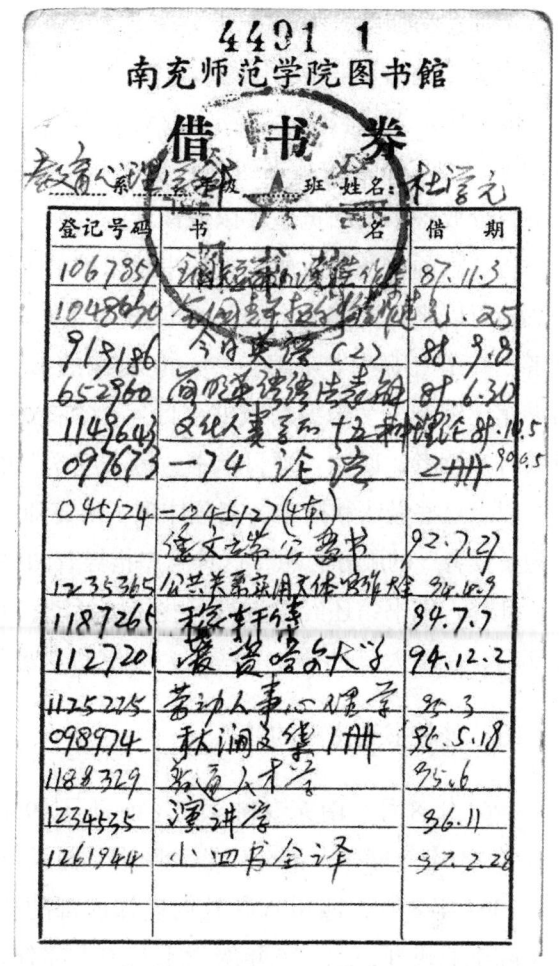

图 6-9　20 世纪 60—90 年代南充师范学院图书馆借书券

难、增加劳动强度，但只要是读者需要，都必须想办法满足。

为了使读者尽快借阅新书，图书馆的分编工作采取"择要进行，重点编目"的原则，即将教学上急需、有着新知识新技术的新版书优先分编，并及时将分编、加工完备的新书送到各书库和阅览室供读者阅读，同时组织人员编制书目分放各系及阅览室，以便读者查找所需之书；同时，为满足教师教学需要，将"教师在备课上所急需的少量未编的书"暂且借出使用，虽"这个变通办法施行以来，流弊是有的"，"但好处却更多，打算继续实施下去"。为了让读者"知道有哪些书未编"，"一切未编的书，也有必要让它们和读者见面"，图书馆还编制了《未编新版书草目》，将未分编图书的书名、作者、出版年和册数告知读者，以达"即目求书，因书究学"的目的[①]。

以上这些做法和措施，充分体现了南充师范学院图书馆以读者为中心、"一切为了读者"的服务思想，这种思想指导着图书馆的各项工作，并传承至今。

此外，图书馆还经常进行一些展览活动，并配合学院党委宣传部、团委会等部门，在重大节日举办一些较大规模的专题图书、图片展览。

五、外校书刊资料的并入

1962年8月，南充专科学校（前身是1958年9月由南充专区自办的"南充大学"）奉令停办，部分仪器、图书、教具调入南充师范学院[②]。

1964年8月，四川省高教局通知成都的四川师范学院历史系撤销，其历史系除毕业班外，二、三年级学生及绝大部分教师调整到南充师范学院继续学习和工作。9月，四川师范学院历史系65级和66级学生共83人、教师和干部25人由冯彬彬带队，到南充师范学院办理移交工作。四川师范学院历史系并入南充师范学院时，带来了该系资料室所藏的全部图书资料和文物，以及从四川师范学院图书馆提出的一套"二十四史"和部分历史专业书刊如《历史教学》《历史教学问题》《历史研究》等，共计2774种9464册，作为历史教学参考资料。其中，有1943年（三台）东北大学文科研究所石印本《补辽史交聘表》（2册）、"随庵徐氏丛书"（1套）、"守山阁丛书"（1套）、进步书局辑石

---

① 《南充师范专科学校新书简目》附录《未编新版书草目》"说明"，南充师范专科学校图书馆1958年印本，第2页，现藏于西华师范大学图书馆。

② 彭世福：《心秋岁月》，2004年自印本，第154页。

印本《笔记小说大观》（1套）等线装书及1964年版《人类是怎样起源的》、浙江师范学院编《高级中学历史复习资料》、中央人民政府卫生部编《中华人民共和国药典》、〔苏〕尼科尔斯基著《原始社会史》、中国人民大学编译《历史问题译丛》、罗尔纲著《太平天国史迹调查集》、吴晗主编的《中国历史常识》等精平装中文图书。图书馆收到（成都）四川师范学院移交来的书刊后，还专门做了一期《新书通报》供读者了解和借阅。

  以上两校书刊的并入，使南充师范学院图书馆的文献资料进一步增多和丰富。据不完全统计，至1965年，南充师范学院图书馆藏书已从原有的80 000多册增加到了365 912册，其中：中文精平装图书65 526种259 591册（属于珍贵图书的有234种454册），线装书5429种54 684册，外文图书16 082种19 045册，报刊合订本29 026册，图片资料2566册（件）①。图书馆工作人员也由分校时的10人增加到35人。

第二节 停滞不前的"文革"时期

（1966年5月—1976年10月）

  "文化大革命"的十年，国家和人民遭受了严重挫折和损失，教育战线是"重灾区"，南充师范学院也在这场运动中受到了冲击，图书资料损失严重。尤其在1966年至1971年的几年间，图书馆业务一度陷入停顿状态。

一、"文革"前期，图书馆业务工作的停顿

（一）图书馆工作人员闭馆参加劳动

  1966年5月16日后，全国开始了"文化大革命"。6月6日，四川省委批准成立"南充师范学院文化革命领导小组"，由黄艾民、鲍恒茂、施巨流、杨志刚4人组成，黄艾民任组长。随后，各系、部、处相继成立了"文化革命领导小组"，学生班级成立了"文化革命组"。大家都集中精力搞运动，正

---

  ① 张怀绥：《四川师范学院图书馆史略（1952.10—1993.12）》，《四川师范学院学报》（哲学社会科学版）1995年第2期。

常的教学工作被停止。1969年3月29日，经四川省"革命委员会"批准，南充师范学院于4月14日正式成立了"南充师范学院革命委员会"。"革委会"下设办事组、政工组、后勤组等办事机构。各系、马列主义教研室、公共课教研室、图书馆分别成立"革命领导小组"，机关成立"斗、批、改小组"①。"南充师范学院图书馆革命领导小组"于1969年4月成立，由黄齐仙、李元强负责②。学院"革委会"成立后，做出了取消一切群众组织的决定，使"文革"开始以来的严重混乱局面初步有所好转，日常工作有人管理。1970年5月15日，按省"革委"〔1970〕66号文规定，全院师生员工647人离开南充，于5月16日到达贵州省遵义县（现遵义市播州区）泗渡公社的布政坝中国人民解放军某部队五七农场参加劳动。图书馆除少数体弱多病者外，大部分到了农场，与数学系、物理系师生组成了一个连队。师生们除了根据季节从事各种农活外，还参加开山采石、修建房屋和养猪场、架设高压电线、修筑盘山公路、烧瓦等劳动。1971年7月，赴贵州劳动的师生员工由农场返校，历时一年又两个月。

（二）图书馆书刊资料的断层与损失

"文化大革命"初期，我国图书出版事业同样也遭到巨大破坏。"文化大革命"开始后的第一年，全国出版图书数量从1965年的20 143种，骤降到11 055种；1967年又猛降到2925种；1968年至1970年，每年出书均在三四千种。全国出版的期刊，从1965年的790种，到1969年仅剩下《红旗》《新华月报》等20种③。从"文化大革命"开始到1971年7月，在长达5年时间里，南充师范学院陷入瘫痪状态，图书馆也停止了一切工作，几年来几乎没有文献购置经费，书刊预订工作几乎全部停滞，期刊缺期断代十分严重，造成了图书馆馆藏资源断层。据统计，1966年图书购置的支出为9193元，购置新书805种1109册；1967年图书购置支出6670元，1968年支出只有1440元。

---

① 佘正松主编：《西华师范大学校史（1946—2006）》，成都：四川大学出版社2006年版，第64页。

② 张怀绥：《四川师范学院图书馆史略（1952.10—1993.12）》，《四川师范学院学报》（哲学社会科学版）1995年第2期。

③ 方厚枢：《当代中国出版史上一次特殊的会议》，《出版史料》2007年第1期。

同时，图书馆的书刊资料在"文化大革命"中或丢失或毁坏，损失了不少。据不完全统计，"文化大革命"十年中，南充师范学院图书馆藏书被偷、被抢多达6000余册[①]，仅精平装图书就遗失了5330册[②]，中外文期刊丢失、损坏无法统计，线装书损失具体数字不详。

（三）图书馆人对文献资料的保护

"文化大革命"中，图书馆的部分领导和职工受到了批斗、管制，被强制劳动，部分职工为避免"武斗"被迫离馆离校；留馆的职工出于对图书馆的热爱，为保护文献资料，想了很多办法，如用木条将门窗钉死、找有关"头头"交涉。图书馆职工通过以上这些办法减小了图书资料的损失。

二、"文革"后期，图书馆业务工作的恢复

1971年8月13日，中共中央〔1971〕43号文件转发了国务院《关于出版工作座谈会的报告》，其中第九条指出："图书馆担负着宣传马克思主义、列宁主义、毛泽东思想，为三大革命运动服务的重要任务，要加强图书馆的领导，充分发挥它的作用。"[③]中央的这一精神，使停顿了多年业务工作的图书馆人又看到了新的希望。由于这一时期全国各地已经结束了武斗夺权的混乱，建立并稳定了各级"革委会"体制，全国范围内各类图书馆陆续开馆，逐步恢复各项业务工作，我国图书馆工作出现大的改观[④]。南充师范学院师生于1971年7月从农场返校后，在继续搞政治运动的同时，开始举办一些短期培训班，并开始招收工农兵学员，图书馆工作逐步恢复。

（一）工农兵学员的招收与图书馆业务的恢复

1.工农兵学员的招收及图书馆服务工作的恢复

1972年，全国各高等学校开始招收"工农兵学员"，给图书馆业务工作的

---

① 张怀绥：《四川师范学院图书馆史略（1952.10—1993.12）》，《四川师范学院学报》（哲学社会科学版）1995年第2期。

② 佘正松主编：《西华师范大学校史（1946—2006）》，成都：四川大学出版社2006年版，第75页。

③ 转引自邹华享，施金炎编：《中国近现代图书馆事业大事记》，长沙：湖南人民出版社1988年版，第215页。

④ 苏全有主编：《图书馆史沉思录》，郑州：中州古籍出版社2015年版，第27页。

恢复带来了新的契机。当年2月,四川省"革委会"确定南充师范学院恢复招生。学院按照"自愿报名,群众推荐,领导批准,学校复审"的原则,招收有实践经验的工农兵学员。学制为文科两年、理科三年。首届工农兵大学生500名,于1972年4月15日入学。这些工农兵学员成为当时图书馆的主要读者群之一。当年,图书馆恢复了书刊资料的阅览工作,因学院投入的力量少,图书馆所开放的馆藏范围也很有限。工农兵学员入学后,因原有文化基础参差不齐,根据上级通知,学院对首届学员进行了为期8个月的文化补习。按实际文化程度分班组织补习教学,基础较好的学员安排的辅导教师少一些,差的多安排一些教师,对少数民族学员进行特别辅导,这些学员到图书馆也只是借阅一些普通参考书。学员经过补课后,达到高中程度的占64%,达到初中程度的占36%。补课结束后,这批学生都进入了专业学习阶段,开始到图书馆借阅一些专业书刊。

  2. 图书馆文献资源建设工作的恢复

  随着南充师范学院招生工作的重新开始,学院拨给图书馆的文献购置费增加了一些。据统计,1972年南充师范学院图书馆的经费增加到12 649元[①],购置新书1728种17 980册。学院在恢复招生时,专业设置仍然是"文革"前的5个专业。1972年7月,经省高教局批准,南充师范学院将生物与化学系分开,设置生物系和化学系,从1973年起开始分别招生。同时还批准南充师范学院新设立外语系英语专业,1974年开始招生。至此,南充师范学院专业增加到7个(也就是7个系)。图书馆按照学院的要求,调整了组织机构、人员安排,研究了库室的开设、藏书的布局等,并建立了必要的规章制度,适时地补充购进了一批新办专业书刊,但因为当时还是"文革"期间,国内出版的图书"品种少,数量也不够,翻译力量、编印力量都不够,纸张也不够,所以一次只能印一定数量;每种书分几次印,所以新版书一次供应不够"[②],全国各地出版的书、刊、报品种都很有限。因而,南充师范学院图书馆所购书刊均不多。据统

---

  ① 佘正松主编:《西华师范大学校史(1946—2006)》,成都:四川大学出版社2006年版,第75页。

  ② "京所"(新华书店北京发行所)武光琪同志于1974年10月18日在南充师范学院图书采购座谈会上的讲话。见1974年10月18日"京所、省店、南充书店来我院召开的座谈会"会议记录,现藏于西华师范大学图书馆采编部。

计，1974年图书馆购置新书1741种21 984册；1975年，购置中文精平装新书2255种18 015册、线装书27种400册。为弥补书刊资料购置的不足，南充师范学院图书馆向国内多所学校及图书馆征集资料。据现存《南充师范学院图书馆征集资料登记簿》记载，1975年获得天津市和平区图书馆、江西共产主义劳动大学总校图书馆、甘肃师范大学图书馆、北京大学图书馆、甘肃省科技局科技情报研究所、江西大学图书馆等单位的赠书《马克思主义关于研究历史和评价历史人物的若干论述》《学习〈哥达纲领批判〉体会》《毛主席诗词讲析》《中国古代史讲义（试用稿）》《甘肃省小麦高产经验选编》《〈红楼梦〉研究资料选编》等共计300余册，在一定程度上弥补了图书馆订购图书的不足。

（二）馆领导的确立

1965年，汪应文主任调离图书馆后，由赵兰英参与主持全馆工作，使图书馆的业务工作在原有基础上坚持了下来。1975年，学院调原历史系主任袁载春到图书馆主持工作，着手图书馆的恢复和建设，图书馆各业务工作相继开展，职工们以饱满的热情投入到工作中。当时图书馆还未成立党支部，属教务支部分管，赵兰英任教务支部副书记。

（三）为学院开门办学服务

1972年恢复招生前后，南充师范学院除了完成各系校内的教学任务外，又组织各系教师走出校门，面向基层，同地方合作，举办各种短训班[①]，进行"开门办学"。先后举办了各种"师资短训班"，"七二一"工人大学，"五七"农民大学等；另外，还根据1975年4月国务院批转教育部的"师范院校根据农村需要，部分试行'社来社去'"报告精神，在武胜中心区借用中心中学一个四合院作为校舍开办了"南充师范学院南充地区社来社去试点班"。试点班分文、理两个专业班，学制为二年，招收30名学员，于1975年9月29日开学。招生对象是由各县选送的农村知识青年，学习结业后，回原地为农业生产服务。图书馆按学院要求，将大量图书资料运到武胜支持学院"开门办学"，并轮流派人前去管理，以配合学院办"社来社去"试点班的需要。据统计，1976年，图书馆专门为武胜试点班购置新书153种512册，以适应教学需要。

---

① 佘正松主编：《西华师范大学校史（1946—2006）》，成都：四川大学出版社2006年版，第68页。

（四）图书剔旧工作

1975年初，经学院领导同意，图书馆对馆藏图书进行了剔旧，剔旧工作一直持续到1979年初，共剔除图书35 712册（其中包括陈旧破烂课本、小册子15 126册）。在这3万多册剔除书中，可供查考的均留有2—5册备查，其余的赠给内江地区教育行政干部学校、南充地区教师进修校、渡口教师进修校、南充农业学校、南充县师范学校等单位共5000余册，另外售给师生19 692册，剩下的610公斤破烂不堪的图书及画报送红光造纸厂化浆[①]。由于当时虽征求过群众意见，但未进行充分讨论，并且参加剔旧的人多，又没有剔旧标准，对清理剔除出来的图书也未组织有一定业务水平的人员进行统一严格审查，致使这次剔旧工作受到上级主管部门的批评。

第三节 "文革"后的初步发展

（1976年10月—1979年12月）

一、图书馆工作的改进

1976年10月，"文化大革命"结束。南充师范学院按照党中央的战略部署，恢复和建立健全了各级党政领导班子，学院的教学、科研、管理等各项工作逐步走上正轨。1976年11月6日，图书馆"革命领导小组"根据3位员工7月份到西安、兰州两地高校图书馆参观学习的情况，写出了《关于改进图书馆工作的报告》（以下简称《报告》），介绍了兄弟院校图书馆的先进经验，提出了一些改进图书馆工作的办法。《报告》具体内容摘录如下：

他们的经验是：

一、各馆都把宣传马列主义、毛泽东思想放在首位，大力加强宣传

[①] 张怀绥：《四川师范学院图书馆史略（1952.10—1993.12）》，《四川师范学院学报》（哲学社会科学版）1995年第2期。

工作，除办好马列学习室，辅助师生学习马列和毛主席著作外，并开辟教育革命资料室，为教育革命提供资料，还配合党的中心运动和节日，充分利用剪报资料、新闻图片等，开展多种形式的宣传活动，发动师生积极开展书评活动，使宣传工作搞得很活跃，起到了为无产阶级政治服务的作用。

二、努力为开门办学服务。各校普遍成立了开门办学服务组，采取各种形式为开门办学服务，为开门办学的师生提供必需的图书资料，并深入到工厂、农村，宣传党的方针、政策，利用馆藏书刊为当地工农业生产服务，图书馆的工作人员也在三大革命实践中进一步得到锻炼和提高。

三、严格书库和阅览室的管理。由于社会主义社会还存在阶级和阶级斗争，资产阶级思想影响必然会在学校里反映出来。旧学校"知识私有"的流毒还未肃清，因此，在各校图书馆，书刊遗失的情况也较严重。为了防止坏书流传和书刊遗失，各校图书馆的书库均采取闭架借书的办法，师生员工一律不进书库，读者通过查目录、填书单，由管理人员取书、办借书手续。其次各校都取消了教师参考室，成立师生共用的专业阅览室，进一步密切了师生关系。阅览室则多数实行闭架压［押］证（工作证、学生证）室内借阅制度，充分发挥阅览室书刊的作用。也有少数图书馆采取半开架室内压［押］证借阅制度，但书刊容易遗失。同时各校对师生员工所借阅的都限于开放书，凡是内容有问题的书均不开放，并严格管理，控制借阅。特殊情况需借阅的，必须有支部证明。凡属书店正式发行的内部书，都应严格管理，按规定范围和级别借阅。为了防止书遗失和减少损毁，在新书出版量少不能满足需要，旧版书又大多不再版的情况下，各校对书刊的赔偿制度，一般都根据书刊出版和收藏的情况，给予按原价1—5倍赔偿。

四、图书的采购和分类编目。一般图书馆为了补充图书的品种和数量的不足，除当地新华书店经常供应书刊外，每年还派人外出至各省购买地方出版社出版的书刊和各校内部交流的资料。他们除了做好图书的分类编目工作外，为了提供闭架借书的便利条件，一般都组织有分类、书名、著者三种目录，供师生查找书刊。同时为了使工农兵学员了解图书馆，利用馆藏书刊，每学年开始时，都由教务处安排时间，向学生介绍如何使用图书馆和图书分类情况、查目录的方法等。

为了认真学习兄弟馆的先进经验，我们发动全馆同志，经过大小会议充分讨论，并结合我校的实际情况，提出一些改进办法，现将改进意见分述如下：

（一）加强宣传工作。为了把宣传马列主义、毛泽东思想放在首位，图书馆为配合党的中心工作和各项政治运动开展的宣传活动和组织专题剪报资料、新闻图片展览等仍继续进行。本期将进一步加强宣传马列主义、毛泽东思想，充实马列著作、毛主席著作学习室，除陈列马列著作、毛主席著作外，还提供有关学习马列著作和毛主席著作的参考书、政治方面的交流资料、学报等。为全院师生员工深入系统地学习马列著作和毛主席著作提供有利条件。其次，加强对思想内容好的图书的宣传推荐和评论活动。并通过团委和各系发动师生参加书评活动。

（二）为开门办学服务。开门办学是教育革命中出现的新生事物，图书馆应做为一项重要工作，确定专人负责，调查了解各系开门办学的计划和安排情况，以便及时供应书刊资料。平时外出时间不长，则由各班图书委员担负开门办学管理图书的工作。有条件时，由图书馆派专人随同师生出去，管理图书资料，或由开门办学的师生根据办学过程中的需要，提出书单，图书馆可临时派人送书。

（三）严格制度，加强库、室管理。为了使书库和各阅览室的书刊，能充分发挥作用，并使国家财产不受损失，必须对书库和阅览室现有的管理办法进行改进。由开架和半开架改为闭架借阅。本期着重做好思想上、人员上和物质上的各项准备工作，具体办法如下：

1. 文理科学生阅览室。为了使阅览室的图书得到充分利用，又不致遗失，决定将阅览室由半开架改为闭架压［押］证室内借阅。学生凭学生证入阅览室库房借书，在室内阅览，阅后离室时必须还书退证。

2. 书库对师生员工一律改为闭架借书。过去由于书库对教职工开放，教职工可以自由进出书库，以致进出书库的人员较多，而我院下属单位多，人员调动频繁，不易认识，管理人员往往忙于办理借还手续，照顾不暇，以致不少外单位人员和一些不明身分［份］的人也混入书库，造成书刊的遗失和意外事故。因此为了保卫国家财产，防止坏书流传和更好发挥书刊的作用，书库不仅对工农兵学员实行闭架借书，也对教职工实行闭架借书。据了解，川大、川师大等校，教职工二千多人，均采取闭架借出办法，并没什么不方便。因此，对教职工实行闭架借书，也有个逐步习惯的过程。闭架后，教师确因特殊情况需进库，须经管理人员同意后，极个别的可以入库找书。

3. 修订赔书制度。为了减少图书的损毁遗失，参考兄弟院校图书馆赔偿制度，全馆同志一致认为，有必要对我馆现行的赔书制度进行一次修订。原则上确定根据书刊的出版、收藏不同情况，按1—4倍赔偿。中学课本保存5年内的，5年前的课本，参考价值不大，一律处理。修订后的赔偿制度，报党委审批后实行，在实行前对全院师生员工所借的书刊进行一次核对，如有遗失情况，可按原赔偿制度处理，核对后所遗失的书刊，一律按新赔偿制度规定执行。

以上几项改进意见，当否，请批示。

附修订后的《书刊损毁遗失处理办法》。①

图书馆修订后的《书刊损毁遗失处理办法》得到了南充师范学院"革委会"同意，并批示"经院领导同意，图书馆关于改进工作的意见印发各单位执行"②。《书刊损毁遗失处理办法》具体内容照录如下：

图书馆书刊是国家财产，为宣传马列主义、毛泽东思想，为三大革命服务，每个同志都有爱护图书的责任。

遵照毛主席"借东西要还，损坏东西要赔"的教导，特修订《书刊损毁遗失［处理］办法》如下：

一、凡遗失图书馆书刊，应以同版书赔偿，或以书名、著者、内容完全相同的新版书赔偿。

---

① 1976年11月6日南充师范学院图书馆"革命领导小组"《关于改进图书馆工作的报告》，现藏于西华师范大学图书馆。

② 1976年11月25日南充师范学院"革委会"办公室《关于图书馆〈书刊损毁遗失处理办法〉的通知》，现藏于西华师范大学图书馆。

二、如不能以书赔偿时，则以复制或照抄成原书赔偿。

三、所借书刊，在归还时发现有污损、缺页等现象，应修补完善，或按本办法酌情赔偿，如情节恶劣者，另作严肃处理。

四、凡属控制借阅的书刊，读者更要注意保管好，如有遗失，应写书面检讨，并由支部证明，按上述规定赔偿。

五、如有要求赔现金者：

1）线装书：整套的书遗失其中二分之一以上者，赔整套书的价格的二倍，遗失二分之一以下者赔整套书的价。如果是独本书，则另加一倍。

2）报刊杂志：遗失赔二倍，独本赔三倍，合订本另加装订费（杂志平装0.10元，精装0.50元。报纸平装0.20元，精装1元）。

3）中外文精平装书：原则上按图书馆购进实价二倍赔偿，但其中：

①中学课本赔原价。

②复本在20本以下的字典、辞典、手册赔三倍。

③独本书另加一倍。

六、已赔过的书刊，在一年内找回原书，或买到原版书时，凭赔书款收据退款赔书。

1976年12月，图书馆按改进后的方式借阅书刊。为使读者进一步了解和查找、借阅书刊，图书馆还将《图书馆借书须知》放置在各借阅处。图书馆实施修订后的《书刊损毁遗失处理办法》，在一定程度上对馆藏书刊资料起到了保护作用。1980年7月，图书馆对《关于改进图书馆工作的报告》中的《书刊损毁遗失处理办法》再次进行了修订和补充，对书刊损毁和遗失赔偿的相关规定更加细致。

二、健全领导班子，工作步入正轨

1978年5月，中共四川省委组织部任命黄艾民为学院党委书记，将南充师范学院"革委会"正副主任改为正副院长，章润瑞为院长兼党委副书记，苏华为副院长。这次学院干部调整后，各系、各机关单位的"革命领导小组"也随之停止了活动，由党总支、支部和行政负责人领导工作①。8月，教育部发布了《关于加强高等学校图书资料工作的意见》，指出"高等学校图书馆、资料室是教学、科研重要的辅助性机构"，应"切实加强对图书资料工作的领导"，"图书馆直属学校领导，应有一名副校长分管图书馆工作，选派系、处级以上的得力干部担任馆长，并注意配备具有图书馆专业知识、懂得外文、古文和文理科专业知识的业务骨干"②。同年11月，为加强图书馆工作，学院根据教育部〔78〕教高字754号文件《关于加强高等学校图书资料工作的意见》之精神，调来了物理系党支部书记唐克强担任图书馆负责人，并建立了图书馆党支部，图书馆支部委员会由唐克强、赵兰英、黄齐仙组成，唐克强任支部书记，赵兰英任支部副书记③。同月，学院又根据教育部〔78〕教高字754号文件精神，经党委常委研究决定：图书馆直属学校领导，下设秘书资料、采编、流通三组；黄齐仙任图书馆秘书资料组组长，凌泽芬任图书馆采编组副组长，李元强任流通组副组长④。

1979年7月，唐克强正式任图书馆馆长，赵兰英任图书馆流通组组长，刘天成任图书馆采编组组长⑤。同年，学院又调来常胄民任副馆长，并将"文革"开始时回中文系的原图书馆主任汪应文调回图书馆担任业务指导至1987年退休。至此，图书馆领导班子基本健全，改变了以前长期缺领导干部的状况，各项工作也基本步入正轨。

三、加强文献资源建设

1976年，南充师范学院考虑到发展的需要，将图书馆经费增加到了18 860

---

① 佘正松主编：《西华师范大学校史（1946—2006）》，成都：四川大学出版社2006年版，第80页。
② 转引自郭锡龙主编：《图书馆暨有关书刊管理法规汇览》，北京：中国政法大学出版社1995年版，第314页。
③ 1978年11月29日中共南充师范学院委员会院党干字〔1978〕17号《党委同意建立图书馆党支部的通知》，现藏于西华师范大学。
④ 1978年12月28日中共南充师范学院委员会院党干字〔1978〕16号《关于黄齐仙等三同志任职的通知》，现藏于西华师范大学。
⑤ 1979年7月18日中共南充师范学院委员会组干字〔79〕4号《关于赵兰英等二同志任职的通知》，现藏于西华师范大学。

元①。图书馆书刊购置逐渐增加。但由于"文革"中，中国出版业遭到了严重破坏，1972—1978年，图书馆虽购进了11 000多种图书，但质量不高②。

1977年8月，全国高等学校招生工作会议召开，会议决定恢复高校统一招生考试、择优录取的制度。同年，南充师范学院迎来了"文化大革命"后参加高考的第一届新生656人，他们成为图书馆新的读者群。从1977年起，图书馆入藏图书逐年增加。1977年，购置图书1489种13 707册。

1978年9月，学院制定了《南充师范学院教育事业发展规划》，该"规划"提出了1978年到1985年学院发展规模计划，决定将原有的7个系扩建为汉文、外语、数学、物理、化学、生物、政教、历史8个系，使在校学生达到3000人左右、教职工增加到1400人。图书馆为适应学校规模逐渐扩大的需要，加快了文献资源建设的步伐。

1978年12月，党的十一届三中全会胜利召开，做出了实行改革开放的新决策，出版业恢复了生机，各出版社先后恢复业务，图书目录种类增多，出版量逐步加大，发行刊物日益增多，图书采购工作日趋正规。南充师范学院图书馆根据学院的发展、专业的增设，除了加强根据新华书店目录选订图书外，还注意与一些出版发行单位进行直接联系，仅1年多时间就发展函购单位多家，并每年10次派人外出采购；同时，进行了大量的补缺工作，千方百计地使馆藏书刊达到完整性和连续性，以满足教学、科研对图书资料的需要。

据统计：1978年，南充师范学院图书馆购置中文精平装新书2728种28 549册、线装书12种67册，并接收重庆市图书馆赠送的线装书198种1673册；1979年，图书馆购置中文精平装新书2123种34 689册、线装书26种114册；1980年，购置中文精平装新书4447种42 288册、线装书43种166册。1978后，图书馆的期刊订购加强了计划性和完整性，对种类作了调整，数量作了增减，同时也进行了大量的补缺工作。如补订了上海商务印书馆1973年影印的《东方杂志》月刊、人民出版社1980年影印的《晨报》、上海

---

① 佘正松主编：《西华师范大学校史（1946—2006）》，成都：四川大学出版社2006年版，第75页。

② 张怀绥：《四川师范学院图书馆史略（1952.10—1993.12）》，《四川师范学院学报》（哲学社会科学版）1995年第2期。

书店1982年影印的《申报》等。

四、读者服务工作

（一）制定借阅规则，增设阅览室

1976年"文革"结束后，南充师范学院图书馆（"文革"刚结束时称为"南充师范学院'革命委员会'图书馆'革命领导小组'"）按照教育部的有关精神，加强了读者服务工作，并进行了规范管理。本年12月，在《图书馆借书须知》中对借书方法、借阅期限等进行了规定和说明。如，第一条规定"本馆所发给的借书券限本人使用，请注意保存，不挂失和补发。如发现他人使用时，即作为其本人不需用的借书券处理"；第二条和第三条对借书方法进行了说明，"读者先查图书目录卡片，将选中书目片的左上角的分类号全部照抄一纸条上，交工作人员取书"，"书取出后，读者得按'借书券'和'书名片'上的各项填写清楚，再交工作人员完清借书手续"；第四条要求读者"借到书后，必须当面检查有无缺页和破损，如发现有，应立即提出，否则，以后概由读者负责"；第五条要求读者爱护图书，不能在书上批写画线等；第六条规定了借书的期限为一个月、不得转借他人。1977年3月，为规范管理，图书馆修订了《图书馆借书须知》，并制定了各库室规章制度。如，制定了《马、恩、列、斯、毛主席著作阅览室规则》《普通书库规则》《外文书库借阅规则》《期刊库借阅规则》《线装书库借书规则》《学生阅览室规则》《资料、杂志阅览室规则》《基本书库、教师参考室阅览规则》《开门办学借用书刊须知》等。

1978年8月，教育部印发了《关于加强高等学校图书资料工作的意见》。其中，第四条对读者服务提出了要求，要求图书馆"调整开馆时间，提高服务质量。为保证教学、科研的需要，图书馆的出纳时间，平日应保证每周不少于五天，要逐步创造条件开放六天或七天；寒、暑假期间可每日开放半天。阅览室原则上应每天开放（包括节假日，晚上可开馆不借还图书）"，"要简化图书借阅手续，方便读者。应允许教学、科研人员进入专业阅览室的辅助书库查找资料"[①]。南充师范学院图书馆根据这一精神，于1979年黄齐仙担任期刊组组

---

① 转引自郭锡龙主编：《图书馆暨有关书刊管理法规汇览》，北京：中国政法大学出版社1995年版，第315页。

长后,建立了教职工借刊室,将借刊期限由半天改为3天,使师生能充分利用业(课)余时间阅读报刊资料;并挪出职工工作室的四分之一面积,增设了过刊室,实行室内押证查阅,受到师生欢迎。

(二)为《汉语大字典》编写组服务

图书馆除为全校师生提供常规服务外,还为学校《汉语大字典》编写组提供服务。1975年,由国家统一规划,徐中舒主编,四川、湖北两省300多名专家、学者和教师协作开始编纂解释汉字形、音、义的大型工具书《汉语大字典》。这是周恩来总理、邓小平同志批准组织的我国文化建设中的一项重点科研项目。在武汉召开的《汉语大字典》第一次编写会上,确定南充师范学院编写组的编写任务是按《康熙字典》分的14个部首(羊、羽、耳、自、白、老、至、聿、臣、舌、舛、耒、而、由)共2200多个楷书字头进行分条编写。1976年1月19日,南充师范学院建立了《汉语大字典》编写领导小组,由院长苏黎负责组织工农兵、领导干部和知识分子组成编写组(即四川省第五编写组),由杨正业任组长。1978年,周虚白恢复中文系主任职务后,兼任编写组组长,杨正业改任副组长。《汉语大字典》编委会成立后,由教育部和国家出版局聘周虚白、陈克农、杨正业为编委[①]。1978年,苏黎调离南充师范学院后,先后由院长章润瑞和副院长肖泽骠主管《汉语大字典》编纂工作。南充师范学院前后参加编写工作的有20多位教师,署名的有14位。经过十几年努力,从1986年10月起,《汉语大字典》由四川辞书出版社和湖北辞书出版社联合陆续出版,至1990年全部出齐,共8卷,正文7卷,约2000万字。在编写《汉语大字典》过程中,图书馆对编写组的同志给予了大力支持,特意在图书馆三楼上专设《汉语大字典》编写组办公室,准备了桌椅,方便他们查阅资料,并提供大量参考资料。如,提供《十三经》各种版本、各种注疏的相关资料,还提供了明本和清本的前"四史"、"四部丛刊"、"丛书集成"、《诗经》等资料10 000余册,约8个书架,并派贾荣昭专门负责为编写组的同志提供和管理他们所需要的资料,有时还让编辑组同志将资料借回家里或把资料送到编写组同志的家里;同时还派李凤仪帮助他们查核例句。图书馆为《汉语大字典》编写

[①] 佘正松主编:《西华师范大学校史(1946—2006)》,成都:四川大学出版社2006年版,第72页。

组按期完成任务作出了积极的贡献。《汉语大字典》后获得中国图书奖荣誉奖、全国图书金钥匙一等奖。

五、工作人员业务学习

根据1978年8月教育部印发的《关于加强高等学校图书资料工作的意见》中关于"加强图书资料工作队伍的建设"的精神①，唐克强馆长继承汪应文主任重视工作人员业务学习的好传统，加强了图书馆工作人员的培养，并于1979年3月制订了《图书馆业务学习计划（草案）》，内容包括：目的要求、课程及内容大要、主讲人与讲课方式、学习期限与时间安排、专业课与文化课的各个单元所需之学习时间表等5个方面。在"目的要求"中明确指出："业务学习既与馆内工作息息相关，应视同日常工作之一部分。除个别人因情况不同，经馆领导研究，可以免修外，其余人员对所设课程概得参加"，并要求工作人员学习时要做好笔记，完成作业，馆领导"每隔一定时期，得抽阅笔记一次"。学习课程分专业课、文化课和语言课三种。专业课有图书馆学概论、书史学、图书采集与点收登记、分类与分类实践、编目与目录组织、典藏与保养装修、流通与阅览、参考咨询、线装书处理（包括版本学）、外文书处理、报刊处理、图片及拓本处理、科技情报的处理、视听资料及其他现代化物资设备的介绍等14门；文化课有古代现代汉语、中国文学、世界文学、本国及世界史、本国及世界地理、哲学、政治经济及社会学、教育及心理学、数学、物理、化学、生物学、工程（土木、机械、电机等）、医药、农业、艺术、体育等17门，每门文化课只略述其知识体系、内容大概、学术史及发展趋势、学派及各学派之重要著作和论点等，以"少而精地介绍一般性的知识"为原则；语言课有古汉语和英语2门，但不规定课时，由个人自修。专业课"尽可能请馆内外对某项工作积累有相当经验的同志，以讲课方式，或于书刊中选定与各该专题有关的论文，结合馆内工作实际，以报告会或讨论会之方式进行之"，文化课"请院内各系或业务单位遴选教师或工作同志以讲课方式进行之"。专业课与文化课预定在三学年内学习完毕。规定

---

① 转引自郭锡龙主编：《图书馆暨有关书刊管理法规汇览》，北京：中国政法大学出版社1995年版，第314页。

每一学年"预定学习36周至40周","每周学习两学时,三年内共计216至240学时"。学习时间"定在每周星期六下午,按学院统一规定之上、下课时间,学习两节课时"。在《各课各个单元学习时间一览表》(见图6-10)中还详细列出了专业课与文化课的具体课时。如"图书馆学概论"为4学时,"分类"和"编目"各12学时,文化课各科多为8学时。当时,学习的地点是在图书馆期刊阅览室,有时在学校简易教室上课。通过这种专业课和文化课的学习,图书馆工作人员的专业水平和文化素质得以不断提高,有利于工作的顺利开展。

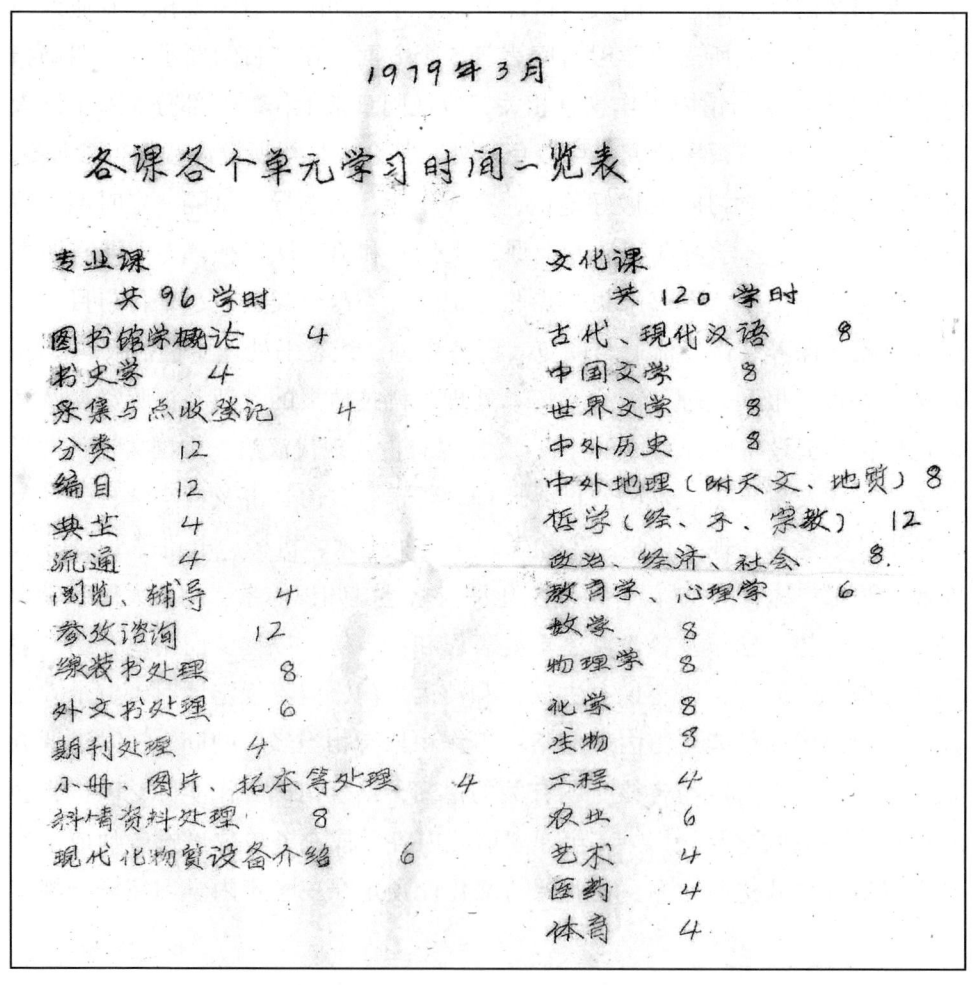

图6-10　南充师范学院图书馆员工培训课程安排表

六、科研工作与学术活动

（一）全国科学大会精神的引领

1977年9月，中共中央发出召开全国科学大会的通知，南充师范学院高度重视，把科研工作列入了党委的议事日程。根据通知精神，学院拟定了《关于科学研究的意见》（以下简称《意见》），《意见》要求"明确高等学校同时肩负着培养人才与发展科学的双重任务，明确教学与科研相互促进的辩证关系"[①]。1978年3月，中共中央在北京召开全国科学大会，邓小平在大会上重申了"科学技术是生产力"的马克思主义观点，指出为社会主义服务的脑力劳动者是劳动人民的一部分，提出了"造就一大批世界一流的科学家、工程技术专家队伍和一支浩浩荡荡的工人阶级的又红又专的科学技术大军，向科学技术现代化进军"的要求。这次大会迎来了我国科学研究的春天。同年，中共四川省委在成都召开全省科学大会，南充师范学院认真传达贯彻了两个大会的精神，组织师生学习了全国科学大会制定的《1978—1985年全国科学技术发展规划纲要（草案）》，并结合学院的实际，草拟了南充师范学院1978—1985年科学研究规划。图书馆亦制订了相关科研计划。

（二）积极开展学术交流和科研工作

为了加强学院对学术工作的领导，南充师范学院的科研工作由一名副院长分管，在教务处下设科研科，负责处理科研日常事务。1978年8月，南充师范学院成立了院学术委员会（包括文理科），由章润瑞任主任，肖泽骠、周虚白、覃能训任副主任，加强对各系、所、馆的学术指导，鼓励并支持举办和参加各种学术活动。图书馆在汪应文的带领下，在"科学的春天"里积极参加学术活动，并结合业务工作实际，从事科研工作。1979年2月，四川省图书馆学会成立，南充师范学院图书馆成为理事馆，汪应文参加了会议；同月，汪应文在《南充师范学院学报》（哲学社会科学版）第1期发表了《版本研究和目录学的关系》，接着又于7月发表了《版本余话》。同年，汪应文还编著出版了《图书馆学概论》一书，对图书馆的起源、类型、方针、建立和管理，图书馆专业教育等方面进行了研究，在理论图书馆学研究方面贡献出力量。

[①] 余正松主编：《西华师范大学校史（1946—2006）》，成都：四川大学出版社2006年版，第92页。

第四节　改革与进取时期

（1980年1月—1988年12月）

伴随全国高等教育事业的喜人发展形势，中国的图书馆事业亦步入一个全新的历史阶段，呈现出蓬勃发展之势。在1980年到1988年的近10年间，南充师范学院图书馆大胆改革、锐意进取，实现了图书馆各项工作的较大发展。

一、机构改革与干部调整

（一）院图书馆委员会的成立

1980年9月，教育部召开了全国高校图书馆第二次工作会议。该年，南充师范学院陆续批准建立了图书情报室、中国古籍整理研究室等5个研究室（所）。1981年，全国高等学校图书馆工作委员会成立。同年10月，《中华人民共和国高等学校图书馆工作条例》（以下简称《条例》）正式颁布，明确了高校图书馆在学校中的地位和作用，为高校图书馆事业的建设和发展指明了方向。1982年3月，南充师范学院副院长邓学界参加了四川省高校图书馆工作会议。会后，向学院常委、图书馆全体工作人员、各系教研室主任、学院科以上干部传达了会议精神，要求各单位支持图书馆工作；并代表学院常委提出了加强图书馆领导（每年6月、12月进行图书馆工作汇报，研究讨论有关问题，听取图书馆同志的要求、意见）、成立图书馆委员会（由8个系、教务、总务组成）、加大业务人员比例、增加图书经费、修建图书馆馆舍等8个方面的意见。4月，四川省高教局召开了高校图书馆第二次工作会议，贯彻落实全国高校图书馆第二次工作会议精神。唐克强馆长参加了会议。9月，学院根据《条例》第十九条的规定，成立了南充师范学院图书馆委员会，管理和协调图书馆文献资源建设等工作。邓学界为图书馆委员会主任委员，汪应文、唐克强为副主任委员，汪泽树、李耀仙、李道华、潘明元、顾永兴、孔东迁、蔡铎昌、邓廷献、周定滨、龙厚禄、孟怀芬、王治权、常胄民等13人为委员，草拟了

《南充师范学院图书馆委员会暂行条例》。1984年，为了统一管理全院图书情报工作，学院成立了院图书情报工作委员会，分管副院长肖泽骠任主任，副馆长胡孝章任副主任。

（二）机构改革与领导班子建设

1980年，为贯彻教育部全国高校图书馆第二次工作会议精神，适应学院教学科研工作的迫切需要，南充师范学院解决了图书馆长期存在的"三不定"（行政级别、直属领导和组织机构不确定）问题，明确了图书馆是系、处一级单位，直属学院领导，由一名院长或副院长分管；馆下设采编、流通、期刊资料3个组和办公室（曹智英任秘书），组相当于科级单位。当年，分管图书馆的是肖泽骠副院长，图书馆各项工作明显加强。同年3月，学院将原属教务处的图书情报室并入图书馆，成立图书馆科技情报资料室（以下简称"科情室"）。黄孝诚教授随图书情报室调入图书馆科技情报资料室，并任科技情报资料室主任，负责图书馆参考咨询和宣传工作。

为加强图书馆工作，学院对图书馆的领导班子进行了调整并对图书馆党支部进行了改选。1982年1月，常胄民任图书馆党支部书记，黄齐仙任图书馆党支部副书记[1]。1983年，常胄民离休。同年3月，图书馆党支部再次进行了改选，唐克强任图书馆党支部书记，赵兰英任图书馆党支部副书记[2]。1984年1月，唐克强调任中文系党总支书记。同月，学院从中文系调来了杨正业、胡孝章任图书馆副馆长。杨正业兼任图书馆党支部书记，主持工作。1986年2月，分管图书馆的肖泽骠副院长退休。4月，杨正业副馆长调往高教研究所任副所长；张怀绥任图书馆办公室副主任，任期三年[3]。12月，龙显昭被任命为副院长，分管图书馆工作。1987年5月，胡孝章任图书馆馆长，任期三年[4]。

---

[1] 1982年1月中共南充师范学院委员会组织部组干字〔1982〕2号《党委同意图书馆党支部改选结果的通知》，现藏于西华师范大学图书馆办公室。

[2] 1983年3月中共南充师范学院委员会组织部组干字〔1983〕7号《党委同意图书馆党支部改选结果的通知》，现藏于西华师范大学图书馆办公室。

[3] 1986年4月5日南充师范学院院人干字〔1986〕10号《通知》，现藏于西华师范大学图书馆办公室。

[4] 1987年5月19日南充师范学院院人字〔1987〕20号《关于胡孝章同志任职的通知》，现藏于西华师范大学图书馆办公室。

（三）组织机构建设与中层干部调整

1984年，学院又对图书馆基层组织进行了调整，新设立了外文组（负责外文书刊的订购、分编和流通阅览）。图书馆机构设置逐步健全，设办公室、中文采编组、流通组、期刊组、科技情报资料室（原秘书资料组1980年春与教务处图书情报室合并成立）①和外文组共6个组（室），将教师阅览室、旧版书库划归科技情报资料室，账务、总务、复印、装订划归办公室，线装书库划归流通组；并调整了各组室干部，任命曹智英为图书馆办公室主任、张怀绥为副主任，刘天成任科技情报资料室主任、黄浩耘任副主任，张效赤任外文组副组长，凌泽芬任中文采编组组长、童恩涛任副组长，赵兰英任流通组组长、李元强任副组长，刘世蓉任期刊组组长、肖桂珍任副组长。这些新任干部在工作中能从事业出发，相互团结，主动协调，配合也较默契；他们都是兼职干部，除要做好本组的组织管理工作、思想政治工作外，还要在具体岗位上做好业务工作。干部中一些老同志几十年来兢兢业业、埋头苦干、以身作则，有时加班加点，有时带病工作，却不向组织提出任何要求，在群众中有很好的影响。另外，图书馆的党员也起到了模范带头作用。1986年全馆有党员16人，占职工总数的23.7%，大多数党员能够承担重任，带头遵守各项规章制度，关心群众，在工作中能顾全大局，以身作则。

1988年3月，为适应教学科研工作的迫切需要，学院加强了图书馆建设，对图书馆中层干部进行了换届选举，并对图书馆的组织机构进行了调整、扩大。图书馆机构由原来的6组（室）发展为7部（室），即：采编部、流通阅览部、期刊部、科情室、"文献检索与利用"课程教研室（与科情室两块牌子、一班人马）、读者服务部和办公室。原外文组撤销。选举曹智英任办公室主任、张怀绥任副主任，李元强为流通阅览部主任、杜素琼和周体佳为副主任，张效赤为期刊部主任、肖桂珍为副主任，童恩涛为采编部主任，刘天成为科情室及"文献检索与利用"课教研室主任、黄浩耘为副主任，李惇绪为读者服务部副主任②，张国秀为工会主席。3月29日，图书馆召开了新任干部会议，讨论部

---

① 中共南充师范学院委员会党发〔1984〕2号《关于调整我院科室、教研室领导班子的安排意见》附机关科室和教研室设置方案，现藏于西华师范大学图书馆。

② 南充师范学院院人字〔1988〕24号《关于图书馆部室干部任职务的通知》，现藏于西华师范大学图书馆办公室。

(室)调整及外文组撤销后的人员安排和各部室的工作安排。4月,各部(室)新启用的工作印章①(见图6-11)由学院下发到各部(室)。办公室除党政人员外,设正副主任和会计,主要任务是协调和监督全馆工作,接待来访,主管总务和会计②。张效赤任期刊部主任后,对期刊工作进行了规范管理。中文期刊开始进行规范的盖章、打号及分编,并组织公务和读者各2套(包括刊名目录和分类目录)目录,方便工作人员和读者。

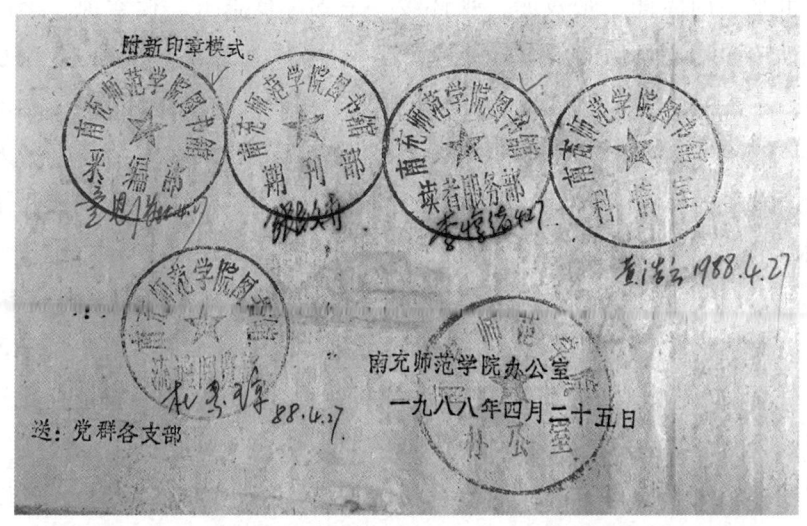

图6-11 1988年启用的南充师范学院图书馆各部(室)工作章

二、工作人员队伍建设

(一)学院的支持

南充师范学院党委一直十分关心和支持图书馆工作人员的业务学习和进修。1979年4月至1982年6月,由学院讲师以上的教师在每周星期六下午或星期三晚上,为图书馆工作人员讲授古代汉语、英语和图书馆专业知识,对图书馆工作人员帮助很大。从1980年夏开始,外语系教师还为图书馆部分同志

---

① 南充师范学院院办字〔1988〕11号《关于启用我院图书馆下属各部印章的通知》,现藏于西华师范大学档案室及图书馆办公室。

② 1988年3月5日南充师范学院图书馆"组长会议"记录,现藏于西华师范大学图书馆办公室。

辅导英语广播学习，坚持了两年。1981年秋，在学院的支持下，图书馆有12位同志参加了四川省中心图书馆委员会、四川省图书馆学会开办的系统讲授图书馆学基础知识的中专图书馆函授班学习（期限2年），得到了毕业文凭。1982年夏，在学院的支持下，图书馆有1人参加了电大语言班半脱产学习（学制三年）；1982年秋，雍景琼在学院的支持下参加了西南师范学院图书馆专业人员短训班学习。此后，在学院的支持下，图书馆先后派出童恩涛、黄浩耘、杨世平、周体佳、张效赤、张怀绥、王锦、夏志玉、杜素琼、李惇绪等12名有大专及以上学历的同志分别到大连工学院（童恩涛、王锦）、南京大学（黄浩耘）、上海大学（张效赤）、华东师大、南开大学（张怀绥）、西南师大（周体佳）、华中师大（李惇绪、杜素琼、夏志玉）、武汉大学等著名大学的图书情报学系进修一年或攻读第二学士学位及硕士学位。在学院的支持下，图书馆除派出人员学习图书情报方面的专业知识外，还派出人员学习电子计算机知识。如，1980年8月，派出唐建华到由南充市科学技术协会、南充市工会、南充市工人文化宫、南充市图书馆联合举办的"电子计算机训练班"学习。通过派出进修学习，既普遍提高了工作人员的素质，又培养出一批能挑重担的业务骨干，为图书馆的发展储备了人才。

在图书馆人员职称方面，学院也给予积极支持。1982年6月，学院根据1981年1月30日国发〔1981〕21号文件"国务院批转《图书、档案、资料专业干部业务职称暂行规定》的通知"精神，为图书馆工作人员评定了一次业务职称，有6人评聘为馆员、7人评聘为助理馆员、4人评为管理员。从1983年到1988年，图书馆进行了3次专业职务评定，晋升副研究馆员的有4人，升为馆员的有李元强、凌泽芬、刘世容、童恩涛、黄浩耘、曹智英、付大敦、庄玉林、赵兰英、陈英、唐建华、吴仲俘、张中慧、黄齐仙、李凤仪、刘天成、杜素琼、唐志伟、张怀绥、张碧琼、张国秀、郑慧珍、郭黎康等30余人。这对于促进图书馆工作人员队伍建设有着重要的意义。

（二）馆内学习和岗位培训

为提高工作人员的文化素质和业务能力，图书馆一方面在学院的支持下派出工作人员到相关大学进修学习；另一方面，有计划地利用每周的星期六下午组织馆内业务学习和培训（如，汪应文曾在简易教室给职工讲授图书馆的起源及其重要作用①），或组织年轻同志参加南充地区图书馆业务训练班（见图6-12），学习文化及图书情报专业课程，以此提高工作人员的文化素质和专业素养。1984年，参加南充地区图书馆业务训练班的有徐赤、曾德玉、孙明节、张勤、李晓霞。同时，为提高年轻同志的业务能力，图书馆提倡"老带新"的精神，对年轻同志进行"传帮带"。1986年，全馆职工76人中，35岁以下的同志占了61.7%，年轻人偏多，培养和关心年轻人成为图书馆工作中的重要一环。工作中，老同志发挥了骨干作用，他们对年轻同志一是积极关心、帮助，指导他们提高业务能力；二是支持年轻同志的学习。改革开放后，年轻同志读夜大、电大、函大、外出进修的人较多，每逢这些同志外出学习时，老同志们就承担起这些年轻同志的工作，在第一线跑库房、值夜班。年轻同志也普遍地能虚心向老同志学习，工作中新老同志密切配合。

图6-12 南充地区第三期图书馆干部业务训练班成员合影（1984年5月5日）

（三）工作人员队伍的扩大

为适应学校发展，南充师范学院加强了图书馆工作人员队伍建设。1980

---

① 办公室原主任曹智英于2019年4月16日在其家里口述。

年开始，陆续从各系调来了 10 多名教师到图书馆，并从几届本科学生中选留毕业生近 10 名，又从因父母退休而顶替的青年中调来了 10 多名同志。如，1982 年分别从历史系、物理系、数学系、生物系调来了陈淑容、黄浩耘、童恩涛、杜素琼①，并从大学毕业生中分配来了张效赤。1983 年 7 月，从大学毕业生中分配来了王锦；8 月，李晓霞顶班父亲李凤仪到馆工作，刘晓东顶班母亲王雅洁到馆工作；12 月，张勤、徐赤、曾德玉和孙明节到馆工作。当年图书馆有工作人员 56 人（其中业务人员 49 人）。1984 年 1 月，对新到馆的几位高中毕业生进行了工作分配，张勤分到采编组、徐赤分到期刊组、曾德玉和孙明节分到流通组工作②。当年，图书馆工作人员增加到 63 人。

1985 年 11 月，图书馆向学院提出申请，要求增加工作人员 20 名，希望"组织纪律性强，愿意致力于图书馆工作的高中毕业生"到馆工作。当年，调来了李惇绪、李学宁、郑慧珍、郭黎康、黄楠、张彬、高晋蜀、熊泽蓉等到馆工作。图书馆工作人员增加到 74 人，其中干部编制 50 人、工人编制（或以工代干）24 人。1986 年 6 月，唐抚荣由总务处伙管科调到图书馆工作。本年，还调来了李春兰、杨涛、胡军、唐庆嘉、李翠英等 9 人。

1988 年，图书馆工作人员增加到了 79 人，其中 41 人具有大专以上学历、4 人具有高级职称、22 人具有中级职称。在 79 名工作人员中，采编部有 11 人（其岗位编制是：采访 3.5 人、分编典藏 4.5 人、其他 3 人）、流通部有 21 人（书库 9 人、出纳台 5 人、阅览室 4 人、其他 3 人）、期刊部有 17 人（采访 2 人、分编 2 人、报刊库 3 人、阅览室 5 人、其他 5 人）、科技情报室有 20 人（其中情报教育、研究、服务 13 人，教师阅览室 5 人，文献检索室 1 人，其他 1 人）、读者服务部和办公室共 8 人，另有其他人员 2 名。

三、文献资源建设

（一）经费的增加及文献的购进

随着学院规模的扩大和进一步发展，为了更好地服务于教学和科研工作，

---

① 南充师范学院院干字〔1982〕12 号《通知》和院干字〔1982〕13 号《通知》，现藏于西华师范大学图书馆办公室。

② 1984 年 1 月 20 日南充师范学院图书馆"1983 年下期寒假工作安排"会议记录，现藏于西华师范大学图书馆办公室。

南充师范学院加强了图书馆建设，图书馆经费逐年增加，馆藏文献资源逐步增多和丰富。购书经费方面，从1978年的3万元增加到1980年的9万元，当年购进新书2305种20 555册，馆藏文献总量达到63万余册；1981年，经费增加到11万元，购置新书5967种45 156册；1982年又增加到13万元，占学院教育事业费3.76%；1983年则增加到15万元，占学校教育事业费的4.16%，当年购进图书7378种47 698册，其中中文精平装图书5967种45 156册，线装书63种567册，外文图书1348种1975册，订购中文期刊1185种（其中通过邮局订购1010种，直接在出版部门订购或在邮局购买175种）、报纸57种、外文期刊300种（含原版13种、影印版287种）[①]。1984年，图书馆有普通中文精平装图书527 543册、线装书72 701册（其中善本254部3656册）、外文图书43 911册，中外文期刊合订本47 210册[②]；外文图书中有社科西文（主要是英文）原版书824册、日文原版书211册[③]。1985年院拨经费28.64万元，当年讲馆中文图书4.4万册，平均每名学生拥有新书13册。1985—1986年，图书馆用学院拨给的专款购买了一套由台湾商务印书馆1982年发行的《景印文渊阁四库全书》（费用为13万余元），进一步增强了馆内的珍藏文库。图书馆还特意在该套书每册题名页上加盖了具有珍藏意义的藏书章（见图6-13）。1988年，图书馆经费又增至29万元，当年购进新书8111种40 150册，平均每名学生拥有新书10册，中文图书主要订购于《社科新书目》《科技新书目》《标准新书目》《高校联合目录》《全国地方版科技目录》及《上海新书目》《四川新书目》《北京图书信息报》等全国30多个省市的新书目。外文图书仍然委托国际书店订购，委托单见图6-14。

---

①② 南充师范学院图书馆《1983年工作汇报》，现藏于西华师范大学图书馆。

③ 1984年5月南充师范学院图书馆《关于进口社科类出版物的购置、管理使用情况的报告》，现藏于西华师范大学图书馆。

图 6-13 《景印文渊阁四库全书》藏书章

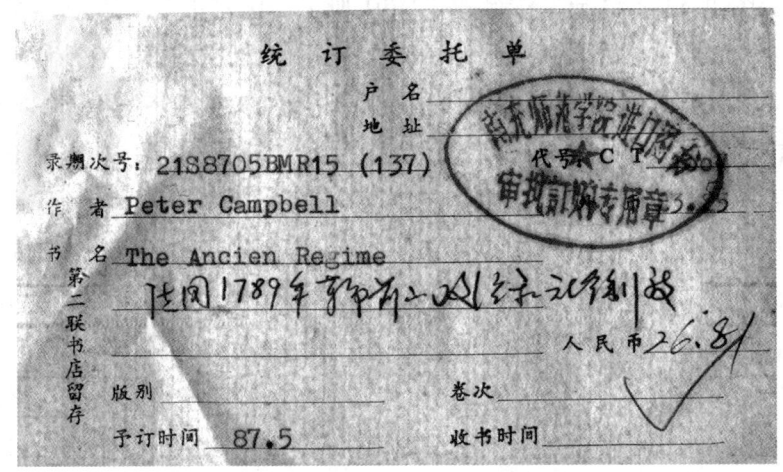

图 6-14 南充师范学院图书馆外文原版图书统订委托单

截至 1988 年 12 月,图书馆馆藏图书共计 105 万册,其中,中文精平装书共 128 392 种 793 649 册,古籍线装书 5227 种 78 721 册,外文图书 32 903 种 49 843 册,报刊 5523 种 127 700 册①。图书馆除购置《景印文渊阁四库全书》等珍贵图书外,还购置了《金文总集》《甲骨文合集》《笔记小说大观》《石刻史料新编》《明实录》《清实录》《不列颠百科全书》《学术百科全书》《大汉和辞典》等一批重要书籍,大大加强了图书馆为学院教学和科研服务的能力。1988—1989 年,图书馆参加了"全国文献资源调查"项目,对本校重点学科

---

① 佘正松主编:《西华师范大学校史(1946—2006)》,成都:四川大学出版社 2006 年版,第 101 页。

中国古代史、中国考古、动物（中国珍稀动物）学的文献资源进行了调查，三个学科的馆藏文献与标准书目进行核对，收藏率分别达到 70%、88%、79%，入藏文献引文分析收藏率分别是 86.8%、81.9%、82.6%，其中动物学文献收藏率达到了完备程度①。图书馆丰富的馆藏为学院的教学和科研提供了文献保障。

图书馆除购进新书刊外，还对珍、特藏精平装图书及线装书进行防虫处理。如，1984 年，制作了防虫红丹纸，用此装订线装书，使 5 万册左右的线装书免于虫蛀和破损。

图书馆还和国内 300 多家单位建立资料交换业务，获得了一些具有独特见解的内部资料及具有乡土特色的地方出版物，在一定程度了弥补了馆藏资料的不足。

（二）图书目录体系的建立

为便于工作及师生读者查找、借阅图书，图书馆制作了各阅览室和书库的基本卡片目录。其中，中文精平装书有公务目录 3 套（书名目录、分类目录、著者目录），教师阅览室、旧版书库有 2 套目录（书名目录和分类目录）、学生阅览室有 1 套书名目录，流通书库有 2 套目录（书名目录和分类目录），普通书库另有 1 套排架目录。线装书库有分类目录、书名目录（包括书名首字笔画目录和书名首字拼音目录）、排架目录、登记号目录各 1 套。西文图书有 1 套分类目录，日文图书有书名、分类、著者 3 套目录；俄文图书"文革"前有 3 套目录，但不完全符合要求，后只有 1 套分类目录。从 1982 年起，各种外文图书都按公务目录和读者目录各 3 套制片，当时全部按中国图书馆分类法（简称"中图法"）改编、核对。外文期刊一直没有分编，一部分当时还未上架。1978 年前的中文期刊有 1 套分类目录，因 1978 年后的期刊未再分编，原有目录也就没有使用，给师生使用过期期刊造成很大困难。科情室有 1 套理科分类目录、1 套文科刊名目录。

1984 年 11 月，为了按照《文献著录总则》《普通图书著录规则》《连续出版物著录规则》等国家标准著录书刊，解决当时编目工作的困难，图书馆举办了为期 1 周的《文献著录总则》学习班，并邀请马列主义教研室等院系资

---

① 张怀绶：《四川师范学院图书馆史略（1952.10—1993.12）》，《四川师范学院学报》（哲学社会科学版）1995 年第 2 期。

料室及南充市其他大专院校、厂矿图书馆界的同志参加。该学习班课程由刘天成主讲。

1988年4月,"为了充分发挥馆藏报刊的效益,及时向师生报道我馆中文现刊收藏情况,方便师生利用馆藏最新期刊"[①],南充师范学院图书馆编印了《1988中文报刊简介》(见图6-15),发送到各系(处)及学生班。该报刊简介收集了图书馆1988年3月底订购的1900多种中文报刊,其中报纸120种、邮局公开发行的期刊1273种、邮局内部发行的刊物500多种;并对各类报刊的发行时期、开本、主要栏目和内容进行了介绍。

图6-15 南充师范学院图书馆编印的《1988中文报刊简介》封面

四、读者服务与读者教育

（一）读者服务

这一时期,南充师范学院图书馆以较好的服务方式、有效的服务手段,为全校教学科研工作提供了多种类多层次的文献和资料保障,为学院培养优秀人才、创造较高水平的学术科研成果作出了积极的贡献。

1. 借阅服务

（1）完善借阅制度

读者服务工作是图书馆工作的灵魂,是图书馆存在的理由,也是图书馆工作的目标[②]。制定和完善必要的规章制度,是加强管理的重要一环,也是提高服务质量的保证。为加强对读者服务工作的规范化管理,南充师范学院图书馆对借阅制度进行了完善和更新,基本做到阅览室有规则、借书有规定、处理有办法。1984年,先后修订出台了一系列借阅规则和办法,经院长批准正式印发的有:《书刊损毁遗失处理办法》、《普通书库借书办法》、《期刊库期刊管理

---

① 南充师范学院图书馆《1988中文报刊简介》"编辑说明",现藏于西华师范大学图书馆办公室。

② 李景文主编:《河南大学图书馆史》,开封:河南大学出版社2008年版,第96页。

及借阅办法》、《线装书借阅办法》、《学生图书阅览室规则》、《学生期刊阅览室借阅规定》、《外单位借阅书刊资料办法》、《基本书库、教师参考室图书的管理及借阅规则》(附《内部书库、旧版书库借阅规则》)、《外文书库借阅办法》(附《外文阅览室规则》)等9种[①]。为改变过去教师进阅览室无任何证件、学生押学生证进阅览室带来的管理不便,图书馆决定办理贴有读者照片的借阅证。1984年10月,学院以院图字〔1984〕1号文件向各系、处、部、室和学生班发出《关于使用图书借阅证的通知》,要求各单位、各学生班及时收齐需办理借阅证者的照片交到图书馆统一办理,并规定于当年11月1日起,读者一律凭借阅证进图书馆借阅书刊[②]。在此,将该通知内容照录如下:

系、处、部、室和学生班:

长期以来,图书馆借阅图书使用的是借书券。教师进图书馆阅览室无任何证件证明,学生进学生阅览室使用学生证压〔押〕证借阅。近年来,年轻教师增多,到教师参考室阅览的人数也相应增加,工作人员难于辨认,有的学生也混杂其中,甚至校外的人员也在教参室进出,这不仅给工作带来困难,而且对教参室基本藏书很不利。在学生中少数人为了借书,就办了两个甚至三个学生证,有的人捡了借书券、学生证,就到书库或阅览室借价格高昂的书刊,离校时不归还,造成不少学生冤枉赔书,意见很大,甚至有的师生将借书券借给外单位职工使用,致使图书资料外流现象比较严重,给我院教学科研造成了不良影响。

为了保证图书馆藏书更好地为我院教学和科研服务,防止图书资料过多外流,经院办公会议决定,在全院师生员工中使用"南充师院图书馆借阅证"。现将具体使用办法通知如下:

一、借阅证只限本院师生员工本人出入我院图书馆借阅图书资料的证件,不得遗失涂改或转借他人。若借阅证非本人使用时,图书馆可拒绝借阅,并收回借阅证。

二、凡在我院借阅书刊,除填写借书券外,必须主动出示借阅证。

---

① 1984年1月南充师范学院图书馆《工作汇报》,现藏于西华师范大学图书馆。
② 南充师范学院院图字〔1984〕1号《关于使用图书借阅证的通知》,现藏于西华师范大学图书馆。

三、借阅证遗失应立即向图书馆各组室挂失，申报遗失半年后，方可补发，并交费 1.50 元。如发现同时使用两个或两个以上借阅证者，除收缴证件外，并罚款 10 元。

四、离校时，将此证同借书券一起交还图书馆，方可办理离校手续。

五、发证办法及时间安排：

1. 凡领取借阅证者必须交近期一寸脱帽正面照片一张。

2. 全院各学生班由学习委员收齐照片后，到图书馆统一办理。

3. 教职工由各部、处、系、室指派一人收齐照片到图书馆统一办理。

4. 本证办理时间自本文发到之日起开始，10 月底办理完毕。十一月一日起一律凭此证借阅书刊。

一九八四年十月十二日

（2）疏通书刊流通渠道

随着购书量的增加，图书馆 30 多年没清理的书库，到了 1983 年被堆得水泄不通，新书半年多不能入库，读者所要的书无法借出。针对这种情况，全馆同志反复商量、研究，于 1984 年暑假期间对书库进行了一次大清理，将不常用及破旧的图书 7 万多册清理出来，打捆另放他处，腾出部分空间，将 10 余万册新书上架，保证了师生员工的用书。同时，又对期刊库进行了清理，将占用书架的破旧、残缺报刊打捆，暂放，保证了新报刊的上架和流通。经过清理流通渠道后，1984 年图书馆外借图书 93 587 册（其中中文精平装书外借 90 837 册、外文图书外借 2750 册），外借中文报刊 16 550 册次、外文报刊 91 册，馆际互借 25 次 403 册；复印资料 16 000 多页。此外，处理读者损毁遗失书刊 834 册、装订期刊 3669 册[①]。1988 年，图书馆提供集体借书 109 次、借书 6321 册，其中系资料室共借 88 次、借书 5354 册，学生班共借 21 次、借书 967 册。本年，图书馆还对外文书库图书进行了清理、上架，掌握了外文库的实际藏量为 46 725 册，其中西文图书 33 982 册、俄文图书 9903 册、日文图书 2840 册[②]。

随着学校规模的扩大，图书馆在册读者进一步增多。1988 年，图书馆为

---

① 1984 年 1 月南充师范学院图书馆《工作汇报》，现藏于西华师范大学图书馆。

② 南充师范学院 1988 年统计报表，现藏于西华师范大学图书馆。

1553 人办理了借阅证，发放借书券共计 7219 张[①]。

(3) 挖掘潜力，主动服务

随着文献购置费的增加，图书馆文献购置量和以前相比成倍增长，到 1986 年有藏书近 100 万册，但全馆使用面积只有 3770 平方米（含阅览室、办公室、书库），阅览室的座位仅 300 余个。这种状况远远不能满足 5000 多名师生员工的教学、科研和学习需要。对此，图书馆努力挖掘潜力，采取了一些积极措施，尽最大力量为读者提供服务。其措施是：①延长开馆时间。图书馆每周开馆 6.5 天，全馆 5 个阅览室白天、晚上全部开放。期刊阅览室和学生综合开架阅览室星期天下午和晚上也对外开放，每天开放时间长达 11 小时。②实行开架阅览。改革开放后，国内图书的出版量不断增加，而图书馆购买的复本却逐渐减少，要满足读者，唯一的途径就是开放阅览室，实行开架阅览。南充师范学院图书馆除教师阅览室开架外，1984 年又将学生现刊阅览室和外文阅览室实行开架，1986 年又开放了学生文、理科阅览室（1988 年 6 月底两室合并为学生综合图书阅览室）。实行开架阅览后，阅览的人次成倍增加。如，1985 年学生文理科阅览室闭架时，阅览量为 16 309 人次，而 1986 年实行开架阅览后仅 55 天阅览量就为 11 330 人次，1987 年搬入新馆后阅览量增加到 85 510 人次，1988 年又增加到 104 411 人次；学生现刊阅览室闭架时的年阅览量为 31 205 人次，实行开架阅览后，年阅览量为 105 642 人次[②]。

(4) 拓宽服务面和服务渠道

南充师范学院图书馆除为学院师生员工服务外，还对校外读者提供借阅、咨询、课题查新等服务。如，1988 年为校外 81 名读者办理了借阅证。

在服务渠道方面，各组室根据自己的优势，全力服务读者。如，流通组为方便读者借阅，除备有分类目录、书名拼音目录外，还于 1985 年新编了书名笔画目录；中文采编组为避免大学生阅读的盲目性，开始编辑《大学生学习主要参考书目》；外文组为提高外文书刊的利用率，开办了"怎样利用外文书刊"的讲座，并把书刊目录编印成册送到各单位；科情室出刊了 6 期《科技简讯》（见图 6-16），向读者介绍各学科最新研究成果及研究动态；同时还开

---

① 南充师范学院 1988 年统计报表，现藏于西华师范大学图书馆。
② 南充师范学院图书馆 1985—1988 年统计报表，现藏于西华师范大学图书馆。

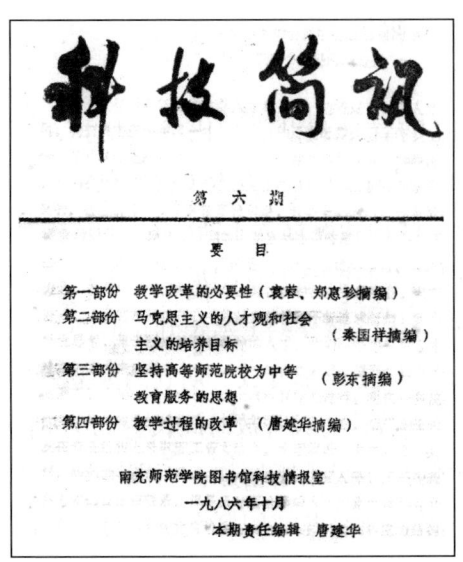

图6-16 南充师范学院图书馆馆刊封面

办了橱窗，举办了图片展览。另外，图书馆还积极向学院广播站投稿，将图书馆的地位和作用、图书馆的规章制度、馆藏情况等向读者进行宣传和介绍，并表彰图书馆员工和读者的好人好事等；1983年，图书馆还将《新同学怎样利用图书馆》（曹智英撰稿）做成录音资料（蒋秀莲录音）向新生播放[①]。同时，图书馆继续开展书刊交换和馆际互借。

2. 情报服务

南充师范学院图书馆除积极开展书刊借阅等常规服务外，还开展了参考咨询、代查代译、情报调研、编制文摘、定题跟踪、立题查新等业务，为校内师生及社会人员提供情报服务。如，1985年，为本院胡锦矗教授等提供珍稀动物文献资料500份，为陈国先教授的"腹膜透析的数学模型"、龙和珍教授的"猕猴桃的育种"、刘祖骈教授的"从三氯化铝残渣和润滑油残渣中提取油分"等课题进行了国际联机检索查新；并为校外专家郑家俊的"滚珠涡的研制"进行了国际联机检索。同年，图书馆还与仪陇县杨桥乡政府签订了情报服务合同，为杨桥乡政府提供技术资料100多份。对此，1986年10月，南充师范学院信息中心编印的《信息通报》第三十二期以《图书馆的同志作了很好的工作》为题，对图书馆的情报服务进行了专门报道。

（二）读者教育

世界上的图书馆读者教育最早始于美国。1876年10月，在美国费城召开的图书馆协会第一届年会上，马萨诸塞州一公共图书馆馆长塞缪尔·格林（Samuel Swett Green，1837—1918）提交了《馆员与读者的人际关系》一文，首次倡议"馆员帮助读者"，并提出参考咨询馆员（Reference Librarian）的概念。塞缪尔认为，参考咨询馆员有四个职能：一是教会读者使用图书馆，二是

---

① 曹智英同志档案，现藏于西华师范大学档案馆。

回答读者的问题,三是帮助读者选择阅读资料,四是推进图书馆走向社区①。在费城年会上,塞缪尔首次提出了读者教育与参考咨询服务的观点。

1981年,我国第一次全国高等学校图书馆工作会议召开。会上,教育部副部长周林把高等学校图书馆的教育职能归纳为四个方面:对学生进行思想品德的教育;直接配合教学,进行专业教育;扩大学生知识面,进行综合教育;对读者利用文献提供方法指导,进行书目教育②,要求高校图书馆对学生进行文献利用教育。

1984年2月22日,教育部以〔1984〕教高一字004号文件印发了"《关于在高等学校开设〈文献检索与利用〉课的意见》的通知"(以下简称"通知"),指出"在高校开设《文献检索与利用》课程很有必要",要求"各高等学校(包括社会科学和理工农医各专业学校)应当积极创造条件,开设《文献检索与利用》课。有条件的学校可作为必修课,不具备条件的学校可作为选修课或先开设专题讲座,然后逐步发展、完善。研究生更应该补上这一课","各高等学校应采取切实措施,争取早日开出《文献检索与利用》课","高校图书馆要按照《中华人民共和国高等学校图书馆工作条例》的规定,认真负责组织好《文献检索与利用》课程的教学"③。南充师范学院领导对开设"文献检索与利用"课高度重视,根据"通知"精神,专门召开了由院长、教务处长、图书馆馆长及将参与教学的同志共同参加的联席会议,讨论了"文献检索与利用"课的整体部署和计划,并拟建立"文献检索与利用"课教研室;院长、教务处长及教务处有关同志亲自到图书馆参加听课,进行检查和指导;图书馆立即物色和培训"文献检索与利用"课教师,在人力很紧缺的情况下,毅然从采编、流通、期刊等部门抽调了一批本科毕业生充实"文献检索与利用"课教师队伍,并及时配备了文献检索室(工具书室)和检索课实习室,为搞好"文献检索与利用"课教学打下了坚实的基础。同年5月,黄浩耘率先为生物系毕业生开设了"生物文献检索与利用"讲座,独立编写了《如何检索动物记录》讲

---

① 维基百科"Samuel Swett Green"词条,网址:http://en.wikipedia.org/wiki/Samuel_Swett_Green。

② 周林:《提高认识,加强领导 努力办好高等学校图书馆——在全国高等学校图书馆工作会议上的讲话》,《人民教育》1981年第11期。

③ 转引自杨放主编:《教育法规全书》,海口:南海出版公司1990年版,第769页。

义，受到生物系师生欢迎，从此该课被生物系正式列为学生必修课，图书馆的"文献检索与利用"课也由此开始。1984—1985学年，图书馆正式开设了"文献检索与利用"课，最先开课的教师有黄浩耘、刘天成、王锦（兼职），主要是为理科4个专业的学生开设。这一学年，他们为生物系81级和82级、化学系81级、数学系81级和82级共10个班开设了"文献检索与利用"课，听课总人数为130名本科生，开课方式为必选，讲授84学时，实习49学时，实习方式是学生在教师指导下集中实习。1986年听课人数增加到410人，其中本科生396人，进修生和教师共14人；1987—1988学年，听课总人数为740名，其中本科生709人，进修生和教师共31人，讲课300学时，指导实习300学时[1]。为使学生能够理论联系实际，图书馆设立了"文献检索与利用"实习室。至1987年4月，文献检索实习室有258平方米，120个座位，每天能容纳2个班100人进行实习。为使知识直观，上课教师自制检索工具书的知识结构挂图，如制作了《动物学文摘》《动物学记录》检索工具书知识结构挂图。"文献检索与利用"课选用的教材有贺修铭等编著的《社会科学文献检索教程》（1986年湖南人民出版社出版）、杜桑海等编的《科技文献检索教程》（1986年成都科技大学出版社出版）；自编的油印教材有：刘天成编的《生物学文献查检法》、黄浩耘编的《动物学记录查检法》、唐建华编的《计算机国际联机检索讲义》[2]。通过"文献检索与利用"课的教学，提高了学生查找资料和独立钻研的能力。

到20世纪80年代末，图书馆通过几年的努力，培养和打造了图情、数学、物理、化学、生物、历史、外语、中文8个专业的"文献检索与利用"课教学人才，他们大都被陆续派往国内有关院校的图书情报系进修，或参加各类"文献检索与利用"课师资培训班学习。如，黄浩耘到南京大学、王锦到大连工学院进修一年，高晋蜀到中国科技情报研究所重庆分所进行了一个月的短期培训。当时，南充师范学院"文献检索与利用"课教学人员共有11人，其中专职人员2人、兼职人员9人；教学人员中本科毕业8人、大专毕业2人、其他文化水平者1人。

从1986年开始，南充师范学院图书馆又为新生开设了"怎样利用图书馆"

---

[1] 南充师范学院图书馆《1988年终工作总结》，现藏于西华师范大学图书馆。
[2] 1987年4月南充师范学院图书馆《"文献检索与利用"课开设情况调查表》，现藏于西华师范大学图书馆。

讲座，将编印的《怎样利用图书馆》小册子（代替以前的录音）发给每位新同学，并形成了制度，以此促进新生热爱图书馆，增强他们利用图书馆的能力。1988年8月，《怎样利用图书馆》小册子经过修订，重新进行了编印，其封面见图6-17。

五、科研工作

在全国科学大会精神的鼓舞下，南充师范学院图书馆广大职工也积极进行科研工作，并取得了丰硕的成果，形成了一定的研究特色。

（一）关于工具书学的研究

1981—1982年，图书馆唐建华与

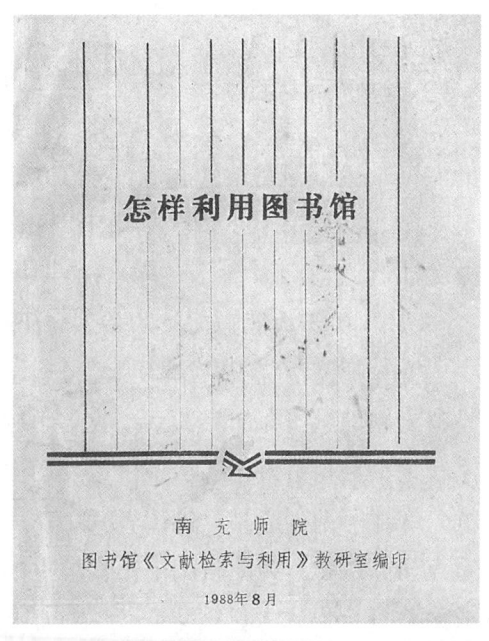

图6-17 南充师院图书馆编印的《怎样利用图书馆》封面

四川省图书馆的戴克瑜、夏发奎、邵森万连续在《四川图书馆学报》1981年第4期和1982年第1期和第2期上发表了《工具书学初探》（上、中、下），系统论述了工具书的起源、发展及工具书学的产生、工具书学的研究对象、研究意义和方法等。他们认为，"工具书学是研究工具书的产生、发展、编制、管理和使用的共同规律及使用方法的科学。……它必须要对以下一些实际现象进行研究：（1）工具书的产生、发展历史及其规律；（2）工具书的本质及其特征；（3）工具书的内容及结构形式；（4）工具书的类型及其划分；（5）工具书的编制、收集、管理和使用"[①]。该论文于1984年获四川省第一次哲学社会科学优秀成果三等奖，并于1989年获中国图书馆学会庆祝建国四十周年特别奖。1986年，唐建华与戴克瑜又以"戴唐"之名发表了《工具书学再探》一文，提出要运用系统论、信息论、控制论来研究工具书学[②]。该文于当年被《人大报刊复印资料·图书馆学、情报学、资料工作》第12期全文转载，受到学界

---

① 戴克瑜、夏发奎、唐建华、邵森万：《工具书学初探》，《四川图书馆学报》1981年第4期。

② 戴唐：《工具书学再探》，《四川图书馆学报》1986年第3期。

广泛关注。

（二）关于图书馆与档案库关系的研究

1985年，汪应文发表了《图书馆起源于档案库考》[①]一文。该论文以翔实的考证论述了图书馆的起源，于1986年获四川省第二次哲学社会科学优秀成果三等奖，并于1989年获中国图书馆学会庆祝建国四十周年特别奖，受到各方关注。

（三）关于大熊猫文献的整理与研究

南充师范学院图书馆除为学校教学科研提供文献资料服务外，还注意开发学科专题信息研究产品，系统收集学校重点学科与重点课题的相关文献，通过系统地加工与重组，揭示、报道其历史、动态和发展，产生出书目、索引、文摘、综述等系列产品，供读者利用。大熊猫等珍稀动物的研究是南充师范学院重点研究课题，为此，图书馆科情室的刘天成等人与四川大熊猫研究中心的李成渝教授合作，大量搜集关于大熊猫的相关文献，完成了"大熊猫文献通报"科研项目，该项目于1987年6月28日通过鉴定，并获得1987年度四川省科学技术进步三等奖（见图6-18）。

 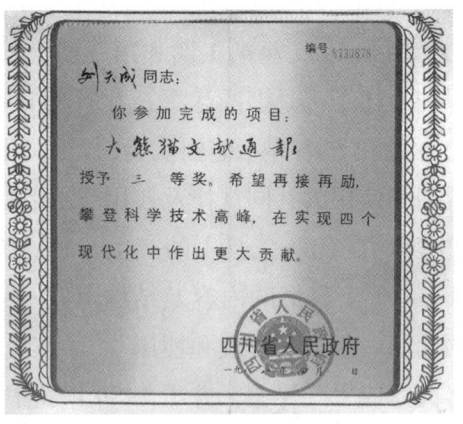

图6-18 刘天成参与研究的"大熊猫文献通报"获四川省科学技术进步三等奖证书

此外，1986年4月，图书馆还编印了《南充师范学院图书馆1985年度论文选》，收集了付大敦的《试论高校图书馆应组织推荐性的参考书目》、肖桂珍的《管理现刊开架阅览室的几点体会》、张国秀的《浅谈线装库的内务工

---

① 汪应文：《图书馆起源于档案库考》，《南充师范学院学报》1985年第4期。

作》、向学锋的《谈谈外文阅览室》、杨世平的《高校图书馆采访人员素质浅见》、李元强的《藏书的复选剔旧》等论文,这些论文对图书馆各项业务实践工作进行了总结和探讨。

六、馆舍建设及迁馆

(一)建设新馆

随着南充师范学院规模的不断扩大,图书馆的读者人数及文献资源不断增多,原先按藏书30万册计划修建的馆舍严重不足。至1982年,图书馆已有图书70余万册,每年新进图书6万册以上,图书馆原有4000多平方米的馆舍(含1965年修建的馆舍和部分老馆舍)和364个阅览座位远远不能满足全院师生(教职工读者1068人、学生读者2815人)的需要,特别是学生阅览座位仅占在校学生人数的十分之一[①],学生经常因争座位而发生纠纷;且书库严重不够,订购的书堆在书亭不能进馆,进了馆的书则堆在采编组不能上架,只能打捆集中堆放,期刊组的报纸、过期期刊以及流通组一部分新书积压很多。这种积压影响了图书馆的正常工作秩序,给书刊流通工作造成的困难尤为严重。为了适应学校发展的需要、解决图书馆馆舍严重不足的问题,学校决定在原有图书馆的基础上进行扩建。1982年6月14日,学校以南充师范学院院字〔1982〕60号文件的形式下发了《南充师范学院关于扩建图书馆的设计任务书》。在此,将其部分内容摘录于下:

一、扩建的依据和规模

1. 扩建要充分合理利用现有土地。……。因此,这次扩建想为我院较为定型的图书馆,学院即使发展到三千多人的规模,也不再新建图书馆了。

2. 扩建既要考虑现实的需要,也要考虑今后的发展,扩建的图书馆考虑十年以上的发展。

3. 扩建应以"资料利用"概念代替传统图书馆的"资料收藏"概念,亦即应按现代化高效能图书馆的方向发展。要让图书资料广为读者服务,

---

① 1982年6月14日南充师范学院院字〔1982〕60号《南充师范学院关于扩建图书馆的设计任务书》,现藏于西华师范大学档案馆和图书馆。

多流通，藏阅结合，采用更多的开架阅览，故扩建不拟采用固定书架的藏书库，每个书库层即为一个结构层，并适当统一阅览室、书库的层高。在书库附近设阅览间、研究箱、讨论室等。目前可开闭结合，以后则逐步过渡到开架阅览。还要考虑资料的多种收藏形式、多种服务范围，充分发挥图书馆作为图书资料情报中心的作用，增设有关非书本资料的视听、缩微以及展览、学术报告、情报、咨询、复制服务等用房，以便更好地为教学和科研服务。要应用现代技术，即电子计算机、多种类型通讯设备、机械化、自动化图书传送技术来管理图书馆。扩建设计时必须考虑这类情况所占用的空间和平面，以提供高质量的藏阅环境。

4. 综上所述，藏书按 130 万册考虑，书库（按 350 册/m^2）需要使用面积 3714m^2。本科生阅览人数（按 30% 考虑，计 1000 座），使用面积 1800m^2。教师及研究生等按 200 座计算，使用面积 600m^2，其他用房使用面积 1310m^2，总计共需使用面积 7424m^2。按 K=0.7 计算，总计共需建设面积 10 606m^2，减去原有图书馆面积 3219m^2，则尚需扩建 7387m^2。

二、扩建地点及原有图书馆的配置使用安排：扩建地点在原有图书馆的西侧。新、旧馆在扩建时拟用工作用房、廊房相联，构成雅致的绿色内院，并适当配以建筑小品，以形成较好的读书环境。原有图书馆的书架今后主要用于利用率低的书、旧书、过期刊物的基本库典藏、闭架借阅。其他房屋将在设计过程中作恰当安排。

三、建设进度和投资估算：总投资在 150 万元左右，工期在一年内（即 1983 年）建成使用。[①]

1983 年 5 月，学院在对图书馆现状进行详细调查、查阅了图书馆建设的有关资料后，核算了各项用房，拟扩建总建筑面积 8068 平方米[②]，并经学院多次反复研究，编制出了长达 9 页的《南充师范学院图书馆工程计划任务书》，提交四川省高教局审核。同年 11 月，图书馆老馆长汪应文写出了长达 21 页的

---

① 1982 年 6 月 14 日南充师范学院院字〔1982〕60 号《南充师范学院关于扩建图书馆的设计任务书》，现藏于西华师范大学档案馆和图书馆。

② 南充师范学院院字〔1983〕18 号《呈报图书馆工程计划任务书请予审核的报告》，现藏于西华师范大学档案馆。

《图书馆舍基建工程的初步设想》，并附拟建图书馆书库与阅览室（包括工作室）平面草图及新旧馆舍用房面积统计表。汪应文对新建图书馆的规划和设计意见后来基本被学院采纳。

1984年1月，学院基建处和图书馆联合整理出了图书馆扩建设计资料，对新建图书馆的总面积、所需资金、书库、阅览室、办公室及其他用房面积、层高、采光等进行了初步计划和安排。同时，鉴于当时图书馆阅览室、书库使用紧张的情况，学校决定将共约70平方米的西平房3间教室及一个含2间小屋的套间（原生物系标本室）提供给图书馆。经图书馆开会研究，决定采编组和图书馆办公室迁至西平房。3间教室打通成1个大教室作为采编组的工作室，含2间小屋的套间作为馆长办公室和图书馆行政办公室，原采编室用作语言文学书库，原办公室用作期刊借阅室[①]。1984年4月21日，因考虑到资金问题及图书馆的实际用途，学校基建处对四川省建筑勘测设计院四室手工设计方案提出修改意见，取消了原设计中的馆内水池、花架、读书亭、空调机房及室外阅报廊、屋顶水池等；4月28日，学校基建处再次向四川省建筑勘测设计院四室提出图书馆设计修改方案，保留室外阅报廊，但要求阅报廊不与主体建筑联系太紧，以免在资金不足的情况下影响主体建筑。6月，四川省建筑勘测设计院对新建图书馆的大致面积、楼层，以及书库、阅览室、目录厅、出纳台、工作用房的荷载量、框架结构、电梯井等进行了初步设计；7月，写出了《南充师范学院图书馆详勘阶段工程地质勘察报告》，对新建图书馆的地质条件进行了勘测和评估。8月，学校基建处又对图书馆的施工图设计提出修改意见，取消原设计中的屋顶钢板水箱，将砼基础改为条石基础，恢复原设计中的室内水池、假山、花架绿化等，并对各房间电扇、灯具开关的设置等提出了要求。12月，四川省建筑勘测设计院向学校提交了《建筑工程概算书》。

1985年1月，学校向四川省高等教育局呈送《图书馆工程施工图及概算并请批复的报告》；5月，在四川省建筑勘测设计院二楼会议室对南充师范学院图书馆工程施工图进行了会审，参会者有四川省建筑勘测设计院、四川省第十五建筑工程公司（施工单位）、南充市建设银行，南充师范学院图书馆的胡孝章、童恩涛及学校基建处的何作瑶、胡克曼、李恭琼、赖克宗、段小亚、青

---

① 办公室原主任曹智英老师于2019年4月16日于家中口述。

素华等有关人员；8月，图书馆开工建设；12月，为使新馆建成后尽快投入使用，图书馆派李元强到成都考察其他高校图书馆（主要考察了西南财经学院图书馆）新馆设备情况，并成立了以李元强为组长，张效赤、张怀绥和杨世平为成员的"新馆设备筹备小组"，对书架、阅览桌（椅）等的规格、数量、布局、运书电梯等进行了估算、筹划。1986年1月，图书馆又派张怀绥、杨世平考察重庆大学图书馆、西南政法学院图书馆、西南师范大学图书馆、成都科大图书馆、四川大学图书馆的书架、目录柜等设施设备情况及其订货地点、所需经费等。

1987年1月，新建图书馆竣工，竣工面积为8211平方米[①]，加上室外阅报廊等，总建筑面积为9500平方米。新馆完工后，征求了图书馆员工的相关意见。多数意见反映：刚竣工的新馆存在一楼窗户无防护栏、厕所玻璃透明、窗户开关不好用、书库排气扇无电源插座等问题。经施工单位整改、补充，达到合格标准。这样，图书馆新馆和两处旧馆留下的实际面积加起来共有10 500平方米（后来，50年代修建的旧馆有3个大阅览室用作历史系办公室，60年代修建的旧馆有4个大阅览室分别用作地理系、计算机科学系办公室），能够满足当时全院师生读者使用需要。

（二）迁入新馆

1987年4月10日，图书馆开始迁馆。迁馆的原则是"搬迁、开馆两不误"，采取"搬迁一个库室，开放另一库室"的办法，尽量减少因搬迁对读者造成的影响。在搬迁前，各组陆续做了大量准备工作。教师阅览室和学生阅览室对所藏15万多种图书进行了修补、整理对架，其他各库室也对所藏图书资料进行清点登记，借此对图书馆的书刊资料进行一次较彻底的清理，为日后的工作打下基础。由于新旧两馆的距离不远，一个半月左右就将中外文采访室、编目室、科情室、馆办公室等迁入到了新馆，并陆续开放了新馆的期刊阅览室、外文阅览室、文献检索室及"文献检索与利用"课实习室。5月26日，新添置的阅览桌216张、阅览椅1400把、目录柜28个已全部到齐，1800个双面垂纹烤漆钢书架也陆续到馆。6月，开始搬迁学生文/理科阅览室、过刊阅览室；7月，搬迁语言文学书库、综合书库（包括教育、经济、政治等类图

---

① 四川省建筑第十五公司的竣工报告，现藏于西华师范大学档案馆。

书)、报纸库;8月,搬迁综合书库的历史类图书、教师阅览室(包括基藏室、旧版书库、特藏库)及期刊、外文库等。暑期,图书馆搬迁工作基本完成,一些扫尾工作到12月初才结束。整个搬迁工作共用1970.5个工时[①]。在搬馆工作中,表现突出的有周体佳、杜素琼、雍景琼等人。

(三)新馆布局

为便于工作、方便读者,图书馆对新馆进行了合理的布局。新馆主楼的分布是:一楼设采编室、文献检索室、"文献检索与利用"课实习室,二楼设教师阅览室(包括基藏室、旧版书库、特藏库),三楼设学生期刊阅览室,四楼设学生文科阅览室,五楼设学生理科阅览室;(主楼)东西两侧安排集体借书室、科情室、流通组办公室、馆办公室、教师期刊资料阅览室、外文阅览室等[②]。图书馆阅览座位增加到860个。1987年7月新馆(今北湖老校区图书馆,见图6-19)正式启用。新馆的启用,大大方便了读者,同时也提高了图书馆的工作效率。从此,图书馆的工作进入新的发展阶段。

图6-19　1987年7月启用的图书馆(今西华师范大学北湖老校区图书馆)外景

---

① 1987年12月9日《图书馆搬迁时间及用工时数》统计表,现藏于西华师范大学图书馆。

② 南充师院信息中心:《图书馆搬迁新馆情况》,《信息通报》1987年第6期(总第46期),现藏于西华师范大学图书馆。

七、党建、工会、安全及其他工作

（一）党建工作

1983年6月，南充师范学院根据《中共中央关于加强党员教育工作的通知》，组织了第二期党员轮训工作，并成立了党员轮训领导小组，图书馆与基建处等单位组成第九小组，由赵兰英、孙著儒召集主持图书馆及基建处等单位的党员培训学习，主要学习讨论新党章及胡耀邦同志在十二大的报告、王鹤寿同志在中纪委第二次全体会议的工作报告《尽快实现党风的根本好转》等内容。图书馆参加轮训的党员有常胄民、凌泽芬、曹智英、张中慧、肖桂珍。通过学习，党员干部更加明确了要如何做好一个合格党员、合格干部。

1986年10月，图书馆党支部进行了改选，经学院党委10月20日会议研究同意：胡孝章任党支部书记，赵兰英任党支部副书记，曹智英任组织委员，王锦任宣传、统战委员，童恩涛任纪检委员①。同年，图书馆有胡孝章、唐抚荣、曹智英、凌泽芬、童恩涛、赵兰英、李元强、雍景琼、张国秀、张效赤、向学锋、於力军、肖桂珍、张中慧、黄浩耘、王锦等16名党员。1987年"七一"前夕，在学院开展的党建"创先争优"活动中，图书馆党支部被评为先进党支部，受到表彰和鼓励。为进一步加强图书馆党支部工作，同年9月，学院组织部调陈兰英到图书馆任党支部书记（副处级）②，图书馆支部工作进一步健康有序地开展起来。同年，张怀绥、杨发英正式加入中国共产党，为图书馆党员队伍增加了"新鲜血液"。1988年，刘世蓉、杜素琼加入中国共产党，图书馆党员队伍又增添了新成员。同年11月，图书馆党支部进行了改选，陈兰英仍任图书馆党支部书记（副处级），党支部委员会由王锦、陈兰英、张国秀、胡孝章、唐抚荣等5名委员组成。其中，王锦任宣传委员、胡孝章任统战委员、张国秀任纪检委员、唐抚荣任组织委员③。

1987年6月12日至14日，国家教委召开了全国高等学校图书馆第二次

---

① 1986年10月20日中共南充师范学院委员会组干字〔1986〕34号《关于图书馆党支部改选结果的通知》，现藏于西华师范大学图书馆办公室。

② 中共南充师范学院委员会组干字〔1987〕18号《关于陈兰英等同志职务任免的通知》，现藏于西华师范大学图书馆办公室。

③ 中共南充师范学院委员会组干字〔1988〕10号《关于图书馆党支部改选的通知》，现藏于西华师范大学图书馆办公室。

工作会议，并于7月25日颁发了《普通高等学校图书馆规程》（以下简称《规程》），再次强调图书馆在高校中的地位和作用。四川省教委于同年12月召开了各高校分管图书馆工作的校（院）长及馆长会议，贯彻落实《规程》精神，南充师范学院龙显昭副院长和胡孝章馆长参加了会议。《规程》的颁布为高校图书馆的进一步发展创造了条件、指明了方向。

（二）工会工作

工会是职工自愿结合的工人阶级的群众组织[①]。工会不仅是党联系职工群众的桥梁和纽带，还是职工合法权益的代表者和维护者。南充师范学院成立后，于1979年10月27日召开了第四次工会会员代表大会，工会代表有123人，列席代表有17人，选举产生了第四届工会委员会，建立了包括图书馆在内的14个基层工会，张国秀被推举为图书馆工会主席，作为院工会委员参加了这次会议。1982年4月27日，图书馆工会委员进行了改选，选举产生了张国秀、付大敦、杨发英、张怀绥、冯泽英等5名工会委员，并进行了分工。确定张国秀任工会主席、付大敦任生活委员兼房管委员、张怀绥任宣传委员、杨发英任组织委员、冯泽英任体育委员[②]。

图书馆工会成立后，积极配合学院工会，参加院工会举办的各项活动，并取得了优异的成绩。1985年6月，图书馆职工参加院工会组织的排球比赛，获得男女混合组冠军、女子组第一名的好成绩，见图6-20。

---

① 王邦佐等编：《政治学辞典》，上海：上海辞书出版社2009年版，第75页。
② 1982年5月6日南充师范学院图书馆"组长会议"记录，现藏于西华师范大学图书馆办公室。

图 6-20　1985 年南充师范学院图书馆职工参加院排球赛获奖后留影

（三）安全工作及其他

图书馆是重点防火单位。为确保国家财产安全和全院师生安全，1987 年 8 月图书馆特制定了《防火公约》，要求工作人员及读者遵照执行。《防火公约》共 5 条，规定："①不携带易燃物品入馆。馆内禁止吸烟。各库、室废纸要及时清除。②离馆时，各库室要关好电灯、水管、门窗。③每月全面检查一次防火设备及电路情况，发现问题应及时报告有关部门解决。④每年寒暑假前，治保委员带领治保小组成员，对馆内安全设施普遍检查一次。节假日安排安全值勤。⑤灭火器放在显眼处，一旦发生火灾，随手可取。"同年 9 月，又制定了《图书馆防火措施》，规定各库室的工作人员就是本库、室的安全员，承担所在岗位的安全责任。

为贯彻国家教育委员会 1987 年 7 月 25 日颁发的《普通高等学校图书馆规程》中"勤俭办馆、厉行节约"的精神，响应学院节约用电的号召，图书馆从 1987 年 10 月开始，实行了用电限额承包，规定"节电有奖、超电受罚"。截至 1989 年 10 月，图书馆为国家节约用电 53 305 度[①]。

---

①　南充师范学院图书馆《1989 年工作总结》，现藏于西华师范大学图书馆。

第七章 创新：四川师范学院图书馆

（1989年1月—2003年3月）

　　1989年，南充师范学院经过30多年的努力，已跻身于全国办学规模较大的高等师范院校行列，成为四川省办学能力较强、教学科研水平较高的高等师范学院。同年1月9日，四川省人民政府批准南充师范学院恢复1952—1956年时期的"四川师范学院"校名（见图7-1）。

　　20世纪的最后十年及21世纪初，四川师范学院图书馆在管理、服务、自动化建设等多个方面进行了改革和创新，获得了快速的发展。

图7-1　1989年恢复"四川师范学院"校名的校牌

第一节　恢复四川师范学院图书馆原名，踏上创新之路

（1989年1月—1996年12月）

1989年至1996年，我国的社会主义建设经历了三年经济调整和以邓小平1992年南方谈话为标志的高速发展两个时期。1991年10月14日，国家教育委员会以教备〔1991〕79号文件，发出《关于开展普通高等学校图书馆评估工作的意见》的通知，提出"评估的主要目的是加强国家及各省（自治区、直辖市）教育行政领导部门及各级高校图书情报工作委员会对高校图书馆事业的宏观管理和指导，检查执行《普通高等学校图书馆规程》和其他有关规定的情况；为制定高校图书馆事业的有关政策、法规和发展规划提供依据；促进各高等学校及各高校图书馆努力改善办馆条件，深化改革，改进工作，提高服务水平、学术水平和科学管理水平"[①]。1992年，邓小平南方谈话和党的十四大召开后，国家改革开放的步伐明显加快，高等教育也加大了改革发展的步伐。1993年，中共中央、国务院颁发《中国教育改革和发展纲要》后，四川师范学院的改革发展进入了一个快速发展的新阶段，办学规模不断扩大，办学活力不断增强，办学条件不断改善，为21世纪跨越式创新发展奠定了坚实的基础。

一、恢复原名，制定发展规划

（一）恢复原馆名

1989年1月，南充师范学院恢复"四川师范学院"校名后，图书馆随即恢复原"四川师范学院图书馆"馆名，馆藏印章亦进行了更改。新启用的馆藏章有两种：一种是长方形蓝色油印章（见图7-2），主要

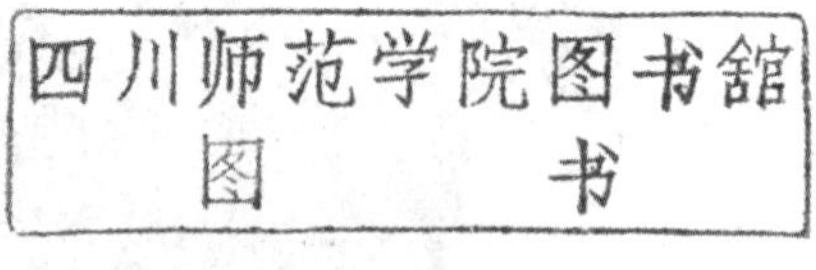

图7-2　四川师范学院图书馆精平装书刊馆藏印章

[①] 转引自郭锡龙主编：《图书馆暨有关书刊管理法规汇览》，北京：中国政法大学出版社1995年版，第667页。

用于中外文精平装书刊;另一种是正方形红色油印章(见图7-3、图7-4),专门用于线装书。校名的更改,意味着学校有了更大的发展空间,图书馆的建设工作亦不断得到加强,步入了改革创新之路。

图7-3　四川师范学院图书馆线装书馆藏印章(一)　　图7-4　四川师范学院图书馆线装书馆藏印章(二)

(二)制订发展规划

1990年2月,四川师范学院图书馆确立了恢复原名后的第一个年度工作要点,其内容包括5个方面,兹摘录如下:

一、树立良好的馆风,全面执行教育部颁发的《高等学校图书、资料、情报工作人员守则》,优化育人环境。

二、开展优质服务活动,紧密配合国家形势和学校教学科研及时举办各种专题展览;调整学生综合阅览室布局;恢复借书期限制,加快书刊周转率;继续做好预约借书工作;加强对学生的阅读指导,及时报道新书信息,开辟专橱展出新书通报,出纳台展出新书;编印推荐书目,开辟专题阅览架;与各系配合编印文、理科学生主要阅读书目;加强咨询工作,设立咨询台,并注意收集读者反馈意见;增加开放时间,星期六晚上增开学生期刊阅览室;尽力争取购买复印机等。

三、进一步完善、落实各项规章制度,协助院长组织成立"院图书情报委员会",制定《四川师范学院图书情报资料人员岗位职责和水平要求》,建立考勤及奖惩制度,制定珍、特、内部书刊划分标准及管理条例。

四、做好各项业务工作，力争更多项目达标。根据《中图法》第三版的要求，使全馆书刊分类、编目统一化、规范化、标准化，健全目录体系；力争1—2台电子计算机投入使用；加强文献检索课教材建设。

五、加强业务培训和道德教育，提高全馆工作人员的思想素质和业务能力。

到1990年底，工作要点中的大部分内容得到了落实和完成。

1991年4月，图书馆又制订了"八五"规划。计划在"八五"期间：增设艺术阅览室、过刊阅览室、理科阅览室和开架书库；编辑打印四川师范学院图书馆馆藏《中文工具书书本目录》《旧版书书本目录》《基藏书书本目录》《大学生必读名著书本目录》《历史系学生阅读参考书目》《过刊书本目录》；开展预约借书和为老教师送书上门服务，延长开馆时间；修订部、室、馆的各项规章制度，完善各岗位工作细则；争取每年送1—2名大专及以上学历的优秀工作人员到有关院校的图情专业进修学习，五年内派出2—3名安心图情工作、基础较好的本科生到有关院校去攻读图情专业硕士学位或第二学士学位；有计划地组织全馆中青年职工利用星期六下午的时间学习图书情报专业知识，中职以下的要进行考试，考试成绩作为评聘专业技术职称的参考材料，除外语和古汉语外，争取每年学完一门专业课程；加强计算机基础知识学习和操作技巧的培训，为即将使用计算机做好人才培养准备工作；加强"文献检索与利用"课的教学工作，确定专兼职教师，有计划地进行师资培训，并编出较好的、具有师范特点的文理科"文献检索与利用"课教材，充实文献检索室的各类工具书以满足"文献检索与利用"课教学和实习需要，争取这门课程在学院扎扎实实地站住脚；在为学院教学和科研服好务的同时，积极参与科研工作，将科研工作列入全馆重点工作之一，奖励大家业余从事科研，争取每年全馆有10篇以上论文在省级及以上刊物上发表，五年内有3部专著出版，五年争取举办3次学术研讨会；复制技术和速印配套，再配备四通打字机一台，将计算机应用于采访工作；建立"珍稀动物文献数据库"；争取五年内基本实现现代技术管理；争取开办图书情报专业，以促进图书馆的进一步发展。"八五"期间的总目标是：把我馆建设成文献藏量丰富、具有一定现代技术管理水平、服务质量和工作效率较好的名副其实的川北文献情报中心。

1996年3月，图书馆确定了1996年工作要点，重点工作是实现现代化管理和开架借阅，并将负责工作落实到人。内容摘录如下：

1. 现代化管理和开架借阅方面：(1)如果上半年能购回软件，年内图书馆计算机管理系统可投入使用（包括采访、编目、典藏、借阅、期刊、检索及行政管理等），由李学宁、张怀绥等同志组织完成。(2)调整书库实现开架借书。由唐抚荣、杜素琼、童恩涛、张怀绥等同志组织完成。(3)图书馆实行计算机管理后，今明两年将对全馆工作细则进行修订，由张怀绥同志组织完成。

2. 在教学方面：继续搞好数学、物理、化学、生物、地理、外语、政法、教育8个本科专业的"文检"课教学，并在教学中指导部分学生搞一些研究活动，先暂时在理科专业进行，由黄浩耘等人完成；继续搞好新生的"怎样利用图书馆"教育，计划今年编写好"怎样利用图书馆"的录相［像］片角［脚］本，一九九七年上半年完成摄制工作，由黄浩耘、郭黎康等人完成，在原"文献检索与利用"课（包括文理科）教材的基础上编写具有当今时代特点的新教材，今年制定出编写大纲和完成部分初稿，由黄浩耘、郑慧珍等人完成。

3. 科研：(1)开展图书情报工作基础理论、文献信息资源开发利用、当代大学生情报信息需求变化与现状及面向21世纪师范生情报能力培养等研究，计划在省级以上刊物上发表论文20篇，由张怀绥、张效赤、郑慧珍等人完成。(2)完成大熊猫多媒体光盘信息系统研究的扫尾工作和请奖工作，由刘天成、郭黎康、王锦等人完成。(3)开展金丝猴及鹿科动物超媒体信息系统的研究，今年完成文献线索的查找、部分文献的搜集、摘编、标引和计算机录入工作，由刘天成、郭黎康、王锦等人完成（因原始文献需到外地搜集，任务较重且需较多经费，故一时不易完成）。(4)开展丝绸生产技术多媒体信息系统研究，今年完成信息搜集、部分文献摘编、标引工作，由黄浩耘等人完成。(5)开展文献检索课教材建设研究，今年完成文科理科文检课教材编写计划的制定和部分初稿的编写工作，由黄浩耘、郑慧珍、张怀绥、黄楠等人完成。

二、充实领导班子，改革组织机构

（一）领导班子建设

1989年1月，经群众推荐，张怀绥任图书馆副馆长，充实了图书馆的领导班子。1991年11月，胡孝章调往达县师范专科学校任校长。12月，学院调中文系主任刘廷武任图书馆馆长，主持图书馆工作[①]，并于1992年8月兼任图书馆直属党支部书记，修订了图书馆职工考勤及请假有关规定。1992年初邓小平南方谈话发表后，全国各条战线都进入了新的快速发展时期，四川师范学院及图书馆得到进一步发展。

1993年4月，为适应图书情报事业的发展和更好地开展业务工作，学院任命童恩涛为图书馆直属党支部书记，图书馆领导班子进一步充实。

1996年1月，馆长刘廷武退休，由副馆长张怀绥代为主持工作；同年5月，张怀绥副馆长正式主持图书馆行政工作，张效赤被推选担任副馆长，任期四年[②]。当年，张怀绥被学院评为"三育人"先进个人，受到表彰。

（二）中层干部调整及组织机构改革

图书馆大胆启用了一批德才兼备、具有大专毕业及以上文化程度的中青年干部和有丰富实践经验的馆员充实到馆和各部室，建设了符合"四化"要求的中层干部班子。1991年6月，四川师范学院对图书馆部室干部进行了部分调整，童恩涛任采编部主任，周体佳任副主任；李元强任流通部主任，杜素琼、李学宁任副主任；张效赤任期刊部主任，肖桂珍任副主任；黄浩耘任科情室主任，郭黎康任副主任；李惇绪任读者服务部副主任[③]；曹智英继续任办公室主任[④]。

1993年5月，为加强管理和读者服务工作，四川师范学院图书馆对原有

[①] 1991年12月29日四川师范学院人字〔1991〕48号《关于刘廷武、李佳孝二同志工作调动的通知》，现藏于西华师范大学图书馆。

[②] 1996年5月15日四川师范学院院人字〔1996〕22号《关于张怀绥、张效赤等三同志任职的通知》，现藏于西华师范大学图书馆。

[③] 1991年6月7日四川师范学院院人字〔1991〕11号《关于童恩涛等同志职务任免的通知》，现藏于西华师范大学图书馆。

[④] 1991年6月19日四川师范学院院人字〔1991〕12号《关于曹智英等三同志任职务的通知》，现藏于西华师范大学图书馆。

部室进行了调整，实行阅览、流通分管制，增设阅览部，使图书馆原有的7个部（室）增加到8个部（室）。原属流通阅览部管辖的学生综合图书阅览室和外文阅览室（含外文书库）的读者服务和管理工作等划归阅览部，原属科情室分管的教师图书阅览室和文献检索室也划归阅览部负责。阅览部设教师图书阅览室、学生综合图书阅览室、外文阅览室（含外文书库）、文献检索室共4个窗口，共有工作人员11名，其中1人为科情室兼任教师。阅览部的成立，结束了图书馆长期以来流通、阅览一体化的制度，在一定程度上促进了图书馆读者服务工作的开展，阅览部也不负众望地承接管理各阅览室的工作，并达到了预期的目的。同时，图书馆将原读者服务部改名为技术开发服务部，并将原属科情室的教师期刊阅览室划归期刊部管理。

同年，由于新成立了阅览部，图书馆对中层干部进行了一定调整，郑慧珍任新成立的阅览部主任，贾玉清为副主任；曹智英任办公室负责人；童恩涛兼任采编部主任，周体佳任副主任；李元强任流通部主任，杜素琼、李学宁任副主任；张效赤任期刊部主任，肖桂珍任副主任；唐抚荣任技术开发服务部主任，李惇绪任副主任；黄浩耘任文献检索课教研室主任（兼科情室主任），郭黎康任副主任（兼科情室副主任）[①]。这些部（室）干部在各自岗位上均认真积极地做好服务育人、教书育人、管理育人工作。12月，李学宁被评为学院"一九九二至一九九三学年度优秀管理干部"，予以全院通报表扬。

1996年，王锦任期刊部主任、蒲世贵任副主任。本年，郑慧珍被学院评为"三育人"先进个人，受到表彰。

三、建立图书情报委员会

1993年9月，根据国家教委《普通高等学校图书馆规程》第二十一条之规定及"高等院校图书馆评估指标大纲"，对原南充师范学院图书情报委员会进行了换届和更名，成立了四川师范学院图书情报委员会，作为学院管理图书情报工作的咨询和协调机构。其职责是定期召开会议，听取图书馆的年度计划，反映师生对图书馆工作和系（所）资料（情报）室工作的意见和要求，讨

---

① 1993年5月30日四川师范学院院人字〔1993〕14号《关于曹智英等同志职务任免的通知》，现藏于西华师范大学图书馆。

论学院图书情报工作中的重大问题，向院领导提出改进图书情报工作的建议。图书情报委员会由佘正松、刘廷武、张怀绥、杨正业、曾庆锡、王国辉、徐安兴、陆正明、查之彦、姚荣、侯文蓉、吴毅、付灿邦、杨世明、谢增寿、李传永、聂应德、张运陶、唐廷载、王治权等20人组成，佘正松任主任委员，刘廷武任副主任委员。

1994年2月，为加强图书馆与读者之间的联系，把图书馆办成"文明、整洁、安静、秩序"的学习机构，更好地为广大师生服务，学院成立了学生图书馆管理委员会，作为图书馆与学生交流信息、组织学生参加管理和服务的机构，接受院图书情报委员会的指导。学生图书馆管理委员会由黄强、袁河、黄谷、唐唯、陈莉等17位同学组成，黄强任主任委员，袁河任副主任委员。这些学生来自物理、中文、历史、政法、外语、教育、艺术、生物、地理、化学等系。学生图书馆管理委员会还制定了相关章程。

四、打造工作人员队伍

（一）工作人员队伍的稳定

改革开放以来，经过多年的建设和努力，四川师范学院图书馆工作人员队伍建设取得了长足发展，不仅人员数量有了增加并且稳定下来，在编人员基本保持在80人左右，而且专业层次也趋于合理。1989年，图书馆有工作人员77人，其中党政人员4人、专业人员46人、工人27人[①]。1990年，图书馆有正式职工76人，大专毕业以上文化程度者45人，具有高级职称者3人、中级职称者20人、初级职称者29人；职工当中，有计算机应用人员2人，其中硬件人员1人（夜大微机专业毕业）、软件人员1人（双学位）[②]。

1993年，图书馆在编人员为75人，其中男25人，女50人，大学本科19人、专科30人，高级职称者有刘廷武、潘明元、刘天成、黄浩耘、王锦5人（其中黄浩耘、王锦2人于1993年3月取得副研究馆员任职资格，刘天成于1993年11月取得研究馆员任职资格），中级职称者22人（其中，高晋蜀、冯

---

① 1989年12月四川师范学院图书馆《1989年图书馆基本情况》，现藏于西华师范大学图书馆。

② 1990年四川师范学院图书馆《高等学校图书馆统计表》（一），现藏于西华师范大学图书馆。

泽英、李惇绪 3 人于 1993 年 3 月取得馆员任职资格)。具体岗位编制为：阅览部 11 人、采编部 10 人、流通部 17 人、期刊部 15 人、科情室 11 人、读者服务部和办公室共 9 人[①]、馆领导 3 人。同年，张祥忠、张勤、刘晓穗、孙明节、杨涛等 26 人被聘为聘用干部[②]。

1994 年，图书馆调入郑英、刘屹、阳文辉、唐贻、王剑波，调出於力军等人。本年，图书馆有在岗正式职工 77 人，其中具有大专以上文化程度的 47 人，高级职称者有刘廷武、刘天成、潘明元、黄浩耘、王锦、张效赤、唐志伟 7 人（其中，唐志伟、张效赤 2 人于 1994 年 3 月取得副研究馆员任职资格），中级职称者 21 人，其他职称者 49 人。

1995 年 2 月，郭明蓉、汤骅、陈忠杰、凌民、蒲世贵 5 人评聘为馆员；3 月，郑慧珍取得副研究馆员任职资格，图书馆高级职称者增加到 8 人。1996 年 11 月，经省教委职称改革工作领导小组评审同意，李春兰、何薇、闵红武、李翠英、杨国清等人获图书资料专业馆员职务任职资格。

（二）工作人员教育和培训

图书馆职工中，大部分是"半路出家"，图情专业知识不足。为加强工作人员队伍建设，提高工作人员专业知识和服务能力，图书馆采取派出进修与馆内培训相结合的办法，大力开展工作人员教育和培训工作。

外出进修：图书馆积极为职工外出进修学习创造条件，在学院里为职工争取一定外出进修的名额，继续派出有培养前途的职工分别到武汉大学、南京大学、上海大学、南开大学、华中师大和大连工学院等学校的图书情报学系进修或攻读第二学位和硕士学位。如，1988 年 9 月至 1989 年 7 月，派出李惇绪到华中师范大学图书情报系进修图情专业，派出陈红到南开大学图情系进修；1989 年 9 月至 1990 年 7 月，派出夏志玉到华中师范大学图情系进行了近一年的图书情报专业学习，取得了较好的成绩；1990 年 7 月，派李学宁到南京大学文献情报学系图书馆学专业修读二年，取得第二学士学位；1991 年，图书馆有杨国清、陈忠杰、张彬、凌民、郑慧珍等 7 人脱产外出进修学习。其中，郑慧珍于 1991 年 9 月，到全国开设"文献检索与利用"课最早的苏州大学进

[①] 《四川师范学院图书馆人事及部室组织表》，现藏于西华师范大学图书馆。
[②] 四川师范学院院人字〔1993〕70 号《关于李华、林建华等一百一十位同志聘为聘用干部的通知》，现藏于西华师范大学图书馆。

修学习一年；张彬到武汉大学图书情报学系进修一年。1993年9月初，张效赤参加出国前培训学习半年。此外，图书馆还不时派出职工到成都、北京等地参加为期一周的短期培训学习。

馆内培训：图书馆重点在馆内组织工作人员利用每周星期六下午进行业务学习，并计划五年左右学完图书情报学专业的10门左右基础教材。1990年，职工们除结束了《文献编目》的学习外，还学完了《情报学概论》，并进行了考试，效果较好。1991年5月，组织职工学习了《社会科学文献检索》（由郑慧珍主讲）。1992年，又组织馆内人员学完了《古代汉语》（刘廷武馆长主讲）、《文献分类》（夏志玉主讲）、《图书馆学概论》（张效赤主讲）、《情报学概论》（黄浩耘主讲）等几门专业教材，并通过了由人事处、成人教育处和图书馆联合组织的考试。1995年2月，图书馆开办了计算机学习班，要求男40岁以下、女35岁以下者学习后要进行考试，考试不合格者，影响评优并扣年终奖20%；男50岁以上、女45岁以上参加学习者，只考核。1996年10月，派张效赤参加了学院举办的青年干部培训班，学习邓小平同志建设有中国特色社会主义理论及领导科学、党规党纪等有关内容，进一步提高了理论水平和管理能力。通过馆内外的学习和培训，普遍地提高了工作人员的素质，并且培养出了一批能挑重担的业务骨干，为图书馆的进一步发展打下了坚实基础。

学历教育：图书馆大力提倡在职人员参加图书馆学或其他专业的函授、夜大、电大、自学考试等方面的学习，并在他们集中复习或考试时给予一星期或半个月的时间保证，帮助在职人员取得学历，达到提高个人素质的目的。据不完全统计，1989—1995年，图书馆职工外语专科毕业者有何薇、曾德玉等5人，图书馆学专科函授、夜大毕业的有周体佳、贾固清、闵红武、赵健等11人，干部专修毕业的有冯泽英等。1994年7月，汤骅参加四川师范学院生物系生物学助教进修班为期1年的硕士研究生主要课程学习，获得结业证书。通过以上这些学历教育，拿到大专文凭及其他结业证书的人员中，有的已成为图书馆的业务骨干。

图书馆除了组织和鼓励职工学习图书情报专业理论知识和各类文化知识外，还组织开展业务知识和工作技能竞赛，以促进职工对业务理论知识和工作技能的掌握。如，1993年5月，图书馆组织了普通话比赛；1994年4月，又组织了"图情知识技能竞赛"。通过比赛，既促进和提高了职工的业务能力，又增强了职工的主人翁精神。

五、加强文献资源建设

（一）文献资源建设进展

这一时期，四川师范学院图书馆继续以密切配合学校的教学科研为己任，随需加强文献资源建设。1989年，院拨经费28万元。当年购置中文图书30 926册（其中港台版图书12种12册）、外文图书879册，订购中文期刊2126种、外文期刊224册[①]、报纸119种。

1990年，图书馆文献购置费为28.95万元，其中学校教育事业费拨款28万元，占学校教育事业费比例为3.33%，其他来源9500元。当年，实际使用文献购置费291 929元，其中中文图书购置费为167 263元、外文图书购置费为21 091元（其中原版书12 446元）、中文报刊购置费为49 995元、外文报刊购置费为47 244元（其中原版报刊15 890元）、缩微资料购置费为6336元，购置中文精平装图书21 138册、中文报刊1966种、外文图书980册[②]。

1991年，院拨文献经费增加至30万元，当年购置中文图书5529种17 671册，每类图书平均复本为3.196册。截至1991年4月，图书馆有中外文图书110余万册（其中，外文图书5.2万册）、中外文期刊5382种（其中，外文期刊801种）、技术报告3513种、缩微品及视听资料1718件、其他资料1166件。

1992年，院拨文献经费仍为30万元，占学校教育事业费的比例为2.8%，当年实际使用文献购置费339 826元。其中，用于购置中文图书186 253元、购外文图书34 683元、购中文报刊62 448元、购外报刊56 442元。当年购置中文图书15 008册、外文图书658册、中文报刊1960种、外文报刊217种[③]。

1993年，图书馆文献购置经费继续增加，院拨文献经费增加到43万元，馆藏书刊增加到112万册，其中中文精平装书853 512册、线装书75 361册、

---

① 四川师范学院图书馆《财务收支情况（1988—1997）》，现藏于西华师范大学图书馆。
② 1990年四川师范学院图书馆《高等学校图书馆统计表》(三)，现藏于西华师范大学图书馆。
③ 1992年四川师范学院图书馆《高等学校图书馆统计表》，现藏于西华师范大学图书馆。

外文书 54 651 册、中文报刊合订本 98 466 册、外文报刊合订本 35 298 册、缩微音像资料 2028 件，为学校的教学科研提供了可靠保障①。

1994 年 12 月，为购买中文系、历史系硕士学位点及其他相关学科所需要的单价高达人民币 68 万元的《续修四库全书》和《四库全书存目丛书》，图书馆向学院打报告，申请专款购买，经向分管副院长蔡铎昌请示，佘正松、康纪权等院领导批示，决定这两套书所需经费一方面在图书馆经费中解决 35 万元（每年扣拨 7 万，五年扣拨 35 万），另外由学院上报专项经费解决。当年，图书馆订购中外文报刊 1934 种，金额 16 0491.25 元，其中包括中文邮发期刊 1277 种、内部发行期刊 247 种、邮发报纸 127 种、内部发行人大复印资料 107 种、邮发原版外文期刊 23 种、内部发行影印外文期刊 153 种；入藏图书 6860 种 16 888 册，其中交换资料 41 种 69 册、赠书 22 种 42 册②。由于经费不足，1994 年图书购进量与往年相比有所减少，馆藏文献增加缓慢。至 1996 年，馆藏总量为 1 171 221 册（件）③。

图书的订购仍采用多人审核的方式，特别是对于大码洋的大型套书、丛书，首先由采购人员根据读者的需要及馆藏情况提出初步的采购意义，然后交采编部主任签字认可，再交馆长审核，码洋超过 1 万元的还须分管院长签字认可。如，1990 年订购中华书局出版的《丛书集成初编》就是通过多层审批后才购买的。期刊采购坚持"认真查重，集体讨论、听取意见"的方法，以求有的放矢、加强针对性、避免盲目性。如，1991 年的期刊订购工作中没有出现过订重、订漏的情况，较好地订到了教学科研所需期刊资料。由于期刊具有时效性强的特点，因此期刊验收登记坚持"当天完成"的原则，即使是寒暑假，也照常坚持。

（二）增添新办专业文献

为适应经济社会发展对人才的需求，四川师范学院于 1993 年 3 月成立了艺术系（含音乐、美术两个专业）和计算机科学系。艺术系和计算机科学系分别于 1993 年和 1995 年开始招收四年制本科生。1993 年 5 月，为了发展本

---

① 四川师范学院图书馆《图书馆1993年工作要点》，现藏于西华师范大学图书馆。
② 四川师范学院图书馆工作总结及财产登记簿，现藏于西华师范大学图书馆。
③ 四川师范学院办公室编：《四川师范学院年鉴·1997》，四川师范学院1997年印本，第80页。

科、专科新专业，学院印发了《四川师范学院调整改造专业结构的意见》，坚持以师范为本，以本科专业为主，适当开办专科专业，积极发展研究生专业，提高办学的整体效益。与此同时，以原有专业为依托，通过专业改造以及相关专业归并，派生出社会吸引力大、见效快、转换方向灵活、师资力量有保证的新专业，如派生出了工商企业管理、计算数学及应用软件、电子技术和计算机应用、应用化学、资源环境区划与管理等非师范本科专业，以及公共关系、秘书、市场营销（贸易经济）、税务、法律、会计电算化、土地规划与利用等非师范专科专业[①]。为支持学校新办系和新办专业的教学和科研，图书馆不断增加或调整新办专业相关文献资源的采购。如，增大了艺术和计算机专业相关文献资料的采购力度，特别是计算机类图书增加了许多。据统计，1993年J（艺术）类新进图书308种776册、T（工程技术）类新进图书430种1072册。

（三）添置等级考试文献

1994年7月26日，四川师范学院根据川教高〔1994年〕52号《关于加强四川省普通高等学校大学外语（非外语专业）教学工作的几点意见》的精神，制定了《关于加强本、专科学生大学外语（非英语专业）教学工作的意见》与《本、专科学生大学外语成绩计算与管理办法》，明确规定：从1992级开始，全院本科学生必须参加全国大学英语四级考试，全院专科学生从1993级开始（包括自费生、委培生）必须参加四川省大学英语三级考试，外语统考成绩作为学科考试成绩，和学位挂钩。学院还采取了充实教师、购置听音设备和书刊、加强学生课外英语练习、利用学院早晚广播媒体、设立英语对话角等措施，训练和提高学生的英语听力、口头表达能力[②]。图书馆配合学校，购置了大量与英语等级考试相关的书刊资料。1995年1月6日，学院根据川教高〔1993〕126号文件《关于举行四川省普通高等学校非计算机专业学生计算机应用知识和能力等级考试通知》精神，制定了《关于加强计算机教学，提高非计算机专业学生等级考试合格率的几点意见》，并采取了以下几方面的措施：（1）将计算机选修课变为必修课，从1994级起，本科各系一律将计算机

---

① 佘正松主编：《西华师范大学校史（1946—2006）》，成都：四川大学出版社2006年版，第117-118页。

② 佘正松主编：《西华师范大学校史（1946—2006）》，成都：四川大学出版社2006年版，第119-120页。

课列为公共必修课开设，文科各系开设一级考试对应课程，理科开设二级考试对应课程；（2）在按计划完成教学任务的同时，适当增加上机时间；（3）学生一律参加省里组织的计算机等级考试，并以等级考试成绩作为该生计算机课程成绩；（4）对达标学生给予奖励。图书馆配合学校教学需要，快速地增加了计算机等级考试的书刊资料，如《全国计算机等级考试（一级）上机指导》《计算机等级考试题解》《天津市高等学校计算机等级考试试题汇编》《1992—1995高校非计算机专业计算机等级考试（二级）试题分类详解》《计算机等级考试模拟试题及精解》《计算机等级考试模拟试题大全》等。以后，随着学生人数的增加不断地增购这方面的资料。

（四）清书工作

清书，是图书馆对入藏的图书进行清理和盘点，以便准确了解藏书情况，进一步促进图书管理工作。四川师范学院图书馆秉承老馆长汪应文的传统，除重视书刊的采集外，还十分注意"清书"。

学生综合图书阅览室是图书馆读者量最大的阅览室，图书流通率高。为此，图书馆对学生综合图书阅览室的图书连续进行了多次清理。1986年5月—1987年5月，流通部对学生综合图书阅览室进行了为期一年的图书清理，清查完后发现遗失图书722册，合计金额1024.32元，遗失率为4%（原有图书18 195册）。实行开架阅览后，流通部又于1989年7月对学生综合图书阅览室（原有图书30 947册）进行了一次清理，发现两年时间内遗失图书4484册，遗失率为14.5%，遗失书折款共计9565.87元（每册平均单价为2.13元），年平均遗失率7.25%。其中I类遗失率为26.3%、C类遗失率为21.4%、G类遗失率为21.1%、H类遗失率为19%、R类遗失率为18.4%。通过这次清理，摸清了该室在两年时间内图书的总遗失情况及每类图书的遗失率，为采编部的文献采购和补充提供了一定依据，也为阅览室的规范管理及后来安装监测设备提供了依据。1990年2月，图书馆又对学生综合图书阅览室进行了清理，并对遗失情况进行了登记造册。这次清理，共查出1175册图书遗失，遗失率为4.52%，遗失书折款共计2439.8元。其中，X类的遗失率为13.64%、R类为11.67%、B类为9.20%、G类为8.72%、P类为8.13%。此后，图书馆对学生综合图书阅览室进一步加强了管理。1991年7月，流通部由李学宁经手，再次对学生综合图书阅览室图书（原存书28 986册）进行了清理。经清查，在一年多的时间内共遗失图书685册，遗失率下降到2.36%，年平均遗失率1.57%，遗失书折款2499.55元。这次清查，发现图书遗失率较1989年7月、1990年2月清理时的遗失率低，原因是：第一，从上次清理到该次清理仅间隔一年半时间，只经过一个冬天，书被夹带出室的机会较少；第二，改善管理办法和调整书架的排列方式后，工作人员靠近书籍，既守住了书的出入口，又能观察到书架前读者的情况，另外还加强了工作人员对书架的整理和阅览室的巡视；第三，也是最主要的原因是1990年对几个偷书学生的严肃处理。图书的遗失，说明还需进一步加强阅览室管理，并对学生读者进一步加强教育。1990年3月9日，流通部还清理了三楼书库J类图书，发现共遗失图书152种、271册，合计折款360.26元。

期刊部也于1989年对所有现刊进行了清理，清理出所缺期数及重复的期刊。并对清理期刊进行了登记，形成了《期刊下架清册》和《各类期刊情况清册》（包括刊名、刊期、"已齐"、缺期、册数等项）；但未对清理情况进行分析。

阅览部所辖各库室图书是图书馆馆藏重点。1991年4月8日—5月24日，在历史、教管、体育、外语、中文等系同学的协助下，图书馆对阅览部所辖旧版书库、内部书库进行了清理。共清理旧版书（指1949年10月之前出版的图书）8349册。在清理旧版书的过程中，补充了一些图书的分类目录片，对分类卡片中著录不全的项目进行了补充；并将1987年临时工补旧书时误放入的特藏书169册清理出来，重新归入特藏库；还清理出33册旧版期刊，将其归入期刊部的过刊库。同时，对旧版书库的《万有文库》《丛书集成》的残本进行了册次登记。经清理，旧版书库的《万有文库》共有2061册、《丛书集成》共有2677册，又对珍藏书库中的《万有文库》和《丛书集成》做了清理核对，发现珍藏库中的《丛书集成》遗失2册。工作人员对内部书库中的"中图法"分类图书进行清理后，发现无遗失现象；但清理过程中发现历史造成的"内部书"的陈列范围过大，认为应将一部分失去"内部"陈列意义的图书作开架阅览，以便提高文献的利用率；后经馆领导初步审查，工作人员对K—Z类的"内部书"又清理了一次，将136册"内部书"移入基藏书库开架阅览，将486册"内部书"移交给流通部，由李元强与教师阅览室的曾德玉办理移交手续。1994年7月，阅览部陈淑容、杨涛、郭明蓉、郑慧珍、贾玉清、韩学华、贾固清、陈炜等人又对教师阅览室I、K、N、O、P、Q、R、S、T、U、V、

X、Z等类6万多册基藏库图书进行了清点整架。当时清点出遗失图书为387册。1999年7月，阅览部对基藏室A—J类图书进行了清点，清点出遗失图书141册。

六、提升读者服务

为读者服务、为教学科研服务是高校图书馆工作的出发点和归宿，也是高校图书馆改革的最终目标[①]。20世纪80年代后，我国图书馆事业发生了翻天覆地的变化，特别是1987年《普通高等学校图书馆规程》发布后，高校图书馆的读者服务工作发生了极大的变化，无论是服务观念、服务内容，还是服务对象、服务方式和手段，都得到前所未有的升华和拓展。这一时期，四川师范学院图书馆在加强基础服务工作的同时，改变了过去被动式、封闭式的服务模式，开展了广泛深入的文献信息服务工作，并进行了多层次、多样化的宣传辅导与读者教育工作。

（一）随需提升的借阅服务

1. 规范借阅管理，提高书刊流通率

这一时期，读者（包括图书馆工作人员）外借书刊仍然使用借书券（见图7-5）办理借阅，一书（刊）一券。

为提高书刊的周转率，四川师范学院图书馆对师生借阅书刊的期限进行了规范。1990年2月15日，学院以院图字〔1990〕1号文件的形式，发出《关于恢复借书期限的通知》，决定从1990年4月1日开始恢复借书限期制度，并发送到各系、处、部、室、馆、学生班。其具体规定摘录如下：

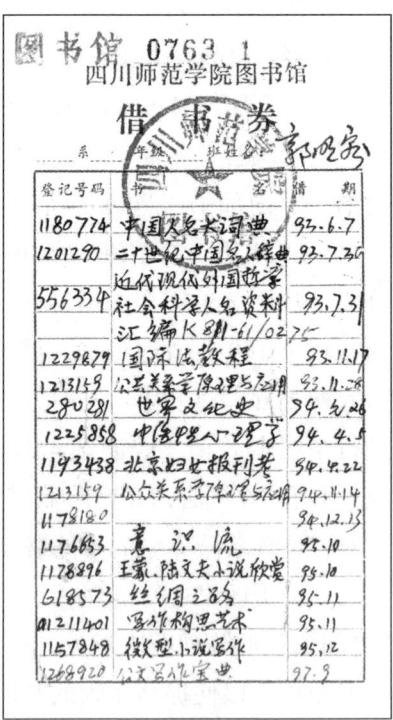

图7-5 四川师范学院图书馆借书券形制

---

① 朱建亮主编：《华南师范大学图书馆七十年史略（1933—2002）》，北京：中国友谊出版公司2003年版，第68页。

1. 小说借期为两个月，其他图书借期为四个月，教师如确因教学需要，除小说外可续借一月。如逾期不还，超期一天罚款贰分。

2. 学生班集体借书，本学期放假前必须全部归还，否则第二学期将停止该班集体借书。

3. 1990年4月1日前所借书刊，一律从1990年4月1日起开始计算借期。

4. 1981年以前所借书刊至今尚未归还并办理换券手续的老师，请马上前来办理还书换券手续。若5月1日前仍不来了清手续，所借书刊将按《图书损毁遗失处理办法》中有关条文处理，应赔书款在工资中直接扣除。

2. 优化借阅方式，提高服务质量

1990年5月，四川师范学院开展了"优质服务月"活动，图书馆积极参加，并以此为契机，优化借阅方式，提高服务质量。

1991年，为方便读者集中查阅学习雷锋的相关资料，期刊部专设"学雷锋资料"服务台，方便读者使用。为尽可能多地为读者提供服务，图书馆要求阅览室每周星期六晚上值班、暑假晚上也为函授生开放阅览室，全年开放324天，受到读者好评。1995年，为了提高图书的周转率，减少递送索书单的时间，流通部取消了以前放索书单的盒子，将索书单直接递送给书库取书的工作人员，缩短了读者借书的时间；并增设了回收"拒借索书单"的盒子，便于完善统计工作。为解决学生读者教育实习查阅教学参考用书不便的问题，流通部还增设了"教育实习查询"服务，组织编写了《中学语文教学参考篇名目录》，收到良好效果。同年2月，为充分发挥期刊的利用率，满足广大学生读者的需要，期刊部经过精心筹划、认真组织，仅两天时间就将二楼教师期刊阅览室的所有期刊迁至三楼的学生期刊阅览室，对师生开放，初步实现了"中文期刊师生阅览合一"，对深入开发期刊资源创造了条件。

1996年，为方便读者借阅到自己最需要的图书，图书馆扩大了开架图书的范围。从1月29日至2月2日，流通部从大库中提出近2.1万册图书实行开架借阅，并完成了其中17 000余册图书的磁条安装和条形码粘贴工作。

为进一步发掘馆藏，提高文献利用率，图书馆还编制了书刊目录，便于读者查找自己需要的书刊。如，1990年5月编制了《四川师院图书馆藏全国高校优秀教材首届获奖书目》，按《中图法》分类排列，内容包括图书的索书号、书名、著者、出版社、获奖等级；1992年，采编部、流通部、期刊部分别完成了《中文工具书书本目录》《大学生必读名著书本目录》《旧报刊书本目录》的编制工作，并完成了《旧版特藏书书本目录》的大部分编制工作。

3.改善借阅条件，提高服务水平

1990年，为更好地为读者服务，图书馆延长了开放时间，周开馆时间72小时。

1991年，流通部利用暑假读者留校人数少的机会，清理核对了开架阅览图书，并对架位较紧的图书进行了移架和调整，还利用接待读者的空隙时间组织了线装书的著者目录。本年上半年，期刊部安排了1位工作人员对1987年图书馆搬迁调整布局后一直未进行过整理的外文期刊库进行了整理，并对外文期刊进行了分编（全年分编1298册）和上架，建立了外文期刊目录；又在下半年安排人员对旧版报刊（指解放前出版的报刊）进行编目。到年底，初步完成旧版报刊编目工作，为下一步编制书本式目录打下了基础，并改变了长期以来旧版报刊只有验收卡片而无完整目录的局面，方便了读者使用旧版报刊。本年，期刊部还对中文过刊库的部分期刊进行了调架，为过刊分编和流通工作提供了方便；还编制了1991年《中文期刊目录》，方便读者查找和借阅期刊；另外还设立了"读者信息反馈簿"[①]，为进一步提高服务质量提供依据。

1993年，期刊部组织人员清理了报纸库中1988年以来的《大公报》和《文汇报》，装订成册，方便读者使用；并为过刊阅览室增添了书架，缓解了期刊上架的紧张情况，方便了读者的取用。

1994年，阅览部完成了对教师阅览室6万多册基藏图书的清点整架工作，为读者查找所需图书提供了方便。本年，期刊部按照年度工作计划，抽调两人，克服书库低矮、灰尘大、夏季气温高的困难，对1987—1992年积压的零散中文期刊进行了整理、装订、写刊脊、上架等各项工作，补配期刊2700册，及时投入使用，为进一步开发利用过刊文献资源创造了良好条件。为了更加准确地掌握中文报纸合订本的入藏数，做到心中有数，有的放矢地开展读者工

---

① 1991年四川师范学院图书馆《期刊部工作总结》，现藏于西华师范大学图书馆。

作，满足读者对中文报纸的查阅，期刊部还组织人员逐册逐架地对中文报纸合订本重新进行了一次核查、登记、著录，并在此基础上，建立了完整的中文报纸笔画顺序目录，为读者使用提供了方便。流通部编辑完成了丛书目录、方志目录，线装书著者目录也基本完成，为读者查找所需图书提供了方便。

随着学院的发展及借阅手段的不断改善，图书馆的读者群体不断扩大，文献借阅量也不断增加。据统计，1989年，图书馆在册读者5393人，其中教职工1425人、研究生33人、本科生2977人、专科生439人、进修生519人，全年发放借书券共41 185张。1990年，图书馆在册校内读者5680人，其中学生4205人、教师596人、职工879人，另有校外读者43人；当年有开架图书161 213册、现刊2214种；全年接待读者351 567人次，文献外借213 574册次。1991年，在册读者为4964人，其中教工1507人、本专科学生3441人、研究生16人；流通部出纳台外借图书共114 296册。1992年，开架图书215 516册、现刊2177种；文献外借118 731册次，文献复印260 000张[①]。1993年，图书馆阅览部接待校内外读者8万多人次。1994年，图书馆在册读者7538人，其中教职工1575人、研究生22人、本专科学生5941人，全年共发放借书券52 831张；流通部出纳台外借图书134 051册次；期刊部共接待读者109 385人次[②]。1996年，图书馆在册读者7388人，其中学生5668人、教师724人、职工908人、校外读者88人[③]。

4. 拓宽服务渠道，丰富服务内容

（1）恢复馆刊，宣传图书馆及文献资源。1990年，为了发掘馆藏和向读者推荐新书，介绍新到书刊中的新信息、新成果、新思想，图书馆积极筹备恢复馆刊，将过去的馆办刊物《科技简讯》更名为《文献情报信息》，当年虽未出版，但在收集资料、设计版面等方面做了大量工作，特别是李惇绪、郑慧珍做了大量资料收集工作。1991年9月，四川师范学院图书馆馆刊《文献情报信息》开始正式编辑和印发，当年只刊出1期，责任人为刘廷武。1992年共

---

① 1992年四川师范学院图书馆《高等学校图书馆统计表》，现藏于西华师范大学图书馆。

② 四川师范学院图书馆《1994年年终工作总结》，现藏于西华师范大学图书馆。

③ 1996年四川师范学院图书馆《高等学校图书馆统计表》，现藏于西华师范大学图书馆。

出两期（封面见图7-6）。该刊16开，每期页数不等，一般100页左右；每期的栏目也不完全一样，一般包括："思想品德""国情与改革""经济杂谈""热门话题""教育纵横谈""文化透视""文学信息""图情天地""读者之友""史地之窗""科技广角""科学研究""自然之谜""百科巡视"等栏目，其中"热门话题""图情天地""读者之友""百科巡视"每期都有。该刊将各学科前沿信息、图书馆的工作计划及大事记等介绍给读者，并把丰富的馆藏及新到馆文献中的新思想、新观点、新问题、新成果及时提供给有关教学科研人员和院领导，为师生了解图书馆、掌握新知识提供了信息。

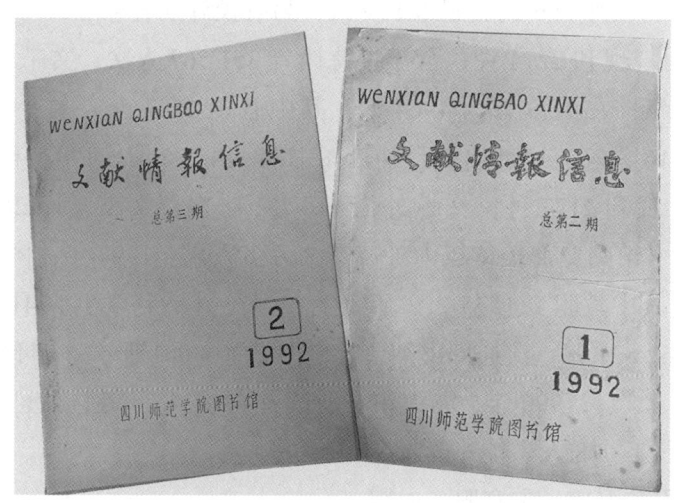

图7-6　四川师范学院图书馆馆刊《文献情报信息》封面

（2）积极开展专题展览活动。1990年，四川师范学院开展了学雷锋活动，图书馆流通部、期刊部的同志配合学雷锋活动将有关雷锋的著作和画报进行了专架展出；科情室的同志举办了学习雷锋图片展览，受到全院师生一致好评。为了优化育人环境、促进馆风建设，图书馆还专门派出李惇绪、郑慧珍与院"读书研究会"的同学一道开展了"读书、爱书、多读书、读好书"活动，出版了小报，学院陈正安院长还为小报题了词，为树立良好馆风起到了很好作用。1991年5月，图书馆不定期印发庆祝中国共产党建党七十周年推荐书目、举办庆祝建党七十周年书刊和图片展览，受到了校内外读者的高度评价，南充电视台还对此进行了专题报道。本年，图书馆还建立了四川师范学院校友文库，为校友科研成果的展示和利用提供了方便。1992年4月，图书馆与院宣传统战部联合举办了以宣传"两会"精神、贯彻 2 号文件、加快改革开放步伐为内容的简报资料展,共有 3 个展板、5 个专题,为广大师生理解"两会"精神和 2 号文件精神提供了及时、详细的资料,对加快学院改革开放的步伐具有一定的参考作用。当年,图书馆共举办图片展览 5 次。1995 年 5 月 29 日—6 月 10 日,为纪念抗日战争及反法西斯战争胜利 50 周年,图书馆举办了大型文献、图片展览,共展出图书 410 部、图片 130 张、报刊资料 114 种、剪报资料两个展板。当年,图书馆共举办专题图片与资料展览 7 次,展出图片 13 套、剪报资料 3 板[①]。

（3）深化参考咨询、定题及查新服务。1990 年,图书馆解答读者咨询 550 条,代检 9 个课题,提供文献线索 87 条;编辑文献开发或课题调研资料 3500 篇（104 万字）,撰写调研报告 1 篇（1.5 万字）。1991 年,编辑《张澜文献目录》,为历史系谢增寿、康大寿、龙显昭等教授研究张澜先生提供了方便。当年,为校内教师科研立题查新 10 个,提供课题检索服务 10 次。1992 年,解答读者咨询 350 余次,代检课题 12 个、课题调研 5 个。截至 1992 年,图书馆为学院科研项目提供资料达 60 多次,提供计算机联机检索 30 余次,提供科研立题、成果鉴定 40 多项,其中"普通中等教育评价系统分析与建模研究""箭竹开花""棉花雄性不育""亚纯函数的分值与渐进值"等项目分别获得省部级科技进步奖。1993 年,图书馆为学院科研立题查新 20 个,参考咨询 400 人次;为南充"陈寿研讨会"提供了定题服务,为研究者提取相关图书 430 册;并为"丝绸文化研究"提供检索工具书 5000 余册。

5. 开展馆际互借,扩大服务范围

图书馆除利用馆藏资源服务校内师生读者外,还采用馆际互借的方式服务读者,并将服务对象范围扩大到校外。据统计,1989 年四川师范学院图书馆与国内 320 个单位、国外 4 个国家的 5 个单位建立了交换资料关系,并与 8 个图书馆建立了馆际互借,当年借入图书 37 种 45 册,借出图书 112 种 112 册。1990 年,馆际互借借入文献 25 册次、借出文献 3 册次;1991 年馆际互借,借出文献 87 册。1995 年,寄出学报资料 775 册,收到交换学报资料 730 本、赠书 31 册。

图书馆除了接待本院师生外,还接待了许多校外读者。如,1990 年,接

---

① 四川师范学院图书馆《1995 年工作总结》,现藏于西华师范大学图书馆。

待其他学校、科研单位和政府史志部门读者5000余人次,并为社会读者提供技术资料30份[①]。

图书馆多途径、多方面开展读者服务工作,受到了学院广大师生好评。1990年5月,图书馆的教师参考室、学生综合图书阅览室、学生期刊阅览室、线装书库、第一出纳台共5个服务窗口在学院开展优质服务月活动中,被评选为优质服务窗口(全院共评出15个优质服务窗口);1996年,学生综合图书阅览室又在学校开展的以"为教学服务,为师生服务"为主要内容的"文明窗口"创建活动中,被评为"文明窗口",为图书馆争得了荣誉。

(二)有偿服务

20世纪80年代末及90年代初,在全国经济大潮中,许多高校图书馆积极行动起来,利用自身人力、技术、设备、场地、文献资源等优势,开展一些有偿服务。四川师范学院图书馆也在这场经济大潮中,在保证为教学科研服好务和不影响学院正常教学秩序的前提下,利用业余时间尝试着开展了一些有偿服务及创收活动,为职工谋福利。早在1988年2月,图书馆就在各组组长参加的"组长会议"上提出参考其他高校馆的做法,成立读者服务部,开展有偿服务。如,为读者代销图书(期刊)、代办资料交换,或出售文房四宝,或向社会人士服务(如,帮助社会人士查阅资料、装订或复印资料,为社会读者办理借阅证,提供阅览服务)等,收取一定押金或适当服务费。1990年后,图书馆利用周末等业余时间开办舞会,进行有偿服务。那时,每到周末,愿意参加创收活动的职工就会忙碌起来,将"文献检索与利用"课教室的桌椅搬到室内一隅(舞会结束后恢复原状),腾出大部分空间,作为师生周末休闲的舞场,适当收取一定服务费。同时,利用图书馆部分空闲之地,为学生放映一些著名电影、电视或录像节目,收取一定服务费。1992年2月,图书馆制定了《对外有偿服务收费标准》,确定了校外读者办理借阅证、查阅和复印资料、租用会议室等的相关收费标准。本年,图书馆为了搞好各项有偿服务与经营活动、为广大读者服务、提高图书馆职工福利,决定由图书馆职工承包经营读者服务部。9月,采编部夏志玉等人提出愿意承包经营服务部,并拟订了"承办图书馆服务部计划",其内容如下:

---

① 四川师范学院图书馆《1990年工作总结》,现藏于西华师范大学图书馆。

承办人：成员主要有李小蓉、周体佳、李春华、杨汉新、陈英、陈鸥、童恩涛、黄秀川。

资金来源：馆投资和承包人员投资。

货源：各新华书店、出版社、四川大学开发公司、南充针织三厂、成渝两地各批发市场、沿海各地同学朋友代办。

经营范围：1.销售各类图书，为他人代销图书，开展租书业务；2.销售各种文化、体育用品，如纸张、笔墨、信封、信笺、邮票、明信片、贺卡、生日礼品、体育用品、各种装饰品、磁带等。3.信息咨询、外文打字、翻录各种磁带，发掘馆藏资源，为社会服务；4.手工品加工；5.开展为师生摄影业务，代印照片、代买各种用品；6.销售各种小食品、饮料；7.开展周末文艺沙龙。

经营方法：1.除主要承办人员脱产经营服务部，其他成员利用业余时间参与经营，不得耽误、影响正常上班。2.书源：专人到新华书店、出版单位采购，不与图书馆采购业务发生任何联系，独立经营，独立核算。3.经营货物的来源单位，都有承包人的亲人、亲戚、朋友、同学，因而货源可靠，有的还可以先销售，后付款。4.销售的各类图书范围主要是与教学、科研、文化、娱乐有关的书籍，租书范围以小说为主。学院师生的著作可代为销售。5.发掘馆藏资源：本馆工作人员利用馆藏图书所获取的科研成果，可代为向社会推荐，为社会生产服务，按所取得的经济效益提成。6.各种小型文化体育用品：可到省内各批发市场进货，明信片、贺卡、生日卡等，由沿海同学、朋友代为购买。7.利用承包人员的业余爱好，可代为师生员工加工手工艺品，如纺织毛衣等业务。8.周末开展音乐茶座（收录机、磁带从承包人员家中借用），从而加快销售小食品、饮料业务。9.本承包人员中有各种专业人才，并系本馆工作人员，对馆内秩序、财产安全有很大的保障系数。10.遵守图书馆对服务部的承包合同。

1992年10月，在遵守党纪国法和学院的各项规章制度及工商行政管理局有关规定的前提下，夏志玉作为主要承包人与图书馆签订了承包协议。在"职责和义务"条中，规定："甲方（图书馆）为乙方（承包人夏志玉）提供周转金4000元、不少于50m^{2}的营业场地、阅览木桌2张、大柜台2个、书架8个；

乙方 1）承包期满向图书馆缴纳承包金3500元，同时归还甲方提供的周转金4000元（不算息）（可含1000元以内底货）和场地、柜台、阅览木桌、书架。2）不经营有损图书馆安全、馆容和清洁卫生的业务。3）不影响图书馆的正常秩序。承包时间为：1992年10月—1993年12月31日。独立经营，独立核算，自负盈亏。"

1993年12月，读者服务部的承包协议期满后停止了经营活动，并于1996年5月将剩余的图书150册（书价合计51.54元）赠给了南充市向阳中学。

图书馆通过开展以上一些活动，获得了一定的经济效益，为职工谋取了一定福利。据统计，1994年，服务部利用周末放映录像、开办舞厅，所收费用交馆里1762.38元。

七、强化读者教育培训

这一时期，学校和图书馆进一步重视和加强了读者教育培训工作，将"文献检索与利用"课作为部分大二和大三本科生的必选课。至1989年，图书馆有专兼职"文献检索与利用"课教师12人。其中，图书情报专业3人、文史专业2人、理科各专业4人、外语专业1人、其他2人，教师专业知识结构较为合理。兼职教师中，参加过师资培训者有3人，有3人为高级职称者，另有3人为中级职称者，其余6人为初级职称[①]。

1989—1990学年，图书馆为890名读者讲授了"文献检索与利用"课，其中本科生841人，进修生和教师49人；共讲授320学时，理科讲授CA、BA、EI、专利、中文检索工具、机检等方面的检索方法，文科讲授情报学知识、目录知识、中文检索工具、中文工具书、外文工具书检索方法等。当时，使用的教材主要是自编教材、全国统编教材或其他"文献检索与利用"课系列教材。学生实习320学时，实习方式是学生在教师指导下集中实习，本科生考试及考查方式是"集中＋分散"、分散、集中3种形式。

1990年，图书馆为学院10个系的872名新生开设了"怎样利用图书馆"讲座，总课时30学时，并分批组织新生参观图书馆，还发放了《怎样利用图

---

① 1990年5月四川师范学院图书馆《全国师范院校文献检索课情况调查表》，现藏于西华师范大学图书馆。

书馆》小册子。本年，共为学院5个系13个班的本科学生上"文献检索与利用"课共476课时。其中，有1个系2个班为必修，培训85人，年总课时为80学时。当时，兼职教师减已少到7人，教师授课任务增加。

1991年，"文献检索与利用"课教师为6个系3个年级14个班560个本科学生授课350学时；为11个系的新生开设"怎样利用图书馆"讲座33学时；并为职工上"社科文献检索"15课时。1992年为全院11个系1344名新生讲授"怎样利用图书馆"，为全院6个系12个班的530名大三本科生讲授了"文献检索与利用"课。

1993年6月，学院进行教学改革，实行定编定员，图书馆"文献检索与利用"课教研室人员只有4个编制，确定文理科各2名教师，正式指定黄浩耘、郭黎康、郑慧珍、黄楠4人为"文献检索与利用"课教师，其他人员则为兼职教师。他们的教学任务十分繁重。本年，为数学系89级和91级、物理系91级、化学系90级、生物系90和91级、地理系91级、外语系90级、政治系90级、教育系90级共8个系800名本科生讲授和指导实习"文献检索与利用"课共574学时；为93级2201名新生讲授"怎样利用图书馆"150课时，其中本科10个系19个班853人、专科15个系31个班1348人。到1994年，全院除体育、经济两个本科新系外，其余10个系的本科生全部开设了"文献检索与利用"课，开课率达100%，听课学生已达8500多人[①]。

图书馆有计划、有步骤地对学生进行"文献检索与利用"课教育培训，既增强了学生的情报意识和文献检索能力，又激发了学生的读书兴趣，提高了馆藏文献的利用率，特别是检索性刊物、专业期刊和工具书得到了充分利用，受到师生一致好评。数学系陈国先教授在学生给"文献检索与利用"课教师的感谢信上批道："黄老师在我系89级上文献检索课效果好，对学生毕业论文的撰写与质量提高大有助益。"因此，图书馆的"文献检索与利用"课于1989年、1990年分别获学院"优秀教学成果奖"和"优秀基础课奖"；1995年，"文献检索与利用"课再次评为学院"优秀基础课"。1996年8月，黄浩耘等人的"当代大学生情报能力与科研能力综合培养的教学研究"获学院第三届教学成果奖。

---

① 1998年4月16日四川师范学院《评选"四川省普通高等学校优秀图书馆"推荐材料》，现藏于西华师范大学图书馆。

图书馆除开设"文献检索与利用"课程外，还举办相关研讨会和学术讲座，进一步增强师生文献检索的技能和兴趣。1993年，黄浩耘在物理系93级召开了"物理学中的科学美和物理美育途径"研讨会，到会的有物理系主任、总支书记、各班班主任、"文献检索与利用"课教师和86名学生，收到良好效果。1994年，"文献检索与利用"课教师面向全校学生举办了"大学生如何写科研论文""数学在广告宣传中的应用"等学术讲座，收到了很好的效果，部分同学的论文在省级及以上学术刊物上发表。如数学系牟林、郭洪春同学撰写的《数学与广告》发表在《四川师范学院学报》（自然科学版）1994年第4期上，受到数学系主任陈国先教授的高度评价，认为这是他所见到的国内第一篇系统论述数学在广告中应用的优秀论文。1994年3月，"文献检索与利用"课教师郭黎康、郑慧珍被学院评为"优秀青年教师"。1996年6月，郭黎康再次被评为"优秀青年教师"。

图书馆除对校内师生进行文献检索教育培训外，还对校外其他单位的科技情报人员进行培训。如，1992年11月，黄浩耘为南充市企业工程技术人员（40人）讲授了"企业情报检索"。1996年，图书馆举办了南充市科技情报人员"情报检索"培训班，并为电大图情专业班讲授了图情专业课。

此外，四川师范学院图书馆还举办了南充地区"文献检索与利用"课研讨会。如，1991年主办了南充地区高校文献情报研究暨文献检索课教学研讨会，龙显昭副院长参加了会议。本次会议成员合影见图7-7。

图7-7　1991年南充地区高校文献情报研究暨文献检索课教学研讨会成员合影

八、迎接省高校图书馆专家评估检查

为迎接 1993 年 12 月"四川省普通高等学校图书馆评估"检查,四川师范学院图书馆各部室全体职工积极行动起来,打扫各库室的清洁卫生,并将书架上的书刊排列整齐,做好迎评前的准备工作。其中,期刊部对各库、室的报刊进行了彻底整理,清除了堆积多年的破烂和杂物,使书库变得清洁整齐;期刊阅览室的同志一边开放接待读者,一边整理书架、擦拭窗户和桌椅,使室内窗明几净,并将书架、桌椅等进行精心布置,使其整齐划一。当年,期刊部被评为"先进部室"。流通部的同志为迎接评估也做了大量工作。在流通部的《工作总结》中谈道:"为迎接省教委的检查,我部在保持正常开馆的情况下,一边做繁忙的日常借还工作,一边挤时间做清洁。我部的 1800 个书架的图书排列整齐,5000m^2 架面基本无灰尘,3000 m^2 的地面干净,970 扇窗户明亮,510 扇纱窗清洗干净,950 支日光灯擦拭如新。我们还改善了服务态度,缩短了取书时间……"① 阅览部和其他部室一样,一边接待读者,一边整理书架、擦拭窗户和日光灯等,确保各阅览室书架整齐、窗明几净。

1993 年 12 月 1—3 日,四川省高校图书馆专家评估组(组长:陈海,副组长:邓元煊)受省教委委托对四川师范学院图书馆进行了评估。专家评估组通过听取学院和图书馆领导的介绍、研读图书馆自评报告、调阅图书馆有关档案材料及实地考察等,对图书馆的办馆条件、办馆水平等进行了评估记分。因图书馆的"迎评"工作准备得充分,顺利通过了专家组的评估检查,并在基础工作、读者教育、科研工作等方面得到了专家的肯定和赞扬。专家组在《关于四川师范学院图书馆的评估意见》中评价道:"注重提高基础工作质量,特别是在原始数据统计、书库和阅览室管理、书目推荐以及分编校审等方面具有较为明显的特色……长期注重科研工作并取得了突出成绩。"②

1994 年,图书馆被学院授予"校园文明先进集体"。

---

① 四川师范学院图书馆《1994 年流通部工作总结》,现藏于西华师范大学图书馆。
② 四川省教育委员会川教高〔1994〕5 号《关于印发我省首批高校图书馆评估意见的通知》附件《关于四川师范学院图书馆的评估意见》,现藏于西华师范大学图书馆。

九、科研工作与学术交流活动

（一）科研工作

对图书馆学理论和图书馆实践工作的研究和总结，是提高图书馆工作人员素质、提升图书馆服务水平的重要手段，对于加强图书馆工作的科学化管理、推动各项业务工作顺利开展起到了积极作用。因此，四川师范学院图书馆十分重视科研工作。1996年，图书馆制定了奖励职工科研工作的相关制度，规定：在国家级刊物上发表论文者，每篇奖励15元；在省级刊物上发表论文者，每篇奖励10元。因此，图书馆日常工作虽然繁杂，但同志们仍尽量挤时间，利用业余时间和节假日，自觉钻研图书馆学理论，并注重理论联系实践，进行科研工作。这一时期，图书馆的科研工作稳步发展并取得了重大成果。

1989年12月，唐建华著的《图书馆效用分析的数学模型——图书馆运筹学》由学苑出版社出版。

1991年，由四川师范学院图书馆刘天成主持，黄浩耘、王锦、黄楠等20多人与生物系胡锦矗教授、成都大熊猫繁育研究基地成员共同编辑的"中国珍稀动物文献情报"检索工具书[①]《大熊猫及金丝猴、扭角羚、梅花鹿、白唇鹿、小熊猫、麝文献情报》出版，并于当年获四川省科技进步二等奖（见图7-8），后又于1992年获国家科技进步三等奖（见图7-9）。该成果做到了原始文献支持率的建立、文献检索工具的编制与情报分析研究的有机结合，融综述与文摘为一体，具有报道、检索、参考服务等多项功能[②]。

[①] 四川省南充市顺庆区地方志编纂委员会编：《南充市志·续编》，成都：四川人民出版社1997年版，第361页。

[②] 佘正松主编：《西华师范大学校史（1946—2006）》，成都：四川大学出版社2006年版，第128页。

图 7-8　1991 年四川师范学院"大熊猫等七种珍稀动物文献情报"获四川省科技进步二等奖奖状

图 7-9　1992 年刘天成主持的"大熊猫等七种珍稀动物文献情报"研究成果获国家科技进步三等奖奖状

1991 年 4 月,黄浩耘申报的课题"高师教育的咨询职能"获得"四川师范学院 1991 年度哲学社会科学青年科学基金"立项;唐建华编著的《文献信息控制学》由学苑出版社出版。

1992 年,图书馆除获得省科委和省教委下达的"四川珍稀动物(哺乳)的开发利用与保护研究"及"中国珍稀动物文献数据库"两项科研课题外,还争取到三项学院的哲学社会科学科研课题,即刘廷武馆长申报的"毛泽东思想研究文献目录"、张怀绥副馆长申报的"中国共产党报刊史"、黄浩耘申报的"中国丝绸文献情报及其应用研究"。

1993年，图书馆承担了国家级课题1个、省级课题3个、院级课题1个。刘天成、郭黎康、汤骅、王锦、高晋蜀、黄楠、潘明元等申报的"八五"科技攻关课题"多媒体技术应用研究"获国家科委立项（自筹资金），并开始着手进行研究，开发建立了"大熊猫多媒体信息咨询系统"，查找珍稀动物文献信息线索1000条，标引文献1300篇（按主题词、关键词、分类三个部分标引），做文摘200条。

1994年，图书馆职工在省级及以上刊物发表论文11篇，在省级及以上会议交流论文2篇、市级会议交流论文12篇。该年度仅期刊部的职工就发表论文8篇，其中1篇收入国际图书情报学理论研讨会论文集，有2篇论文入选参加全国性学术研讨会交流；有2篇论文参加南充市高校协作组的学术研讨会；并有2篇论文分别获省教委、省高教图情工委颁发的优秀论文二等奖、三等奖。唐志伟撰写的论文《大熊猫文献核心期刊及其稳定性分析》获"四川省高等学校1990—1993年图书馆学优秀论著"二等奖，郑慧珍的《师范大学生的阅读倾向调查及其对策》、张效赤的《广告情报源的初步研究》获得三等奖。

1995年，图书馆职工在《图书馆建设》《四川图书馆学报》等省级及以上刊物发表论文35篇，在校内排第5名[①]。科情室的同志还编辑、制作了《华夏珍宝——大熊猫》中英文多媒体光盘，由皇统光碟科技股份有限公司——杭州矽谷光碟公司出版，向海内外发行。该光盘存有30万字的总结论著、50万字的文献文摘、1000余幅珍贵的图像图表，以及大量音像资料和古今中外大熊猫研究文献全文和数据。该光盘在"南充丝绸节""'95国际成都金熊猫电视节"及四川省高校情报学会年会上进行了展示和交流，受到广泛关注。《中国科学报》《科技日报》《四川日报》均进行了报道，认为该成果是我国在研究和保护大熊猫方面取得的重大突破，也是我国科技情报学研究的创举。本年，刘天成等申报的"金丝猴及鹿类等珍稀动物超媒体信息系统研究"课题被列为四川省教委1995年度重点科研项目。

---

① 1996年1月24日四川师范学院图书馆"部室干部会议"记录,现藏于西华师范大学图书馆。

1996年，刘天成等申报的国家科委课题成功结题，其成果为"多媒体技术应用研究——建立大熊猫多媒体信息管理与咨询系统研究"。该系统存储了有关大熊猫的数十本专著、数百篇论文全文、2000多幅图像和大熊猫叫声的音频资料，对大熊猫的声、图、文资料进行了全面反映，读者能从不同方面检索和阅览，得到了国内外动物学家、情报学家的好评。著名情报学家陈光祚认为"该项成果是我国数据库建设的一大进步，它为我国同类型数据库建设提供了成功的范例，是我国数据库建设成果的一个有典型意义的代表"。该成果于1996年获四川省科学技术进步三等奖。同年，由黄浩耘、李学宁、李惇绪、陈淑容、杨涛等完成的"中国现代蚕业、丝绸期刊论文与图书分布规律研究"获四川省情报行业三等奖；张怀绥撰写的《文献检索与利用课研究综述》获南充市人民政府社会科学三等奖。

（二）学术会议与学术交流

学术会议和学术交流活动是开拓图书馆视野的有效途径。1992年5月5—7日，四川师范学院图书馆出色地承办了"四川省高校情报工作第三次学术研讨会"。会议历时3天，全省40所高校图书馆的62名情报工作者参加了会议。四川省高校情报工作研究会会长张筱东参加了会议，并在研讨会上传达了四川省高校图情工委第二次工作会议精神及关于各协作组、研究组组成的决定。本次研讨会的主要内容包括：高校科技情报研究及其在经济、生产领域的经验、理论与方法，高校情报工作的现代化，高校图书馆的情报服务、情报建设、用户教育、文献检索、课题查新、文献统计与分析等。在讨论会上，四川师范学院图书馆原科情室主任刘天成同志作了"高校开展情报研究的实践与认识"的专题发言。他在发言中谈到了由他主持的课题"大熊猫等七种珍稀动物文献情报研究"已通过国家科技进步奖评审委员会行业评审组评审，初步审定为国家科技进步三等奖。这在我省乃至全国高校图书情报界尚属首例，在四川师范学院自然科学研究中也是首例，引起参会人员的普遍关注。这次大会，参会者共提交论文42篇，其中四川师范学院图书馆刘天成、黄浩耘、张效赤、王锦、高晋蜀、唐志伟6人提交了论文。参会者所撰论文观点鲜明，既有分析、有理论，又有实践、有新意，学术价值较高。这次会议学术气氛浓厚，图书馆热情周到的服务给参会者留下了深刻印象。

为提高职工的业务能力和学术水平，四川师范学院图书馆还派出职工参加一些学术交流会。如，1989年7月6—7日，刘天成参加了在电子科技大学图书馆召开的四川省高校情报工作研究会筹备会；1991年、1993年，刘天成分别参加了在重庆后勤工程学院、四川农业大学图书馆召开的四川省高校情报工作研究会第二次、第四次学术年会。1994年，黄浩耘参加了在宜宾师范专科学校图书馆举办的四川省高校情报工作研究会第五次学术年会。1995年，汤骅、冯泽英参加了在西南师范大学图书馆召开的四川省高校情报工作研究会第六次年会，这次年会的议题是"市场经济下高校情报学咨询服务"。同年，图书馆还组织职工参加了由川北医学院图书馆主办的"南充高校图情学术交流会"，并撰写了论文，杜素琼等在会上作了交流发言。1996年10月28日—11月1日，高晋蜀、黄浩耘参加了西昌师范高等专科学校承办的四川省高校情报工作研究会第七次学术年会，这次年会的议题是"网络建设与信息资源开发利用"。1997年10月20—24日，郭黎康参加了由四川省高校情报工作研究会承办的四川省、重庆市高校情报工作研究会第八次学术年会。这次年会是重庆市改为直辖市后的第一次年会，与会代表一致同意继续联合开展活动，将"四川省高校情报工作研究会"更名为"川渝高校情报工作研究会"。此后，图书馆每年都派科情室的职工参加川渝高校情报工作研究会年会。

十、党建、工会及安全工作

（一）党建工作

团结协作、勤奋努力的领导班子和处处起模范带头作用的党员集体，是搞好图书馆工作的重要条件。长期以来，四川师范学院图书馆的党员大都在最艰苦的岗位上，多数党员又是部室干部，他们都满负荷担任了具体工作，并要对所在部室的各项业务工作进行协调和管理，部室中有人生病请假，他们要顶班，如1995年阅览室工作人员不够时，党员轮流值夜班长达一学期；有突击任务，党员要加班；每天晚上，他们还要轮流值勤，负责二楼教师阅览室、三楼学生期刊阅览室、四楼学生综合图书阅览室的晚班巡察，发现问题及时解决，解决不了的上报馆领导及保卫处，并做好巡察记录。他们不计报酬，无私奉献，一心扑在工作上，为同志们做出了榜样，起到了很好的先锋模范作用和战斗堡垒作用。

1990年，图书馆有胡孝章、陈兰英、凌泽芬、李元强、曹智英、张国秀、肖桂珍、童恩涛、黄浩耘、张效赤、王锦、雍景琼、唐抚荣、张怀绥、刘世蓉、杨发英、杜素琼、王玉太等18名党员。他们时常进行政治学习，领会党中央精神。7月19日，图书馆召开了馆领导和支委参加的民主生活会，学习《人民日报》社论，围绕六中全会精神、结合思想工作实际，开展批评与自我批评。7月，图书馆党支部被南充地区地委评为"一九九〇年度先进基层党组织"。

1991年1月，四川师范学院图书馆党支部进行了改选，选举陈兰英任党支部书记（副处级）[①]。本年，张彬、李彬川加入中国共产党，为图书馆党员队伍增加了"新鲜血液"。当年，图书馆有正式党员16人。1992年2月，经图书馆支部大会讨论及学院党委会同意李学宁为中共预备党员；5月，经院党委研究同意陈兰英任图书馆党支部书记（正处级）[②]；8月，由于陈兰英退休，刘廷武兼任图书馆党支部书记。

1993年4月，选举童恩涛任图书馆党支部书记。1994年，图书馆党支部被学院评为"优秀党支部"。1996年5月，图书馆党支部进行了改选，选举童恩涛任党支部书记（副处级），由童恩涛、张怀绥、张效赤、唐抚荣、杜素琼5人组成图书馆党支部委员会，张怀绥为统战委员、张效赤为宣传委员、唐抚荣为组织委员、杜素琼为纪检和政保（治保）委员[③]。

1997年3月，鉴于图书馆党建工作的发展，经中共四川省委常委会研究决定，建立中共四川师范学院图书馆总支委员会，童恩涛任图书馆总支副书记[④]。1998年1月，图书馆党总支进行改选，童恩涛任党总支副书记，童恩涛、王锦、张怀绥、张效赤、杜素琼5人组成图书馆党总支。王锦为组织委员、张

---

① 中共四川师范学院委员会党组发〔1991〕9号《关于图书馆党支部改选结果的通知》，现藏于西华师范大学。

② 中共四川师范学院委员会党组发〔1992〕26号《关于陈兰英同志任职的通知》，现藏于西华师范大学。

③ 中共四川师范学院委员会党组发〔1996〕22号《关于图书馆党支部选举结果的通知》，现藏于西华师范大学。

④ 1997年3月中共四川师范学院委员会党组发〔1997〕10号《关于建立中共四川师范学院图书馆总支委员会及童恩涛同志任职的通知》，现藏于西华师范大学。

怀绥为统战委员、张效赤为宣传委员，杜素琼为政（治保）、纪检委员①。

（二）工会工作

图书馆工会委员会是在院工会领导之下，围绕着图书馆的工作重心，依据《工会法》和《中国工会章程》促进图书馆发展、丰富图书馆职工生活，并发挥党群联系桥梁和纽带作用的组织机构②，其主要职责是根据学院工会的统筹规划，组织图书馆职工开展各种文娱、体育等活动，协助馆领导召开图书馆教职工大会、关心图书馆职工的工作和生活，力所能及地为有实际困难的职工解决部分问题，组织图书馆职工献爱心，为有困难的同胞捐款捐物。基于上述职责，图书馆工会委员会历届组织机构由主席、组织委员、宣传委员、女工委员、文体委员等组成。

图书馆第一届工会委员会于1979年10月27日成立后，张国秀历任南充师范学院图书馆工会主席、四川师范学院图书馆工会主席。1989年10月23日，张国秀作为工会委员参加了四川师范学院第六次工会会员代表大会。1993年，张国秀因年龄原因，不再担任图书馆工会主席，推举夏志玉担任图书馆工会主席。1995年，李学宁参加了院第七次工会会员代表大会。1999年4月23日，张效赤参加了院工会第八次会员代表大会。

四川师范学院图书馆历年来非常重视组织本馆职工积极参加学院举办的各项文体活动，以培养大家的集体主义观念，陶冶情操。图书馆职工在工会的组织推动之下，参加院工会举办的各类文体竞赛，多次获奖。如1991年1月，图书馆职工参加四川师范学院"1991年元旦教工文艺汇演"，获舞蹈组一等奖；并于"七一"文艺汇演中再获舞蹈组一等奖；同年11月，又获"九一年度教工乒乓球比赛"女子团体第一名。1993年12月26日，图书馆职工参加院工会、宣传部组织的"纪念毛泽东诞辰一百周年教工文艺汇演"，获一等奖（见图7-10）。

---

① 1998年1月中共四川师范学院委员会党组发〔1998〕1号《关于图书馆党总支选举结果的通知》，现藏于西华师范大学。

② 陈进主编：《思源籍府 书香致远：上海交通大学图书馆馆史（1896—2012）》，上海：上海交通大学出版社2013年版，第272页。

图 7-10　1993 年图书馆职工参加"纪念毛泽东诞辰一百周年教工文艺汇演"获一等奖

1996 年 6 月，张效赤在参加市属以上院校教职工"爱祖国，爱教育，爱岗位"演讲比赛中获二等奖。本年，图书馆女子篮球队获院教工女子篮球比赛第一名。曹智英、杨汉新被评为学院 1994—1996 年度"三育人"先进个人；郑慧珍被评为学院 1996 年度"优秀管理干部"；张怀绥被南充市科学技术协会评为"先进个人"。

图书馆还每年召开教职工代表大会，通报图书馆的工作情况、财务状况，及重要的工作规划和规章制度。

（三）安全工作

安全工作是图书馆最重要的工作之一，馆领导时刻牢记"安全工作无小事"，常抓不懈。在每年的《党政工作计划》中，均把安全工作列为重点；每个月不定期研究一次全馆综合治理的有关问题；每月和节假日前一个星期对全馆的综合治理工作进行一次检查，发现问题及时解决或上报学院有关部门；在部室干部会及全馆职工大会上，馆领导及时传达学院、省教厅等有关部门关于安全工作的会议精神，反复强调安全保卫工作的重要性，并要求部室干部"管好自己的人，办好自己的事，看好自己的门"，各自检查所在部室的安全隐患，每天下班前必须关好门窗、水电；并对馆里比较贵重的设备，如计算机、电视机等实行集中保管。如，1996 年，图书馆将新到的计算机、电视机集中在二楼计算机室保管，并派干部、党员值班，24 小时不离人，春节期间由未离校的部室干部轮流在计算机室值班。

1996年3月，图书馆在各部室建立了群防小组。采编部群防人员有周体佳、夏志玉、孙明节、赵健，流通部群防人员有杜素琼、唐抚荣、成万强、陈淑容、陈忠杰、李彬川、陈红，期刊部有张效赤、蒲世贵、何薇、王剑波，阅览部有郑慧珍、贾玉清、袁蓉、杨涛，科情室群防人员有黄浩耘、郭黎康、王锦、高晋蜀，读者服务部群防人员有李学宁、李惇绪、张勤、刘晓穗，办公室群防人员有曹智英、贾固琼。本年8月31日，新学期开始，馆领导张怀绥、童恩涛、张效赤带领所有部室干部对全馆的安全情况进行了全面检查，并将检查发现的问题及时书面上报学院"综治委"和保卫处。10月，图书馆派张怀绥、唐抚荣、黄浩耘、李学宁、刘晓东、赵健、阳文辉等14人参加了义务消防学习班，听取南充市消防支队办公室主任讲解消防工作的相关知识。

1998年6月15日，在南充夏季洪峰到来之前，图书馆召开了部室干部会议，传达学院防洪工作会议精神，研究图书馆落实学院防洪工作会议精神的措施，并制定了图书馆低洼处及一楼各库室的防洪预案：如果洪水淹来，全馆职工要随叫随到，将重点保护的线装书搬到开架书库的空书架上，将流通部大库一楼的书往二楼搬，将地处一楼的采编部新书往二楼办公室和科情室搬、地处一楼的文献检索室的书往二楼教师阅览室搬，将旧馆一楼的杂志往二楼搬，家住机械厂一楼的职工各自做好防洪准备。

由于馆领导的重视和广大职工的参与，图书馆安全保卫工作取得了优异成绩。1992年1月，图书馆荣获四川师范学院"一九九一年度消防工作先进集体"称号，张怀绥获"消防工作先进个人"称号。1997年4月，图书馆义务消防队在学院举办的消防技能竞赛中荣获团体总分第一名的好成绩，并取得了"三人连接6.5米水带"比赛第一名、"空瓶干粉灭火器、空瓶泡沫灭火器规范操作走八米独木桥"比赛第二名的单项竞赛好成绩。1997年11月，院综合治理委员会到馆检查1996—1997年度综合治理工作，图书馆获得100分的好成绩。1998年11月，图书馆职工参加学院组织的消防知识、消防技能竞赛，取得了"湿麻袋扑油桶火赛"第二名、"4×100迎面负重接力赛"第三名、消防知识卷面答和抢答赛第三名的好成绩。

图书馆不仅重视本馆的安全保卫工作，还帮助其他单位进行安全保卫。1997年12月31日下午，历史系办公室三楼失火，图书馆职工积极参与灭火工作。张怀绥、李学宁、唐抚荣带着灭火器到现场灭火，杜素琼、曹智英、陈红、成万强等知道消息后,迅速通知图书馆职工前去参与灭火。

十一、物资清理工作

1991年3月,图书馆按院办〔1991〕5号文件精神和院领导对物资清理整顿的指示,成立了以副馆长张怀绥为组长的图书馆物资清理整顿小组,具体布置清理整顿物资的步骤和方法,对图书馆的物资进行清理和整顿。确定由周体佳、唐抚荣负责统计工作,对迁馆后新进的物资及调拨往来物资等进行汇总、分类,重新建账、立卡,做到账、物、卡一一对应,准确无误,并对每件物资进行重新编号、贴上新标签。

物资清理工作具体步骤是:首先,物资清理整顿小组在全馆进行动员,让每个职工明确物资清理整顿的必要性,使大家都对物资清理工作重视。其次,在充分发动群众的基础上,展开物资清理登记工作。具体做法是:(1)将1980年清产核资时登记的各类物资统计表发到各部室,让他们了解基本情况。(2)各部室按"物资清理整顿小组"的要求,参照《1980年物资统计表》列出本部室现有各类物资名称、型号、数量。(3)清理小组根据各部(室)汇总上来的统计表进行逐一核对,在核对中弄清离馆物资的去向及新添物资的情况等。(4)对全馆物资进行汇总、分类,重新建账、立卡,再次核对账、物、卡,做到准确无误。最后,由张怀绥一件件地核对、验收。

在这次物资清理过程中,全馆80%以上的同志都参加了工作,他们树立主人翁责任感,积极主动地投入到物资清理工作中,特别是唐抚荣、周体佳为了在7月1日前按时完成任务,连续4天加班到深夜。为了使标签号码规范化,他们不怕麻烦,加大工作量,一个数字一个数字地拨动号码机,打出了准确标准的号码。在全馆职工的积极参与下,图书馆如期完成了物资清理工作。在原账目的基础上,根据院物资清理整顿小组的要求,又分门别类地建立了《大型设备分类账》《家具分类账》和《低值易耗品账》3个账本,特别是将借调出馆和破损的家具进行了一次清理和统计,为图书馆后来的物资管理奠定了良好的基础。

通过这次物资清理整顿工作,不仅让大家明确了自己所管库(室)的物资情况和管理物资的责任;而且还使广大职工通过参与物资清理工作,受到一次爱护公物、热爱社会主义的教育。

同年 11 月，图书馆重新拟订了《四川师范学院图书馆物资管理规定》（以下简称《规定》），进一步规范了图书馆物资的管理工作。在此，将《规定》的内容摘录如下：

  1. 凡已固定在各部、室的物资，如有变动，必须先经馆办公室同意并办好移交手续。
  2. 工作人员变动离开工作岗位时，不能带走原有桌、椅等物资。
  3. 需维修破损的设备、家具等，由办公室统一联系维修或报损。
  4. 私人家具、大件物品等不能长期存放在馆内。
  5. 外单位借用馆内桌、椅、家具、物品等，一律要具备手续方能出馆。
  6. 馆内电器设备、复印机、电视机等由专人负责管理；各种设备必须按操作规程进行操作、保养、维修。①

十二、现代化建设的前期准备工作

四川师范学院图书馆由于底子薄，现代化建设进展缓慢。1990 年，图书馆的现代化设备只有 3 台复印机、1 台缩微阅读机、1 套书库传动设备（该传动设备经常出问题，影响读者借书）。到 1991 年，图书馆尚没有计算机，影响图书馆的管理、工作效率和标准化。1991 年 10 月，图书馆向省教委申请世界银行贷款，希望购置急需的"图书馆管理系统"、新增专业的文献（包括视听资料及其设备），及计算机、四通打字机等现代化设备。1993 年底，在国家教委和省教委的关心支持下，四川师范学院得到了"世界银行贷款"，图书馆在贷款中争取到了"图书馆管理系统"一套（包括 1 台 486 型主机和 10 台 386 型分机终端）及 1 台用于科研的 486 型微机，大大改善了图书馆的办馆条件，使图书馆跨上了一个新台阶。

1995 年，为使"世界银行贷款"配给图书馆的"图书馆管理系统"到馆

---

  ① 1991 年 11 月《四川师范学院图书馆物资管理规定》，现藏于西华师范大学图书馆。

后能及时投入使用，发挥其应有效能，图书馆进行了积极的前期准备工作。首先，组织工作人员进行了计算机基本知识及操作技能培训，并规定男同志50岁以下、女同志45岁以下者必须参加计算机知识培训；还规定：男同志40岁（包括40岁）以下、女同志35岁（包括35岁）以下者若考试不合格，则当年不得评为优秀，且年终奖扣20%，考试总分前五名者则年终奖多发20%，计算机到馆后根据掌握技能的情况择优上机操作。1996年11月，图书馆派出周体佳、凌民等外出学习计算机中外文编目知识，为日后图书馆进行回溯建库及计算机管理创造了条件。其次，调整有关库室布局，为计算机的安装和使用做好第一步准备工作。如1995年，流通部从书库调整出钢书架60个供开架书使用，各有关书库的职工与馆内其他组的职工（周体佳、赵健、刘晓东、唐贻、李彬川、黄秀川、李文山、童恩涛、张效赤）一起，在书架供货商（广元081厂）4位师傅的指导下，仅用4天时间就将开架书库的书架安装完毕，做好了计算机管理开架借书的准备工作；采编部的职工则对分类和书名两套公务目录进行了清理，并调整了部室的布局，为安装、使用计算机作了前期准备。

第二节 开拓创新，步入自动化网络化新时期

（1997年1月—2003年3月）

高校图书馆的发展与整体社会发展形势息息相关。改革开放后，中国高等教育事业快速发展。在全新的发展形势下，四川师范学院图书馆开拓创新，积极进取，抓住社会发展及高等教育快速发展的大好时机，进行自动化网络化建设，迅速跻身于图书馆现代化发展潮流中。

一、强化科学管理，从管理中出效益

1997年，为适应由传统图书馆向现代化图书馆转型，四川师范学院图书馆加强了劳动纪律管理及规章制度建设。8月29日，在第二学期开学的前一天，全馆集中学习了《高等学校图书、资料、情报工作人员守则》，通报了图书馆修改、制订的《设备管理制度》《卫生包干制度》《计算机主机房及终端工

作制度及操作规程》《防火公约》《关于廉洁奉公的规定》《职工请假、考勤及奖金、津贴发放意见》等相关管理制度和公约；并通报了馆内有关奖励办法，规定："对参加院级以上部门组织的各种竞赛并取得名次、为图书馆争得荣誉者，属集体组队，图书馆给予与发奖单位所发的同等奖励；属个人参加者（事先给图书馆通知的），给予发奖单位所发的1/3的奖励；发表论著等相同"。

图书馆不仅建立了比较完善的管理制度，制定了岗位职责和工作细则，而且严格执行，从而为各项业务工作的顺利开展打下了基础。同时，图书馆还根据省教委要求和本馆实际，制作了各部（室）各岗位有关工作职责、工作量的表格，要求各部室按规定填表，并定期收回进行汇总、分析，找出优势和差距。准确的数据为管理好图书馆提供了科学依据。

图书馆通过科学、严格管理，几年来圆满地完成了学院下达的各项目标管理任务，多次受到学院的表彰和奖励。1997年，在学院首次评选系、处"目标管理"先进单位的活动中，图书馆获得了一等奖，获得奖金1000元[①]；同年，图书馆党支部被评为学院"先进党支部"和南充市"先进基层党组织"。

二、工作人员队伍建设

（一）人员状况及干部调整

1. 人员状况

1997年，图书馆共有正式职工72人，其中大专以上学历者47人，高级职称者9人、中级职称者30人、初级职称者15人、行政人员8人、工人10人。1998年11月，黄楠、陈淑容获得副研究馆员任职资格，陈芳、彭东、贾固清取得馆员任职资格。2000年9月，刘晓东调往校产处工作。

2. 领导班子及中层干部调整

1997年12月，刘晓穗任办公室副主任。

1999年1月，学报编审陈国勇到图书馆任馆长，张怀绥任图书馆党总支书记兼副馆长。2月，童恩涛任副馆长。5月，图书馆中层干部进行了调整：唐抚荣任流通部主任，邹英任流通部副主任；夏志玉任采编部主任，周体佳任

---

① 1998年4月16日四川师范学院《评选"四川省普通高等学校优秀图书馆"推荐材料》，现藏于西华师范大学图书馆。

采编部副主任；郑慧珍任阅览部主任，郭明蓉任阅览部副主任；刘晓穗任期刊部主任，周虹任期刊部副主任；李学宁任技术服务部主任，李惇绪任技术服务部副主任；黄浩耘任科情室、文献检索课教研室主任，郭黎康任科情室、文献检索课教研室副主任[①]；杨涛任办公室副主任。这些中层干部大多是外出进修回来的业务骨干，且大多具有本科学历、年龄在40周岁以下，为图书馆的进一步建设和发展提供了人员保障。同月，学院对图书馆专业技术职务评审组成员进行了换届调整，张怀绥任图书资料专业人员初级职务评审委员会学科评议组组长，陈国勇、童恩涛任副组长，评审组成员有黄浩耘、郑慧珍、郭黎康、杜素琼、夏志玉、李学宁。5月14日，馆领导对新一届部室干部逐个进行廉政谈话，以保证中层干部的纯洁性。

2001年9月，郭黎康任图书馆馆长助理（正科级），图书馆领导班子逐渐增强；9月3日，图书馆对部（室）干部进行了换届和部分调整，郭明蓉任采编部主任、汤骅任采编部副主任，陈炜任阅览部副主任。中层干部的调整为进一步搞好图书馆工作奠定了基础。

（二）人员培训

1. 外出进修

加强队伍建设、培养跨世纪人才是图书馆重要工作之一。为此，四川师范学院图书馆不仅制订出人才培养的长远计划，而且努力去落实。为了适应社会及科学技术的发展，更好地履行《普通高等学校图书馆规程》所赋予的职能，图书馆除原已派出十几名同志进修图情专业外，又继续派出有培养前途的同志外出进修。1997年9月，派出杨涛和汤骅到南开大学信息资源管理系进修学习1年；1998年9月，派孙明节到南开大学信息资源管理系进修学习1年；1999年9月，派黄友麟到大连理工大学图书馆进修学习半年；2000年派出邹英、郭明蓉到大连理工大学图书馆进修，分别学习半年；2001年又派出刘晓穗、闵红武到大连理工大学进修学习半年。此后几乎每年都会派出职工外出进修学习图书情报专业知识。这些职工都是图书馆的业务骨干，他们进修回来后大部分成了图书馆的中层干部。另外，图书馆还派出职工参加一些短训班，学习图情相

---

① 四川师范学院人字〔1999〕11号《关于张效赤等同志职务任免通知》，现藏于西华师范大学图书馆。

关专业知识。如，2001年5月，黄友麟到国家图书馆参加"西文图书编目"培训班学习，共计32学时；2002年8月11日—19日，李学宁、黄浩耘参加了四川大学图书馆举办的"暑期高级图书馆员培训班"学习，获得结业证书①。

2. 馆内培训

图书馆除在学院的支持下派出职工到其他高校进修学习外，继续在馆内组织未受过业务培训的职工学习图书情报学专业课程。1998年，图书馆组织了第三期工作人员业务学习，要求未参加前两期业务学习的中青年职工必须参加。业务学习开设"图书馆学概论"（张效赤主讲）、"图书分类"（夏志玉主讲）、"文献编目"（周体佳主讲，主要讲授CNMARC著录）、"图书馆与计算机"（李学宁主讲）、"社会科学文献检索与利用"（郑慧珍主讲）及"情报学基础"（黄浩耘主讲）等6门图情专业课程，一年内完成，每门课讲授完备，进行结业考试。通过学习，提高了职工的业务素质和工作能力。本年，为适应计算机管理，图书馆还特意组织职工学习了《中国机读目录格式使用手册》，由到四川大学学习回来的凌民进行讲授，职工们都认真听讲、认真做笔记，为后来馆藏书刊的回溯建库打下了基础②。

此外，图书馆还鼓励职工通过自学、函授等方式，提高文化水平和业务能力。1997年7月，陈炜参加了北京大学在成都举办的图书馆学（信息管理）专业函授专升本学习，完成三年制大学本科教学计划的学习任务，成绩合格，获得毕业证书。2000年，流通部有2人完成了自学第二专业学习课程，有1人完成了本科课程，取得了本科学历③。

图书馆通过派出人员进修和馆内培训的方式，既提高了工作人员的业务水平和工作能力，又为图书馆的进一步发展打下了良好的基础。

（三）人才引进

图书馆除通过馆内外培训的方式建设工作人员队伍外，还通过引进专门人才来建设职工队伍。2002年7月，四川师范学院图书馆在图书馆学专业人才引进方面实现突破，引进了毕业于四川联合大学公共管理学院图书馆学专业的郎筠；2004年4月，又引进了毕业于四川联合大学公共管理学院图书馆学专

---

① ② ③ 1998年4月16日四川师范学院《评选"四川省普通高等学校优秀图书馆"推荐材料》，现藏于西华师范大学图书馆。

业的韩亮，充实了图书馆的人才队伍。这两位同志后来都成了图书馆的业务骨干和部室干部，为图书馆的建设和发展贡献了力量。

三、自动化网络化建设

1995年，四川师范学院图书馆在省教委和学院的关心支持下获得了"世界银行贷款"，争取到了包括1台486型主机和10台386型分机的"图书馆管理系统"，1996年底安装调试投入使用[①]。1997年，又添置了部分计算机、打印机等设备，引进了由清华大学金盘电子有限公司研制的"金盘图书馆集成管理系统"软件，建立了图书馆局域网，采编部和流通部先后实行了计算机管理。1998年，期刊部成功实施了期刊订购、验收的现代化。当年，图书馆基本实现了采访、编目、典藏、流通、期刊、文献检索等计算机现代化管理，工作效率和服务质量较以往都有了明显的提高。1999年，图书馆进行了局域网改造。2000年，图书馆初步建成了电子出版物阅览室。2001年2月19日，电子阅览室向读者开放。2002年，图书馆初步完成了网站的建设工作，制作了图书馆网页，并完成了服务器的组建工作，使图书馆的信息能顺利地在互联网上与读者共享，并于9月安装了"金盘电子阅览室管理系统"，实现了电子阅览室的自动化管理。从此，图书馆步入了自动化网络化新时期。

（一）主机房的筹建及管理系统的安装

进入20世纪90年代，计算机在我国各行各业中逐渐得到使用和普及，四川师范学院图书馆的计算机管理工作也被迅速提到学校的重大议事日程。

1995年，四川师范学院图书馆获得"世界银行贷款"，争取到了1台486型主机和10台386型分机，并于1996年底安装调试投入使用，为图书馆的自动化网络化建设打下了基础。为便于自动化网络化建设工作的开展，图书馆将原读者服务部改名为技术服务部，由李学宁同志任技术服务部主任、李惇绪为副主任，负责主机房的组建、图书馆管理系统的维护、音像阅览室的开放及读者复印资料等工作。主机房建在图书馆二楼东侧馆长办公室隔壁的一间屋子

---

① 2003年《西华师范大学图书馆自动化、网络化建设自评报告》，现藏于西华师范大学图书馆。

里。1996年12月，由清华大学光盘国家工程研究中心、北京金盘电子有限公司开发的"金盘图书馆集成管理系统"正式进入市场后，图书馆适时地购回了该图书馆集成管理系统软件（DOS版），并协助金盘公司技术人员对系统进行了安装，由金盘公司技术人员对图书馆职工进行了使用培训。为使图书馆工作人员快速掌握金盘系统的操作技能，根据各子系统涉及的内容情况，将"金盘图书馆集成管理系统"的《用户手册》拆分成几份，分发到各部室，便于工作人员边学习边操作。如，采编部工作涉及的内容主要包括《用户手册》的第四章"图书编目系统"、第五章"打印格式"、第六章"图书采购系统"、第七章"典藏管理系统"。

1997年，图书馆拥有了2台内存16兆、外存540×2的EC586/66型服务器，所用网络类型为NOVELL、网络软件为NOVELL3.12、数据库系统为FOXBASE，并有13台486微机、5台打印机、1个虚拟光驱，图书馆自动化网络化设备已初具规模，并构建了图书馆局域网。同年，"图书馆计算机管理系统"开始进行工作，采编部、流通部率先实现了采访、编目、典藏、开架借书的现代化管理，工作效率大幅度提高[1]。

1998年，期刊部、科情室成功实现了期刊订购、验收、文献检索的现代化管理。至此，图书馆基本实现了采访、编目、典藏、流通、期刊、文献检索等各项工作的计算机现代化管理，并且实现了图书馆局域网与校园网的连通，进一步拓宽了服务面，方便师生利用图书馆[2]。

1999年，图书馆在学院的大力支持下，对运行了三年的局域网进行改造，并购买了光盘塔，工作效率和服务质量较以往有了明显的提高[3]。

2000年，学校加大了图书馆自动化、网络化建设的投入力度，拨出专项经费，在图书馆一楼中厅（原流通部出纳台和读者目录厅）建立了拥有40台计算机、100个座位的电子出版物阅览室，丰富了读者的阅读文献。2001年，图书馆对"金盘图书馆管理系统"进行升级，电子阅览室完成Internet连接工作，使局域网功能有了提高。11月，全体部室干部在馆领导的带领下，到西南石油学院图书馆了解、学习自动化网络建设情况。

---

[1][2][3] 2003年《西华师范大学图书馆自动化、网络化建设自评报告》，现藏于西华师范大学图书馆。

2002年，为了迎接2003年"四川省高等学校图书馆自动化网络化建设评估"，图书馆加快了现代化建设进程，添置了共计40多万元的现代化设备，主要包括：服务器2台、磁盘阵列及服务器1套、计算机18台、针式打印机5台、激光打印机1台、喷墨打印机1台、交换机1台、HUB 3台、条码扫描仪5只、光刻机1台、长效应UPS 1台；并初步建成了图书馆网站，制作了图书馆网页，完成了服务器的重新组建和调试，使图书馆的信息能顺利地实现在互联网上与读者共享。9月，电子阅览室安装了"金盘电子阅览室管理系统"，实现了自动化管理。图书馆全年共接待读者104 053人次，在文科学生与数学系学生全部搬迁到学校新区的情况下，接待读者人数与2001年相比仍然增加了71 071人次[①]。同年，图书馆接入CALIS联机编目系统，接入费每年4000元。

（二）计算机管理开架借阅建设

1997年，为筹建计算机管理书库，图书馆调整了原来的藏书体系。馆领导对原设书库和读者借阅情况进行了彻底摸排、了解，根据已有条件，从长远发展的角度，在充分征求广大群众意见的基础上，经反复研究论证，决定先对社会科学类图书进行计算机管理，实行开架借阅。为使计算机管理的开架书库能早日对师生开放，全馆职工在不影响读者正常利用图书馆的情况下，加班加点对图书进行调库、移架、贴条形码、粘贴磁条、回溯建库等。特别是暑假期间，职工们冒着近40摄氏度的高温，对6层书库70余万册中文图书进行了调库、移架，首批选出了2万余种4万多册师生急需的图书进行回溯建库和加工，实行计算机管理开架借阅。党员还带头晚上到馆加班做建库录入工作，有些职工家属也参与进来，帮着搬书、贴条形码、粘贴磁条。经过全馆职工的努力，三楼中厅2万余册图书首先实现了计算机开架借阅；接着，图书馆又组织其余2万余册开架书的数据录入和加工工作。9月，图书馆除抽调人员录入书目数据外，还规定每位职工在不影响日常工作的前提下完成192册图书的加工任务（为每册书贴条形码和磁条），具体时间由各部室轮流为每位同志安排，鼓励超额和提前完成，但须保证质量。在全馆职工的努力下，12月18日，四楼

[①] 2003年《西华师范大学图书馆自动化、网络化建设自评报告》，现藏于西华师范大学图书馆。

书库 2 万多册图书全部实现了开架借阅及计算机管理。现代化技术的应用,既大大地方便了读者选择、借阅图书,又提高了图书馆的工作效率、服务质量和文献的利用率。据统计,前期开架的 4 万多册图书年利用率近 100%。从 5 月 4 日至 12 月 31 日,计算机开架借阅处共接待读者 41 997 人次(计算机统计数据),其中 16 353 人借书 22 048 册、还书 18 686 册[①]。

1998 年,图书馆新增开架图书 3.5 万余册,受到师生欢迎。当年,图书馆的阅览、借书总量为 321 081 人次,比上年多 6 万余人次,增加了 21%;借书 117 055 册次,比上年多 22 252 册,增加 19%[②]。

2000 年,图书馆又增加了开架图书 16 388 种 37 546 册,其中加班录入和加工图书 11 130 种 28 160 册[③]。同时,流通部的同志还对五库的自然科学类图书进行了多次调架、调库,先将暂不用于开架的图书从五库搬到三库,再将四库的自然科学类图书搬到五库用于开架借阅,并按馆里要求抽空完成了开架图书的加工任务,为自然科学类图书全开架借阅准备了条件。

2001 年 4 月,流通部五库的自然科学类图书共计 17 372 种 42 259 册正式全部对读者开放[④]。

2002 年,图书馆继续扩大计算机管理开架借阅范围。为此,流通部的同志对一、二、三库准备用于开架的 153 151 册图书进行了调架、点数、配片。3 月,将三库的外国文学 15 626 册图书调到四库对读者开放;6—11 月,又组织学生把三库的 K 类图书 22 600 册调到四库开架流通;12 月份又将二库 H 类图书 26 960 册调整到三库,把三库和二库不开架的图书调到一库实行闭架借阅[⑤]。

(三)数据库建设及管理

为便于计算机管理和开架借阅,图书馆自 1997 年 1 月开始,进行了馆藏书目数据库建设(包括新书建库和回溯建库)工作。最先主要由采编部的刘晓东、周体佳及王剑波等进行,后来其他同志也陆续参加回溯建库工作,截至

---

① 四川师范学院图书馆《流通部九七年工作总结》,现藏于西华师范大学图书馆。
② 四川师范学院图书馆《一九九八年图书馆基本情况统计表》,现藏于西华师范大学图书馆。
③ 四川师范学院图书馆《2000 年工作小结》,现藏于西华师范大学图书馆。
④ 四川师范学院图书馆《2001 年工作总结》,现藏于西华师范大学图书馆。
⑤ 四川师范学院图书馆《2002 年流通部工作总结》,现藏于西华师范大学图书馆。

2000年1月共录入书目数据42 038种81 984册[①]。1997年,图书馆还建立了读者库,为读者办理了机读借书证。1998年,学院开始在南充市顺庆区华凤镇白土坝村建设新校区,学校事业发展步入快车道。图书馆在较短时间内自建了"大熊猫多媒体信息系统数据库",并开展了计算机联机检索,大大提高了服务效率和服务质量。

2002年,为了迎接2003年"四川省高等学校图书馆自动化网络化建设评估",图书馆全体工作人员在馆领导的带领下,对馆藏书刊进行了大规模加工和回溯建库,当年完成了A、B、C、D、E、F、G、H、I、K等类图书的回溯建库和验收工作,共计36 576种127 344册。到年底,图书馆书目数据共有111 172种365 328册[②]。

图书馆除自建馆藏书目数据库和特色资源数据库外,还于1998年购置了"中国学术期刊(光盘版)",受到师生一致好评。2001年,又购置了重庆维普资讯有限公司的"中文科技期刊数据库"的22个专辑及清华的6个专辑(均为光盘版)等,金额为53 790元;预订了2002年CNKI知识库7个专辑(包括6个CNKI知识库专辑及报刊索引数据库),金额为65 550元[③]。数据库的购置,为师生的研究和学习提供了方便。

根据现代化管理需要,图书馆制定了相应的工作细则、工作流程和管理制度。如,1996年1月制定了《计算机工作站职责及规定》,1998年制定了《中文图书著录细则》《开架借书工作细则》《读者库建库细则》《中文图书回溯建库细则与步骤》《多媒体电子阅览室检索阅览规则》《计算机主机室管理规则》《网络管理制度》《数据安全及备份制度》等。

四、创新文献资源建设

(一)共建共享新尝试

馆藏文献质量的高低,直接影响学院的教学科研。在图书涨价过快、院拨文献购置费增加少的情况下,要搞好文献资源建设,工作难度很大。图书馆的同志们积极想办法,多方争取国内外赠书,并与兄弟院校、科研单位建立文献

---

① 四川师范学院图书馆《2000年工作总结》,现藏于西华师范大学图书馆。
② 四川师范学院图书馆《技术服务部2002年工作总结》,现藏于西华师范大学图书馆。
③ 四川师范学院图书馆《2001年度期刊工作总结》,现藏于西华师范大学图书馆。

交换与资源共建共享关系，以克服经费不足的困难。至 1998 年，图书馆争取到各类赠书和交换资料共 3769 册；与西南石油学院、川北医学院开展协调订购外刊，共节约经费近 10 万元[①]。2001 年，图书馆收到外文原版及港台赠书近 3000 册[②]。

在实行文献资源共建共享的同时，图书馆充分利用院拨经费购置文献资源，严格按照采购原则精选文献，尽量购入学术价值高、教学科研急需的书刊。

1997 年，学校拨给图书馆文献购置费 677 520 元，占整个学校事业费的 3.39%。本年度实际使用购置费 696 043 元，其中购中文图书 457 540 元、购外文图书 7507 元、购中文报刊 96 563 元、购外文报刊 134 433 元（其中原版报刊 36 559 元）。该年，购置中文图书 7250 册、外文图书 9 册、音像资料 8 件。图书馆文献累积总量达到 1 158 558 册（件），其中，中文书刊 1 060 815 册（件）、外文书刊 95 952 册、音像资料 1223 件、缩微资料 568 件。

2000 年，图书馆文献购置费增加到 796 471 元，购置中文图书 8709 册、外文图书 1666 册[③]、中文报刊 1819 种。

2001 年，图书馆预订中文图书 5126 种 13 368 册，金额 338 476 元；现采中文图书 1609 种 1819 册，金额 27 682 元；分编加工中文图书 4538 种 9870 册、外文图书 436 种 537 册、光盘/录像带 1038 种 1926 盘[④]。当年，新增加文献总量 19 558 册（盘），图书馆计有中外文图书 1 218 059 册[⑤]。

2002 年，学院开始进行双语教学探索，在教育科学学院、生命科学学院进行双语教学试点。图书馆为配合学校的双语教学工作，增加了部分双语书刊资料。当年著录并分配中文图书 6247 种 10 845 册、光盘 460 种 880 盘、外文

[①] 1998 年 4 月 16 日四川师范学院《评选"四川省普通高等学校优秀图书馆"推荐材料》，现藏于西华师范大学图书馆。

[②] 四川师范学院办公室编：《四川师范学院年鉴·2002》，四川师范学院 2002 年印本，第 50 页。

[③] 四川师范学院图书馆《2000 年工作总结》，现藏于西华师范大学图书馆。

[④] 四川师范学院图书馆《采编部 2001 年度工作总结》，现藏于西华师范大学图书馆。

[⑤] 四川师范学院图书馆《2001 年图书馆基本情况统计表》，现藏于西华师范大学图书馆。

图书460种643册[①]。

（二）图书订、购分离的试行

2000年1月，学院进行后勤改革，试行"全分离式"的"大乙方"机制[②]，撤销总务处和校办产业处，组建后勤服务总公司和科技开发总公司，与学校整体剥离，进入企业化运作，实行自主经营、独立核算、自我发展、自负盈亏的发展模式。2001年5月，科技开发总公司向学院申请组建"图书、教材采购发售中心"（以下简称"采购中心"），并提出了《关于组建四川师范学院图书采购发售中心的初步方案》，要求将全院本科、专科、函授、自考等学生的教材和教师用书，图书馆及各系资料室所订图书的采购和发售业务交给采购中心。按采购中心的方案，图书馆只负责提供图书订单，图书馆的采购及购书费的收取、使用、核对、结算等由采购中心负责。

2002年4月12日，经院长办公会研究决定，正式成立"四川师范学院图书教材采购中心"，直属学院领导，由原教务处教材科的吕勇任采购中心主任。图书馆的图书资料正式由采购中心负责采购。由于学院对图书馆的纸质报纸、期刊、电子出版物、数据库、共享电子资源等没有明确规定由哪个单位负责采购，为不影响师生读者的教学科研及学习，图书馆于6月13日、7月2日连续两次向院领导请示，要求学院以文字的形式明确报刊及电子资源等的采购责任。9月5日，学院以院办发〔2002〕16号文件的形式，印发《图书馆中外文图书、报纸、期刊等计划、采购工作分工意见》（以下简称《分工意见》），对图书馆的中外文图书、报纸、期刊等的计划和采购工作进行了明确分工。在此，将《分工意见》内容摘录如下：

一、中外文图书（含电子出版物）的采购计划由图书馆制定；图书教材采购发行中心只负责执行采购计划。

二、纸质报纸、期刊（含电子出版物、数据库、共享电子资源）由于其收发工作的特殊性，其计划、采购工作仍由图书馆负责。

三、图书馆的中外文图书（含电子出版物）的采购报帐［账］，由图

---

① 四川师范学院图书馆《采编部2002年度工作总结》，现藏于西华师范大学图书馆。
② 余正松主编：《西华师范大学校史（1946—2006）》，成都：四川大学出版社2006年版，第196页。

书教材采购发行中心负责签字。纸质报纸、期刊（含电子出版物、数据库、共享电子资源）的采购报帐［账］，由图书馆负责签字。

四、图书馆应根据学院每年划拨的图书经费，在年初制定出当年的经费使用计划（中文图书、外文图书、期刊、报纸等均应有具体计划），并送图书教材采购发行中心。图书教材采购发行中心在第二年初将前一年的图书经费执行总汇情况送图书馆。

五、其他工作的有关细节问题由图书馆与图书教材采购发行中心具体协商解决[①]。

根据学院《图书馆中外文图书、报纸、期刊等计划、采购工作分工意见》，图书馆2002、2003年的图书采购业务交由采购中心负责。由于采购中心不了解图书馆文献资源建设的特点，不了解图书馆的图书资料与学生所用教材的采购有很大的不同（图书馆的书是种多册少，而学生所用教材是种少册多），因而图书采购业务划归采购中心后，图书馆交去的图书订单很多无法落实，到书量和订购量出入很大。往年图书馆每年到书近万册，而采购中心在一年多时间内只采到3000多册，到货率一般只达到30%，不少图书缺藏，对图书馆的藏书建设造成了较大影响。一年多的实践证明，学院试行的这种图书订、购分离的方式行不通，于是只进行了一年多就结束了。

五、深化读者服务工作

（一）充分发掘馆藏，提高文献利用率

如何发掘丰富馆藏、提高馆藏文献利用率，是图书馆需要考虑的重点工作。至1998年，四川师范学院图书馆经过多年的建设，馆藏文献已近120万册。为充分发掘馆藏，提高文献利用率，图书馆除继续坚持为读者提供完整的卡片式目录供读者查检外，继续编制"新书通报"，及时送发各系、部、处，为读者提供文献收藏最新信息；还组织人力编制了中外文报刊书本式目录及馆藏旧版书、特藏书、学生必读书、教学实习参考用书等方面的目录，

---

① 四川师范学院院办发〔2002〕16号《图书馆中外文图书、报纸、期刊等计划、采购工作分工意见》，现藏于西华师范大学图书馆。

供读者了解和查找所需文献。同时，继续办好馆刊，1998年将馆刊《文献情报信息》改名为《文献与信息》，仍为16开半年刊，责任人张怀绥，主要由科情室的同志负责编辑，参加编辑的有郑慧珍、黄浩耘、黄楠、胡晓、高晋蜀等。《文献与信息》分"信息报导""科学研究信息""读者园地""书刊评价"几个栏目。该刊主要为读者介绍图书馆的重点工作、新举措、各学科的新名词及新的研究动向、研究成果等，并对新到馆的特色书刊、数据库等进行评价和介绍，及时向读者传达书刊中的新思想、新观点、新成果。该刊是图书馆联系读者和宣传自己的阵地，也是提高图书馆书刊及数据库利用率的极好工具。

为发掘馆藏，图书馆还配合重要纪念日、节日和学院的各种活动，举办图片资料、图书、报刊和专题剪报资料展览，平均每年开展10次以上。其中，每年一次的"马列主义宣传周"图片资料展和"毛泽东同志诞辰纪念"图片展，宣传了马列主义和毛泽东思想，受到师生好评。1997年4月，配合学院"双学"活动，举办了以下展览：（1）马列主义、毛泽东思想宣传图片资料展览；（2）抗日战争胜利五十二周年及红军长征胜利六十一周年大型图片资料展览；（3）邓小平同志"改革、发展、稳定"大型图片资料展；（4）学习雷锋、学习孔繁森等优秀共产党员图片资料展览；（5）"爱国主义教育"图片展。并与历史系联合举办了"历史的回顾"大型图片资料展览。同年，还举办了"'97迎香港回归祖国"大型图片资料及图书报刊展[①]。1998年，举办了大型馆藏书画珍品展览，师生反映良好。1999年，图书馆举办了"国庆"大型图书资料展览，教师参考室提取图书409册[②]。2000年，图书馆举办图片、书报资料展览16次，其中包括"科学问题""澳门的历史与发展""西部大开发""台湾问题"等专题书报展览，参观人数达7200人[③]。

为提高书刊利用率，图书馆还为读者提供了"晚间外借服务"。即在阅览室晚上闭馆时将书刊借出，第二天上午10点前将书刊收回（适当收取一定手续费，每借1册收费1角）。这种"晚间外借服务"实行后，受到读者欢迎。

---

① 四川师范学院图书馆《1997年工作总结》，现藏于西华师范大学图书馆。
② 四川师范学院图书馆《阅览部1999年业务工作总结》，现藏于西华师范大学图书馆。
③ 四川师范学院图书馆《科情室、文献检索与利用课教研室2000年工作总结》，现藏于西华师范大学图书馆。

2000年，学生综合图书阅览室晚间外借图书5604册次、艺术阅览室晚间外借图书276册次[①]。2001年，学生期刊阅览室也向学生提供晚间外借服务，当年晚间外借期刊1020册次[②]。

为了缓解读者借书难的问题、节省购书经费、使破损图书再利用，流通部及阅览部的同志们还一边正常接待读者，一边"见缝插针"修补、加工破损图书，尤其是将利用率较高的破损书收集起来进行修补、装订和加工，然后再投入使用。2000年，仅开架借书处的同志就修补、加工破损图书4949册[③]；2001年，流通部和阅览部的同志分别修补、加工破损图书8051册和1350册[④]，这不仅在一定程度上缓解了师生借书难问题，而且还为国家节约经费20多万元。

（二）采取新的措施，提高服务质量

1. 开展形式多样的借阅服务

为满足广大师生需要，图书馆采取多种形式为读者提供服务。1997年，为减少拒借率，流通部的同志重新整理和组织了读者目录，抽出无书的目录卡片。

1998年，图书馆设立了教学实习查询室，为师生提供教学实习参考资料和专题服务；并成立了学术期刊计算机查阅室，帮助师生寻找、检索所需资料。图书馆还成立了音像阅览室，由读者服务部李惇绪负责管理，并于当年9月开始接待读者。截止到年底，不到4个月的时间，音像阅览室共接待读者4284人次。期刊部还针对学生读者的实习需要，把20多种中学教学的有关参考资料集中起来，设立专柜存放，专人负责管理，消除了过去少数读者独占独用、随处放置的现象，使更多读者得以共享资源；同时还对教师和高年级学生读者提供光盘资料查询，并指导他们查找资料或代他们查找资料。

1999年，学生综合图书阅览室的同志为方便读者集中查找所需资料，将计算机等级考试、英语等级考试的有关资料及研究生入学考试等相关资料挑选出来，进行集中放置，设立专架，受到了读者欢迎。9月，为提高读者艺术修养及师范技能，方便他们查找资料，阅览部在人员编制不变的情况下，经多方

---

① 四川师范学院图书馆《阅览部2000年业务工作总结》，现藏于西华师范大学图书馆。
② 四川师范学院图书馆《2001年度期刊部工作总结》，现藏于西华师范大学图书馆。
③ 四川师范学院图书馆《流通部二〇〇〇年工作总结》，现藏于西华师范大学图书馆。
④ 四川师范学院图书馆《2001年工作总结》，现藏于西华师范大学图书馆。

努力,先后从流通部提取教学实习用书897册、从学生综合图书阅览室提取艺术类图书441册、再从教师阅览室提取艺术类图书320册,制作目录片800余张,新开设了"艺术及教学实习参考阅览室",很快受到学生读者的青睐。开设两个月,入室阅览读者就达350余人次[①]。

2000年,为更好地提高服务质量,使服务水平迈上一个新台阶,阅览部首次在学生综合图书阅览室设立了"读者咨询台",为读者撰写毕业论文及教学实习等提供咨询服务,收到了良好的效果;同时还首次设立了"读者信箱",收集读者各种反馈信息,更好地了解读者、促进工作。

2001年,为方便广大师生借还图书,以及更好地解决新校区同学平时没时间借还图书的难题,图书馆在工作人员减少、读者增多的情况下,增加了开架书库的开放时间,每周星期六为读者开放,大大方便了读者,尤其是新校区同学对此非常满意。每个周六借还书的同学很多,当年仅在周六就接待读者4633人次。采编部的同志为满足师生参加2002年的研究生入学考试及司法考试等需要,特将这两类图书提前分编、加工,分送到各借阅窗口,共计120册。2002年,为使读者有更多的借阅时间,图书馆将开馆时间延长到每周98小时[②]。

为了给读者创造一个整洁、舒适的阅览环境,图书馆除了以文明的语言、热情的态度、主动的方式接待读者外,工作人员还天天坚持做清洁、整架,做到地面无纸屑、桌椅无灰尘、架上书刊整洁有序;另外,还在几个大阅览室放置了电热开水瓶,保证了读者喝上清洁卫生的开水。图书馆还调整出一间宽大的教师阅览室,安装了空调,使教师们在酷暑和严冬也喜欢来馆阅览。全院师生对图书馆主动、热情、周到的服务给予了高度评价。

由于图书馆开展了形式多样的借阅服务,借阅书刊人次逐年增多,文献外借量逐年增加。1997年,图书馆办证读者有7349人,其中校内学生5691人、教师735人、职工906人、校外读者17人。开架图书284 600册,文献外借96 833册次。阅览总量为199 723人次[③]。1998年阅览总数为235 901人

---

① 四川师范学院图书馆《阅览部99年业务工作总结》,现藏于西华师范大学图书馆。
② 四川师范学院图书馆《2002年图书馆基本情况统计表》,现藏于西华师范大学图书馆。
③ 四川师范学院图书馆《1997年图书馆基本情况表》,现藏于西华师范大学图书馆。

次。1999年，阅览人数继续上升，达到284 298人次①。当年图书馆办证读者9932人，其中学生读者8141人（本科生8041人、研究生100人）、教职工1729人、校外读者62人；外借图书107 980人次。2000年，音像阅览室接待读者12 412人次；图书馆办证读者13 423人，阅览室接待读者342 381人次，借还书读者209 190人次，借还书266 154册次，利用图书馆读者总共557 632人次②。2001年，办证读者16 197人（其中新到师生读者共有5280人，发放借书券共13 065张）。当年，图书馆有阅览座位1280个；全年接待师生阅览421 952人次、借还书292 524人次③。2002年，图书馆工作人员一面全力加班进行回溯建库，一面开展正常的接待读者工作，年接待读者704 181人次，年外借图书242 598册④。

2. 组建新校区综合阅览室

2001年8月30日，四川师范学院华凤新校区一期工程主体完工。9月7日、8日，老校区的高年级学生5000人搬往新校区入住，新校区开始投入使用，学校新校区发展取得阶段性胜利。本年10月，为满足新校区读者看书学习的需要，图书馆将教学楼（今朝阳楼）七楼的几间教室改成临时阅览室，将学生图书综合阅览室B—K类图书17 846册下架打捆411包送往新区，又从期刊部选送期刊407种3022册送到新区，组建成立有300余个座位的"新校区综合阅览室"，分图书阅览区和期刊阅览区两部分，于25日对读者开放，日接待读者达700多人次。图书馆每天派6名工作人员（由每个部室轮流抽调）到新校区综合阅览室值班，受到新校区读者欢迎。2002年，图书馆又从流通部提取图书1029册（其中开架借阅处178册、闭架借阅处851册）到新校区，使新校区综合阅览室的图书资料进一步增多。本年，新校区综合阅览室又增加了工具书和数学类图书，全年共新增图书2466册、期刊551种5562册、报纸138种。新校区综合阅览室全年接待读者138 307人次，并为2068人复印了资料；还对2001年的期刊进行下架整理，装订成

---

① 四川师范学院图书馆《1999年图书馆基本情况表》，现藏于西华师范大学图书馆。
② 四川师范学院图书馆《2000年工作总结》，现藏于西华师范大学图书馆。
③ 四川师范学院图书馆《2001年图书馆基本情况表》，现藏于西华师范大学图书馆。
④ 四川师范学院图书馆《2002年图书馆基本情况表》，现藏于西华师范大学图书馆。

册581本①。为进一步搞好新校区综合阅览室管理工作，图书馆还制定了一些规章制度，并特意将《新校区综合阅览室入室须知》（见图7-11）放置在阅览室门口，以便读者知晓。

3.情报服务成效显著

图书馆在情报服务方面，继续开展参考咨询、定题跟踪、课题查新、情报调研、编制文摘等工作，收到良好的效果。1997年，提供课题查新及专利查重24项②。1999年，开展参考咨询151次；为校内师生的91个课题研究提供手工检索和光盘检索资料服务，进行课题立项查新12项③。2001年，为校外专家进行成果查新19项，反映

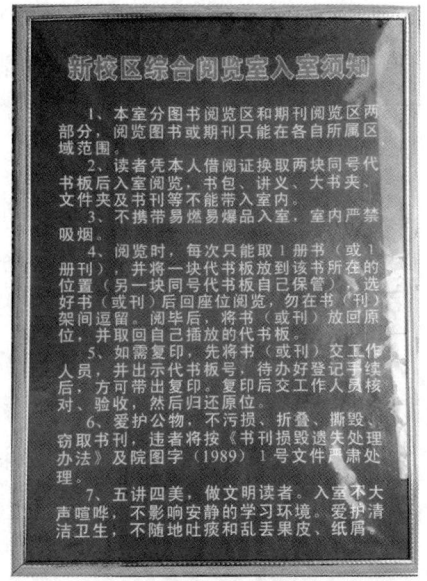

图7-11 四川师范学院图书馆新校区综合阅览室入室须知

良好；为校内师生科研查新3项、定题服务57项，其中有7项成果获奖④。至2002年，图书馆共为师生提供咨询服务800余次、课题查新46项⑤，其中为学院"珍稀动物研究""量子宇宙学研究""巴蜀文化研究""丘陵土地利用研究"等提供的定题服务都起到了良好的效果。

六、"文献（信息）检索与利用"课教学与教材建设

（一）"文献（信息）检索与利用"课教学

1997—1999年底，在刘天成退休、王锦和张效赤调离图书馆后，"文献检索与利用"课专兼职教师只剩下黄浩耘、郭黎康、黄楠、高晋蜀、郑慧珍5

---

① 四川师范学院图书馆《2002年新区阅览室工作总结》,现藏于西华师范大学图书馆。
② 四川师范学院图书馆《1997年工作总结》,现藏于西华师范大学图书馆。
③ 四川师范学院图书馆《1999年科情室、文献检索课教研室工作总结》,现藏于西华师范大学图书馆。
④ 四川师范学院图书馆《2001年科情室、文献检索课教研室工作总结》,现藏于西华师范大学图书馆。
⑤ 四川师范学院图书馆《2002年工作总结》,现藏于西华师范大学图书馆。

人。为了开好这门课,增强学生的信息意识,提高他们的科研能力、创造能力和自学能力,在没有增加教师的情况下,"文献检索与利用"课教研室的教师们承担了繁重的教学任务,付出了艰辛的劳动。

1998年,在对学院原有10个系本科生开设"文献检索与利用"课的基础上,又新增对历史、体育、计算机3个系的本科生和历史系的研究生开设"文献检索与利用"课。至此,全院各系本科生的"文献检索与利用"课全部由图书馆的教师担任,开课率为100%[①]。

1999年,为数学系96级和97级、化学系97级、生物系96和97级、计科系96级、地理系96级、体育系96级、历史系98级、教育系98级共965名学生开设"文献检索与利用"课共623学时,还为99级3200名新生开设了"怎样利用图书馆"讲座[②]。

2000年,为数学、物理、化学、生物、地理、外语、政法、教育、体育等13个系的1694名本科生开设了"文献检索与利用"课,共计1458学时;同时为2000级4367名新生开设了"怎样利用图书馆"讲座。全年共教育培训读者6061人[③]。

2001年,为1409名本科生开设"文献检索与利用"课1376学时(包括讲授、指导实习、批作业、期末考试、阅卷折合的学时);还为2001级本专科新生、99级专升本学生共5614人讲授了"怎样利用图书馆",共160学时。本年,特别给学生们讲授了网络信息检索与光盘信息检索技能,深受学生欢迎[④]。

2002年,"文献检索与利用"课改称"文献信息检索与利用"课。胡晓从教师阅览室调到本课程教研室,开始担任"文献信息检索与利用"课教学,充实了教研室师资。本年,图书馆读者教育共10 009人次,其中"怎样利用图书馆"新生培训6700人次、"文献信息检索与利用"课教育2304人次,其他

[①] 1998年4月16日四川师范学院《评选"四川省普通高等学校优秀图书馆"推荐材料》,现藏于西华师范大学图书馆。

[②] 四川师范学院图书馆《科情室、文献检索课教研室1999年工作总结》,现藏于西华师范大学图书馆。

[③] 四川师范学院图书馆《科情室、文献检索课教研室2000年工作总结》,现藏于西华师范大学图书馆。

[④] 四川师范学院图书馆《科情室、文献检索课教研室2001年工作总结》,现藏于西华师范大学图书馆。

培训325人次；另为25名研究生和35名教师讲授了"电子信息资源检索"18学时[①]。

"文献（信息）检索与利用"课教师虽然授课任务繁重，但他们认真备课、讲课，认真批改作业和指导实习，还对课程教学内容、教学方法进行了突破性的改革，不断改进教学方法和补充新的教学内容。如，在数学系、物理系的"文献（信息）检索与利用"课教学中，以"数学中的科学美与数学学习美的感受""中国原子分子物理研究的发展态势"为题，讲授情报检索的技能和科学研究的方法，使学生感到"文献（信息）检索与利用"课不只是一种方法课，还是一种含有丰富生动内容的新课程，从而引发对这门课程的浓厚兴趣，提高情报检索能力和毕业论文的写作能力，受到各系党政领导的高度赞扬。"文献检索与利用"课教研室的教师担任的"文献检索与利用"课从1997年开始，连续3次集体获得学院优秀教学成果二等奖。有3名教师被评为学院"优秀青年教师"，1名教师被评为学院"教学六认真优秀教师"。1999年3月，黄浩耘被四川省人民政府授予"一九八八年度四川省有突出贡献优秀专家"称号，郑慧珍被四川省教育委员会评为"四川省普通高等学校图书馆先进工作者"。1999年，郑慧珍被评为学院"优秀教育管理人员"。

（二）教材建设

四川师范学院图书馆的"文献检索与利用"课始于1984年5月，是全国高校图书馆中开课较早的图书馆之一，开课以来，一直重视"文献检索与利用"课教材的建设。开课之初，"文献检索与利用"课教师在零基础上自行设计教案、自编教材，付出了艰辛的劳动。他们编印了《如何检索〈动物学记录〉》《怎样利用图书馆》等讲义。《怎样利用图书馆》作为新生培训教材，后经过多次修订，增加了许多新的内容。

四川师范学院图书馆早期编写的"文献检索与利用"课教材分别是1990年、1992年正式出版的《社会科学文献检索与利用》和《科技文献检索与利用》。

《社会科学文献检索与利用》（见图7-12）由西南师范大学图书馆、四川

[①] 四川师范学院图书馆《科情室、文献检索课教研室2002年工作总结》，现藏于西华师范大学图书馆。

图 7-12 《社会科学文献检索与利用》封面

师范大学图书馆、四川师范学院图书馆、重庆师范学院图书馆教材编写组联合编写完成，于 1990 年 11 月由巴蜀书社出版发行。全书共十三章。四川师范学院图书馆的郑慧珍编写了第二章和第七章、胡孝章馆长编写了第三章的前三节、唐建华编写了第十二章，胡孝章馆长还参与了该书的审定工作。

《科技文献检索与利用》由西南师范大学图书馆馆长吴朝元主编，西南师范大学图书馆、四川师范大学图书馆、重庆师范学院图书馆、四川师范学院图书馆联合编写，于 1992 年 10 月由西南师范大学出版社出版。四川师范学院图书馆的黄浩耘编写了第四章的第二节和第七章、王锦编写了第四章的第三节和第六章的第一节，刘天成编写了第四章第四节、第五章第三节、第六章第二至四节及第八章。

以上教材以科学性、师范性、实用性为原则，结合师范院校的特点，既考虑到各系科在检索中带共性的问题，又注意兼顾各系科的个性特点，特别在文献检索技能和文献利用方法上具有特色，在四川省本科师范院校中使用数年，反映良好。

随着社会及高等教育的发展，使用数年的教材已不适用，四川师范学院图书馆"文献检索与利用"课教师又积极编写突出现代信息网络资源开发利用内容的综合"文献检索与利用"课新教材。

1998 年，由四川师范学院图书馆"文献检索与利用"课教师独立编写的新教材完成了初稿。2000 年，新教材《实用信息检索利用教程》编写完毕，并于秋季在外语、物理、体育等系进行了试用。2001 年 8 月，改名为《信息检索利用技术》，由四川大学出版社正式出版发行。该书由黄浩耘、郭黎康、郑慧珍、黄楠、王锦、高晋蜀、张怀绥、张效赤等人编写，馆长陈国勇同志审阅了全稿。该书的特点在于：既兼顾了传统文献检索方法，又突出了现代信息检索利用技能，古今贯通、文理兼容。该书出版后受到师生欢迎，并于2004年1月进行了第3次印刷。2004年，图书馆还对《怎样利用图书馆》进行了修订和重新印刷。

由于科情室的教师们在"文献（信息）检索与利用"课教学及教材建设等方面成绩突出，该室于1998年6月被四川省教育委员会评为"四川省普通高等学校图书馆优秀部室"。

七、科研工作

这一时期，四川师范学院图书馆一边为校内外读者提供服务，一边仍积极组织工作人员参与科研工作，并取得了较好的成绩。

1997年，图书馆圆满完成了全年科研计划，全馆共发表论文43篇，申请获得省教委重点科研课题1项（郭黎康申报的四川省教委1997年自然科学第四批重点科研项目"中国珍稀哺乳动物超媒体信息系统研究"，获得研究经费2.5万元），举办学术讲座6场，并做好了金丝猴等6种珍稀动物文献多媒体数据库的建库准备工作。当年，图书馆在学院8个理科系科研成果排名中居第三位。因科研成果突出，学院分给图书馆两名科研主研人员年度考核评优的硬指标，郭黎康、汤骅获此殊荣。

1998年，图书馆共发表论文34篇，出版译著1部、参编著作1部；承担省级课题1项，组建了"中国珍稀哺乳动物超媒体信息系统"数据库，查检并录入2600条文献线索；同时举办了"超媒体技术及其应用""中国古籍文献的积累和整理"等4次学术讲座。1999年，郭黎康在《现代图书情报技术》上发表了《中国珍稀动物多媒体信息系统的开发》等质量较高的论文。

2000年，全馆共发表论文20篇，出版译著2部；基本完成了省教委重点科研课题"四川省哺乳珍稀动物信息系统"的研究，准备申请鉴定。本年度，图书馆组织了南充3院校图书馆采访、流通、阅览、"文献检索与利用"课教学、情报研究、技术服务等工作的对口交流活动，收到了较好效果。

2001年，全馆共发表论文26篇，撰写学术交流论文6篇，出版专著1部。其中《图书馆科研工作现状分析及对策》《论知识经济时代图书馆人的创新精神和创新能力的培养》《四川师范学院学报（自然科学版）论文被引分析》等论文质量较高,多次被同行学者引用。12月中旬,郭黎康承担的省教委重点科研课题"中国珍稀哺乳动物超媒体信息系统研究"成功结题。2002年,黄浩耘申报的"信息检索中的美学与美育研究"获批为四川省教育厅哲学社会科学重点研究项目,研究经费为3000元。

图书馆的科研虽取得了较好的成绩,但存在着研究后劲不足、项目断续、研究积极性下降、力量分散、主动疏通申报渠道并寻找研究项目的精神不够等问题。此外,还存在对科研的组织领导不足、特别是课题申报的组织不足、科研工作的日常管理(课题的研究进展、攻关、深入研究等)重视不足等问题,以及对科研的人力和物力的投入不足,缺少对课题立项、成果出版等必要的经费预算等问题。

八、党务工作

图书馆党支部历来重视党建工作和党支部组织生活。1991年,图书馆支部开展了学习讨论《四川师范学院党委第六届委员会工作报告》及中发〔1991〕17号文件《关于抓紧培养教育青年干部的决定》等。1997年4月,图书馆党支部开展了"双学"活动。一是按学院党委要求,每月除工会活动占去一个星期二下午外,其余三个星期二下午大部分时间用来学习《邓小平同志建设有中国特色社会主义制度理论》及《党章》;二是组织全体党员及职工多次观看大型文献纪录片《邓小平》,并进行讨论;三是组织全体党员参加上级组织的"党纪政纪知识竞赛"。通过学习和党的培养,图书馆的党员都能以共产党员标准严格要求自己,全心全意为师生服务,积极发挥党员的先锋模范作用。在工作中,绝大部分党员勇于挑重担,凡图书馆有突击性或繁重的工作,或者需要加班或节日值班,党员都会毫无怨言地积极参加。如1997年,为了计算机管理开架书库能早日对师生开放,党员带头晚上加班做回溯建库工作。

图书馆党总支建立后,积极培养入党积极分子、吸收新党员,不断加强党组织队伍建设。2001年,图书馆总支培养了8名入党积极分子、4名预备党员。其中,杨涛、周虹、李晓霞经过党组织考察培养于6月被批准为正式党员,郭明蓉于12月按期转为中国共产党正式党员,充实了图书馆的党员队伍。2001年7月,图书馆党总支进行了换届选举,张怀绥继任党总支书记,党总支委员会由张怀绥、陈国勇、陈炜、唐抚荣、李学宁组成，陈国勇为统战委员，陈炜为组织委员，唐抚荣为纪检、政（治）保委员，李学宁为宣传委员。同年，张怀绥由于工作成绩突出，被评为优秀共产党员。

九、工会及综合治理工作

（一）工会工作

图书馆工会在学院工会和图书馆党政领导的支持下，大胆开展工作，积极组织职工进行工会活动。如，组织职工春游和秋游，让职工领略祖国大好河山的美丽风光，丰富职工的精神生活，加深职工之间的交流。同时，组织图书馆职工积极参加院工会举办的文体活动，并取得了良好的成绩。如，积极组织女职工参加院工会举办的庆"三八"妇女节的爬山比赛、组织职工参加校男女篮球及排球赛、田径赛等。1999年，在学院组织的"爱国主义知识抢答赛"中，图书馆获得总分第一名的好成绩。通过参加各项文体活动，既提高了职工的文化素质，又丰富了职工的生活，更锻炼了职工的体质和意志。2000年，图书馆工会在学院开展的特色工会活动中成绩显著，荣获二等奖。

2002年，图书馆工会进行了改选，夏志玉由于年龄原因，不再担任图书馆工会主席，推荐孙明节任图书馆工会主席。

（二）综合治理工作

图书馆历来重视安全、文明建设工作。除有专人负责抓综合治理和安全文明小区工作、明确职责、"谁主管谁负责"外，党政领导还很好地密切配合，齐抓共管，做到谁见谁管，把"综合治理"和"创建文明小区"工作作为头等大事来抓。馆领导在馆里的每次干部会和全馆职工大会上经常强调"综合治理"及"创建文明安全小区"工作的重要性和必要性，做到常抓不懈、常讲不烦。每次节假日前，馆长、书记等党政领导都亲自对全馆进行全面检查，发现问题及时解决或书面上报学校有关职能部门。

同时，图书馆还按照上级要求，成立了综合治理及文明小区建设工作领导小组，每个部室有一名干部进入领导小组，还成立了"图书馆义务消防小组""图书馆义务抗洪小组"等，并对小组成员进行了必要的培训；图书馆还补充、修订或制定了《图书馆综合治理计划》《图书馆综合治理措施》《图书防火公约》《书库安全公约》《图书馆各岗位安全工作职责》《书库电梯管理规则》《计算机室工作职责》等,做到安全工作有章可循、有条不紊。因此,图书馆在综合治理工作及创建安全文明小区的工作中取得了好的成绩。1999年,在四川省每两年开展一次的"五好家庭"评选活动中,图书馆陈国勇家庭被评为"五好家庭"。2000年、2001年,图书馆综合治理在学院年终评查中分别获得了96分、99分的好成绩。2002年4月,图书馆阳文辉在宿舍抓住了1名带着凶器的小偷,受到学院领导表扬。2003年1月,图书馆获"2002年度校园治安综合治理先进集体"光荣称号。

第八章　新征程：西华师范大学图书馆（上）

（2003年4月—2011年5月）

第一节　图书馆更名及新校区图书馆建设

一、图书馆更名

2003年4月16日，教育部以教发函〔2003〕109号《教育部关于同意四川师范学院更名为西华师范大学的通知》，同意四川师范学院升格更名为"西华师范大学"；5月21日，四川省人民政府发出川府函〔2003〕127号《四川省人民政府建立西华师范大学的通知》，"准予西华师范大学制印、挂牌"；10月18日，西华师范大学在新校区体育场举行了隆重的挂牌仪式。图书馆随学校的更名，改名为西华师范大学图书馆，开始踏上新的征程，进入新的大发展时期。新启用的精平装书刊馆藏印章沿袭四川师范学院图书馆时期的蓝色长方形形制（见图8-1），线装书馆藏印章仍为红色篆体正方形形制（见图8-2）。学校升格更名后，办学条件得到根本改善，办学实力显著增强；图书馆随学校的升格发展，办馆条件得到进一步改善，服务能力进一步提升。

图 8-1　西华师范大学图书馆精平装书刊馆藏印章　　图 8-2　西华师范大学图书馆线装书馆藏印章

二、新校区图书馆建设

（一）新馆的筹建及建设

西华师范大学图书馆 1987 年启用的馆舍是 1983 年按 4000 名学生、教职工近 2000 人、藏书 130 万册左右的规模设计的，设计建筑面积为 8000 平方米[①]，1987 年 1 月竣工面积为 8211 平方米[②]。1999 年第三次全国教育工作会议召开之后，我国高等教育事业的发展进入了一个新的快速发展时期，招生规模不断扩大。2000 年，四川师范学院招收全日制本、专科学生 4480 人[③]，图书馆办证读者已达 13 423 人，馆藏中外文图书近 130 万册，图书馆原有馆舍已远远不能满足教学和科研的需要，特别是学生综合图书阅览室和学生期刊阅览室常常爆满，许多学生无法进阅览室阅览。在这种形势下，四川师范学院为了进一步改善办学条件，满足教学、科研的基本需要，决定在华凤新校区兴建新的图书馆大楼，并使之成为学校的标志性建筑。

华凤新校区图书馆（筹建时名为"信息楼"）的建设是一项巨大而艰辛的工程。学院从 2001 年就开始筹备，向四川省教育厅申请立项。2001 年 3 月，为保证学院的正常教学科研需要，学院以院基字〔2001〕3 号《四川师范学

---

① 《南充师范学院图书馆工程计划任务书》，现藏于西华师范大学档案馆。
② 《南充师范学院图书馆竣工报告单》，现藏于西华师范大学档案馆。
③ 佘正松主编：《西华师范大学校史（1946—2006）》，成都：四川大学出版社 2006 年版，第 313 页。

院关于新区图书馆、总配电室及南校门立项的请示》，向四川省教育厅申请立项修建新校区图书馆，"资金主要由学院自筹"。3月16日，图书馆陈国勇馆长与谭辉旭副院长商谈新校区图书馆设计问题。2002年3月，学院以院基字〔2002〕4号《四川师范学院关于在新区修建信息楼的请示》，再次向四川省教育厅申请立项修建新校区图书馆，"拟在新区修建信息楼一幢，建筑面积为24 000 m²，争取2002年开工、2003年建成投入使用"[①]；同年8月，学院以院基字〔15〕号《四川师范学院关于办理图书信息中心等工程规划许可证的请示》，向南充市规划管理局申请办理图书信息中心等工程规划许可证；9月，四川省教育厅对四川师范学院建设新校区图书馆的报告进行了批复："该项目总投资2400万元，总建设规模24 000 m²，资金来源以学院自筹、银行贷款为主，省财政视情况给予适当补助。请据此按照基建程序办理有关手续"[②]。在得到四川省教育厅的批复后，为尽快满足已入住新校区的10 000多名师生的文献信息需求，学院经过招标，确立由四川省第十五建筑有限公司承建新校区图书馆，中标工期为345天。拟建地上6层框架结构的图书馆，建筑面积大约为25 000平方米，预计投资2000万元。2002年9月25日，新校区图书馆基础部分正式开工建设。

2003年4月，学院与四川省第十五建筑有限公司签订的正式建设合同下发；同年5月，学院又对图书馆每层楼的抛光地板砖进行了分层招标，将一至三层、三至六层的地板砖分给2个厂家供应，中标单位最后确定为嘉俊陶瓷有限公司和冠星王陶瓷有限公司。10月20日，图书馆主体工程竣工验收。12月，四川省教育厅以川教函〔2003〕456号文件下发《四川省教育厅关于下达四川省2003年预算内基本建设投资（第二批）计划的通知》，同意在省预算内投资2000万元修建四川师范学院图书馆。2004年1月，新校区图书馆所有分部、分项工程按照施工合同图纸及变更合同全部完工，建筑面积为24 500平方米，承建单位提出了竣工验收申请，学校基建处及四川国际工程监理有限公司、中国建筑西南设计研究院等相关部门组织了验收工作。

---

① 四川师范学院院基字〔2002〕4号《四川师范学院关于在新区修建信息楼的请示》，现藏于西华师范大学档案馆。

② 四川教育厅川教计函〔2002〕57号《四川省教育厅转发四川省计委关于四川师范学院建设新校区信息楼立项报告批复的函》，现藏于西华师范大学档案馆。

（二）新馆的位置及布局

1. 新馆的位置

新建图书馆位于西华师范大学新区一期校园内，由中国建筑西南设计研究院设计，"东邻音美楼，南接二期工程，西靠学校水塔，北邻教学楼（今朝阳楼）"，"总建筑面积原为 20 100 m^2，加层后为 24 000m^2，为六层全框架钢筋混凝土结构，建筑物总高为 30m，总长度为 88.8m，宽为 56m，工程造价为 2400 万元。……本工程内设一般书库厅、特藏书库、阅览室、学术报告厅、卫生间等，并设有五座步行梯、两座客货电梯"[①]。建成后，图书馆实际面积为 24 500 平方米，正面外墙铺以米灰色大理石，呈现出大气、厚重、隽永的气魄，整体上于现代建筑气息中蕴含着中国传统建筑"天圆地方"之韵味，让人在时空交错中感受到图书馆的永恒魅力。新图书馆内部设计秉承"以人为本"的服务理念，借阅空间开合自如，静谧的室内阅览空间与闲适的室外空间相得益彰；装修风格朴实而清新，让读者感到舒适而自在。启用前，校党委书记佘正松亲自到成都请中国当代作家、书法家马识途题写馆名。新馆外景见图 8-3。

图 8-3　西华师范大学华凤新校区图书馆正面外景[②]

2. 新馆的功能布局

2003 年 10 月 20 日，华凤新校区图书馆主体工程竣工验收后，为尽早满足新区 10 000 多名师生的文献信息需求，图书馆立即着手新馆的功能用房规划。根据新馆的馆舍情况及馆藏文献量，以读者为核心，以方便读者、便于管理为前提，科学合理地安排图书馆的功能用房。原则上，办公区和读者培训区

---

① 四川国际工程监理公司《西华师范大学新区信息楼工程质量（监理）评估报告》，现藏于西华师范大学档案馆。

② 该图摘自西华师范大学网站主页。

设置在一楼，方便读者联系；读者流量大的库（室）分布在低楼层，方便读者借阅；各类型文献、各学科书刊相对集中，藏书按学科体系分别设库，呈现鲜明的学科化资源布局特色，既充分展示馆藏，又方便读者查找和借阅。当时，新馆具体布局平面图，见图8-4至图8-9。

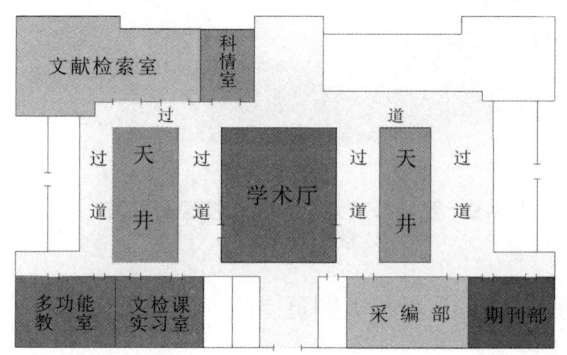

图8-4 西华师范大学华凤新校区图书馆
一楼布局图

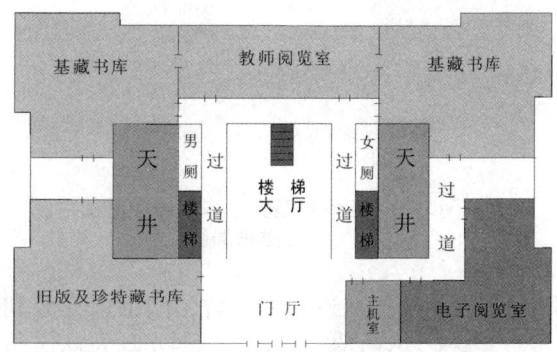

图8-5 西华师范大学华凤新校区图书馆
二楼布局图

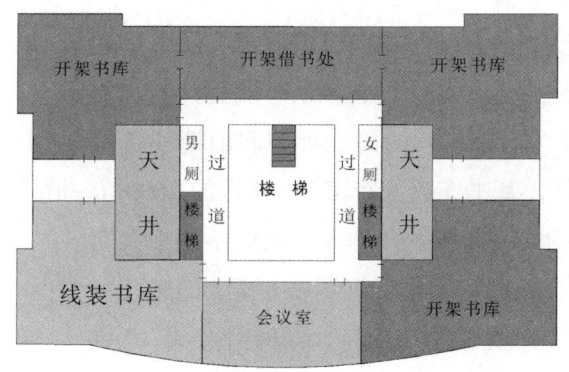

图8-6 西华师范大学华凤新校区图书馆
三楼布局图

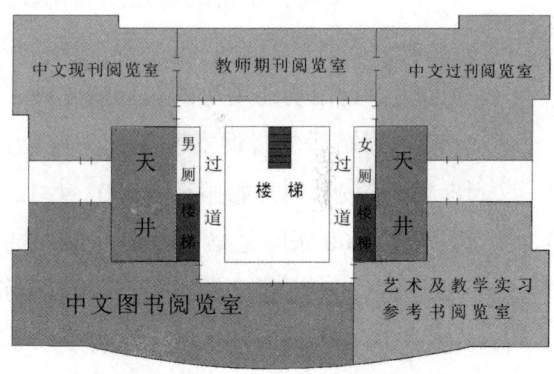

图8-7 西华师范大学华凤新校区图书馆
四楼布局图

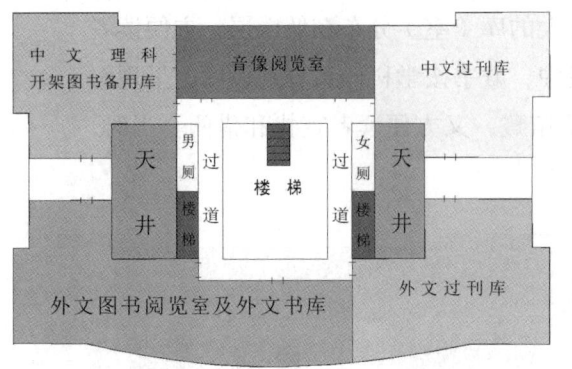 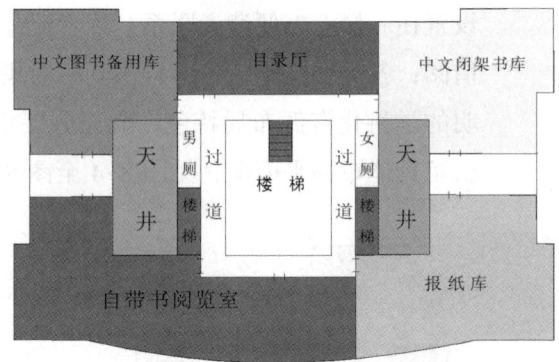

图 8-8　西华师范大学华凤新校区图书馆五楼布局图　　图 8-9　西华师范大学华凤新校区图书馆六楼布局图

根据在校师生人数，图书馆充分利用馆舍，尽量扩大阅览空间。新馆整体布局完成后，于 2003 年 12 月开始启用①。

三、老馆的搬迁及新馆的使用

（一）文献、设备的搬迁及新馆使用

新馆主体工程验收后，为了在新馆交付使用时尽早向读者开放，图书馆除立即着手新馆功能用房的布局规划外，还提前做好了设备调研、购置计划和部分设备到馆后的督促安装工作，并做好了老馆书刊的搬迁计划和前期准备工作，逐步按计划开始搬迁。2003 年 12 月，基本完成了新馆 2—4 楼的 2600 个钢书架、500 张阅览桌、2300 张阅览椅的安装布置②工作和老校区学生中文期刊阅览室、中文过刊阅览室、新校区综合阅览室（设于教学楼七楼）的搬迁工作。为满足新校区师生的教学和学习需要，新校区图书馆于 2004 年 2 月 10 日开馆接待读者，设于教学楼（今朝阳楼）七楼的新校区综合阅览室关闭，其他各库室的搬迁工作亦有条不紊地进行。

2004 年 4 月 5—10 日，搬迁流通部文科类图书；5 月 25 日下午搬迁外文书库。至 6 月，新校区图书馆已开放学生图书阅览室、学生过刊阅览室、学生

---

① 教育部高等学校图书情报工作指导委员会《教育部高校图书馆事实数据库系统》。
② 西华师范大学办公室编：《西华师范大学年鉴·2005》，西华师范大学 2005 年印本，第 53-54 页。

现刊阅览室、音像阅览室、自带书阅览室和文献检索课教室。在全馆同志的共同努力下，流通部的开架书库（文科图书）、期刊部的外文过刊库的搬迁工作也已完毕。开架书库因学校未及时解决网络问题，于11月17日才正式对读者开放。同年，艺术阅览室、外文阅览室、线装书库、流通部理科开架书、外文期刊亦开始打包、搬迁。线装书库搬迁前，工作人员对线装书进行了彻底清查，对财产做到了心中有数；同时，对线装书进行了杀虫，逐本翻动、抖去书虫和虫卵，于9月搬迁到新校区并开放。11月23日，搬迁流通部的理科开架书，全馆职工三分之二在老校区、三分之一在新校区搬迁图书。12月9日，开始搬迁阅览部的外文阅览室图书和期刊。外文阅览室及外文书库搬到新馆后，阅览部积极组织人力，将搬至新馆的4万多册外文图书和外文期刊进行了排架整序。

2005年2月21日，外文期刊向读者开放阅览；2月28日，外文阅览室及外文书库正式向读者开放，为外国语学院的应届毕业生撰写毕业论文及其他师生查检外文资料提供了方便。同时，图书馆还将文献检索室的15 000册中外文工具书重新进行排架，保证了文献检索课实习工作的顺利进行[1]。本年3月，为迎接国家教委对学校进行本科教学水平评估，图书馆在不影响正常业务工作的同时，组织人员群策群力，很快将文献检索室搬迁到了新校区，并于4月11日对读者开放。3月15日，图书馆开始搬迁期刊部的中文过刊库和报纸库，工作人员分成两部分，老校区33人、新校区23人进行报刊的下架和上架，通过大家的努力，仅用一周时间就将95 000多册报刊资料全部搬到新馆，并在期刊部全体同志的努力下，过刊库和报纸库的所有资料很快整理完毕，向读者开放[2]。9月，西华师范大学新校区二期工程经过两年多艰苦奋斗，胜利完成，并投入使用，入住8000余名学生。图书馆加快了老校区书刊搬迁及新馆借阅室的组建步伐。9月26日，新校区教师参考室、过刊阅览室及新书借还处对读者开放。10月4日，新校区艺术阅览室开放。图书馆在基本未影响师生借阅图书的情况下，按照搬迁工作计划，加班加点，顺利完成了除基藏书库、珍特藏书库、旧版书库、教师阅览室、备用书库、学生综合图书阅览室以外的全

---

[1][2] 西华师范大学图书馆编：《文献与信息》，2005年第1期（总第17期），现藏于西华师范大学图书馆。

馆各类文献及有关库（室）设备、家具的搬迁工作，确保了新图书馆的顺利投入使用。

由于学校经费紧张，未拨搬迁经费，图书馆整个搬迁工作未请一个临时工，除使用了国资处一辆载重1.5吨的小货车外，从书刊打捆、上下车，到搬入新馆有关库室、上架、整理，直至向读者开放的全部工作均由图书馆职工自己完成。这次图书馆搬迁仅图书就有100多万册，全馆职工为完成如此繁重的任务付出了艰辛的劳动，牺牲自己的休息时间，尤其是在搬迁期间，工作人员从来没有午休过。"在搬迁工作中，同志们所承担的工作量之巨，劳动强度之大和表现出的顽强拼搏、无私奉献精神之感人，在高校图书馆的搬迁工作中少见。"①在条件十分艰苦的情况下如期完成图书馆的搬迁工作，充分体现了师大图书馆人以馆为家、以事业为己任的主人翁精神，以及不怕苦、不怕脏、不怕累的大无畏精神，他们的这种精神令人敬佩。那些参加过图书馆搬迁工作的职工对搬馆情形至今仍记忆犹新，为自己当年的忘我工作和不畏艰辛的敬业精神倍感骄傲和自豪。

（二）各部（室）办公室及珍特藏书库的搬迁

2009年，图书馆对新馆办公区和内务区进行了调整，各部（室）工作人员逐渐到新馆办公。暑假期间，图书馆行政办公室搬迁到新馆，开始办公。10月18—22日，采编部搬迁到新校区图书馆办公，随迁的有中外文图书公务目录柜及其他办公设备和用品。同年，科情室及"文献信息检索与利用"课教研室也搬迁到新校区图书馆。

2010年1月13—14日，教师期刊室及期刊部办公室搬迁到新校区。3月14—15日，搬迁珍特藏书库及旧版书库。同年，老校区闭架书库和流通部办公室也搬迁到新校区。至此，图书馆工作重点移到新校区的任务基本完成。

新校区图书馆的投入使用，使新老校区两个馆的总面积达到34 000平方米，为全校师生的研究和学习创造了良好条件，图书馆事业发展步入了快车道。

---

① 西华师范大学图书馆《2005年工作小结》，现藏于西华师范大学图书馆。

第二节　图书馆自动化网络化评估及建设

一、自动化网络化建设评估

（一）"迎评"准备工作

1.学校及馆领导的重视

2001年，为适应高等教育信息化的发展，进一步促进高校图书馆自动化网络化的建设，四川省高校图情工委制定出台了《四川省高等学校图书馆自动化网络化建设评估标准》（以下简称《评估标准》），对省内32所高校图书馆的自动化网络化建设进行评估。对此，四川师范学院的院领导非常重视，在学校"党政工作要点""十五规划""年度计划"中均将图书馆自动化网络化建设列为工作重点。2002年10月，学校成立了"四川师范学院图书馆自动化网络化建设迎评领导小组"，院党委书记佘正松任组长，分管图书馆的副院长刘玉平任副组长，刘长春、刁永锋、唐孝奎、蒋河、李建国、陈国勇、张怀绥、郭黎康为小组成员[①]。同时，院领导对图书馆有关自动化网络化建设的请示，有明确批示并责成有关部门落实。2001—2003年，学校共投入图书馆自动化网络化建设经费190余万元；并在人员培训等方面对图书馆自动化网络化建设给予支持，派出2名图书馆职工外出进修计算机专业；同时，批派熟悉计算机业务的物理系青年教师钟劲翔为图书馆自动化网络化建设的技术指导，解决了图书馆无计算机专业人才的问题。学校的高度重视和大力支持，对推动图书馆自动化网络化建设起到了决定性作用。

图书馆领导充分认识到自动化网络化建设评估是对图书馆工作的一个全面检查和衡量，是找差距、整改工作的大好机会，也是发展图书馆事业的难得机会。因此，馆领导接到"评估"文件后认真准备迎评工作。2002年底，成立了

---

①　四川师范学院院办发〔2002〕20号《关于成立四川师范学院图书馆自动化网络化建设迎评领导小组的通知》，现藏于西华师范大学图书馆。

图书馆"迎评"小组，由张怀绥副馆长重点分管图书馆自动化网络化工作；并在图书馆《党政工作计划》和《年度工作计划》中将自动化网络化建设列为重点工作，在院拨经费中划出图书馆自动化网络化建设日常维护费，每年的自动化网络化建设日常维护费均高于当年文献购置总经费的10%；并严格按照《评估标准》的9个大项、43个小项指标，逐项对照着进行准备和自评，从领导条件、人员素质、规章制度、硬件系统、软件系统、网站主页、数据库建设、电子阅览室、现代信息服务、自动化管理及应用水平等方面分条析缕，一一对照，把不具备或缺项的情况及时向学校领导汇报，以争取学校的最大支持。

2. 添置自动化网络化设备及电子资源

2002—2003年，为了加速图书馆自动化网络化建设步伐，学校再次拨出80万元专项经费和40万元自动化网络化建设日常维护费①，购置和维护图书馆自动化网络化建设急需的设备。2002年，图书馆添置了共计40多万元的现代化设备。2003年，又新添加购置了万全R350服务器、NEPTUNE DA-8450TP磁盘阵列、移动硬盘、交换机、条码扫描仪、微型计算机等设备；同时，将"金盘图书馆管理系统"从第二代Windows版升级到第三代GDLIS XP版，新版管理系统具有本地局域网环境下的采访、编目、典藏、流通、OPAC、期刊管理和CGI等图书馆集成化系统功能，提供了标准的CNMARC和USMARC数据格式，采用GBK大字符集文字处理系统和Z39.50协议，能实现联机编目、馆际互借和在网络环境下获取信息资源、共享信息资源。图书馆还对主机室进行了重新装修和布置，安装了TRS检索系统、诺顿杀毒软件、思科防火墙；开通了超星和万方的本地镜像；并开通了OPAC查询检索系统，实行了网上联机编目、网上预约与读者查询；增设了WEB服务器及FTP服务器，完善了图书馆网站建设。

截至2003年6月评估前，图书馆在硬件建设上已拥有服务器6台、工作用机34台、电子阅览室及读者检索用机84台、容量为1.8TB的磁盘阵列2套、支持8小时服务正常运转的长效应UPS电源1台和性能良好的防火墙，并再次对"金盘图书馆管理系统"软件进行了升级，使图书馆管理系统的功能更趋

---

① 2003年《西华师范大学图书馆自动化网络化建设自评报告》，现藏于西华师范大学图书馆。

完善[①];采用交换式网络设备,1000M 以太网与校园网连接。

电子资源方面,图书馆除继续包用清华学术期刊、重庆维普期刊等数据库外,还购买了"教育网电子图书数据库"、"中国生物学文献数据库"、"中国科学引文数据库"、"北京中科全文期刊数据库"、"中文社会科学引文索引"、"全国报刊索引数据库"(2003 年开始为网络版)以及 EBSCOhost 等电子文献数据库。除"全国报刊索引数据库"外,其余均为全文数据库,基本涵盖了学校各专业,能满足教学科研需要。

3. 自动化网络化队伍建设及回溯建库

为了适应图书馆自动化网络化建设,图书馆注重工作人员队伍的现代化技术培训和水平的提高。除在馆内组织工作人员学习计算机相关知识外,还于 2001 年专门派出李学宁、邹英到四川师范大学计算机科学系计算机网络专业辅修学习半年。同时,在新进人员方面,着重计算机方面的人才引进。如,2002 年 7 月,引进了毕业于华中师范大学教育技术学专业并获全国计算机等级考试三级合格证书的王昆鹏。专门人才的引进为图书馆自动化网络化建设打下了良好基础。2003 年 1 月,"金盘图书馆管理系统"升级后,又组织职工进行了操作技能的培训。

2003 年,为达到《评估标准》的要求,图书馆集中力量,突击进行回溯建库工作,并采取了积极措施:(1)抽调 40 多人集中进行回溯建库(其他同志做加工等工作),并对参加回溯建库的同志进行业务培训。(2)从 2 月开学至 6 月 20 日,全馆基本实行 6 天工作制。(3)每天延长工作时间。为了评估达标,不少同志牺牲了中午休息时间,还在晚上加班至 9:30,甚至更晚。(4)实行承包制,每人每周加工、回溯建库 450 册图书,且只能晚上和周末加班做,不能影响正常上班。通过以上措施及全馆职工的努力,至 5 月 9 日,全馆共录入书目数据 63 万余条、期刊数据 106 180 条,达到了《评估标准》所要求的数据量(此后又不断增加数据)。在回溯建库过程中,全馆各部室齐心协力、互相配合、互相支持,团结一致。如,采编部在做好新书的采、编、送库等工作外,2002 年 12 月—2003 年 4 月,全体人员把工作重心投入到回溯

---

① 2003 年《西华师范大学图书馆自动化网络化建设自评报告》,现藏于西华师范大学图书馆。

建库方面，录入图书、期刊 126 471 册，加工流通部图书 36 000 册[①]。为达到《评估标准》要求，采编部的同志还为 2001—2002 年入库的 7142 种图书的书目数据增加了 330 字段；同时对 2003 年新购图书的编目数据全部增加著录 314 字段和 330 字段，虽然工作量大，且部分图书无内容提要，需编目人员根据图书有关信息进行总结提炼，但同志们克服困难，齐心协力做好迎评工作。期刊部狠抓中外文报刊的回溯建库工作，录入中文现刊数据 2852 条、完成近三年期刊三级著录 1410 条，录入过刊数据 9283 条；中文报纸建库录入 265 条，录入过期报纸数据 9085 条；并录入外文期刊数据 657 条。流通部抽调了三分之一的同志帮助期刊部回溯建库；其余同志在做好图书外借工作的同时，多方协调，积极组织，在全馆各部室配合下，在很短时间内将一库 10 万册闭架图书加工录入完毕，正式向广大读者开放；同时还把三、四、五库的开架图书 40 多万册调整到位，按序排列。并更换了所有架标，统一打印张贴，以新的面貌迎接评估检查。科情室的同志则充分发挥科研工作的优势，组建了"学科导航数据库"，录入数据 160 多条；并组建了"西华师范大学研究生学位论文数据库"，录入论文记录 300 多条；还组建了"中国珍稀哺乳动物数据库"，录入题录和文摘 14 000 多条[②]。

至 6 月 27 日评估专家组到来前，馆藏文献除线装书、旧版书、日文俄文图书及其他特种文献未回溯建库外，其余中西文书刊基本完全进行了回溯建库，馆藏文献数据已达 74 万余条。其中"馆藏中文图书书目数据库"和"馆藏西文图书书目数据库"已建立了 63.8 万条，数据量占馆藏图书总量 106 万册的 60.2%，除去古籍线装书 7.5 万册，数据量是馆藏普通中、西文图书（98.5 万册）的 64.8%，达到了《评估标准》要求；馆藏中外文过刊共 17.5 万册，已录入 10.6 万册，约占馆藏量的 60.6%。除去小语种外刊 6400 册，期刊录入量则占馆藏中西文刊总册数 168 600 册的 62.88%[③]。2001—2003 年的全部新书刊均严格按照国际、国家标准和《中西文机读目录通讯格式》三级著录标准规

---

① 西华师范大学图书馆《采编部 2003 年度工作总结》，现藏于西华师范大学图书馆。
② 西华师范大学图书馆编：《文献与信息》2003 年第 1 期（总第 13 期），现藏于西华师范大学图书馆。
③ 西华师范大学图书馆《四川省高等学校图书馆自动化网络化建设评估标准及自测评分表》，现藏于西华师范大学图书馆。

定的必备字段著录。

4.人员配备及规章制度建设

为适应自动化网络化建设,图书馆将原技术服务部改为自动化部,下辖主机室、电子阅览室、声像阅览室和复印室,共有工作人员10人。其中,主机室4人、电子阅览室4人、声像阅览室1人、复印室1人。主机室4人主要负责自动化系统、数据库、网络的维护和自动化业务培训工作。图书馆专职从事自动化网络化建设的人员结构进一步趋于合理。

2003年4月,为使文献分编及管理工作规范、标准、有序,图书馆编印了《西华师范大学图书馆规章制度汇编》(以下简称《制度汇编》),封面见图8-10。

该《制度汇编》对以往的有关工作细则进行了修订,各部室"工作细则"内容均按自动化操作程序进行制定。如,制定了现行的《中文图书分类细则》《中文图书著录细则》《西文图书分类细则》《西文图书著录细则》《中文期刊分类细则》《中文期刊著录细则》《外文期刊分编细则》和《非书资料著录细则》等。并结合图书馆具体情况,制定了设备及网络管理制度,对设备的申请购置、

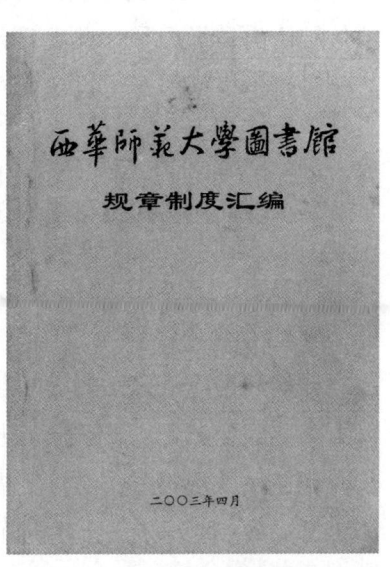

图8-10 《西华师范大学图书馆规章制度汇编》封面

入馆验收、登记建账、领取保管、维护维修、报废处理、网络运行检查等均有明确规定;《制度汇编》还制定了数据安全及备份的有关制度,对数据安全责任人的职责、保障系统安全的措施、数据的备份、相关文档的设置及要求等进行了明确的规定。此外,图书馆还汇编了《西华师范大学图书馆自动化建设评估材料》,并根据《评估标准》进行了自评,初步自测得分为101分(科研成果计算在内)。5月,按照《评估标准》要求,做好了迎接省教育厅专家组对我馆进行评估的准备工作。

(二)专家组的检查评估

2003年6月28—30日,四川省教育厅组织的"四川省高等学校图书馆自动化网络化建设评估"专家组(组长为四川大学图书馆李秉严馆长)对西华师

范大学图书馆的自动化网络化建设工作进行了评估。由于西华师范大学图书馆按照省教育厅的《评估标准》要求精心准备、逐项落实,各项工作做得扎实,专家组成员依照《四川省高等学校图书馆自动化网络化建设评估标准》审阅了《西华师范大学图书馆自评报告》及自测评分情况,听取了学校及图书馆领导关于图书馆自动化网络化建设的报告,并查阅了相关档案资料,实地考察了图书馆主机房、电子阅览室、各部室工作机的运行情况后,经过认真讨论,一致认为,"西华师范大学图书馆自动化网络化已见成效,具有良好的发展前景",评估结论为"优秀"[①]。此项殊荣,是对西华师范大学图书馆现代化技术建设的充分肯定,也是图书馆自动化网络化建设的标志性成果,更是图书馆全体职工一年多艰苦努力的结果。

二、自动化、网络化建设继续加强

2003 年,图书馆的自动化网络化建设评估虽然获得了"优秀"的等级,但还存在着专项经费投入力度不够、外文文献数据库不足、书目数据不够规范、导航数据库链接不畅等问题。随着时间的推移,图书馆现代化设备还存在以下一些问题:(1)服务器老化陈旧,无法满足大量读者的访问,致使一些电子资源使用效果很差;(2)存储空间不足,使一些电子资源的数据更新工作不能正常完成;(3)部分计算机陈旧老化,问题频出,给维护工作带来很大不便;(4)病毒防护力度不够,使一些工作机因感染病毒而影响日常工作;(5)有关重点学科的外文电子文献资源(数据库)还是空白;(6)网络传输速度慢,影响师生查阅资料和业务工作的正常开展。因此,继续加强自动化网络化建设和发展仍是图书馆工作的重点。同年 7 月,引进了毕业于宝鸡文理学院计算机专业的强爱萍及毕业于西华师范大学计算机科学系的卢红宇,增强了图书馆自动化网络化建设人员队伍。

2004 年,规划、组建了新校区图书馆的局域网和主机房,完成了所有设备的调试和验收。新校区图书馆新增联想万全 R350 服务器 3 台、ACCSTOR DS 6000 磁盘阵列 3 台、APC Smart-UPS 5000VA RM 5U 230V UPS 1 台、实达

---

① 四川省教育厅川教函〔2004〕70号《四川省教育厅关于印发2003年四川高校图书馆自动化工作评估意见的通知》"附件二",现藏于西华师范大学图书馆和档案馆。

锐捷 RG-S3550-24G 等系列交换机共 37 台，另增加了联想 M4600 工作机 20 台、Netscreen25 防火墙 1 个[①]等自动化网络化部分设备，并将新老校区图书馆的自动化网络化部分整合统一在一起，使其远程同步工作，不仅方便了图书馆的内部管理，也使全校师生可以更快捷地使用图书馆的资源。同年，还完成了新校区图书馆外借处、学生阅览室、期刊阅览室、查询台等处的工作机及查询机的安装调试；完善了图书馆主页，使读者能更方便地使用我馆的资源；同时，维护和更新了图书馆采购的电子资源，包括"中国期刊全文数据库"（网上包库）、"重庆维普中文科技期刊数据库"（网上包库）、"万方数据资源"（本地镜像）、"超星数字图书馆"（网上包库和本地镜像）、"中国生物文献数据库"、"EBSCOhost 英文全文数据库"（网上包库）、"方正 Apabi 教参系统"（本地镜像）、"ECO PSP 全文电子期刊"（网上包库）、"CALIS 西文期刊目次数据库"（网上包库）和自建的特色资源（珍稀动物数据库、学位论文数据库、学科导航、学科研究信息库）等，进一步提升了服务全校师生的水平。

2007 年，图书馆加强了电子文献资源建设，订购了"中国博士学位论文全文数据库"（CDFD）、"中国优秀硕士学位论文全文数据库"（CMFD）等，还加入了"CALIS 西文期刊目次数据库"（CCC）平台，为学校教学科研提供了更有力的支持，使全校师生在校园网正常的情况下，均能查阅到自己所需要的学术论文及有关文献信息资料。同时，积极争取得到学校领导和相关部门支持，对图书馆已老化的设备进行了更新；并对图书馆管理系统进行了升级，对图书馆主页进行了更新，使全校师生能更好地利用图书馆的信息资源。

2008 年，为使全校师生通过校园网方便快捷地查阅到自己所需的学术论文及有关文献信息资料，在学校领导和相关部门支持下，又对图书馆已老化的服务器、磁盘阵列等设备进行了更新。

2009 年，在学校领导和相关部门支持下，新购 50 台电脑，对图书馆电子阅览室进行了升级扩建，基本上满足了全校本科生"文献信息检索与利用"课上机实习和全校读者查阅电子资源的要求。同时，新购置服务器 12 台，存储总容量达 27 000GB。该年，图书馆网络交换机端口总数达到 1120 个，个人电

---

① 西华师范大学图书馆《技术服务部 2004 年工作总结》"附表一"，现藏于西华师范大学图书馆。

脑（包括笔记本）也已达到 239 台。

2010 年 5 月，"金盘图书馆集成管理系统"升级为 GDLIS XP Version 3.0.63 版本。

第三节　领导班子及工作人员队伍建设

一、领导班子建设与管理

（一）领导班子的组建

2003 年 4 月，图书馆增选郭黎康为副馆长，领导班子进一步加强。同年 9 月，经学校党委常委会议研究决定，童恩涛任图书馆党总支书记。2006 年 10 月，经校党委常委会研究决定，郭黎康任图书馆党总支书记[①]。2007 年 1 月 17 日，学校调历史文化学院副院长杨和平任图书馆馆长；同年 3 月，原馆长陈国勇、原总支书记童恩涛作为调研员，分别协助杨和平馆长和郭黎康书记，处理馆内业务工作和党务工作，馆内大小事由 4 人集体决定。同年 6 月，选举李学宁任图书馆副馆长，图书馆新的领导班子组建完成。7 月，馆领导进行了分工，郭黎康任党总支书记兼副馆长，主持图书馆党总支工作，分管工会、离退休、宣传、教学科研、档案资料、图书采购与典藏；杨和平馆长主持图书馆行政工作，分管图书馆财务、人事；李学宁副馆长分管读者服务、馆里的行政事务、纪检、安全工作；陈国勇调研员总体协管馆内各项事务；童恩涛调研员协管新校区图书馆的安全和纪检工作。

（二）建立健全管理制度

2003 年 4 月，图书馆建立健全了规章制度，编印《西华师范大学图书馆规章制度汇编》，对各部室、各岗位的工作职责、工作程序等进行了详细规定，全馆职工人手 1 册，使图书馆的行政和业务管理更加科学规范。2006 年，根据学校年度考核办法，结合图书馆的具体情况，制定了《西华师范大学图书馆

---

① 中共西华师范大学委员会西华师大党组〔2006〕31 号《关于郭黎康　童恩涛等同志职务任免的通知》，现藏于西华师范大学图书馆及档案馆。

年度考核暂行办法》，并将考核标准尽可能量化，使其更公正、更便于操作。2010年，依据《西华师范大学教职工请假暂行规定》，修订了《西华师范大学图书馆请假、考勤及工资、津贴发放实施意见》，增添了有关新内容，删除了过时旧条款。

二、组织机构及部室干部调整

2003年，图书馆仍设办公室、采编部、流通部、期刊部、阅览部、自动化部（原技术服务部）、科情室及"文献信息检索与利用"课教研室（两块牌子一班人马）8部（室），并对部（室）干部进行了考核、换届和新任干部培训。12月3日，经校长办公会研究决定，对图书馆部（室）干部进行了调整和任免：杨涛任办公室主任，郭明蓉任采编部主任，邹英任自动化部主任，周虹任期刊部主任，李学宁任流通部主任，刘晓穗任阅览部主任、汤骅任阅览部副主任，黄楠仟科情室及"文献信息检索与利用"课教研室副主任[①]。为提高新一届部（室）干部的素质和管理能力，图书馆于12月27日（星期六），对新一届8名部室干部进行了培训，党政领导分别就中层干部应具备的基本素质（包括政治思想素质和业务素质）、怎样搞好管理工作、图书馆目前的情况及今后图书馆的工作目标等做了专题发言，几位部（室）干部也分别谈了自己的学习心得和本部（室）工作的下一步构想。培训简明、实际，收到了很好的效果。

2007年12月，根据学校安排，图书馆科级干部新一轮换届聘任工作正式启动，要求新提拔的同志须具有本科以上文化程度。

2008年，根据学校的安排，图书馆完成了科级干部换届聘任工作，杨涛任办公室主任，郭明蓉任采编部主任，王昆鹏任自动化部主任，李海蓉任期刊部副主任，刘晓穗任流通部主任，汤骅任阅览部主任，周沁怡任阅览部副主任，黄楠任科情室及"文献信息检索与利用"课教研室主任。

[①] 2003年12月16日西华师范大学人字〔2003〕19号《关于杨涛等同志职务任免的通知》，现藏于西华师范大学图书馆。

三、工作人员队伍建设

(一)工作人员队伍状况及人员调动

随着学校的升格更名和发展,图书馆亦不断得到发展,工作人员队伍逐渐壮大。2003年,图书馆有工作人员85人,其中行政人员6人、业务人员61人、工人18人。工作人员中,有大专及以上文化者67人、有高级职称者16人、有中级职称者26人[①]。2004年,图书馆有工作人员82人,其中馆领导4人、采编部13人、流通部12人、期刊部16人、阅览部17人、科情室6人、自动化部9人、办公室及其他共5人[②]。

2005年,因图书馆分为新、老两个馆,且读者增多,图书馆在编正式职工增至87名。其中女职工65人、男职工22人;20—29岁者19人、30—39岁者30人、40—49岁者27人、50岁以上的有11人。工作人员大多为大专及以上学历(占82%),职称结构上大多是中级职称,高级职称者只有14人[③],另有助理馆员16人。工作人员岗位编制分别是:馆领导4人、采编部14人、流通部15人、期刊部13人、阅览部20人、科情室7人(包括文献检索课教师6人、参考咨询1人)、自动化部10人、办公室及其他共4人[④]。同年,肖金平调往学校国资处工作。

2006年,图书馆对部分部(室)人员进行了调整。当年,流通部有工作人员16人,分别在新老两个校区4个工作台面工作。其中,7人在华凤新校区图书馆三楼开架借书处,负责管理38.3万册图书和读者外借工作;7人在华凤新校区图书馆五楼新书外借处,负责管理12.5万册图书及图书外借;1人在北湖老校区图书馆一楼闭架借书处,负责管理10多万册图书及外借,同时兼管流通部办公室工作;1人在线装书库,管理7.5万余册图书和读者借阅。采编部在编人员减至11人,其中中文采购1人、验收2人、分编3人、总校2人、

[①] 《2003年图书馆年鉴材料》(供学校年鉴编辑部使用),现藏于西华师范大学图书馆。
[②] 《2004年图书馆年鉴材料》,现藏于西华师范大学图书馆。
[③] 数据来源:教育部高校图书馆事实数据库系统"西华师范大学图书馆事实数据库〔2005〕年度数据验证界面"。
[④] 《2005年图书馆年鉴材料》,现藏于西华师范大学图书馆。

加工1人,外文采编1人、外文回溯建库1人[①]。

2009年,图书馆有正式职工76人,其中男职工23人、女职工53人;20—29岁者10人、30—39岁者23人、40—49岁者32人、50岁以上者11人。工作人员中,有硕士研究生2人、本科生34人(其中全日制本科生17人)、大专生25人、大专以下者15人;其中高级职称者13人、中级职称者34人、初级职称者7人、无职称者22人。另外,还有临时聘用职工10人[②]。同年,赵昕调往政治与行政学院从事教学工作。

2010年,图书馆正式在册职工减至71人。其中,专业技术岗57人、管理岗8人、工勤岗6人。专业技术岗位人员中,副高及以上职称者15人、中职34人、初职8人。从年龄结构看,71名正式职工中,50岁以上者14人、40—49岁者31人、30—39岁者25人、30岁以下者只有1人;从学历结构看,正式职工中有全日制本科及以上者17人、函授等其他本(专)科学历者44人、大专以下学历者10人。总体上,图书馆在编职工学历较低、年龄偏大,对图书馆工作不利。对此,馆领导向学校申请招聘高学历的年轻同志到图书馆工作。

(二)领导对职工队伍建设的重视

人是生产力中最活跃最根本的因素,图书馆工作的好坏,绝大部分取决于工作人员,工作人员的素质和结构对于整个图书馆工作质量的好坏起着至关重要的作用[③]。因此,图书馆领导十分重视工作人员队伍建设。2010年12月16日,杨和平馆长基于图书馆工作人员队伍学历和职称低、年龄偏大、后继乏人的状况,向学校人事处递交了《关于图书馆人才资源状况及相关问题的报告》,希望学校:"(1)应尽早考虑图书馆进人计划并常态化。图书馆每年都会有职工退休,需要每年适当补充新人,目前这种几年不进人的状况再也不能持续下去了;(2)进人需考虑最低全日制本科以上的学历要求,以适应图书馆某些需要较高学历和素质的工作岗位需要"。对此,学校领导非常重视和关心。校领导

---

① 西华师范大学图书馆流通部、采编部《2006年工作总结》,现藏于西华师范大学图书馆。
② 《2009年图书馆年鉴材料》,现藏于西华师范大学图书馆。
③ 郭明蓉:《试谈〈普通高等学校图书馆规程〉的"新"》,《乐山师范学院学报》2017年第2期。

及人事处相关领导多次到图书馆进行调研和现场办公，以促进图书馆人事工作和业务工作的顺利开展。

2010年12月17日，人事处刘进处长、周芳副处长、唐加军科长等到图书馆调研人事情况。图书馆领导及各部室主任在图书馆117室向人事处各位领导汇报了图书馆的人员情况。杨和平馆长从学历结构、职称结构、年龄结构等方面介绍了图书馆的人员情况，提出图书馆人员结构不合理、素质偏低，主要面临的问题是学历低、高职称人员少、队伍老化、后继乏人、无科研团队等；认为聘请临时工不能解决根本问题，希望学校在政策走向、人员流动上充分考虑图书馆，并解决图书馆的待遇问题，以便引进高学历者；同时希望学校解决图书馆降温防暑等问题。郭黎康书记从图书馆的性质和作用方面，希望从学校发展的角度多考虑一下图书馆的人员队伍建设。原馆长陈国勇希望学校能给图书馆职工出去进修的机会，以提高在职人员的业务水平和能力。听完汇报后，刘处长肯定了图书馆是学校的重要一个部门，并特别对图书馆的"文献信息检索与利用"课教学工作给予了肯定，对图书馆"留不住人，进不到人"的人力资源形势严峻问题进行了答复，"学校尽可能考虑图书馆待遇问题、经费调控问题，支持图书馆工作人员外出进修，科研考核是否一刀切可商榷"；周副处长认为：教辅人员建设较薄弱，今后将逐步加强，"学校正在探讨怎样让有能力的人进来，实行公招，要等上级主管部门的政策。关于科研考核与工作考核比例，学校正在逐步调整"。

（三）工作人员培训和职称评聘

为适应图书馆自动化网络化建设，提高职工的业务水平，图书馆多次派职工外出学习和短期培训。2003年10月，派李海蓉到北京大学图书馆参加为期一周的"CALIS西文图书编目业务培训（普通班）"；并派胡晓到武汉大学信息管理学院参加为期15天的"首届中美图书馆员高级研究班"学习，获进修证书。2004年9月，派胡晓到成都参加四川省高等学校图书情报工作委员会与北大方正电子公司联合举办的"Apabi数字资源应用技术"培训。2005年6月，派周虹到四川大学参加高等教育文献保障系统管理中心举办的"CALIS中文期刊编目"培训班，学习一周；同年7月，派李海蓉、韩亮到武汉大学信息管理学院参加"第三届中美图书馆员高级研修班"学习，获进修证书。2007年11月，派孙明节、郭明蓉到西安参加国家图书馆培训中心举办的"新版中国机读目录格式使用手册"上岗培训，共计40学时，经考试成绩合格，获上岗证书。2008年10月，派罗琼珍、郭明蓉到四川大学图书馆参加高等教育文献保障系统管理中心举办的"CALIS中文图书编目业务培训（普通班）"一周。郭明蓉和罗琼珍培训回来后，于11月5—10日对采编部的职工进行了"CALIS中文图书编目业务"培训，使图书馆的中文图书著录更加规范。此后，图书馆中文图书均按CALIS标准进行著录。2009年10月，派李海蓉到华中农业大学图书馆参加高等教育文献保障系统管理中心举办的"CALIS中文期刊编目培训"一周。

  图书馆除派工作人员外出培训外，还十分关心工作人员的职称评聘问题，鼓励并尽量为他们创造条件撰写科研论文或参加职称考试。在馆领导的关心支持及职工的努力下，同志们大多评上了相应的职称。如2003年，陈媛华被聘任为助理馆员，舒拉、王茂成被聘任为初级工。2004年，李华、韩芹、曾瑛、王蓉光被评为馆员。2005年，胡雪莲、黄义芳被聘任为馆员。2006年，李海蓉、谢蓉被聘任为馆员。2007年，图书馆重新组成了学科评审小组，组长为杨和平，副组长为郭黎康，成员有陈国勇、李学宁、黄浩耘、郑慧珍、黄楠、郭明蓉、刘晓穗。2008年，张晓韵、强爱萍、张霞获馆员专业技术职务任职资格。2010年5月，郭明蓉获研究馆员专业技术职务任职资格，李华被聘任为副研究馆员[①]。

第四节　配合学校迎接教育部本科教学评估

  本科教学工作水平评估是教育部对办学历史较长、以本科教育为主要任务的普通高等学校的办学思想、办学实践和办学特色等进行全面评价的一项管理活动，其主要依据是《中华人民共和国高等教育法》《普通高等学校本科教学工作水平评估方案（试行）》，旨在推动高等学校不断深化教学改革，提高本科教育教学水平。2004年4月，西华师范大学全面启动评建工作，积极

[①] 2010年6月1日西华师范大学校长办公室西华师大校〔2010〕97号《西华师范大学关于评聘郭明蓉等同志为高级专业技术职务的通知》，现藏于西华师范大学图书馆。

迎接教育部教学工作水平评估[①]。学校的目标是"保良争优"。图书馆根据学校的布置和安排,以邓小平理论、"三个代表"重要思想和党的十六大精神为指导,在做好常规工作的基础上,紧紧围绕学校"评建创优"中心工作,立足全局、突出重点,充分调动全体职工积极配合学校迎接教育部本科教学工作水平评估。

一、召开"迎评"工作动员会

2004年5—6月是西华师范大学迎评工作动员、准备、明确任务阶段。图书馆根据学校的布置,成立了迎评工作小组,向职工传达了《西华师范大学迎接教育部本科教学工作水平评估工作方案》(以下简称《方案》),特别强调了《方案》的"评建工作的重点内容和要求"中关于"开展图书文献资料(文字、光盘、声像等各种载体的文献资料)的达标建设。加大投入,改进图书管理手段,切实加强图书馆的数字化建设"[②]等相关内容,以及《本科教学工作水平评估指标体系》(以下简称《指标体系》)的相关规定,并对《指标体系》中"管理手段先进,图书馆使用效果好,年图书文献资料购置费占全校教育事业费拨款比例≥5%"的A级指标进行了详细的阐述,布置了图书馆评建工作的主要任务和日程安排。

二、向省内兄弟院校图书馆学习迎评工作经验

2005年4月21日,图书馆党政领导及各部室主任一行10人[③]赴成都,到已通过教育部评估的成都理工大学图书馆和西南财经大学图书馆参观学习,学习借鉴两校图书馆的"迎评"工作经验。首先,参观访问了成都理工大学

---

① 佘正松主编:《西华师范大学校史(1946—2006)》,四川大学出版社2006年版,第166页。

② 西华师范大学校发〔2004〕14号《关于印发〈西华师范大学迎接教育部本科教学工作水平评估工作方案〉的通知》"附件一",现藏于西华师范大学图书馆。

③ 李勇,叶艳鸣等著:《高校图书馆建设与发展:成都理工大学图书馆50年》,成都:四川科学技术出版社2008年版,第160-161页。

图书馆，听取了该馆李勇①馆长的馆情报告。该馆的"藏、借、阅、咨一体化""阅览室书库化、书库阅览室化"的服务模式及"全开放式管理环境下的藏书动态典藏"运行模式值得学习。接着，参观访问了西南财经大学图书馆，听取了该馆刘方健②馆长关于"迎评"工作的经验报告。刘馆长重点介绍了"迎评"材料的准备细节，并特别提醒在"迎评"时要注意图书馆的环境卫生、员工的精神状态、阅览室的上座率等问题，提出向评估专家汇报时要用最简短的时间展示图书馆的亮点。

三、自评方案的确定及"迎评"材料的准备

2004年7月—2005年7月为西华师范大学自评建设阶段。图书馆按照校"评建创优"办公室的工作安排，对评估《指标体系》进行了分解，明确了图书馆在评建中的工作任务、工作要求，制定了自评建设方案。自评方案根据评估《指标体系》中一级指标"教学条件与利用"、二级指标"教学基本设施"的主要观测点（项目编号：3.1.3），从"生均图书和生均年进书量""图书馆管理手段先进""图书馆使用效果好""图书馆教育职能和信息服务职能"等几个方面搜集整理支撑材料和自评，并将材料的准备任务落实到相关部室，最后再由馆办公室统一整理，分别装入文件盒。

经过认真准备，图书馆自评的支撑材料一共有25项，其中包括图书馆基本情况，图书馆平面图，图书馆（含各教学单位资料室）馆藏文献资料统计汇总表，图书馆图书分类及藏书量统计（按中图法），图书馆文献购置费占全校教育事业费的比例统计表，近三年进馆印刷型文献验收、分类统计材料，图书馆支撑新办专业馆藏文献统计表，图书馆2000—2005年外文期刊订购目录，

---

① 李勇(1963—)，男，江苏南京人。教授，博士生导师，"国家百千万人才工程人选"，享受国务院政府特殊津贴专家。1984年毕业于中国地质大学地质学系，1987年在成都理工大学获硕士学位，并留校任教。1994年获沉积学博士学位，同年12月破格晋升为地质学副教授，1996年12月破格晋升为地质学教授，2001年2月增列为博士生导师，2002年评为四川省学术技术带头人后备人选，同年任图书馆馆长。

② 刘方健(1954—)，男，教授。1982年西南财经大学经济系本科毕业后留校从事中国经济史、中国经济思想史教学。1989年，晋升副教授。1993年，开始担任西南财经大学图书馆馆长。1996年，晋升教授。2007年，担任西南财经大学经济学院执行院长。兼任中国近代经济史学会副会长、中国经济思想史学会理事。

图书馆馆藏文献统计分析报告，图书馆自动化网络化建设及利用情况，图书馆仪器设备清单，图书馆管理系统材料，图书馆主要教学设备对本科教学所起作用的分析报告，图书馆人员基本情况，图书馆人员专业培训情况，图书馆工作人员考核标准，图书馆特色项目，图书馆管理制度汇编，图书馆年度工作计划、总结，图书馆利用指南，"文献检索与利用"课有关材料，图书馆利用率最新统计，图书馆近三年《文献与信息》（馆刊）情况，图书馆科研成果及获奖情况，奋进中的西华师范大学图书馆综述等。为让评估专家更方便地了解图书馆，还印制了反映馆情馆貌的小册子放置在图书馆门口和各库室门口。

2005年7—8月，是学校"迎评"工作的攻坚阶段，全体教职工原则上不放假。到11月底，图书馆的"迎评"工作已基本准备就绪。

四、迎接教育部专家组考察、评估

2005年9—10月为学校"迎评"工作的冲刺阶段，教育部师范司及省评估专家到校指导"迎评"工作。10月，为迎接评估专家的询问和考察，图书馆印发了《图书馆基本情况》简介材料，全馆职工人手一份，并要求熟悉其中内容。10月24日，四川省教育厅本科教学工作水平预评组专家到西华师大进行诊断性预评估。25日上午，省预评组专家到图书馆指导工作。西南财经大学高教研究室主任、评估专家组秘书宋光辉博士先后考察了新校区图书馆教师阅览室、三楼中文书库及线装书库，并听取了陈国勇馆长的自评报告。宋博士称赞图书馆"环境清新幽雅、工作有条不紊、服务规范有序"，同时对图书馆的不足之处也提出了建设性的意见[1]；四川大学教务处赵世平处长考察新校区图书馆后，提出了"二楼大厅太空旷、文化氛围不浓"的中肯意见。

2005年12月1日开始，西华师范大学正式进入迎接教育部专家组评估阶段。12月1日，教育部秘书已先期到校。12月3—9日，教育部本科教学工作水平评估专家组到校进行为期一周的检查和评估[2]。图书馆各项工作准备就绪，工作人员精神饱满，积极配合学校迎接专家组进馆考察评估。12月5日

---

[1] 西华师范大学图书馆编：《文献与信息》2005年第2期（总第18期），现藏于西华师范大学图书馆。

[2] 佘正松主编：《西华师范大学校史（1946—2006）》，成都：四川大学出版社2006年版，第168页。

上午9：00—10：00，专家组到新校区图书馆学术厅听取学校各部门汇报，之后考察了新校区图书馆主机室；11时40分左右，在学校党政领导的陪同下，评估小组考察了老校区图书馆教师阅览室、基藏书库、珍特藏书库和旧版书库等处。陈国勇馆长向评估专家介绍了图书馆基藏库及珍特藏书库的相关情况（见图8-11），专家对图书馆印象深刻，对图书馆的工作给予了肯定。

图8-11　陈国勇馆长向教育部评估专家徐远通教授介绍基藏库情况

经过全校教职员工的努力，西华师范大学顺利通过了教育部的本科教学水平评估。在这次"迎评"工作中，图书馆对照教育部的"评估指标"，在"文献资源建设"及"管理手段先进""图书馆使用效果好"等方面下了很大功夫。图书馆每一名职工都为学校的本科教学工作水平评估付出了努力，积极主动地完成了多项工作，为学校顺利通过教育部的本科教学水平评估、建设具有教师教育特色的综合性教学研究型大学作出了应有的贡献。特别是为达到"生均图书100册""生均年进新书4册"这两项评估指标，图书馆不少同志几乎牺牲了全年的假期和双休日，一年多时间完成了16.5万余册（相当于图书馆1991—2003年购入图书的总量）[①]中外文文献的预订、采购、验收、分编、加工、典藏及最后投入流通的全部工作，其工作量之大是难以想象的。通过这次评建创优工作的开展，图书馆上下人心更加凝聚、精神更加振奋、工作方向和

---

① 西华师范大学图书馆《2005年工作小结》，现藏于西华师范大学图书馆。

思路更加明确。

五、教学水平评估对图书馆的影响

（一）美化了环境，摸清了馆情

图书馆本着以"以评促建、以评促改、以评促管、评建结合、重在建设"的宗旨，在迎接评估过程中，做了大量的清洁卫生工作，使图书馆环境更加清洁宜人。同时，整理了多种材料，进一步摸清了"家底"。如，"迎评"中，统计了1988—2004年图书馆的人事及部室组织情况，还统计了同一时期图书馆各类办证读者及入馆读者情况（包括历年读者借阅情况），馆藏文献对学校新办专业的支撑情况，学校各院系资料室面积、书籍册数、期刊种类及册数等；并对馆藏各类电子图书及其他非书资料按"中图法"进行了分别统计；对图书馆所有仪器设备等也进行了一次清理和统计。

（二）改善了办馆条件，提高了服务水平

为能顺利通过教育部本科教学水平评估，学校对图书馆文献资源及设备建设投入了大量经费，使图书馆的文献资源建设得到了加强，仪器设备情况也得到了根本改善，服务水平大大提高，各项工作迈上了一个新台阶。如，2003—2005年，学校拨给图书馆的经费共计1513.5万元，其中文献购置费为1125万元，是往年经费的几倍。图书馆很好地利用了这些经费，大力加强文献信息资源建设。2003年、2004年、2005年，图书馆到馆中文新书分别为20 997册、94 892册、132 683册[①]，馆藏文献逐年增加。图书馆新馆建成后，阅览座位达3260个，开架图书上百万册，每天到馆读者近万人，读者满意度稳步提高。通过这次评估，干群上下一致努力，使图书馆的各方面工作焕发了勃勃生机。在评估过程中，图书馆工作人员表现出来的强烈爱馆精神和高度的凝聚力也成为西华师大图书馆进一步改革和发展的宝贵精神财富。

总之，此次评估对图书馆全面建设起着导向作用和积极促进作用，全体图书馆工作人员为把学校建设成为在国内具有较大影响力的具有教师教育特色的综合型大学贡献了自己的热情、才智和汗水。

---

① 西华师范大学图书馆采编部2003—2005年各年度工作总结，现藏于西华师范大学图书馆。

第五节 文献资源建设

一、文献资源建设新进展

随着2003年4月学校顺利升格更名为西华师范大学,图书馆进入了新的发展时期,馆藏文献资源建设得到大大加强。特别是2005年教育部对西华师范大学的本科教学水平评估,使图书馆文献资源建设突飞猛进。

2003—2005年,是西华师范大学迎接教育部本科教学水平评估时期,也是图书馆文献资源建设发展最快的时期。图书馆利用学校"迎评"的机会,加大了文献资源建设力度,由陈国勇馆长和张怀绥副馆长把关,有计划有重点地购置了学校教学科研急需的文献。

2003年,学校下拨文献资源购置费200万元(占学校教育事业费的3.85%)。当年,图书馆入藏印刷型中文图书8905种20997册、中文报纸(合订本)106种379册、中文期刊(合订本)1806种5875册,入藏印刷型外文报刊133种2321册、外文图书717种907册[①],馆藏文献总量达1 285 293册(件)。

2004年,为迎接2005年教育部对西华师范大学的本科教学水平评估,图书馆经费猛增,文献购置费达425万元,占全校教育事业费的7.49%。为达到教育部规定的"生均图书100册""生均年进新书4册"的指标,弥补以前因经费短缺造成的不足,图书馆采取了多种措施,加强图书的采购。首先,更换了图书采购人员;其次,联系省内外、市内外多家图书供货商,多渠道多方法采购图书。当年,图书供货商除南充市的三兴科技文化公司、文轩连锁有限责任公司南充书城外,还有成都中兴教育开发有限公司、四川星洋文化有限公司、四川川图读者服务部、成都世云书店等,另有省外的安徽儒林图

---

① 2005年西华师范大学图书馆迎评支撑材料《近三年进馆印刷型外文刊报(合订本)分类统计》,现藏于西华师范大学图书馆。

书有限责任公司等著名图书供货商。除采购人员通过书商书目加班加点订购图书外,陈国勇、张怀绥、童恩涛、郭黎康等几位馆领导还亲自带领采编部的图书采购人员在学校纪委、监察、审计各部门人员全程监督指导下,到四川人民出版社、巴蜀书社等省内知名出版社和安徽儒林图书有限责任公司的书库中考察、采选图书,并侧重对学校新办专业和精品课程所急需的图书进行补充;另外,采购人员还根据学生综合图书阅览室晚上外借图书情况和读者复印图书的情况,增加了高利用率图书的复本,以此增加图书采购量。当年,预订中文纸质图书62 201种272 239册(金额计6 795 463元),现购中文纸质图书4473册;验收中文图书94 892册、外文影印图书299册、外文原版49册、外文赠书136册[①],超额完成了生均年进新书4册的任务,为达到生均图书100册的"评估指标"奠定了一定基础。至2004年底,共支付书费2 317 134余元,馆藏纸质文献总计达到166.9781万册,其中包括《宋集珍本丛刊》《近代中国史料丛刊》《中国西南文献丛书》等大型丛书,大大丰富了馆藏资源[②]。

2005年,学校下拨文献资源购置费500万元,占学校教育事业费的8.58%。图书馆继续加大文献资源购置,全年经费支出6 556 736元,生均文献资源购置费273元[③]。同年,图书供货商新增加了四川经典书城有限公司,同时图书馆于7月与湖北三新书业有限公司签订了购书合同。图书供货商增加到9家。当年,图书馆先后购买了《四库未收书辑刊》《四库禁毁书丛刊》等大型丛书。图书复本量由原来的3.89册,增加到4.60册。同年9月,因新校区图书馆组建新校区教师阅览室,决定100元以下的图书复本在原有基础上再增加1册。全年新进文献451 915册,其中中文印刷型图书133 835册(其中赠书1152册、线装书383册)、中文电子图书310 000册、外文印刷型图书3106册(其中赠书1018册)、中文刊报合订本4486册(当年订刊报940种)、外文刊报合订本453册(当年订刊报137种)、图片8套,光盘(含数据库)

---

① 西华师范大学图书馆《采编部2004年工作总结》,现藏于西华师范大学图书馆。
② 西华师范大学办公室编:《西华师范大学年鉴·2005》,西华师范大学2005年印本,第134页。
③ 数据来源:教育部高校图书馆事实数据库系统"西华师范大学图书馆事实数据库〔2005〕年度数据验证界面"。

37盘、镜像数据库3种、网上包库6种［内含中文图书70余万种、中文学术期刊（全文）12 000余种、外文学术期刊（全文）7000余种］。生均新购图书（不含电子图书）6册[①]，馆藏文献总计达2 121 696册[②]。并新建了特色数据库——南充名人数据库（全文）。

2003—2005年，图书馆利用学校"迎评"的机会，除购买"四库"系列丛书外，还购买了《近代中国史料丛刊》《中国西南文献丛书》《国家图书馆馆藏历史档案文献丛刊》《清代边疆史料抄稿本汇编》《（民国）教育部文牍政令汇编》等往年想买又无经费购买的大型丛书，对教学和科研具有重要参考利用价值。特别是在2004—2005年两年时间内，图书馆印刷型图书不仅在数量上增加了7万多种20多万册，也保证了质量。同时，图书馆还结合学校的专业设置和学科建设购置了31万余册电子图书，使全校师生在校内的任何地方都能通过校园网查阅所需资料。通过两年的努力，图书馆的文献资源建设比以往更系统、更具特色，为学校的进一步发展提供了可靠的文献信息支撑。在这两年的文献资源建设过程中，特别是采编部的同志付出了极大的辛劳，他们一方面向各院（系）发放《教学科研所需图书情况调查表》，调查各院（系）教学科研所需图书，使购书经费"好钢用在刀刃上"；另一方面在学生读者多的库室设立"读者意见箱"，全方位地收集、了解和掌握学生的阅读需求。同时，他们还牺牲了不少休息时间，加班加点地验收、分编新到馆的图书。在短短的两年时间里，他们不怕严寒和酷暑，想方设法，克服重重困难，齐心协力，圆满地完成了相当于以前近10年的工作量，值得称赞。

2006年，图书馆继续加强文献资源建设。年进文献111 112册，其中中文图书15 523册、中文现刊1848种、外文现刊130种、中文报纸105种、外文报纸4种、视听资料687盘、电子文献85 425册，馆藏文献总计2 231 243册[③]。并根据几次评估专家组的建议，加强了外文图书及外文数据库建设的力度，以适应师生教学科研、学习和学校发展的需要。当年，购置外文图书

---

① 数据来源：教育部高校图书馆事实数据库系统"西华师范大学图书馆事实数据库〔2005〕年度数据验证界面"。

② 西华师范大学图书馆《2005年图书馆年鉴材料》，现藏于西华师范大学图书馆。

③ 西华师范大学图书馆《2006年图书馆年鉴材料》，现藏于西华师范大学图书馆。

1332 册[1]，订购了"外文科技期刊数据库"（文摘版）、"EBSCO ASP + BSP 全文数据库"等。本年，完善了"珍稀动物数据库"，新增 38 种动物的采集数据 9000 多条，入库 1500 余条；还对文献检索室的中文图书及馆藏旧版图书进行了回溯建库，并对馆藏旧版书按《中国图书馆分类法》（第四版）重新进行分编，方便师生查找和借阅[2]。

2007 年，图书馆全年经费支出 2 222 886.95 元，其中文献购置费 2 181 242.25 元，年进馆总文献量（不含包库）237 992 册[3]。同年，纸质《化学文摘》停订。图书馆对外文图书进行了回溯建库，其中英文图书回溯建库 1500 种 3000 册、日文图书回溯建库约 884 种 1492 册；图书馆还对西华师范大学 2006 年毕业的硕士研究生学位论文进行了清理和加工整序，并按学科、专业、研究方向汇编成册，进行规范分编，为全校师生查阅研究生学位论文提供了方便[4]。

2008 年，图书馆全年经费支出 3 020 507.70 元，其中文献购置费 2 669 827.20 元、业务费 50 680.50 元、设备费 300 000 元，年进馆总文献量（不含包库）201 941 册。其中，中文印刷型图书 19 032 册、中文电子图书 141 476 册、外文印刷型图书 908 册、中文报刊合订本 5472 册（当年订报刊 1936 种）、外文报刊合订本 893 册（当年订刊报 147 种），另有图片 14 套、光盘 3 张、镜像数据库 4 种、网上包库 5 种（含中文图书 420 000 余种、中文学术期刊 12 000 余种、外文学术期刊 7000 余种）[5]。馆藏文献总计为 2 754 804 册[6]。

2009 年 3 月，根据《普通高等学校图书馆文献集中采购工作指南》（2006）、《西华师范大学招投标管理办法》和《西华师范大学图书馆文献采访办法》的规定和要求，进一步完善了图书采购工作制度，图书采购实行由学校实验设备处主持，计财处、审计处、工会、纪委、教材中心、图书馆等相关部门人员共同参与的公开招标。经过评标打分，当年图书采购中标单位为四川桃

---

[1] 西华师范大学图书馆《2006 年图书馆年鉴材料》，现藏于西华师范大学图书馆。
[2] 西华师范大学图书馆《2006 年工作总结》，现藏于西华师范大学图书馆。
[3] 西华师范大学图书馆《2007 年图书馆年鉴材料》，现藏于西华师范大学图书馆。
[4] 西华师范大学图书馆《采编部 2007 年工作总结》，现藏于西华师范大学图书馆。
[5] 西华师范大学图书馆《2008 年工作总结》，现藏于西华师范大学图书馆。
[6] 西华师范大学图书馆《2008 年图书馆年鉴材料》，现藏于西华师范大学图书馆。

李芳华图书发行有限公司、中国国际图书发行总公司、武汉三新书业有限公司3家。当年，购置中文图书20 091册、外文图书833册、中文现刊1821种、外文现刊141种、中文报纸99种、外文报纸4种、视听资料15套、电子文献176 315册，年进文献203 515册[①]。同年，图书馆加强了电子资源建设，在相关部门支持下，新添置了单价原为114.4万元的《中国基本古籍库》及"读秀学术搜索"知识库；自建文献数据库增加到12种，自建数字资源量401GB。

2010年，学校华凤新校区建设基本完成，办学条件得到根本改善。当年，图书馆中文图书采购中标单位为武汉三新书业有限公司、中国国际图书发行总公司、北京人天书店有限公司；新购文献219 421册，馆藏文献总量达3 277 740册[②]，电子资源数据库有近30种[③]，自建研究生学位论文数据库新增数据514条，《晚清、民国期刊全文数据库》及化学文摘数据库"SciFinder"的购买受到师生欢迎。同年，CALIS对成员馆免费（免年费、下载费）提供书目数据下载服务，为图书馆进行标准化文献编目进一步提供了方便。10月，采编部制定了《西华师范大学图书馆学位论文著录工作细则》，对学位论文的规范编目起到指导作用。

2011年，图书馆文献购置预算费（含文献传递费）320万元。同年4月起，图书采购招标除由学校实验设备处主持外，所签合同等也由设备处保存。当年，中文图书采购中标单位为武汉三新书业有限公司、北京人天书店有限公司、四川西南新兴书业有限公司。

二、图书的清理

西华师范大学图书馆历来重视对阅览室图书的清理工作。2006年，阅览部新校区教师阅览室全面清理了各类成套书的缺失情况，并造册登记，从流通部和新校区学生图书阅览室补配图书133册。同时，对艺术及教学实习参考书阅览室的J类图书进行了进一步清点，统计出J类图书有7189种8680册。阅览部还对外文库图书进行了对架、清理，合作清理西文图书16 170册、外文

---

① 西华师范大学图书馆《2009年图书馆年鉴材料》，现藏于西华师范大学图书馆。
② 西华师范大学图书馆《2010年图书馆年鉴材料》，现藏于西华师范大学图书馆。
③ 西华师范大学办公室编：《西华师范大学年鉴·2011》，西华师范大学2011年印本，第130页。

图书目录片 33 043 张①。

2007 年，阅览部又对老校区基藏书库图书进行了对架理清，并重点核对清理了 1990 年 7 月、1994 年 7 月、1999 年 7 月、2000 年 7 月—2001 年 1 月清理时报告遗失的图书，共清理出 271 册图书在架，在《遗失书目》中撤销其记录②。

第六节　读者服务新发展

为了更好地使西华师范大学成为"读书的好地方、选才的好去处"，在时任馆长陈国勇的带领下，西华师范大学图书馆以"自动化网络化评估"及新校区图书馆落成为契机，重塑服务理念，以读者为核心，合理调整资源布局和人员配置，积极开展传统服务与现代化服务结合、网上服务与网下服务结合的读者服务模式。

一、夯实完善传统服务

（一）借阅和复印服务

2003 年，在新校区图书馆未竣工之前，图书馆馆舍面积有 12 100 平方米（包括部分以前的老馆舍），在册读者共有 22 907 人（其中教职工 1932 人、学生 20 893 人、校外 82 人），发放借书券共 87 683 张，其中教职工借书券 26 750 张、学生借书券 60 933 张。图书馆设置有：学生综合图书阅览室、教师阅览室、学生现刊阅览室、教师现刊阅览室、报纸阅览室、线装书阅览室、艺术及教学实习参考书阅览室、新校区综合阅览室、过刊阅览室、文献信息检索室、电子阅览室、音像阅览室、外文阅览室，阅览座位共有 1580 个，每周开放 7 天 98 小时③；实现了书库第三、四、五楼的 40 多万册普通中文各类图书全开架④。图书馆年接待读者共 794 098 人，其中阅览读者 542 032 人、外借

---

① 西华师范大学图书馆《2006 年阅览部工作总结》，现藏于西华师范大学图书馆。
② 西华师范大学图书馆《2007 年阅览部工作总结》，现藏于西华师范大学图书馆。
③ 西华师范大学图书馆《2003 年图书馆年鉴材料》，现藏于西华师范大学图书馆。
④ 西华师范大学图书馆《2003 年流通部工作总结》，现藏于西华师范大学图书馆。

读者 252 066 人（借还书 283 077 册）[1]。此外，图书馆还办理读者复印 17 835 人次。当年，图书馆与 115 个单位建立了交换资料关系。年寄出资料 792 册，年接收外单位资料 650 册。

2004 年，新校区图书馆启用后，图书馆馆舍面积增至 34 000 平方米，服务能力进一步增强。图书馆在册读者总数为 23 833 人，其中新办证读者 5824 人。年接待师生 1 674 962 人次[2]，其中，阅览读者 1 398 966 人次（包括各阅览室 728 966 人次及自带书阅览室 670 000 人次）；借还书 275 996 人次，年借还书刊 472 699 册次。当年，复印室共计接待读者 7813 人次[3]。

2005 年，图书馆接待师生 1 813 964 人次，其中室内阅览 1 387 732 人次、借还书 418 067 人次，年借还书 700 663 册次。在册读者总数为 24 202 人（其中教职工 2215 人、学生 21 965 人、校外读者 22 人）。电子阅览室接待读者 319 390 人次[4]。从这一年开始，教师阅览室、学生综合图书阅览室开放时间均延长至每周 98 小时，充分满足了全校师生，尤其是青年教师和研究生的需要，受到了师生们的一致好评。该年，馆际互借量为 62 册，文献传递传入量为 12 751 篇、传出量为 1330 篇[5]。

2006 年，接待读者共计 1 730 808 人次[6]。2007 年，图书馆在册读者总数为 27 739 人；年接待读者总数为 1 383 061 人次，其中阅览 899 525 人次、借还书 483 536 人次；年文献流通总计 727 105 册次[7]。

2008 年，流通部狠抓岗位责任落实，对三楼开架库和五楼新书外借处的图书全面清架、分区划片，固定责任范围，细化责任片区，以加强工作人员的责任心，有效保持图书的架位正确、架面整齐、藏书有序，最大限度地减少了乱架现象，提高了图书的利用率。

---

[1] 西华师范大学图书馆《2003 年图书馆年鉴材料》，现藏于西华师范大学图书馆。
[2] 西华师范大学办公室编：《西华师范大学年鉴·2005》，西华师范大学 2005 年印本，第 134 页。
[3] 西华师范大学图书馆《2004 年技术服务部工作总结》，现藏于西华师范大学图书馆。
[4] 西华师范大学图书馆《2005 年图书馆年鉴材料》，现藏于西华师范大学图书馆。
[5] 数据来源：教育部高校图书馆事实数据库系统"西华师范大学图书馆事实数据库〔2005〕年度数据验证界面"。
[6] 西华师范大学图书馆《2006 年图书馆年鉴材料》，现藏于西华师范大学图书馆。
[7] 西华师范大学图书馆《2007 年工作总结》，现藏于西华师范大学图书馆。

2009年，图书馆办证读者合计32 385人，其中教职工2455人，学生29 841人，校外读者89人。读者座位总计3260个，其中阅览室座位2360个，自习室座位900个[①]。全年外借书刊558 975册次，馆际互借借入10册、借出186册。

2010年，补办、更换读者借阅证1249人次；新办读者借阅证9469人次，其中全日制本科新生5723人次、高职学院新生1854人次、研究生775人次、专升本学生1043人次、新进教师50人次、校外读者24人次（包括农村教育硕士）[②]。当年，图书馆在册读者总人数增加到33 788人，其中教职工2449人、学生31 274人、校外读者65人。年接待读者合计1 059 859人次，其中接待阅览读者829 905人次、借还书读者229 954人次（借还图书421 662册次）[③]。

（二）扩大借阅区域

2004年，图书馆对老校区珍藏书库、内部书库、小说库和基藏书库进行了内部调整，扩大了老校区教师阅览室的阅览区，阅览座位增加了90个，缓解了因研究生扩招带来的阅览座位不足的压力；并在老校区教师阅览室的阅览区增设了续阅书架，方便读者继续阅读、查询。

2005年，为方便新校区教师和研究生查阅文献资料，保证教学科研工作的顺利进行，图书馆在正常开展各项业务工作的同时，从各部门抽调人员20多名，仅用3周时间就配置了11万册图书，组建了新校区教师阅览室，满足了新校区师生，尤其是教师、研究生的需要，并提高了图书的利用率；同时，延长了教师阅览室的开放时间，从早上8点开放至晚上10点，双休日照常开放；并在新校区教师阅览室增设了续阅书架、配置了复印机，方便师生查阅和收集文献资料，充分开发和利用馆藏资源[④]。

2005年，图书馆将2004年10月以来新进馆的6.3万册新书集中起来，在新馆五楼建立了新书开架借阅处，于该年9月26日向全院师生开放，并配备了查询机，使师生及时快捷地借到所需要的新书。该借阅处的图书规定外借期

---

① 西华师范大学图书馆《2009年图书馆年鉴材料》，现藏于西华师范大学图书馆。
② 西华师范大学图书馆《办公室2010年工作总结》，现藏于西华师范大学图书馆。
③ 西华师范大学图书馆《2010年图书馆年鉴材料》，现藏于西华师范大学图书馆。
④ 西华师范大学图书馆编：《文献与信息》2005年第1期（总第17期），现藏于西华师范大学图书馆。

限为 2 周，既提高了新书利用率，又缓解了三楼书库的外借压力，得到师生的好评。据统计，该借阅处建立近两个月，平均每日接待读者达 4812 人次，最多时每日接待读者 6086 人次[①]。为了满足新校区师生学习和科研的急迫需求，图书馆还组建了新校区电子阅览室，经技术服务部全体同志的共同努力，仅用四天时间就将新购置的 80 多台电脑全部调试完毕，并于 2005 年 2 月 22 日正式向读者开放。

此外，图书馆还继续编辑印刷馆刊《文献与信息》，让读者了解图书馆工作动态、服务项目及文献检索技巧、教学方法、学科研究动态等。

二、增强现代化服务

（一）计算机开架借阅及网上资源服务

实行计算机开架外借服务，既使读者能直接接触到图书，借到更满意的图书，又能节约读者查书号、等书到的时间，提高了读者使用文献资料的质量和满意度。网上电子图书及各类数据库使读者能足不出户，方便快捷地查询所需资料，受到广大师生青睐。图书馆从 1997 年开始实现现代化管理以来，特别是 2003 年自动化网络化评估以后，传统封闭的服务模式被打破，计算机开架借阅的力度不断增强，网上电子资源利用量逐年提高。

2003 年，图书馆利用计算机开架外借，年接待读者 188 578 人次，外借图书 198 652 册次，远远高于闭架外借量[②]。

2004 年，图书馆计算机外借工作虽因搬馆受到一定影响，但该年仍接待读者 110 839 人次，外借图书 195 474 册次；当年，数据库访问达 227 765 人次，下载（阅览）文献 265 250 册次[③]。

2005 年，图书馆计算机外借图书 570 076 册次；网上数据库年利用达 380 024 人次，年下载文献 886 642 次；电子阅览室接待读者 319 390 人次[④]。

---

① 西华师范大学图书馆编：《文献与信息》2005 年第 2 期（总第 18 期），现藏于西华师范大学图书馆。

② 西华师范大学图书馆《2003 年流通部工作总结》，现藏于西华师范大学图书馆。

③ 西华师范大学图书馆《2004 年流通部工作总结》《2004 年技术服务部工作总结》，现藏于西华师范大学图书馆。

④ 西华师范大学图书馆《2005 年图书馆年鉴材料》，现藏于西华师范大学图书馆。

2006年，图书馆网上资源服务全天24小时开放，访问读者416 620人次[1]；这一年开始，图书馆还在网上搜集文理各学科免费网络信息，为师生提供了"开放获取学术资源""Internet上的工具书"等中外免费信息资源。

2007年，图书馆读者下载数据库文献924 832次。其中，中国学术期刊（包库）下载325 813次，中国学术期刊（镜像）下载373 940次，"维普"下载文献144 718次，"超星"（包库）下载文献80 361次[2]。

2008年，图书馆计算机借还书541 388册次；读者访问主页627 598人次，下载文献824 315次[3]。

2009年，图书馆文献传递传入量12 000篇、传出量565篇；数据库访问量为1 227 173人次。其中，中国学术期刊网（包库+镜像）803 275人次、维普14 684人次（下载文献34 215篇）、超星（包库+镜像）306 852人次（下载246 175册次）、读秀98 587人次（文献传递量69 032篇次）、基本古籍库3775人次[4]；电子阅览室接待阅览读者及上机实习学生99 585人次[5]。

2010年，图书馆读者访问主页586 670人次，数据库利用2 100 205人次，下载文献1 085 501篇次，计算机借还书411 451册次（读者223 798人次），电子阅览室接待90 197人次[6]。

（二）网上参考咨询等服务

随着2003年"金盘图书馆管理系统"的升级及TRS检索系统、OPAC查询检索系统的安装，西华师范大学图书馆的网上服务水平大幅度提高，实现了在线咨询、馆藏检索、新书通报、读者留言、信息查询、E-mail服务、通知公告、部门介绍、借阅规定、办证方法、网上荐购和网上续借等服务项目。2003，图书馆共计网上解答师生问题50多次，提供文摘和题录200多条，原

---

[1] 西华师范大学图书馆《2006年图书馆年鉴材料》，现藏于西华师范大学图书馆。
[2] 西华师范大学图书馆《2007年自动化部工作总结》，现藏于西华师范大学图书馆。
[3] 西华师范大学图书馆《2008年图书馆年鉴材料》，现藏于西华师范大学图书馆。
[4] 数据来源：教育部高校图书馆事实数据库系统"西华师范大学图书馆事实数据库〔2009〕年度数据验证界面"。
[5] 西华师范大学图书馆《2009年自动化部数据统计》，现藏于西华师范大学图书馆。
[6] 西华师范大学图书馆《2010年图书馆年鉴材料》，现藏于西华师范大学图书馆。

文传递 20 多篇[①]。

三、学科馆员服务

2004 年，为了紧跟社会和科学技术的发展、提高文献信息服务质量和服务水平，图书馆经过一段时间的探索和准备，建立了学科馆员制度，设置了学科馆员，并制定了《学科馆员工作职责》，以便在新形势下更主动、更有针对性地为学校教学科研服务。主要安排具有不同专业知识背景的工作人员随时为各院系师生解答图书馆利用方面的疑难问题，并结合学校教学科研，主动开展针对性较强的信息检索和推送服务，特别是针对性地为学科带头人和有重大科研项目的教师提供及时、便捷、有效的学科情报服务，帮助其完成科研项目。当年，共计解答全校师生提出的有关就业、考研、科研、毕业论文选题等各类问题 55 人次，提供文献和题录 250 条、原文 26 篇，服务教师科研课题 16 项、研究生课题 5 项、本科生课题 30 多项[②]。2007 年，先后为学校陈毅清、张世禄、冯德勇等教授查找了有关"论文的国际分类号""王国维诗词和生平研究"等方面的文献信息。2009 年，指导了物电学院 2006 级学生熊沅沅搜集、整理其论文《麦克风陈列声音信息整合研究》所需参考文献信息，并为物电学院院长罗志全教授的"核坍缩型超新星爆发机制及其相关核物理问题研究"课题进行了查新，为新闻传播学院邹洁老师提供了大众传播方面的英文资料。

此外，学科馆员还为校外人员提供了对口文献信息服务。如 2006 年，为南充市南部县教育局和高坪区教育局的课题"区域性民间艺术的教材化整合研究""外出务工人员子女教育问题及对策研究"进行了成果查新，提供文摘和题录 500 余条，并撰写相关资料报告；还为南充市图书馆、南充市电大等单位讲授和指导全文数据库的检索方法[③]。2007 年，为南充市高坪区政府查阅地方志，为果州诗社查找李清照的生平和诗词研究文献等。2009 年，为川北医学

---

① 西华师范大学图书馆《科情室、信息检索与利用教研室 2003 年工作总结》，现藏于西华师范大学图书馆。
② 西华师范大学图书馆《科情室、信息检索与利用教研室 2004 年工作总结》，现藏于西华师范大学图书馆。
③ 西华师范大学图书馆《科情室、信息检索与利用教研室 2006 年工作总结》，现藏于西华师范大学图书馆。

院一位教师提供了"热容比"方面的中文文章 5 篇[①]。

第七节 读者教育培训及教材、师资建设

一、"文献信息检索与利用"课教学

随着图书馆的自动化网络化建设和各类文献的数字化,文献信息的检索方式和手段发生了很大变化。为使师生更好地利用电子文献信息资源,图书馆根据 2002 年教育部颁发的《普通高等学校图书馆规程》(修订)第十七条之规定,将"文献检索与利用"课改称"文献信息检索与利用"课(以下简称"信息检索"课),在原"文献检索与利用"课教学中加入了"电子文献检索与利用""网络信息的检索与利用"等相关内容,并将学生分成小组,1 人 1 机进行上机实习。

2003 年,图书馆为数学、物电、化学、生物、地理、计科、体育、政法、历史、教育、外语等专业的 2984 名本科生开设了"信息检索"课,共计 4089 个标准学时;并为全校 2003 级 5620 名新生开设了"怎样利用图书馆"讲座 142 学时,全年开课共计 4231 个学时[②]。该年,为使"信息检索"课更加规范,进一步提高教学质量,图书馆还制定了《"文献信息检索与利用课"教学工作规范》,对"信息检索"课教师的任课资格、理论教学课时与实习课时比例(比例为 1∶1)、CAI 课件制作、教材的使用、练习与考试的出题类型及范围等提出了严格的要求和规范。

2004 年,"信息检索"课教师有:黄浩耘(研究馆员)、郑慧珍(副研究馆员)、黄楠(副研究馆员)、高晋蜀(副研究馆员)、胡晓(馆员)、郎筠(助理馆员)、李海蓉(助理馆员)(兼任教师),师资职称结构合理。他们为全校 12 个院(系)3535 名本科生开设了"文献信息检索与利用"课,共计 4804 个标准学时;

---

① 西华师范大学图书馆《科情室、信息检索与利用教研室 2009 年工作总结》,现藏于西华师范大学图书馆。
② 西华师范大学图书馆编:《文献与信息》2003 年第 2 期(总第 14 期),现藏于西华师范大学图书馆。

并为2004级5706名新生开设了"怎样利用图书馆"讲座,共计92学时[①]。

2005年,图书馆为历史、外语、政法、经济、计科、生物、数学、化学、物电、体育、教育技术等专业的3204名本科生开设了"信息检索"课,并为全校2005级4821名新生开设了"怎样利用图书馆"讲座[②]。

2006年,"信息检索"课开课专业增加到20个。"信息检索"课教研室教师为这20个专业的3069名本科生讲课4560标准学时,为5477名2006级本科新生讲授"怎样利用图书馆"84学时。当年,开始采用多媒体教学,教学质量得到进一步提高;并初步完成了政法、经济、外语、物理、化学等专业的课件制作。根据学校要求,每个专业学生一学期完成5次作业,当年批改作业共计15 345份[③]。

2008年,图书馆为物电、化学、生物、计算机、体育、政行、商学、历史、教育、外语、文学等学院2005—2006级的5043名本科学生开设"信息检索"课3425标准学时,为2008级5143名本科新生及1815名高职院校新生讲授"怎样利用图书馆"238标准学时[④]。教学中大多采用多媒体课件教学,教学质量得到进一步提高。

2009年,共开设"信息检索"课2727标准学时,听课总人数为12 001人,教学中仍大多采用多媒体课件教学。为了解"信息检索"课的教学效果,于11月在教科、国土、体育、管理、商学等学院学生中发放了"教师课堂教学质量测评表"100份,进行问卷调查,收回74份。调查结果显示,对"信息检索"课"很满意"的占65%,"满意"的占24%,"基本满意"的占10%,"不满意"仅占1%[⑤]。总体上,学生对该课的教学内容、教学方法、教师教学态度、教学效果是满意的。同年,"信息检索"课教研室还组织了新开课教师

---

① 西华师范大学图书馆《科情室、信息检索与利用教研室2004年工作总结》,现藏于西华师范大学图书馆。

② 西华师范大学图书馆《科情室、信息检索与利用教研室2005年工作总结》,现藏于西华师范大学图书馆。

③ 西华师范大学图书馆《科情室、信息检索与利用教研室2006年工作总结》,现藏于西华师范大学图书馆。

④ 西华师范大学图书馆《科情室、信息检索与利用教研室2008年工作总结》,现藏于西华师范大学图书馆。

⑤ 西华师范大学图书馆《科情室、信息检索与利用教研室2009年工作总结》,现藏于西华师范大学图书馆。

试讲和教研室集体听课、评课等，不断完善教学方法。

2010年，图书馆为物电、数学、化工、生物、计算机、国土、体育、政行、商学、法学、文学、新闻传播、历史文化、教育科学、外语、管理、音乐、美术等学院2007—2008级的5733名各专业本科生开设"信息检索"课共4340标准学时；并为2010级7613名新生开设了"怎样利用图书馆"讲座[①]，对新生了解馆藏、初步掌握文献信息检索方法、完成学业、进行相关研究等起到了很大作用。教学全部采用多媒体课件，教学质量得到进一步提高。据调查，92%以上的学生认为"信息检索"课对他们的学习、毕业论文撰写及找工作有很大帮助，特别是师生课间交流、课后在线实时答疑的方法，得到了学生的好评。当年，魏海霞被评为校优秀青年教师。

二、专题讲座培训

2003年，结合图书馆自动化网络化建设和馆藏各类电子资源、大型数据库，图书馆举办了各类读者联机检索和数据库检索培训班，促进了文献资源的有效利用，提高了馆藏资源（含各类数据库）的利用率。如，举办了"互联网中数据库检索"讲座，培训教师45人，反响良好；举办了"社会物理学与中国指挥工程"讲座，听众280多人，获得师生好评[②]。2005年，图书馆先后举办了两期"网络数据库使用方法"的专题讲座，对全校80多名师生进行了信息检索知识培训，受到了好评[③]。2007年，图书馆进行CNKI数据库专题培训，有300人参加。

随着图书馆"数字图书馆"的建设和发展，"信息检索"课和其他培训讲座的内容逐渐转向数据库的利用，重点放在如何使用数字资源上。对此，图书馆多次邀请数据库商家的培训人员到馆培训全校师生员工。2004—2005年，先后邀请了万方、国研网、爱思唯尔（Elsevier）等公司的培训人员来图书馆对师生进行专题培训。

---

① 西华师范大学图书馆《科情室、信息检索与利用教研室2010年工作总结》，现藏于西华师范大学图书馆。

② 西华师范大学图书馆编：《文献与信息》2003年第1期（总第13期），现藏于西华师范大学图书馆。

③ 西华师范大学图书馆编《文献与信息》2005年第1期（总第17期），现藏于西华师范大学图书馆。

三、教材建设

随着图书馆自动化网络化建设和发展，"信息检索"课使用的教材《信息检索利用技术》（2001年8月由四川大学出版社出版发行）的部分章节内容已显陈旧，不能适应读者的需要。2003年2月，"信息检索"课教研室教师对《信息检索利用技术》进行了第2次印刷，并对第六章内容进行了修订；2004年1月，进行第3次印刷。2000年，还对新生使用的《怎样利用图书馆》小册子进行了修订。

随着互联网的迅速发展、计算机上网和手机上网的普及，以及网络搜索引擎功能的进一步加强，网络信息资源已成为人们查找和利用的主要对象，原有的"信息检索"课教材内容和结构已不能完全适应信息检索利用教育的需要。2005年，图书馆决定对已使用了几年的《信息检索利用技术》教材进行修订。2006年，完成了教材《信息检索利用技术》几十万字的修订初稿。2007年，《信息检索利用技术》修订初稿、审稿、统稿工作接近尾声。2008年2月，完成了《信息检索利用技术》第2版的出版工作，使学生在2008年春季用上了新版教材。新版教材共计69.2万字，突出了网络检索知识，增加了信息选择、评价、整理和利用的内容，且操作性强。

随着社会的发展及"信息检索"课程发展的需要，以前使用的教材必须重新编著。2009年，图书馆组织"信息检索"课教师对原教材进行重新编写，并于当年拟定了《当代信息检索技术》大纲，对相关章节的编写进行了分工。

2010年8月，经过黄浩耘、郭黎康、黄楠、郑慧珍、高晋蜀、胡晓、李海蓉、张怀绥、郎筠等人的共同努力，新教材《当代信息检索技术》（见图8-12）由科学出版社出版。该教材在原有基础上大大增加了信息检索方面的内容，系统地阐述了信息检索的基本理论和方法，适时地充实了信息检索领域

图8-12　西华师范大学图书馆自编"信息检索"课教材《当代信息检索技术》封面

的最新知识和成果,让学生从中既能掌握信息检索的技能,又能学到信息收集、评价、重组、分析和研究的方法,增强自主学习和研究的能力。

除使用自编教材外,"信息检索"课教师还参考其他相关教材,做到"取长补短",提高教学质量和水平。如,参考了沈固朝主编的《信息检索(多媒体)教程》和王曰芬等编著的《网络信息资源检索与利用》等。

四、师资队伍建设

(一)师资队伍情况

为更好地搞好"信息检索"课教学,图书馆不断加强师资队伍建设,师资队伍逐渐扩大并年轻化。2003年,毕业于四川联合大学公共管理学院图书馆学专业的郎筠开始担任"信息检索"课教学工作,"信息检索"课师资力量得到加强。2008年,硕士毕业于西华师范大学汉语言文学专业的李海蓉正式担任"信息检索"课教学工作。2010年春,毕业于本校数学与信息科学学院的魏海霞开始担任"信息检索"课教学工作。不久,王昆鹏任"信息检索"课教师,"信息检索"课师资队伍继续扩大。截至2010年秋季开学,图书馆"信息检索"课教师有黄浩耘、郭黎康、黄楠、高晋蜀、胡晓、李海蓉、郎筠、魏海霞、王昆鹏,共9名。其中,青年教师占了大部分,他们的年龄集中在29—35岁(其中29—30岁的有3名,31—35岁的有2名);从学历结构来看,5名青年教师中具有硕士学位的有1名,在读硕士研究生1名,其他3名为本科学历;从专业技术职务结构看,5名青年教师均是中级职称。

(二)青年教师的培养

为使青年教师尽快成长起来,承担"信息检索"课教学重任,图书馆针对他们学历和职称不高这一情况,制订了培养计划,为青年教师的成长创造条件。主要采取了以下措施:(1)按照学校要求,鼓励和支持青年教师在职攻读硕士和博士学位。(2)为加快师资队伍建设,安排教学经验丰富的老教师进行"传帮带"。如,指导青年教师备课,传授讲课的方法及如何利用专业文献信息检索实例充实授课内容等。通过老教师对年轻教师业务上的指导,使青年教师教学水平和教学质量得到提高。(3)安排每位青年教师观摩相关专业老教师讲课。要求青年教师授课前，必须经过试讲，由教研室组织教师听课，并邀请图书馆领导及相关专家听课，课后进行评议，指导、帮助青年教师改进教学方法、充实和完善教学内容，以此提高青年教师的教学水平。经评议合格后的教师才能向学生授课。（4）结合课程的发展需要，适时安排青年教师进修、参加学术会议以及外出观摩学习，为授课奠定坚实的基础。（5）培养青年教师独立从事科研工作的能力。如，安排青年教师参与教材编写和教学科研项目，鼓励青年教师申报科研项目、完成较高质量的学术论文，以此促进青年教师业务水平的提高。同时，积极争取学校在教师培训、进修学习与深造方面的政策扶持，给图书馆青年教师提供更多脱产学习的机会。

（三）人才引进与教学经验交流

图书馆除加强原有教师的培养外，还向学校申请适当增加"信息检索"课教师编制，引进高学历、高职称的教学人员。2010年12月，鉴于图书馆工作人员队伍老化，特别是"信息检索"课教师郑慧珍和黄浩耘即将退休、"信息检索"课师资力量严重不足的情况，图书馆向学校人事处递交了《关于图书馆人力资源状况及相关问题的报告》，要求学校增加教师编制、引进高学历人才，以加强"信息检索"课教师队伍，更好地为全校师生服务。

为提高"信息检索"课教学质量，图书馆还常派任课教师外出参加川渝高校和四川高校信息检索课教学工作会议。如2005年11月，张怀绥和黄楠参加了在雅安举行的四川省高校文献检索课教学工作会议（见图8-13），黄楠还提交了论文《构建信息检索课教学的自主学习环境》。参会人员就如何在自动化网络化环境下开展"信息检索"课教学进行了讨论。

图 8-13　2005 年张怀绥（第三排左六）和黄楠（第二排左二）参加省高校文献检索课教学工作会议

第八节　科研工作与业务交流

一、科研工作

作为具有一定专业性和学术性的服务机构，西华师范大学图书馆历来十分重视科研工作。工作人员在积极为学校教学科研做好服务的同时，结合校情和馆情开展了一些研究工作，并取得了较好的成绩。

2003 年，图书馆科研工作成绩显著，申报的省级项目"四川省珍稀动物信息系统的开发和研究"及"信息重组机理研究"均获批准立项。当年，全馆职工参编专著 3 部，发表论文 42 篇，其中 B 级 1 篇、C 级 10 余篇。

2004 年，全馆职工共发表论文 29 篇，参编专著 2 部，成功申报省级课题 2 项。其中，陈国勇馆长申报的"南充近现代名人信息系统的开发与研究"批准为2004年度"四川省高等学校图书馆、情报与文献学规划项目",获省图工委研究经费5000元[①];黄浩耘申报的"互联网中的美育研究"批准为省教委基础研究课题,获研究经费5000元,学校配套经费4000元[②]。

2005年,图书馆正式启动了"川北名人数据库"省级科研项目,对张澜、朱德、罗瑞卿等名人的相关图书、论文等文献进行了搜集录入。当年,全馆职工共发表论文23篇(其中,CSSCI论文5篇),参编专著2部[③]。2006年,全馆职工共发表论文26篇,参编专著2部[④]。2007年,图书馆组织人力加强了对3项省科研课题的研究,并完成了这3项省级科研课题的结题工作,同时,进一步充实了"中国珍稀动物数据库""川北名人数据库"等特色数据库的内容,全年发表论文23篇[⑤]。

2008年,图书馆继续加强对图书馆学和情报学的研究工作,全年共发表论文28篇,出版专著2部。其中1篇论文发表于核心期刊[⑥]。2009年,全年共发表论文23篇(其中C级核心论文5篇),出版专著1部,1人获得四川省哲学社会科学优秀成果二等奖1项[⑦]。

2010年,图书馆全年共发表25篇论文,其中C级核心期刊论文7篇;完成省课题"中国珍稀哺乳动物信息系统建设与情报研究"数据收集近6000条[⑧]。本年3月,郭明蓉著《中国高等教育发展进程中的高校图书馆研究》获四川省第十四次哲学社会科学优秀成果三等奖。

---

① 2004年12月13日四川省教育厅高函〔2004〕43号《四川省教育厅关于下达2004年度"四川省高等学校图书馆、情报与文献学规划项目"的通知》"附件二",现藏于西华师范大学图书馆。

② 2004年6月20日西华师范大学科研处《关于下达科研项目配套经费的通知》,现藏于西华师范大学图书馆。

③ 西华师范大学图书馆《2005年工作总结》,现藏于西华师范大学图书馆。

④ 西华师范大学图书馆《2006年科研工作统计表》,现藏于西华师范大学图书馆。

⑤ 西华师范大学图书馆《2007年工作总结》,现藏于西华师范大学图书馆。

⑥ 西华师范大学图书馆《2008年工作总结》,现藏于西华师范大学图书馆。

⑦ 西华师范大学图书馆《2009年工作总结》,现藏于西华师范大学图书馆。

⑧ 西华师范大学图书馆《2010年工作总结》,现藏于西华师范大学图书馆。

二、馆际交往与学术交流

（一）馆际交往

西华师范大学图书馆历来重视与川渝各高校图书馆的业务交往和交流，与川渝各高校图书馆建立了常务性沟通机制，以此促进图书馆事业的发展。

2004年9月3日，四川大学图书馆副馆长姚乐野教授、王晓波教授一行26人到西华师范大学图书馆参观考察，宾主双方就图书馆各项业务工作及科研工作进行了交流。

2006年11月10日，陕西理工学院图书馆郭馆长一行4人来馆参观考察。

（二）学术交流

为更好地促进科研工作，西华师范大学图书馆非常重视与省内外其他兄弟馆的学术交流，并常派工作人员外出参加学术会议。特别是每年的川渝高校情报工作研究会，图书馆都会派人参加。图书馆通过派出人员参加学术会议，提高了职工的业务水平和科研能力。

2004年，胡晓、黄楠、郎筠参加了由西华大学图书馆承办的"川渝高校情报工作研究会第十四次学术年会"。

2005年5月，郎筠、黄楠参加了由重庆工商大学图书馆承办的"川渝高校情报工作研讨会第十五次学术年会"，黄楠向大会提交了论文《信息素养教育中个性心理素质的培养》；同年7月，李海蓉到武汉参加了第三届中美图书馆会员高级研讨班暨"数字时代图书馆合作与服务创新"国际研讨会，并向大会提交了论文《网络支持下的西文名称规范工作》。

2006年6月20—23日，李海蓉参加了由西南交通大学图书馆承办的"川渝高校情报工作研究会第十六次学术年会"，该次年会的议题为"图书情报服务与创新"。李海蓉提交了论文《新环境下的大学生信息素养教育》。

2007年5月19—22日，陈国勇、黄浩耘、黄楠赴重庆参加了解放军后勤工程学院图书馆承办的"川渝高校情报工作研究会第十七次学术年会"。该次年会的议题有情报分析研究方法、技术平台与机制创新，情报服务与知识产权，高校师生信息素养评价体系与培训机制，网络环境下图书馆的情报研究等。黄楠提交了论文《PBL运用于信息检索课教学的探索》。

2008年11月4—6日，黄楠、高晋蜀参加了由重庆大学图书馆承办的"第十三届西南地区高校图工委联席会暨川渝高校情报工作研究会第十八次学术年会"(见图8-14)。该次年会原定于5月27—30日由成都理工大学图书馆承办，由于"5·12"汶川特大地震，改由重庆大学图书馆承办。这次年会与三省一市的馆长联席会合并举行。黄楠提交了论文《信息素养教育的课堂教学模式探讨》，高晋蜀提交了论文《基于TRS平台中国珍稀动物多媒体数据库的建设与研究》。

图8-14　2008年黄楠和高晋蜀（第五排右八、右九）参加川渝高校情报工作研究会第十八次学术年会

2009年10月26—29日，黄楠参加了由电子科技大学图书馆承办的川渝高校情报工作研究会成立二十周年暨第十九次学术年会。年会的议题是：高校图书馆学科化服务发展模式、战略，高校数字图书馆的系统建设、管理及服务创新，信息素质教育体系、模式创新及发展研究。

第九节　政治理论学习及党务、工会等工作

一、职工政治理论学习

加强政治理论学习是不断提高个人和集体政治理论素养，在思想上和党中央保持高度一致的重要保证，是保持共产党员先进性、做好各项工作的思想基

础。西华师范大学图书馆始终坚持在每周二下午进行政治理论学习和业务学习，贯彻落实中央精神和学校党政工作部署。通过学习，不断提高职工素质，增强职工服务意识，转变工作作风，树立爱岗敬业、无私奉献精神；并把政治理论学习与职工思想状况及工作实际相结合，用先进的理论指导职工的工作，学以致用。

2006年，图书馆领导班子带领全体职工认真学习了"三个代表"重要思想和胡锦涛总书记"八荣八耻"重要论述。通过学习，使广大职工进一步领会了"三个代表"重要思想的基本观点、历史地位和重大意义；领会"八荣八耻"的深刻内涵，树立正确的社会主义荣辱观，把"八荣八耻"体现在实际工作和生活中，做到"从我做起，从身边做起"，以服务读者为中心，搞好自己的本职工作。

2007年12月，根据图书馆党总支的要求，各部（室）进行了"学习党的十七大精神"报告会。在采编部，部室主任作了题为《认真学习领会党的十七大精神，在工作中深入贯彻落实科学发展观》的报告，对十七大的意义、作用等进行了介绍，并对图书馆所面临的机遇和挑战进行了分析，指出：采编部要抓住学校跨越式发展的机遇，着力搞好馆藏资源建设，提高服务质量，使图书馆真正成为学校的"心脏"，充分发挥图书馆"情报"和"教育"两个职能。

2008年，图书馆领导班子带领全体职工认真学习党中央关于"新解放、新跨越、新崛起"的思想内涵。四川汶川"5·12"地震发生后，图书馆党政领导带领全馆职工牢记职责、顾全大局、坚守岗位，服从学校的工作安排，先后配合高职院、物电学院、文学院、历史文化学院等单位将学生安置在新老校区图书馆住宿避震，为维护特殊时期校园稳定作出了应有的贡献。同时，还为灾区同胞捐款捐物，全馆职工共捐款4620元，捐赠衣物300多件；图书馆党员交纳特殊党费共计3518.50元[①]，为灾区同胞献上了自己的一份爱心。

2009年，图书馆按照校党委的要求，深入开展了学习实践"科学发展观"活动，以此加强全馆职工的服务意识，更加积极、主动、热情地为全校师生服务。在这次学习活动中，杨和平馆长从历史发展的角度为全馆职工解读了"科学发展观"，要求职工们将"科学发展观"落实到图书馆具体工作中，提高服

---

① 西华师范大学图书馆《2008年工作总结》，现藏于西华师范大学图书馆。

务水平和质量;同时,图书馆还编写了《图书馆深入学习实践科学发展观活动简报》共8期,并在落实"科学发展观"整改工作阶段,根据读者的意见和要求,结合本馆实际,对部分读者服务窗口的开放时间作了调整和延长。

2010年7月29日,《国家中长期教育改革和发展规划纲要(2010—2020年)》发布后,图书馆党政领导认真做好图书馆思想政治工作的引领,利用星期二下午的政治学习时间,带领职工认真学习《国家中长期教育改革和发展规划纲要(2010—2020年)》《国家中长期人才发展规划纲要》等相关内容,贯彻落实上述两个"纲要"的有关精神,做好图书馆服务工作,在国家教育改革和发展过程中充分发挥图书馆的教育职能和情报职能。

二、党建工作

(一)党组织建设

图书馆党政领导班子坚持党的领导,充分发挥党组织在各项工作的模范带头作用。为进一步促进和加强图书馆党组织建设,充分发挥党支部的战斗堡垒作用和共产党员的先锋模范作用,图书馆加强了各支部建设,定期召开各支部书记及党员会议,学习《党章》及学校有关会议精神。

2007年,图书馆第二党支部被评为学校先进党支部。

2008年,图书馆党总支对下属党支部进行了调整和换届选举,经图书馆推选、校组织部通过,产生了图书馆新一届支部委员。杨涛、强爱萍、胡晓为第一支部委员,牟高惠、周沁怡、邹英为第二支部委员。他们的分工是:杨涛为第一支部书记,强爱萍为组织、纪检委员,胡晓为宣传、统战、政(治)保委员;牟高惠为第二支部书记,周沁怡为组织、纪检委员,邹英为宣传、统战、政(治)保委员[①]。

2009年,在学校举行的"纪念建国六十周年高校党的建设征文"活动中,魏海霞撰写的《谈谈科学发展与高等教育改革创新》获三等奖。

(二)党员队伍建设

图书馆党总支积极推进组织发展工作,着重做好入党积极分子的培养及预

---

① 中共西华师范大学委员会西华师大党组〔2008〕13号《关于图书馆党总支下属党支部调整与换届选举结果的通知》,现藏于西华师范大学图书馆。

备党员的发展和转正,重视发展教职工中思想品德好、工作积极、业务能力较强、有一定组织管理能力的年轻人加入党组织,通过职工自愿申请、支部考察推荐等程序发展党员。截至 2005 年 9 月,图书馆计有共产党员 26 名,其中正式党员 24 名、总支委员 5 名①。2008 年 6 月,韩学华、魏海霞、舒拉经学校党委常委会讨论批准为预备党员;2009 年 1 月,经学校党委常委会讨论批准,熊玮按期转为中共正式党员,为图书馆基层党组织的建设和发展输送了新鲜血液。

(三)党的思想建设

为充分发挥党组织在各项工作的模范带头作用,图书馆总支认真组织党员和积极分子开展各项学习活动。如,召开"学习贯彻党章"专题会议,使每个党员和积极分子充分认识《党章》的重要意义,增强每个党员的党章意识、党员意识、为民意识和纪律意识,提高党员维护《党章》最高权威的自觉性,进一步坚定理想信念,在工作中发挥模范带头作用。2005 年 7 月,在学校"保先"办的统一领导下,图书馆成立了由党总支委员、两个支部书记组成的学习"保持共产党员先进性教育"活动领导小组,童恩涛任组长,陈国勇任副组长,小组成员有唐抚荣、李学宁、陈炜、杨涛、牟高惠,联络员为杨涛;9 月,由各支部组织党员学习《保持共产党员先进性教育》读本中的有关文章,并学习了党的十六大报告和"三个代表"重要思想。2007 年,开展了关于"党的先进性建设和党员的先锋模范作用""党员的权利与义务""学习十七大精神"等学习活动。2009 年,为进一步深入贯彻落实"科学发展观"、党的十七大提出的"以改革创新精神全面推进党的建设新的伟大工程"及第十七次全国高校党建工作会议提出的"深入开展高校党的建设理论研究"等要求,图书馆党总支积极探索新形势下图书馆党建工作,组织党员开展了系列学习活动。

(四)党员模范带头作用

在实际工作中,图书馆的党员认真履行党员义务,积极发挥党员的模范带头作用,以实际行动体现了共产党员的先进性。如在 2003 年迎接"四川省高校图书馆自动化网络化建设评估"工作中,党员自觉加班录入书目数据;在 2004—2005 年图书馆搬迁工作中,党员不怕累、不怕脏,带头打包、搬运书

---

① 西华师范大学图书馆《学习保持共产党员先进性教育活动第一阶段小结》,现藏于西华师范大学图书馆。

刊，与全馆职工一道，顺利完成了新书借阅处、新校区教师阅览室、中文过刊阅览室等的调整和组建工作，以实际行动体现了共产党员的先进性[①]；在2005年迎接教育部本科教学水平评估工作中，党员带头加班订购和分编书刊、认真准备"迎评"资料等。这些都充分体现了图书馆共产党员的先锋模范作用。

2003年，张怀绥、郭黎康两位党员被评为学校优秀教育管理人员。2005年3月，郭黎康被授予西华师范大学第一届"三八红旗手"；同年6月，图书馆党总支第一支部被评为校"先进党支部"，陈国勇被评为优秀共产党员。2008年，杨涛被评为优秀共产党员。

三、工会工作

2002年，孙明节担任图书馆工会主席后，带领图书馆工会会员继续参加校工会代表大会，以邓小平理论和"三个代表"重要思想为指导，认真贯彻和落实《工会法》《中国工会章程（修正案）》，积极推动图书馆的民主管理和民主监督，促进图书馆各项工作的开展；并组织职工参与上级工会组织的各项活动。2003年11月29日，孙明节作为校工会委员，参加了西华师范大学第九次会员代表大会；并于2007年12月25日参加了校工会第十次会员代表大会。2006年12月，图书馆工会委员会进行了换届，选举产生了7名工会委员。其中，孙明节为工会主席、杨涛为副主席、郎筠为文艺委员、李春华为生活福利委员、陈媛华为体育委员、陈芳为女工组织委员、李张春为宣传委员。新一届工会委员在工会主席的带领和馆领导的支持下，认真履行职责，开展各项工作。

（一）参与和推动图书馆的民主管理

图书馆工会认真履行基层工会的基本职责，协助图书馆党政领导做好职工的政治理论学习，组织全体会员以各种形式认真学习"三个代表"重要思想及科学发展观，深入学习和贯彻十七大精神，学习和讨论校工会的有关文件和工作纪要；积极参加馆务工作和图书馆的一些重大决议的讨论，并提出建设性意见，有的意见和建议得到了馆领导的认可和采纳，并产生了较好的效果。如，在图书馆自动化网络化评估中，协助馆领导和各部室干部做好评估前的准备和

---

① 西华师范大学图书馆编：《文献与信息》2005年第2期（总第18期），现藏于西华师范大学图书馆。

书目数据库的构建工作，使图书馆的评估工作顺利达标；并配合馆领导，对新到馆的年轻职工进行职业道德和业务技能的培训，使他们爱岗敬业，帮助他们尽快地熟悉业务、胜任图书馆的各项工作。

（二）参与校工会组织的活动

图书馆工会积极组织图书馆职工参加校工会组织的篮球比赛、排球比赛、歌咏比赛、舞蹈比赛、扑克牌双扣比赛、田径运动会等各项文体活动，丰富职工精神生活，强健职工体魄，并进一步增进职工团结力、凝聚力，促进了图书馆职工队伍的建设和和谐发展。如，2008年组织馆内职工参加校工会组织的"庆三八"趣味体育活动，获6人集体往返赛三等奖；并组织职工参加学校举行的"迎奥运"登山活动，及纪念改革开放三十周年"和谐之声"大合唱比赛。2009年，组织职工参加校工会举行的乒乓球比赛，获得了女子组团体第一名的好成绩。

同时，图书馆工会还积极响应校工会的"献爱心，送温暖"活动，为学校贫困学生捐款。如，2007年、2010年，响应校工会的号召，组织全馆工会会员为学校"烛光"基金捐款共计9100余元，献出了图书馆职工的爱心；2008年，以图书馆党总支为凝聚核心，充分发挥工会组织的号召作用，积极配合上级工会，组织职工为汶川地震灾区捐款捐物，奉献爱心；2010年，为玉树地震灾区捐款4950元、为舟曲灾区捐款3350余元。

（三）丰富职工业余文化生活

图书馆工会积极组织健康、丰富多彩的文体活动，以丰富职工业余生活。如，利用业余时间组织春秋两季教职工郊游活动及元旦娱乐活动，通过活动的开展，加深了全馆职工之间的了解，增强了职工的凝聚力。特别是每年的"三八妇女节"，积极组织女职工进行爬山、跳绳等有益于身体健康的活动。

（四）关心职工生活

图书馆工会全体委员及会员小组长十分关心职工生活，为职工办实事、办好事。他们经常深入职工中，主动了解职工的生活、工作情况，倾听职工的呼声，及时向馆领导和学校工会反映职工的疾苦，并积极同馆领导一起想办法解决职工问题。职工生病时，及时到医院和职工家里看望，送去图书馆工会和校工会的慰问金或慰问品，并对职工生病的亲属也进行探望，力所能及地帮助家庭有特殊困难的职工，解决他们的后顾之忧。对有困难的离退休职工也热心帮助，将他们的困难及时反映给有关领导，帮助他们解决生活中的一些困难，使他们感受到组织的温暖。

女职工是图书馆建设和发展的主力军。因此，西华师范大学图书馆工会十分重视对女职工的帮扶工作，依法维护女职工的合法权益，为她们排忧解难。对家庭出现矛盾的女职工给予关爱，配合馆领导进行耐心调解，帮助她们解决家庭矛盾，让她们感受到组织的温暖，更好地投入本职工作。同时，积极配合校"女工委"，有针对性地开展有益于女职工身心健康的活动。如，为女职工办理重大疾病保险，帮助女职工办理独生子女补助，组织女职工参加健身健美、登山比赛，举办"女职工健康知识讲座"等。

四、消防安全工作

西华师范大学图书馆领导一直非常重视图书馆的"综合治理"和"消防安全"工作。在《西华师范大学图书馆规章制度汇编》中特别强调了安全责任与管理，修改和制定了《图书馆消防公约》《书库安全公约》《图书馆钥匙管理办法》《数据安全及备份制度》《图书馆综合治理措施》《图书馆预防和处置突发事件方案》，建立了综合治理纪事档案、综合治理负责同志业绩档案等；在部室干部和全馆大会上及时传达上级部门有关安全工作的会议精神，并反复强调安全工作的重要性；每年制订专门的《综合治理、文明小区工作年度计划》，与各部室及每个职工签订《图书馆治安综合治理目标管理责任书》；并建立图书馆义务消防工作小组，经常检查图书馆各库室的安全情况，发现安全隐患及时报告给后勤处或保卫处，清除安全隐患。因此，图书馆综合治理及安全保卫工作取得了好的成绩。

2003年度，图书馆的安全综合治理工作取得了99分的优秀成绩，被评为"校园社会治安综合治理先进集体"；陈国勇和李学宁被评为"校园综合治理先进个人"。2005年，图书馆综合治理工作取得了97分的好成绩，郭黎康、李学宁、刘晓穗被评为"校园社会综合治理先进个人"，杨涛、周虹被评为"安全文明户"。此后，图书馆每年的综合治理工作和消防安全工作在学校年终检查中都取得了95分以上的好成绩。

第九章 新征程：西华师范大学图书馆（下）

（2011年6月—2020年7月）

第一节 图书馆新领导集体与管理

一、新领导班子组成与分工

2011年6月，学校处级干部换届调整：杨和平馆长调往学报编辑部任编辑部主任（正处级）；音乐学院党总支书记魏晟调任图书馆馆长；化工学院党总支书记王心良到图书馆任党总支书记；新闻传播学院副院长吴晓川到图书馆任副馆长；原副馆长李学宁继续留任。图书馆新的领导集体形成。分管校领导为副校长刘玉平。6月24日，新任馆领导与图书馆职工正式见面。之后，馆领导立即对采编部、期刊部、阅览部、自动化部、科情室、流通部、办公室等部（室）进行调研，熟悉图书馆各部室情况，并利用暑假分别到西安交通大学图书馆、电子科技大学图书馆、中国人民大学图书馆、西南大学图书馆等省内外高校图书馆考察、学习，为进一步加强图书馆管理打下了基础。

2011年7月4日上午，图书馆召开了党政联席会议，研究决定新一届馆领导的具体分工问题。经研究决定：馆长魏晟主持行政全面工作，负责财务、人事、安全工作，并分管办公室、阅览部；总支书记王心良主持党总支全面工作，负责党建、共青团、工会、教代会、综合治理、消防安全保卫工作，并分管自动化部；副馆长李学宁协助馆长做好行政工作，分管期刊部和流通部；副馆长吴晓川协助馆长做好行政工作，分管采编部、科情室和"文献信息检索与利用"课教研室。2016年11月，因李学宁副馆长在图书馆任职超过8年，按照中央干部任用组织原则规定及落实西华师大校党委关于"处级干部工作8年必须交流，副职在单位内交流"的原则，李学宁副馆长必须进行内部轮岗，调整其分管工作范围，其他馆领导分管范围也进行了相应调整。调整后，总支书记王心良全面负责党务工作，包括宣传统战、工会、教代会、文献信息助理、思想文化和意识形态、安全稳定、综合治理、网络舆情、反腐倡廉、离退休工作等，并分管技术服务部；馆长魏晟全面主持行政工作，负责财务、人事、安全保卫、综合治理、反腐倡廉等工作，并分管办公室、借阅服务部；副馆长李学宁协助馆长工作，分管北湖老校区综合服务部、资源建设部；副馆长吴晓川协助馆长工作，分管古籍珍特藏部、信息咨询部。

2020年6月，图书馆领导班子调整，新闻传播学院院长杨红旗教授任图书馆馆长[①]。9月24日下午，图书馆新任党总支书记周申立到任。

二、管理与制度建设

管理是合理地组织人力、物力、财力，高效率地实现预定目标的过程[②]，没有好的管理，就不会达到预定目标。制度管理是行政管理的主要内容之一，包括制度的制定、制度的组织实施、制度的完善与改革以及制度文件资料的管理等方面的工作[③]。图书馆管理就是通过计划、组织、指挥、协调和控制等行动，最合理地使用图书馆系统的人力、财力、物质资源，使之发挥最大作用，以达到图书馆预期的目标，完成图书馆任务的过程[④]。2011年，图书馆新的领导班子形成后，更加重视图书馆的制度管理工作。

（一）严格考勤和巡察

高校图书馆是为教学科研服务的机构，西华师范大学图书馆自建馆开始就

---

① 2020年6月2日中共西华师范大学委员会西华师大党委〔2020〕19号《中共西华师范大学委员会关于任免杨红旗、曹敏等职务的通知》。
② 时蓉华主编：《社会心理学词典》，成都：四川人民出版社1988年版，第276页。
③ 孙钱章主编：《实用领导科学大辞典》，济南：山东人民出版社1990年版，第32页。
④ 黄宗忠编著：《图书馆学导论》，武汉：武汉大学出版社2013年版，第317页。

形成了上下班签到、中间查岗的制度，并一直延续。这种几十年如一日的考勤查岗制度，反映了图书馆的管理之严格，保证了图书馆工作的正常运行，展现出图书馆人的敬业精神。

新的领导班子形成后，首先加强了图书馆的劳动纪律管理。2011年10月开始，全馆职工实行指纹考勤，每个月公示考勤情况。2013年5月，为进一步提高图书馆员工的服务质量，改进服务态度，更好地为广大师生服务，图书馆制定了《关于改进服务态度的规定》，其中规定："全馆职工上班时间佩戴统一制作的工作牌，若职工在上班期间被读者投诉或被馆领导巡察组检查到未挂牌上岗，一次交纳违规处罚金50元；职工因服务态度不好被读者投诉者，经调查属实，一次交纳违规处罚金100元，一年被读者投诉累计三次及以上者，年度考核不合格；职工之间、职工与读者之间发生争吵、打架等不文明行为，发生一次，扣奖金100元，当年年度考核为不合格，聘期内发生三次上述不文明行为，下一轮岗位聘任不再续聘"。2014年，为加强管理，图书馆聘请了10多位信息助理（学生）作为行风监督员，每天对图书馆员工的服务质量进行明察暗访，发现问题及时向馆领导汇报。2016年，图书馆进一步严格劳动纪律，实行人脸识别考勤，把考勤结果同评优、评奖和年度考核挂钩；同时，坚持党政领导巡察制度，每天都有一位党政领导到各部室进行巡察，发现问题，立即处理；并聘请了20名学生作为图书馆行风监督员，收集读者意见，改进图书馆工作，提高图书馆服务质量和水平。

（二）修订图书馆《规章制度》

教育部《普通高等学校图书馆规程》（2015年版）印发后，西华师范大学图书馆根据第三十八条"图书馆应根据学校发展目标制订图书馆发展规划，建立健全各项规章制度"之规定，及西华师范大学《关于做好学校规章制度废改立工作的通知》精神，结合图书馆实际，由图书馆党总支牵头、行政参与，组织总支委员和所有中层以上干部参与调研和起草，经上下多次会议讨论、反复修改和核对，于2015年11月底完成了《西华师范大学图书馆规章制度汇编》（2003年编制）的修订工作，2016年3月印刷成册，更名为《图书馆制度汇编》（见图9-1），全馆职工人手一册。

《图书馆制度汇编》分"岗位职责""图书馆制度""图书馆工作细则"三个部分。增加了"图书馆保安岗位职责""图书馆清洁工岗位职责""图书馆党政联席会议议事细则""图书馆馆务会议制度""图书馆监控安全保密管理制度""图书馆文献信息助理管理制度""大型活动安全管理及安保方案""工会、教代会工作条例""图书馆离退休工作条例"等新内容,为图书馆的业务工作和管理提供了保障。

2018年3月,为了适应新时代新形势的需要,依法治馆,依规治馆,奖勤惩懒,奖优罚劣,拉开学校目标绩效分配差距,体现多劳多得、少劳少得、不劳不得原则,提高全馆职工全心全意为读者服务的意识,改善服务态度,为确保校党委、校行政布置的各项工作按时完成提供制度保障,图书馆制定了《西华师范大学图书馆目标绩效考核办

图 9-1　西华师范大学图书馆编制的《图书馆制度汇编》封面

法》(2018年3月26日起执行),并成立目标督查小组,每周至少三次(含晚上)不定期对职工的工作情况进行督查。

三、会议制度的规范

2011年,新的领导班子组成后,图书馆对党组织会议、党政联席会议议事制度和馆务会议制度进行了规范,并将有关细则编入《图书馆制度汇编》中。

(一)党组织会议

图书馆党组织会议制度根据《中华人民共和国高等教育法》《中国共产党普通高等学校基层组织工作条例》《四川省高校党建工作重点任务》及《西华师范大学二级学院党组织会议议事规则(试行)》确立。党组织会议由党总支书记主持。会议对图书馆重大事项先进行研究,再提交党政联席会议决定。如,2011年7月3日,研究了图书馆党建工作要点、建立学习型图书馆等问题;2012年2月17日,研究了图书馆年度工作计划、"创先争优"活动开展、活力图书馆建设、预备党员转正、党员队伍发展、总支委员换届、党务政务公开、图书馆网页美化、文化氛围提升、文献信息助理宣传部增设、图书馆社会

服务等问题。2018年9月17日，图书馆召开了新学期第1次党组织会议，参会人员有王心良、魏晟、吴晓川、李学宁、杨涛、李海蓉，王心良主持会议。会议对职工第三轮岗位聘任、编制外聘用人员管理办法、校图工委会议的准备、馆领导巡察、安全工作的检查落实及下半年工作重点与思路等问题进行了研究；10月16日，党组织会议对图书馆与嘉陵监狱的党建合作、2019年迎新晚会筹备、部（室）干部考核方案等问题进行了讨论。

（二）党政联席会议

党政联席会议是图书馆的最高决策形式，是保证图书馆运行秩序、提高决策水平的手段，是促进民主集中制实施、规范图书馆工作的有效形式。会议的功能是研究问题、互通情况、学习研究。《图书馆党政联席会议议事细则》规定：党政联席会议每1—2周召开一次，由书记或馆长主持。议事范围包括：研究贯彻落实中央和上级会议精神，学习中央和学校的重要文件；研究制订图书馆发展规划、年度和学期工作计划，规划账务预算；研究解决图书馆文献资源建设、人力资源建设、读者服务、设施设备建设等问题；讨论研究职工学习进修、职称评定、奖惩评估、劳务分配及思想政治工作等重要问题。如，2011年6月28日，新的领导班子组建后，召开了第一次党政联席会，讨论了领导分工、职工劳动纪律、图书馆安全、网站更新等问题。2011年7月4日，讨论了上半年工作总结、安全检查、空调安装专项资金的使用、绿色图书馆建设、党总支改选、电子阅览室升级、服务水平提升及影响力扩大等问题；2012年3月12日，研究了新校区图书馆中央空调安装、老校区图书馆装修、购买10台查询机、南充非遗特色数据库建设等问题；2012年11月8日，研究了图书馆2013年进人计划（需硕士毕业的古典文献整理1人、图书情报2人、其他专业2人）、中层干部换届和选拔等问题；2013年6月3日，讨论了新校区图书馆中央空调安装工作监管、库室调整具体方案、申报省级重点古籍保护单位等问题；2014年4月16日，研究了推荐优秀劳动工作者、筹办图书文化节、建立捐书专柜及新书阅览室等问题。2016年，图书馆共召开了18次党政联席及扩大会议。其中3月4日，党政联席会研究了图书馆管理和服务如何上台阶的问题。2017年，共召开了19次党政联席会议，研究决定和通报图书馆重大事项，实行科学民主决策。2018年9月1日，召开党政联席会议。王心良、魏晟、吴晓川、李学宁、杨涛参会，王心良、魏晟主持会议。会议对2019年预算、成立嘉陵监狱分馆、纸质中外文献政府采购、科普基地建设、国有资产入库等问题进行了讨论。2020年上半年，图书馆共召开6次党政联席会议，通报了图书馆2020年社科基金申报邀请校外专家论证的有关事宜，讨论通过了图书馆2020年上半年党政工作要点和图书馆2020年重点工作，并对《图书馆巡察整改方案》及图书馆建立新书库等事项进行了讨论。

（三）馆务会议

馆务会议是图书馆的行政会议，是按照党组织会议和党政联席会议的决策，对图书馆日常工作中的问题和事项进行讨论并予以贯彻落实的会议制度。馆务会议由馆长主持，如有特殊情况，可由馆长委派某项工作主要负责人主持。如有需要，可由馆务委员会成员提请，由馆务委员会主任临时组织会议。本会议不定期召开。馆务委员会由正、副馆长和各部室主要负责人组成，馆务委员会主任由馆长兼任。2013年7月1日召开的馆务会议，通报了对图书馆清洁工在楼顶烧火造成不良影响的处理意见以及图书馆申报四川省古籍重点保护单位通过验收的情况，研究了图书馆改造及建设项目（包括库室调整、增加阅览座位、提升文化气氛、厕所改造、馆内花园改造、电梯及门禁系统的安装等）。2015年6月8日，讨论了毕业生离校手续办理、部（室）名称更换、暑假工作早安排等事宜。2016年3月21日，研究了开通图书馆新网站、加强职工考勤记录、与管理学院联合申报"资源管理"专业（本科）、图书文化节活动项目等问题。2017年，图书馆共召开了19次馆务会议。2018年，图书馆共召开了15次馆务会议。其中12月10日上午，在华凤新校区图书馆四楼研讨室召开了第十五次馆务会议。会议由魏晟馆长主持，馆领导魏晟、王心良、吴晓川、李学宁及各部室主任、工会主席参加了会议。会上，由吴晓川副馆长和古籍部副主任韩亮通报了到四川大学参加创新案例大赛的有关情况，提出了相关建议和设想。魏晟馆长通报了华凤新校区图书馆中央空调维修的有关情况，要求在最近几天维修好，尽快开启中央空调。会议还通报了图书馆2018年工作总结以及2019年工作要点；讨论了智慧图书馆网站建设的有关情况，听取了技术服务部主任王昆鹏对智慧图书馆网站建设的有关情况说明；讨论安排了岗位聘任考核和年度考核的有关工作。2019年，图书馆共召开了16次馆务会议。4月2日下午，在华凤新校区图书馆118室召开了当年第三次馆务会议。会议由魏晟馆长主持，馆领导魏晟、王心良、吴晓川、李学宁和各部室主任、工会主席参加了会议。会议落实了图书馆参与南充市"2019'4·23'读好书、做好人阅读活动启动仪式暨四川省嘉陵监狱开放日"活动的有关事项；研究了图书馆第八届图书文化节启动仪式的有关工作，要求相关部室抓紧落实、认真准备，确保该项目工作顺利完成。2020年上半年，图书馆共召开6次馆务会议。6月15日，在华凤新校区图书馆四楼研讨室召开了当年第五次馆务会议。会议由杨红旗馆长主持，馆领导、各部室主任、工会主席参加了会议。会议安排了各相关部室认真落实党政联席扩大会关于借阅服务部和北湖老校区负责具体落实建立新书库、各部室认真核定本部室人员基本工作量等事项。

党政联席会议制度和馆务会议制度的确立，保证了对图书馆工作的及早部署和对图书馆重大事情的及时安排。

（四）"分享"报告会

西华师范大学图书馆还形成了一种"分享"报告会制度，即规定凡职工外出参加会议、培训或学习后，均要向全体职工报告、分享学习情况及其见闻和感想，或传达会议精神等。如2012年7月，魏海霞代表进修回来的3位同志，汇报了他们在大连理工大学学习、考察的情况和感受；2016年9月27日下午，在图书馆召开的新学期第一次政治业务学习大会上，王玺给大家分享了参加长沙研修班学习后的体会和感受，并介绍了清华大学图书馆、北京大学图书馆、武汉大学图书馆、上海图书馆等单位在创新服务方面的经验；同年10月25日下午3点，在图书馆举行的职工政治业务学习大会上，魏海霞给大家分享了她和刘晓穗到北京参加"2016中国开放获取推介周"的学习情况及参观国家图书馆、北京大学图书馆、中国人民大学图书馆、中国科学院图书馆等知名图书馆的感受；2018年5月，王黎黎报告了她参加"2018高校图书馆知识服务与创新应用高级研修班"学习的相关内容。图书馆实行的这种"分享"报告会，不但让赴外学习、参观的职工给大家分享了他们学习、参观的心得和体会，还对全馆职工进行了一次辐射式的再教育，使全体职工获得新的理念和新的工作思路，开阔了图书馆人的视野，提高了图书馆人的整体素质。

（五）图书馆工作委员会议

图书馆工作委员会议是全校性的图书馆建设会，由图书馆主持召开，校领导及各院系教师代表参加。为了加强图书馆文献信息体系建设，适应和促进学校教学、科研和管理工作，2011年12月22日下午3时，由图书馆王心良书记主持召开了"西华师范大学2011年图工委"会议。会上，魏晟馆长对图书馆2011年的工作进行了汇报，提出了图书馆2012年的工作计划。如提出了：加强宣传、改版网站，参加省图工委会议；加强党建、工会活动；重视安全；改善读书环境，安装空调；完成工作人员公招和科级干部换届；加强职工业务学习；开展馆际互借；加入全国师范联盟；加快纸质与电子资源比例的调整；开展科研申报；建特色资源数据库；青年教师轮岗；建立学生文献信息制度，培养学生信息员；等等。李学宁副馆长汇报了图书馆调整纸质与电子资源的情况：中文纸质期刊削减了20多种，外文纸质期刊由120多种减少到60多种；图书馆将加大电子资源的购置比例，停订数据库中已有的纸质资源，如纸质"人大复印报刊资料"等。会上，美术学院李斌老师针对图书馆室内文化建设单薄、公共装饰简单、无学术气氛、导示系统不齐、缺乏多层次交流功能和公共休息交流区等现状，提出并演示了"西华师范大学图书馆文化提升"设计方案，将图书馆打造成"绿色图书馆""文化图书馆"。会上，委员们就图书馆安装中央空调、加大电子资源和外文资源比例、提升文化内涵、突出自身优势、提高服务水平、面向市民开放等问题进行了讨论，并对图书馆建设提出了许多建设性意见。如，生命科学学院院长黎云祥教授建议：加强图书馆与学院的联系和沟通，指派学科信息员为学院教师服务；扩大文献访问地域，如校外人员的访问及放假后图书馆资源的访问和运用等。科研处处长徐邓耀教授提出提高工作人员素质、加强硬件建设、实行自助式服务、突出重点学科资源建设等建设性意见。会上，分管图书馆的刘玉平副校长希望图工委的各位委员积极承担促进图书馆发展的责任，成为沟通图书馆与各学院的桥梁，帮助图书馆改进工作；并要求图书馆工作人员把工作做好，只有这样才能得到理解，才能提升自己的价值。

2012年12月，召开了西华师范大学第二届图书馆工作委员会。李学宁副馆长汇报了2012年图书馆工作情况。会上，与会代表对图书馆取得突破性的成绩表示称赞，并就图书馆建设提出了建议。图书馆设置文献信息助理、建立与学院教职工沟通的桥梁等建议受到大家的好评。对图书馆今后需加强的工作，冯明义委员提议应做好社会服务，与地方合作，收集和研究地方文化、区域特色文化，如研究嘉陵江文化的核心内涵等，增强南充人的文化自信；黎云祥委员提出购买 CNKI 的生物卫生专辑；科研处王如渊处长提出与图书馆合作进行科研成果检索；蒋玉斌委员提出教师借书量可多一些，比如一次可借 12—25 册；国资设备处姚龙处长提出图书馆应与院系沟通，整合各院系资料室资料及科研处、教务处等处室的资料，进行资源共享；其他委员提出购买国外硕士博士论文数据库、环境工程专业数据库等建议。最后，分管图书馆副校长刘玉平教授进行了总结发言，肯定了图书馆做的很多实际工作，特别是培养了文献信息助理、送服务下基层、筹办文化艺术节等，搞得有声有色。他希望图书馆再接再厉，进一步提高服务质量，建立魅力图书馆、美丽图书馆。

2015 年 1 月 12 日，由王心良书记主持召开了西华师范大学第四届图工委员会。图工委主任刘玉平副校长对图书馆 2014 年的变化进行了肯定，特别是对图书馆文化建设项目的实施、文化氛围的提升、借阅模式的改变、中央空调的安装、借阅环境的大大改善等进行了充分肯定；他希望图书馆在 2015 年进一步改善服务态度、提高服务水平，由面上的服务改为点对点的服务，并与科研处联系，为教师的科研工作提供有效服务。刘玉平副校长还希望图书馆强化育人功能，发挥图书馆特色优势，文化育人、文明育人。会上，其他委员对图书馆近 2 年的变化也进行了肯定，并对图书馆的建设和发展提出了一些建设性意见。科研处王如渊处长提出将本校教职工成果汇集起来建立特色数据库或地方文献数据库，如可以建立川北民间音乐数据库；加强图书馆资源特别是电子文献资源使用的培训工作，强制对研究生、本科生等进行分期分批的培训。计算机学院王锦教授提出图书馆应加大新购数据库的宣传力度，如将数据库使用方法和步骤做成课件，每周二利用各学院教职工政治业务学习时间，对学院教职工进行培训。国土学院许武成教授提出成立教师成果陈列室。管理学院李其原教授提出新生培训课件可做成"闯关"软件，吸引新生。

2017 年 11 月 22 日下午，校图书馆工作委员会召开了专题会议，讨论 2018 年图书馆资源购置预算方案等议题。学校各二级单位的图工委委员及图书馆党政负责人、相关部室主任参加了会议，会议由魏晟馆长主持。会上，首先由李学宁副馆长向图工委委员们介绍了图书馆 2018 年文献资源购置费预算方案及向营山中学捐赠部分复本图书等议题。随后，各参会委员分别就外文数据库购买、文献传递、论文查重、本科生毕业论文写作培训等相关议题进行了讨论，并发表了各自的意见和建议。对于委员们提出的问题及意见，图书馆领导及相关部室主任一一进行了回答，并表示将委员们的意见上报学校相关领导和职能部门进行审议。

2018年9月17日下午，校图书馆工作委员会会议在行政楼210室举行。会议由校图工委副主任、馆长魏晟主持，学校图工委主任、副校长刘进及全体校图工委委员、教师代表参加了会议；图书馆党政领导和部室主任6人列席了会议。会上，李学宁副馆长向各位委员介绍了图书馆2019年文献资源购置费预算方案（草案），对拟采购的纸本资源、续订的各数据库资源进行了讲解说明，并重点介绍了拟专项续订的爱思唯尔SD数据库和专项新订的SCI数据库，征求委员们的意见。校图工委委员和教师代表发了言，他们希望图书馆：在文献资源建设方面扩大学科范围，考虑购买专题数据库；在学科服务体系建设方面，早日培养出一支高水平的学科馆员队伍，做好学科服务工作；在信息素质教育方面，加强数据库的使用培训。最后，刘进副校长就图书馆资源建设作了指示：一是图书馆资源建设必须立足于学校的博士点申请、"双一流"建设、教育部本科评估以及师范认证等中心工作进行规划；二是图书馆要进一步调研已购各数据库的使用情况、内容是否重复等问题，优化资源建设，提高资源建设的效益；三是加强对全校教师、研究生、本科生使用各数据库资源的培训工作，发挥资源在学校教学、科研中的重要作用；四是图书馆"书香文化"活动要多与学工部、团委联系和沟通，办出特色。同年11月，学校图书馆工作委员会进行了换届，并建立了QQ群，以便开展工作。换届后，图书馆工作委员会有委员46人，其中教职工40人、学生6人。

2019年1月8日下午，在华凤新校区图书馆306会议室召开了西华师范大学图工委2019年第一次会议，校图工委主任、副校长刘进教授及其他45位校图工委委员参加了会议。会议由王心良主持。会上，魏晟馆长对图书馆2018年各项工作向全体委员作了总结汇报；李学宁副馆长就"图书馆2019年政府采购项目、文献资源购置计划"等向全体委员作了介绍说明。图工委委员们就魏晟工作总结、李学宁2019年资源购置计划（预算）进行了讨论、发言，对图书馆文献资源建设发表了各自的意见、建议。会上，全体委员通过了图书馆2019年政府采购项目预算方案，并同意2019年以全学科的方式继续购买爱思唯尔SD数据库，经费从学科建设费中支出。图工委主任、副校长刘进教授在学校图工委 2019 年工作及图书资源建设、图书馆管理、图书馆服务等方面作了重要讲话。他指出：各位委员要高度重视图工委的作用，切实发挥好服务于全校师生的咨询、协调、纽带、参谋作用；要高度重视图书文献管理、服务工作在学校人才培养、科学研究、社会服务、文化传承、国际交流中的基础性保障作用；要拓宽拓广图书文献管理、服务工作的视野，构建科学性、系统性、规范性的工作机制；要加大力度推进图书馆人才队伍建设，提升图书馆服务水平和服务能力，使图书馆成为学校内涵式发展的重要支撑平台。

（六）职工政治业务学习大会

为提高图书馆工作人员思想政治素质和业务水平，图书馆制定了每月召开一次全馆职工参加的例行政治业务学习大会制度。制度规定每月最后一周的星期二下午为全馆政治业务学习时间。2015 年 3 月 31 日，图书馆在学术厅召开了例行政治业务学习大会，王心良书记在会上传达了学校安全工作会议精神，并带领大家学习了《关于进一步加强和改进新形势下学校宣传思想工作意见》《关于一线职工考核的方案与说明》等文件；同年 9 月 15 日，全馆职工在教学楼 108 室聆听了学校党委书记王安平教授对新一届领导的治校思路的看法。

2017 年，图书馆共召开了 9 次政治业务学习与技能培训大会。11 月 21 日，全馆职工在学术厅聆听马列主义学院曹均学教授的"不忘初心，砥砺前行——党的十九大精神解读"报告。同年，图书馆还利用"四川省高校图书馆发展研讨会"和"全国师范院校图书馆联盟第二届成员大会"在图书馆召开的契机，让全馆职工聆听上海交大图书馆潘卫教授作的"高校图书馆转型发展与人才队伍建设"、北京大学图书馆原馆长朱强作的"双一流背景下高校图书馆发展"、台湾世新大学图书馆原馆长叶乃静作的"图书馆服务创新如何可能"、上海市图书馆副馆长刘炜作的"机器学习与智慧图书馆建设"等学术报告。职工们开阔了眼界，学到了很多新知识、新技术，提高了专业知识水平和服务读者的本领和技能。

2018 年，图书馆共组织全馆职工政治业务学习大会 8 次。如，组织职工学习了全国"两会"精神，学习了国务院印发的《关于全面深化新时代教师队伍建设改革的实施意见》及习近平总书记在全国教育工作大会上的重要讲话等,并学习了《关于加快建设高水平本科教育 全面提高人才能力的培养意见》《关于高校教师师德行为规范行为处理指导意见》《四川省师范教育工作座谈会精神》等文件,还学习了"大数据与一流学科建设""2R与新时代图书馆"等相关知识。通过一系列学习活动,全馆职工既提高了政治理论水平,又学到了专业知识,开阔了视野,逐步提高了服务读者的水平和技能。

2019年,图书馆共进行了8次政治业务学习。4月,图书馆开展了"学习英雄精神,做好岗位工作"系列活动,学习了杰出校友谢彬蓉先进事迹,观看了2019央视新闻联播中《谢彬蓉:大凉山上的"铿锵玫瑰"》《最美退役军人谢彬蓉》等节目。6月18日下午,图书馆举办了专家"普法"讲座和业务学习,专门邀请本校法学院前院长、四川省法理学会副会长刘永红教授作"法治的现代意蕴"主题报告。刘教授从全面依法治国的时代背景入题,列举了古今中外各种法理观念、多个法治案例,给职工们上了一堂深入浅出的法制教育课,生动阐述了在实现中华民族伟大复兴的时代,法律应刻在每一个公民的心中。12月3日下午,图书馆举行全体员工参加的"不忘初心、牢记使命"暨学习贯彻学校第二次党代会精神的专题学习报告会,副校长刘进为大家作"新时代学校图书馆的初心与使命"报告。

2020年5月26日下午,图书馆召开了毕业生返校疫情防控工作演习会,以确保图书馆的毕业生返校服务工作平安有序进行。

第二节 干部调整与工作人员队伍建设

一、机构设置与改革

2010年,随着图书馆珍特藏书库、老校区闭架书库和流通部办公室搬迁到新校区,图书馆的搬迁任务已全部完成,业务工作已大部分移到新校区。图书馆的组织机构仍设采编部、流通部、阅览部、期刊部、办公室、自动化部、科情室(含"文献信息检索与利用"课教研室),共8部(室)。其中,阅览部下设老校区教师阅览室、老校区学生阅览室、新校区教师阅览室(兼新校区读者资料复印工作)、新校区学生阅览室、外文阅览室及外文书库、艺术及教学实习参考书阅览室、文献检索室、珍特藏阅览室（未设岗位，由新校区教师阅览室代为管理），各库（室）分处新老校区，且工作繁杂，给管理工作带来了诸多不便。

2013年，为加强馆藏古籍文献及珍特藏图书的管理和保护，图书馆成立了古籍珍特藏部，下设线装书库及阅览室、珍特藏书库及阅览室。韩亮任古籍珍特藏部副主任。

2014年，西华师范大学启动了"大学文化建设"项目，对校名、校牌、校标、校旗等进行了设计与制作，新校区命名为华凤校区，老校区命名为北湖老校区。当年，图书馆确立了"学科化、智能化服务"的发展道路。原有的业务组织结构已不能满足"藏、借、阅、咨一体化""以用户为中心"的学科服务需求及图书馆"智能化"发展的需要。同年下半年，图书馆以中层干部换届调整为契机，根据"求创新、破常规，实现跨越式发展"的改革理念，进行了机构改革和业务重组。图书馆撤销了阅览部、流通部、期刊部，将原流通部所有书库、期刊部所有库室与阅览部新校区所有库室合并，成立借阅服务部，面向全校所有持证读者开放，负责图书馆所藏普通图书、期刊及报纸的管理和读者服务工作，周沁怡任借阅服务部主任、邹英任副主任；原阅览部北湖老校区教师阅览室和老校区学生阅览室等组成北湖老校区综合服务部，负责北湖老校区图书馆的日常业务工作，包括书刊流通、读者阅览等工作，原期刊部主任刘晓穗任北湖老校区综合服务部主任（具体事务由原阅览部副主任李华负责）；期刊部办公室及期刊采购业务合并到采编部。

2015年6月，经过调研其他高校图书馆部室改名情况后，西华师范大学图书馆于11月对部分部（室）名称进行了更改：将原采编部改名为资源建设部；自动化部恢复技术服务部原名；科情室改名为信息咨询部。

2017年9月，应广大离退休教职工的要求，图书馆在北湖老校区建立了"离退休教职工阅览室"。不久，图书馆在北湖老校区又建立了密集书库，对借阅量少的书刊进行集中管理。至2019年6月，北湖老校区综合服务部下设3个密集书库、1个离退休阅览室、1个报刊阅览室、4个图书阅览室、1个过刊库、1个旧报库及4个自带书阅览室，另设有信息助理办公室、川北历史文化普及基地办公室、教师研讨室、主机房等。

2019年5月，学校精简科级机构，图书馆北湖老校区综合服务部合并到办公室，业务工作仍由李华具体负责。

图书馆通过以上机构改革和部室调整，形成了垂直、分校区、多部室协同的管理结构，方便了管理和读者借阅，提高了工作效率。

二、中层干部换届调整及考核

2012年2月，图书馆对中层干部进行了换届和调整。郎筠被选为科情室副主任，刘晓穗由流通部主任调为期刊部主任，周沁怡由阅览部副主任提拔为流通部主任，李海蓉由期刊部副主任提拔为采编部主任。

2013年3月，图书馆对新增部室干部进行了推选。

2014年2月，确定李华和邹英分别为阅览部副主任、流通部副主任。

2015年11月，图书馆对个别中层干部进行了调整。李华任资源建设部副主任，主要负责北湖老校区综合服务部工作。

2018年12月，图书馆进行了中层干部的年度述职、考核和评优工作。这次考核对各部室干部有效开展工作产生了重要的促进作用。

2019年7月，刘宇任办公室副主任。

三、工作人员队伍建设

（一）工作人员队伍状况

2011年1月，李春华调入教材发行中心工作，原馆长陈国勇调入历史文化学院工作。同年4月，张淑华退休；6月，郑慧珍等退休。本年，图书馆在编人员减少到66人，其中男职工21人、女职工45人[1]。为维持图书馆正常工作，馆领导向学校申请增加工作人员。但由于各方面原因，图书馆在编工作人员始终未能达到以前的数量。对此，学校采用增加临时聘用人员的方式，使图书馆工作得以顺利开展。

2013年，图书馆在编职工增加到70人，其中男职工24人、女职工46人；70人中有硕士研究生7人；副高级及以上职称者增加到19人，中级职称者有

---

[1] 西华师范大学图书馆《2011年高校图书馆事实数据　教育部高校图书馆事实数据系统》报表，现藏于西华师范大学图书馆。

29人，初级职称者有8人，其他职称者14人。另有临时聘用职工21人[①]。

2015年，图书馆在编职工为68人，其中男职工23人、女职工45人；硕士研究生10人；副高及以上职称者增加到20人，中级职称者27人，初级职称者9人，其他职称者12人；职工中30—39岁者15人，40—49岁者36人，50岁以上者17人。另外，图书馆临时聘用职工有38人。

2017年，图书馆在编职工减为65人，其中男职工21人、女职工44人；30—39岁者15人，40—49岁者26人，50岁以上者24人。在编职工中，硕士研究生12人、第二学士学位者1人、本科学历者35人、大专学历者15人、大专以下学历者2人；正高级职称者4人、副高级职称者15人、中级职称者33人、初级职称者4人，其他职称者9人。图书馆另有合同制职工4人、临时聘用职工45人。从该年工作人员的状况看，图书馆人员队伍严重老化，引进年轻人员势在必行。

2018年，图书馆在编正式职工62人，其中业务人员53人、行政人员3人、工人6人。

2020年上半年，图书馆有B岗及以上教职工（即在编正式职工）62人，其中馆领导3人、办公室（含北湖老校区）12人、资源建设部12人、借阅服务部19人、技术服务部6人、信息咨询部5人、古籍珍特藏部5人；另有C类人员（即临时聘用人员）30人。

（二）人员队伍建设

1. 人员队伍建设问题得到领导的重视

2011年，图书馆新的领导班子组成后，魏晟馆长继续向校领导反映图书馆人员队伍情况，希望有高学历的年轻人到图书馆工作。对此，学校领导非常重视和关心。人事处相关领导及校领导多次到图书馆进行调研和现场办公，以促进图书馆人事工作和业务工作的顺利开展。

2. 人才引进与培训

（1）人才引进

图书馆于2002年第一次引进硕士毕业生后，几年未进高学历人员。从

[①] 西华师范大学图书馆《2013年高校图书馆事实数据 教育部高校图书馆事实数据系统》报表，现藏于西华师范大学图书馆。

2012年开始，图书馆才陆续引进了几名硕士毕业的年轻同志，给图书馆工作人员队伍输送了新鲜血液。

2012年3月，图书馆引进了西华师范大学教育技术专业硕士毕业的董屹和中国近现代史专业硕士毕业的韩亮；同年11月，图书馆召开党政联席会，讨论图书馆的"进人计划"，计划引进5人，其中包括古典文献整理1人、图书情报专业人员2人、其他专业人员2人；同年年底，又引进了毕业于西华师大中国近现代史专业的硕士张红艳。2013年9月，图书馆调进了毕业于电子科技大学电子工程专业的硕士王玺。

2014年7月，图书馆引进了西华师大汉语言文学现当代文学专业硕士毕业的王黎黎；同年10月，西华师范大学图书馆博士层次人才引进实现零的突破，博士毕业的聂波到图书馆工作。2016年11月，引进了西华师范大学中国近现代史基本问题研究专业硕士毕业的常青青。2019年7月，引进了成都中医药大学马克思主义中国化研究专业硕士毕业生王勤。

这些年轻同志的到来，充实了图书馆的人才队伍，并在一定程度上缓解了图书馆工作人员队伍老化的状况，改善了图书馆人员学历结构，对图书馆的建设和发展提供了人员保障。

（2）职工培训

为提高工作人员素质，图书馆采取多种形式鼓励职工在职学习、脱产学习，或外出学习、进修等。

2011年9月，在学校领导的关心和支持下，李张春和张霞到大连理工大学图书馆分别进修学习半年和1年；2012年9月，魏海霞到大连理工大学进修图书情报专业半年。

同时，图书馆还常常派出职工参加一些短训班，提高他们的专业知识和业务水平。如2012年6月26日，派韩亮到云南泸西县参加第八期全国古籍普查管理人员培训班学习。同年12月，派李海蓉到北京大学参加高等教育文献保障系统管理中心举办的"CALIS联合目录中文三级编目员资格认证"学习一周。2013年，图书馆派出去参加业务学习和技能培训者达8人次。其中，12月韩亮、张红艳到北京参加了国家图书馆举办的古籍普查管理人员培训班。2014年11月，韩亮到上海复旦大学参加全国第10期古籍鉴定与保护高级研修班。2015年6月，韩亮到成都参加四川大学举办的古籍普查工作人员培训班。2016年6月21—23日，魏海霞到北京参加"中国图书馆学会'阅读推广人'培训行动——阅读推广基础理论专题培训班"学习，共24学时。2017年5月，韩亮到成都参加四川省图书馆主办的全国第18期古籍普查审校培训班；同年10月27—28日，王心良、李海蓉、曾瑛、郭明蓉4人到成都西南交通大学图书馆参加"四川省高校图书馆第十三届专家论坛暨数图应用新服务成都站研讨班"学习。2018年5月7—10日，王黎黎和张红艳到成都参加"2018高校图书馆知识服务与创新应用高级研修班"学习；同年7月，王黎黎、张红艳、李张春3人到成都参加"图书馆馆员专业能力"培训；11月，魏海霞参加"四川省高校图书馆学科馆员实务培训班"学习，获结业证书。2019年4月，韩亮到成都参加四川省图书馆举办的古籍修复技艺初级培训班。

另外，图书馆职工还利用周末或寒暑假等进一步深造，提高自身学历和业务能力。目前，已有王昆鹏、郎筠、曾瑛、黎晓华、魏海霞、廖昌敏、彭张力等先后拿到了硕士学位。

（3）职工业务工作考核

2016年，为检验和提高职工业务水平，由馆领导和各部室主任组成考核组，对借阅服务部的10多人进行了现场业务和技能考核。主要考核借阅服务部职工利用盘点机定位上书、顺架及对错架图书进行层位倒架等的操作水平，并将考核结果与年终考核挂钩，以此调动职工学习业务和掌握技能的积极性。经过考核，杨美玲操作熟练，考核结果为优秀；廖昌敏、郑立红、何祖琼操作业务较为熟练，考核结果为良好。

（4）职工职务晋升

职务晋升是对工作人员工作业绩和研究水平的一种肯定，对促进工作人员更好地工作具有十分重要的作用。2011年9月，因黄浩耘退休，西华师范大学图书馆职称评审小组进行了改选。新成立的职称评审小组共有9名成员，魏晟为组长，王心良为副组长，成员有吴晓川、李学宁、郭黎康、郭明蓉、汤骅、黄楠、刘晓穗。2012年，曾瑛、周志蓉评聘为副研究馆员。2014年，董屹评为馆员。2019年1月，曾瑛晋升为研究馆员，冯运涛评聘为馆员。

第三节　图书馆智能化建设

一、信息化建设

（一）图书馆管理系统升级与网站改版

1. 管理系统的升级

2011年，学校拨给图书馆进行"金盘图书馆管理系统"升级维护及北湖老校区图书馆管理子系统购置专项费140万元、磁盘阵列购置专项经费80万元，为图书馆管理系统的扩容与更新提供了保障。本年，电子阅览室升级，并修订了电子阅览室管理制度、岗位职责。2013年，图书馆又对随书光盘系统进行了升级。

2. 网站改版与扩容

图书馆的网页既是读者了解图书馆的一扇窗口，也是图书馆通往外面的一扇大门，网页改版标志着图书馆服务能力的不断增强和提升。随着西华师范大学图书馆现代化建设发展及服务质量的提高，原有的网页已不能全面反映图书馆的服务功能和建设机制。为了更好地使读者全面了解图书馆的发展、变化，图书馆对网页进行了多次改版。

2011年8月，图书馆修改了域名和主页设计，改版后的图书馆网站设有"学校主页""读者指南""本馆概况""馆藏检索""数字资源""通知公告""新闻动态""馆长书记信箱""友情链接"等版块。当年6月，图书馆网站被学校评为"2009—2010年度校园十佳网站"。

2016年3月，图书馆网站再次进行改版、扩容，改版后的网站设有"学校主页""概况""资源""服务""馆藏检索""统一检索""超星发现""站内检索"版块；还增设了"馆内动态""政务公开""党建群团""专家论坛""川北历史文化普及基地""全国师范院校图书馆联盟""快速通道"等版块，并公布了微博账号、微信服务号、微信订阅号，增加了"智慧图书馆"二维码。在"党建群团"版块中除反映党建工作外，还增加文献信息助理活动内容。整个网站界面延续了以往的朴素、简洁、大方的风格。

自2017年起，图书馆主页改版任务交由专业公司处理，采用了VBscript、JavaScript等技术，在图片处理、页面布局、美观度方面也有了较大的改进。在2017年改版中，首次在单位名称前增加了图书馆馆徽，该馆徽成为西华师范大学图书馆官方标志。

2019年5月，图书馆与重庆维普资讯有限公司合作，对网站再次进行了更新和改版。改版后的新网页融入了Web 2.0的理念，采用较新的基于J2EE架构的CMS管理开发平台，整合了图书馆资源与服务，集成了RSS功能，优化了"本站检索""馆藏检索""电子资源检索"等功能。

(二)现代化智能化设备的安装与无线网设置

2012年以来，在学校领导的直接关怀和有关职能部门的大力支持下，图书馆为了提高智能化管理水平、提升读者服务质量，大力实施现代化、信息化、智能化建设。

2012年，图书馆总预算经费为600万元。本年10月，学校批准购买了3个电子触摸屏。

2013年6月19日，学校召开了"校园一卡通"调研会，"一卡通"系统商家、学校党政领导及各二级学院、各行政部门主要领导参会，研究图书馆资料查询系统对接、门禁系统对接RFID、2—5楼复印机对接、短信提示系统对接等问题，与会人员建议使用先进、方便的物联网技术。自动化部协助馆领导规划、制定了图书馆信息化建设方案和自动化部设备更新方案。本年，图书馆主机房增加了设备，新增36TB服务器存储容量，保障了主机的正常运转；还完成了服务器虚拟化和云桌面建设，构建了由10台服务器和210TB存储组成的硬件平台，部署了140台数字阅读云桌面，安装挂接了新增电子资源，新增外研社自助学习系统、环球英语学习系统、银符考试系统、论文提交系统和ACS美国化学会数据库[①]；并对随书光盘系统进行了升级。本年，图书馆网络交换机端口总数达到600个，主干网带宽达到1000M，实现了无线网络大部分覆盖，方便师生利用网络。

2014年，在学校领导及有关部门的大力支持下，图书馆实施了信息化建

---

① 西华师范大学图书馆《自动化部2013年工作总结》,现藏于西华师范大学图书馆。

设项目,并在10月底前顺利完成。本年6月26日,华凤新校区图书馆RFID射频系统正式投入使用,实现了一站式管理和藏借阅一体的开放借阅模式,极大方便了读者快捷、便利、有效地借阅所需资料,平均每天借阅书刊的读者达1452人。9月,华凤新校区图书馆安装了监控、门禁系统,实行一门管理;在2—6楼的每层楼各安装了1台自助打/复印机、1台电子显示屏,方便读者了解和使用各种资源;在二楼大厅和阅览区域安装了20台查询机,方便读者查找资料;在二楼安装了4台自助借还机、2台歌德电子书借阅机,在电子阅读体验区安装了10台读报机[①],为读者借阅书刊提供了极大方便。10月,图书馆申请了微信公众号,方便快捷地为读者提供图书馆资源、个人信息查询、通知公告等服务。本年,图书馆服务器新增12TB存储容量;馆内无线网络全覆盖,极大地方便了读者;同时,还安装了监控平台软件、IP网络广播软件等,建成了覆盖全馆的监控系统和广播系统。

2015年,图书馆安装了自助借还SIP2通用接口软件、图书馆楼宇导航系统、服务器集群监管预警平台、云桌面软件及组件、云桌面终端管理软件、实名制认证系统、网络设备管理平台、古籍数字资源平台软件、金盘JAVA OPAC管理系统、通道闸机管理系统、资源监管平台等智能化设备。

2016年3月,为防止持假身份证者进入图书馆,图书馆购置了2台身份证识别器。本年,图书馆有服务器16台,存储总容量达到286TB,交换机端口达到1470个,个人电脑有207台。

2017年,图书馆有网络交换机端口总数1580个、服务器20台,存储总容量达到298TB,有个人电脑217台,主干网带宽1000M,工作人员桌面接入带宽100M。建成了包含52颗物理CPU、3.5TB内存的虚拟化服务器系统及总容量200TB的存储系统,实现了服务器双活。同时,为读者提供了240台云桌面、150台平板电脑、4台电子书借阅机、5台电子读报机等。本年6月,北湖老校区图书馆还增加了2台云屏数字借阅机,读者能够便利地阅读、下载自己喜欢的图书,而不用到阅览室去。

2018年,图书馆服务器增加到22台,个人电脑增加到307台(含电子阅

---

① 《图书馆2014年工作总结及2015年工作打算》(魏晟馆长在校图书馆工作委员会第四次会议上的汇报材料),现藏于西华师范大学图书馆。

览室电脑 240 台）[①]。

2019 年，图书馆服务器存储量达到 298TB。

图书馆信息化建设项目的实施及现代化智能化设备的安装，为读者快捷、高效获取资源提供了科技支持，增强了图书馆的吸引力，受到师生员工的好评。此外，图书馆平价自动售货机的设置更是让读者随时购买到矿泉水等物品；"街电扫码借还充电宝"的设置则为读者解决了忘带充电器的烦恼。

二、智慧图书馆建设

2013 年 4 月 18 日，西华师范大学移动图书馆网站开通。校党委书记杨树政、副校长刘玉平、南充市图书馆馆长胡仲良，以及校学工部、科研处、研究生院和各二级学院领导、师生代表近 300 人参加了开通仪式。仪式由图书馆馆长魏晟主持。校图工委主任、副校长刘玉平教授按下启动仪式球，宣布西华师范大学移动图书馆正式开通。移动图书馆开通后，凡西华师大师生均可通过手机、Pad 等移动终端设备访问 http://cwnu.superlib.com，或者扫描二维码，进行馆藏资源查询、续借预约、电子资源在线阅读、书刊及视频订阅等。

2014 年，学校拨给图书馆 300 万元的信息化建设费，为把图书馆逐步建设成文献信息中心、知识学习中心、文化娱乐中心、思想交流中心提供了保障。从本年 6 月 3 日起，图书馆开始转型。为适应现代化管理工作，图书馆对职工进行了现代化设备使用方法培训。

2016 年 3 月，西华师大图书馆不再办理借阅证，读者进出图书馆、借还图书、使用储物柜等均通过智慧图书馆 App 实现，为读者带来全新的体验和极大的方便。同年，图书馆安装了数字门户展示平台、参考文献检索与管理系统等。

2017 年，西华师范大学图书馆加快了智慧图书馆建设的步伐。6 月 16 日，图书馆召开了馆领导碰头会，从基础设施（建智能化新图书馆）、技术（物联网、高新体验区、3D、VR）、人才（具有情报、数据处理能力）、制度等方面商讨了智慧图书馆建设的具体措施。本年，完成了4项智慧图书馆建设项目：（1）完成了智慧图书馆 99.92 万元的二期项目。安装了移动学习平板电脑管理

---

① 西华师范大学图书馆《自动化部2018年工作总结》，现藏于西华师范大学图书馆。

系统、储物柜动态二维码管理系统，设置了 60 组智能储物柜；进行了读者进馆闸机改造；安装了动态二维码手机应用系统，进行了智慧图书馆 App 及后台的开发；同时，安装了 Web API 接口 3 套及自动信息模块、借还书机 OPAC 模块、移动终端设备预约模块、二维码认证管理系统、图书馆主页 App 信息模块、短信认证信息平台、机房监控组件、动力环境管理平台等，为建设智慧图书馆打下了基础。（2）完成了 133 万元的北湖老校区图书馆密集书架安装项目，新建密集书架 750 立方米。（3）完成了 119 万元的图书馆机房改造项目，对机房和技术服务部办公区域进行了全新打造，使机房达到国家 C 类机房标准，并增加了核心交换机和精密配电系统。（4）完成了 63 万元的学术厅 LED 屏幕改造设置项目，建成 1.92 LED 屏幕，用于学校各类会议[①]。本年，图书馆为学校职能部门、二级学院使用学术厅提供服务 100 余场次；还完成了两个校区 100 多万册中外文图书的 RFID 标签转换，全部实现自助式开放借阅，校区之间通借通还，极大地方便了两个校区的读者。

2018 年 11 月，由于系统升级，图书馆更新了智慧图书馆 App，换成了新的 App 二维码，读者进馆更加方便。本年，西华师范大学图书馆与重庆大学图书馆等全国 30 余家高校图书馆签订了智慧图书馆共享合作协议，对进一步推进西华师范大学智慧图书馆建设创造了条件。

2019 年 3 月，馆领导将智慧图书馆系统开通上线作为图书馆 2019 年上半年党政工作要点和重点。4 月 19 日晚，智慧图书馆推介活动在华凤新校区图书馆学术厅举行，校党委副书记刘利才、校宣传部部长周勇、学工部部长王方国、教务处副处长杨军、研究生院副院长陈福、校团委副书记曹军、图书馆党政班子及各部室主任、全校各学院学生代表 300 余人参加了活动。活动由魏晟馆长主持，南充市电视台对活动进行了报道。在推介活动中，合作单位重庆维普公司总监戴勇从功能迭代、服务升级、多系统、系统（数据）融合、赋能形态、云服务、社群模式（去中心化）、新分工新协同、开放共享等方面给大家介绍了智慧图书馆的未来。

---

① 西华师范大学图书馆《2017 年工作总结暨 2018 年工作打算》，现藏于西华师范大学图书馆。

第四节　文献信息资源建设

馆藏资源是衡量图书馆服务能力的重要指标。2011年以来，在资源建设与发展方面，西华师大图书馆以读者需求为文献采选的主要依据，兼顾馆藏的延续性、完整性，坚持"优先发展网络资源，重点建设电子资源，适度增大纸质资源"的原则，优化电子馆藏资源和纸质馆藏资源的配置比例，确保学校教学科研的文献信息需求；并围绕学校课程设置、学科发展、素质教育及"申博"工程的需要，有针对性地满足不同层次读者、不同学科专业的需要，不断加强资源采购的科学化、规范化，合理构建了纸质文献与电子文献、实体馆藏与虚拟馆藏相结合的文献信息资源保障系统，努力将图书馆建设成为学校重要的文献信息中心。

一、普通纸本资源建设及传统公务目录停止使用

（一）普通纸本资源建设

"纸质书刊是电子书刊的永久性拷贝。"西华师范大学图书馆仍然十分重视纸质资源建设，在普通纸本资源购置中坚持"保证质量、丰富品种、适当向优势学科和重点学科倾斜"的方针。

1. 征求师生意见，采购优质文献

为进一步提高全校文献信息资源建设质量和读者服务工作水平，图书馆从多渠道多方面征求师生对书刊采购的意见和建议。

一方面，图书馆通过每年的校图书馆工作委员会，收集各参会委员的意见和建议。如，在2011年图工委会上，收集到了历史文化学院院长蔡东洲教授提出的图书馆继续进行标志性资源建设的建设性意见，如"四库"系列文献建设，形成自身优势，将馆藏孤本、善本、名画等建设成特色数据库等；还收集到生命科学学院院长黎云祥教授建议增加理科外文资源、整合各学院资料室资源等意见，以及科研处处长徐邓耀教授提出的突出重点学科资源建设等意见。

另一方面，通过线上线下收集师生荐购意见。如2012年，采编部专门设

置了《图书馆采编部读者调查表》，收集师生对图书的采购意见。同时，在图书馆网站上开通了"读者荐购"平台，收集读者荐购信息。2015年，经读者推荐，图书馆采购了"中纪委推荐的97本书""40位社长、总编辑在读的48本书""2014年度影响教师的100本书""中宣部公布的2014年中国好书""第七届至第十届文津奖获奖图书"等系列图书，以及《党和国家领导人思想生平研究资料选编》等。

2.读者参与现场采购

为更有针对性地采购读者需要的高水平专业图书，优化图书馆专业馆藏结构，图书馆特邀请院系教师参与选购图书。2013年9月，图书馆邀请音乐学院程娟娟老师随同采编部工作人员到武汉参加了当年的秋季图书现采会。本年，图书馆还邀请了生命科学学院的教师到北京参与现场选书。2014年9月，邀请物理与信息工程学院、文学院等二级学院教师赴成都参与选购图书，共选购各类专业图书3000余册。专业教师参与现场采书工作，使图书馆采购的图书更加具有专业针对性，更符合专业需求。

3.举办书展，读者现场荐书

为创建学习型校园、丰富广大师生的文化生活、满足读者对阅读的专业性和多样性需求、创造良好的读书环境，图书馆多次在图书文化节期间举办现场选书荐书活动，取得了良好效果。

2012年4月22—23日图书文化节期间，在华凤新校区图书馆二楼大厅举办了"好书盛宴——精品图书展销"活动，邀请了新华文轩连锁有限责任公司南充书城、北京人天书店有限公司、四川西南新兴书局等单位针对师范大学师生需求特点的各类经典和优秀图书进行展销，受到读者欢迎。

2016年4月6日，为庆祝西华师范大学建校70周年、丰富"读书节"活动、便于全校师生及时了解各学科最新教材信息、促进出版社与本校师生的直接交流、为教师的教学工作提供有益帮助，图书馆与教材发行中心联合组织了一次全国规划教材、精品教材、重点教材和其他专业图书的展示和样书赠送活动。5月10—12日，为更好地向全校师生提供阅览国外最新原版图书的机会，方便广大师生便捷地向图书馆推荐外文原版图书，图书馆与中国科技资料进出口总公司在图书馆118室联合举办了外文原版书展，展出包括CRC Press、Academic Press、World Scientific、Elsevier Science、Oxford UP、Routledge、

Cambridge、Taylor & Francis、John Wiley & Sons、Nova Science Pub Inc. 等多个世界知名出版集团（社）的图书约 3500 种，并且提供书目 10 000 种，学科范围覆盖教育、经济、管理、历史、心理学、数学、化学化工、物理、生物、工业工程、建筑、计算机、电子电气、环境、语言文学等。这是西华师大图书馆首次举办外文现场荐书活动，也是图书馆更新服务理念、促进读者由被动读书转向主动读书而实施的新举措。在书展上，师生们不仅近距离欣赏到了各社新近出版的重点品牌书和畅销书，而且可以现场向图书馆推荐喜爱的书。师生被这种全新的服务方式所吸引，书展现场人流不断，读者们兴趣盎然，认真地参与选书，为图书馆推荐了大量专业外文原版图书。书展后，图书馆采编部及时将读者推荐的图书进行了认真的数据采集，经查重后将采购数据发送给书商进行采购。

4. 招标采购及馆藏建设

2011 年，经过学校公开招标，中文图书采购中标单位为武汉三新书业有限公司、北京人天书店有限公司、四川西南新兴书业有限公司。同年 7 月 25 日—8 月 1 日，四川西南新兴书业有限公司组织图书馆采购人员到北京现采图书，王心良书记也一同参加现采。

2012 年 4 月 27 日，学校决定只招 1 家图书供货商。经过公开招标，中标单位为四川智禾文化传播有限公司。本年 10 月，学校增加文献资源购置费 100 万元。

2013 年 5 月 13 日，经过学校招标，中文图书中标单位为北京人天书店有限公司、武汉三新书业有限公司。本年，图书馆年度经费共支付 7 203 442.78 元，其中文献资源购置费 4 986 925.98 元（学校实际拨款 440 万元）。文献资源购置费中，纸质资源购置费为 2 767 925.98 元，包括中文纸质图书购置费 1 365 292.38 元、外文纸质图书购置费 2358.00 元、中文纸质报刊购置费 617 311.60 元、外文纸质报刊购置费 782 964.00 元。当年，生均文献资源购置费为 130.22 元，购置图书 39 424 册、报刊 234 873 份，新增学位论文 669 册，生均新购文献（含电子文献）7 册。图书累计总量 3 000 089 册，其中纸质图书累计 1 633 547 册、电子图书累计 1 366 542 册、期刊合订本累计 1 067 467 册、其他电子资源数据库累计 36 个、学位论文累积 2366 册。生均拥有文献

(不含电子文献)49册，含电子文献则生均文献106册①。同年，图书馆对本校研究生论文进行了规范装订，共有669册。

2014年，校拨文献购置费500万元、文化建设费42万元、川北历史文化普及基地业务及其他费用10万元。该年开始，图书馆文献购置实行政府招标。7月8日，中文图书采购政府招标工作在成都进行，经过公开招标和专家评标，中标单位确定为北京人天书店有限公司和北京布克巴巴有限公司。

2015年，学校拨给图书资源购置费800万元。到12月23日止，已报账开支8 490 818.25元。其中，购置中文图书42 963册，支付2 807 172.40元；购置原版外文图书922册，支付823 529.41元；购置中文报刊支付461 407.52元、外文报刊支付1 123 096.00元，数据库支付3 219 211.00元②。另有部分其他开支。

2016年，学校划拨给图书馆的文献购置费为1000万元。本年，订购中文报纸55种、中文期刊1499种、外文原版期刊41种、外文购权期刊4种③。

2017年，图书馆的文献购置费仍为1000万元。9月27日，中文图书采购（总实洋为141万元）在成都招标。中标单位第一名为北京人天书店有限公司（中标70万元）、第二名为北京百万庄图书大厦（中标50万元）、第三名为北京思得乐图书公司（中标21万元）。本年，图书馆年度经费支出13 420 750.29元，其中文献资源购置费为12 760 307.46元。购置纸质资源支出3 338 067.46元，其中购置中文纸质图书2 364 504.24元、购置中文纸质报刊385 330.22元、购置外文纸质报刊588 233.00元。其他费用9346元（资源共享支付）。本年，生均文献资源购置费333.60元。当年新购图书124 959册，其中中文纸质图书38 959册；订购纸质中文报纸69种、中文期刊1488种、外文原版期刊41种④。当年生期均新购文献1册（不含电子文献），含电子文献则为6册⑤。同年6月，接收毕业学生马佳林赠书230册。同年，图书

---

① 西华师范大学图书馆《2013年高校图书馆事实数据　教育部高校图书馆事实数据系统》报表，现藏于西华师范大学图书馆。

② 西华师范大学图书馆《2015年工作总结》，现藏于西华师范大学图书馆。

③ 西华师范大学图书馆《2015年资源建设部工作总结》，现藏于西华师范大学图书馆。

④ 《图书馆2017年工作总结暨2018年工作打算》，现藏于西华师范大学图书馆。

⑤ 西华师范大学图书馆《2017年高校图书馆事实数据　教育部高校图书馆事实数据系统》报表，现藏于西华师范大学图书馆。

馆文献资源累计4 517 784册（件）。其中，图书累计3 408 427册，纸质图书累计1 774 385册、中文纸质图书累计1 701 609册、中文古籍累计77 281册；外文纸质图书累计72 776册；期刊合订本累计1 109 258册，纸质期刊合订本累计255 219册（中文纸质期刊合订本累计204 189册、外文纸质期刊合订本51 030册）；学位论文累计3155册。本年，生均文献58册（不含电子文献），含电子文献则生均122册[①]。

2018年图书购置费增加到1200万元。到12月10日止，通过政府招标采购方式，报账开支1792.66万元（含2017年因为政府采购流标，转移到2018年的814.25万元），其中购置中文图书459.23万元、购置中文报刊37.89万元、购置外文报刊58.82万元、购置数据库1236.72万元。本年，根据学校领导的要求，图书馆完成新购纸质图书90 050册，其中购买中小学教材2000种10 000册、各种配套教辅资料6000册，并购买了中小学教材辅助电子资源数据库2个，满足学校"师范认证"资源建设需求，达到了教育部的相关规定[②]。本年，图书馆年进文献272 069册，馆藏文献总量达到4 784 855册[③]。

2019年，图书购置费仍为1200万元。到12月10日止，已报账码洋17 932 519.94元。其中购置中文图书90 072册，码洋4 592 300.50元；外文图书615册，码洋588 235.00元；订购中文报刊1496种1618份，码洋378 939.84元[④]。

（二）传统公务目录停止使用

2011年10月31日，图书馆召开馆务工作会议，讨论了传统公务目录是否停止使用的问题。采编部主任就多年来使用纸质公务目录的利与弊做了详细论证，将停止使用后可能会出现的问题做了多方面的考虑，并通报了其他高校图书馆早就取消公务目录的情况。经过大家认真讨论，鉴于图书馆新形势的发展，慎重决定停止使用传统公务卡片目录。至此，西华师大图书馆使用了半个

[①] 西华师范大学图书馆《2017年高校图书馆事实数据 教育部高校图书馆事实数据系统》报表，现藏于西华师范大学图书馆。

[②] 西华师范大学图书馆《2018年工作总结》，现藏于西华师范大学图书馆。

[③] 西华师范大学党委办公室、校长办公室编：《西华师范大学年鉴·2019》，西华师范大学2019年印本，第158页。

[④] 西华师范大学图书馆资源建设部《2019年工作统计》，现藏于西华师范大学图书馆。

多世纪的纸质传统公务目录卡片完成了其历史使命。

二、电子资源建设

随着科学技术的迅猛发展、信息时代的到来,人们的阅读习惯和生活方式发生了巨大的改变,电子阅读和移动阅读成为人们获取信息的主要渠道。2011年以来,西华师范大学图书馆顺应出版市场、信息环境及师生使用资源习惯的变化,资源建设逐年向电子资源倾斜,在充分调查研究的基础上,通过调整部分外文原版纸质期刊、减少中文纸质图书复本,逐步实现加强电子资源、网络资源建设的目标,从而保障馆藏的学科结构体系建设和师生的需求。在电子资源建设方面,加大了建设力度,电子书刊及网络数据库的数量逐年增加。

2011年,图书馆选购了哲学、文学、经济学、历史学、政治、理学、教育学、管理学等学科的"超星尔雅学术视频"资源,共424集。

2012年,增购了"民国时期期刊全文数据库(1911—1949)"、百链学术搜索。其中,百链的年访问量为360 961人次[1]。

2013年,图书馆电子资源购置费支付2 219 000元。其中,中文电子图书购置费330 000元、中文电子期刊购置费526 000元、外文电子期刊购置费423 000元、其他电子资源购置费940 000元。另外,支付资源共享费1998元。当年新增了ACS美国化学会数据库。

2014年,新增数据库7种。图书馆共有镜像数据库11种、网上包库17种,年利用数据库521 396人次,年下载数据库文献1 465 446篇次[2]。

2015年,图书馆根据西华师大图工委第一次会议的精神,合理调整了纸质资源与电子资源的比例,电子资源购置费占图书馆文献购置总经费的60%。当年,订购教育网电子图书数据库、读秀知识库、人大复印报刊资料数据库、国研网数据库、库客数字音乐图书馆、环球英语媒体资源库、SciFinder化学文摘数据库、国外多媒体教学资源库、新东方多媒体学习库、全球案例发现系统、BKS博图外文电子图书、超星中文发现系统等数据库21个,其中续订14种,新订7种。数据库支出经费2 363 445.00元[3]。本年,图书馆中外文数据库

---

[1] 西华师范大学图书馆《2012年工作总结》,现藏于西华师范大学图书馆。
[2] 西华师范大学图书馆《自动化部2014年工作总结》,现藏于西华师范大学图书馆。
[3] 《图书馆2014年工作总结及2015年工作打算》,现藏于西华师范大学图书馆。

达到 42 个，电子资源达 232TB[①]。

2016 年，图书馆订购中外文数据库共 49 个，新增加：泛在微讲学数据库、职业全能培训库、《中经视频》数据库、慧科实时媒体数据库、大众传播应用外语数据库、中国共产党思想理论资源数据库等 7 个。

2017 年，购置电子资源支出 9 412 894.00 元，其中购置中文电子图书支出 1 234 800 元、购置外文电子图书支付 200 000 元、购置中文电子期刊支付 1 697 833 元、购置外文电子期刊支付 3 580 868 元、购置其他电子资源支出 2 699 393 元。本年，购置中文电子图书 66 000 册、外文电子图书 20 000 册；购置中文电子报刊 6745 份、外文电子报刊 3545 份[②]。电子图书累计总量为 1 634 042 册，其中中文电子图书累计 1 594 042 册、外文电子图书累计 40 000 册；电子期刊累计总量为 854 039 册，其中中文电子期刊累计 831 316 册、外文电子期刊累计 22 723 册。自建数据库累计 14 个。

2018 年，图书馆数据库增加至 73 个，其中包括书香中国数字及有声图书数据库、鼎秀古籍检索全文平台、畅想之星中文电子书平台、数图中国历代馆藏书画数字资源库、典海民国文献资源平台、师范教育专题数据库等数据库[③]。

2019 年 1 月 4 日上午，在图书馆 118 会议室召开了 2019 年续购"爱思唯尔 SD 数据库"论证会。会议特邀物理与空间科学学院蒋青权教授、数学与信息学院谢莉教授、化学化工学院敬林海教授、环境科学与工程学院杨铮铮博士参加，图书馆魏晟、吴晓川、李学宁、李海蓉、王昆鹏参加了论证会，会议由魏晟馆长主持。会上，魏晟馆长向教师代表介绍了 2019 年图书馆的文献资源购置费为 1000 万元，比 2018 年减少 200 万元，同时纸质图书、数据库每年都有 5%—10% 的涨幅，文献资源购置费存在较大的缺口；魏晟馆长还介绍了图书馆已有中外文数据库情况，以及相关专业外文数据库采购需调研的问题，如爱思唯尔 SD 数据库 2019 年约需 300 万元。4 位参会教师代表阐述了外文数据库建设对各学院相关学科研究的重要性、必要性，对如何最好发挥文献资源的效益发表了各自的观点，希望学校在学科研究、人才培养方面保证文献信息资

---

① 西华师范大学图书馆《2015 年工作总结》，现藏于西华师范大学图书馆。
② 《图书馆 2017 年工作总结暨 2018 年工作打算》，现藏于西华师范大学图书馆。
③ 西华师范大学图书馆《自动化部 2018 年工作总结》，现藏于西华师范大学图书馆。

源的建设,并就爱思唯尔 SD 数据库对学校文献资源建设和满足学校师生信息需求的作用、是否继续订购等问题进行了充分论证,认为:爱思唯尔 SD 数据库对西华师范大学科研(理工类)的促进作用明显(我校研究人员引用的文献 30% 来自 SD 数据库,我校 24% 的文献发表在 SD 数据库,发表在 SD 数据库的文献有 30% 又被平台其他文献所引用)、2018 年购买使用爱思唯尔 SD 数据库的效果显著,2019 年应继续购买爱思唯尔 SD 数据库。图书馆参会人员也针对专家们提出的问题进行了解答和讨论,并形成会议纪要提交学校领导。

2019 年,图书馆新增"101 教育 PPT"和"基础教育教材教参知识服务平台"。至 2020 年上半年,西华师范大学图书馆拥有中外文网络在线数据库近 80 个,从信息资源建设方面为学校的学科建设作出了积极贡献。

三、古籍整理与保护

(一)馆藏善本书概况

1. 馆藏善本书普查工作回顾

经过几十年的积累和几代人的不懈努力,西华师范大学图书馆收藏了近 10 万册的古籍线装图书,成为馆藏的一大特色。早在 20 世纪 50 年代,老馆长汪应文就十分重视线装古籍的收集、整理和使用。1959 年 11 月,他组织编印了《南充师范学院线装书草目》,1963 年又组织编印了《南充师范学院线装书草目续编》,对师生了解和借阅线装书起到了重要作用。当时,南充师范学院图书馆是四川省内除四川大学图书馆外最早编印古籍线装书目录的高校图书馆。

"文化大革命"结束后,国家文物事业管理局、北京图书馆会同各省市文化局等机构于 1977 年成立了全国古籍善本书总目编辑工作领导小组,对全国各地的古籍善本书进行摸底、普查、统计,并草拟了《善本书总目收录范围》《善本书总目著录条例》《善本书总目分类表》。

1978 年 2 月,四川省文化局在成都召开了四川省善本书编目工作座谈会,了解省内各馆藏书情况,对三份草拟文件进行了讨论,并部署了善本书的编目、普查工作;3 月,全国古籍善本书总目编辑工作领导小组又在南京召开了全国善本书总目编辑工作会,根据各省提出的意见,对三份草拟文件进行了修改,制定了《善本书总目收录范围》《善本书总目著录条例》《善本书总目分类表》的正式文件,作为编辑善本书的依据;5月,四川省文化局在峨眉召开四川省善本书编目工作会,传达南京会议精神;9月,南充师范学院图书馆开始进行古籍善本的普查工作,因馆内人力紧张,只派了2人抽部分时间兼做善本书的普查。

1979年2月,汪应文参加了"四川省图书馆学会成立(暨)善本书编目工作会议"。会后,根据会议精神,图书馆加强了古籍善本书的普查工作,组织管理线装书库的李凤仪,与抽调的陈大荣、张国秀参与馆藏古籍善本书的普查、审定、编目、分类、制卡工作,又请历史系李耀仙副教授、中文系陈克农副教授参与善本书的审定和印鉴识别,另有一临时工参与了普查工作。经过清理,共普查上报馆藏善本254部3656册,其中包括明版书57部775册(含经部4部27册、史部9部230册、子部16部211册、集部28部307册),明版递修清印本4部202册(含史部2部106册、集部1部16册、丛书1部80册),清代稿本和抄本9部27册(含史部7部25册、子部2部2册),清乾隆及乾隆以前刻本184部2640册(含经部24部346册、史部32部419册、子部38部424册、集部81部1096册、丛书9部355册)①等。本年,图书馆还对善本书进行了登记造册(《南充师院图书馆中文古籍善本书清册》封面见图9-2),并编辑成《南充师范学院图书馆馆藏善本书目录》。

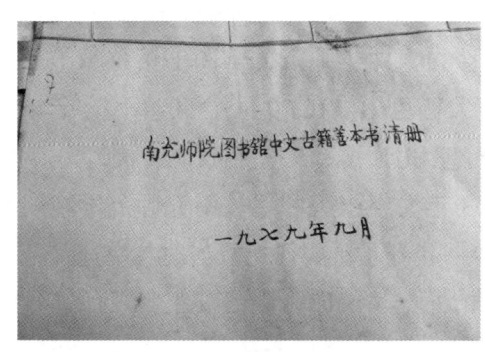

图9-2 《南充师范学院图书馆中文古籍善本书清册》封面

2. 馆藏善本书简介②

馆藏明版善本书中,《洪武正韵》为明初大黑口本,是馆藏善本书中的珍品(见图9-3);《宋史新编》为明嘉靖三十六年(1557年)刻本,"字体墨色美观,内容因触清讳,以致终清之世,无人翻刻,此本颇为少见";《鼎契赵田

---

①② 1979年10月南充师范学院图书馆古籍善本书编目小组《古籍善本书目编辑工作小结》,现藏于西华师范大学图书馆。

了凡袁先生编纂古本历史大方纲鉴补》为明万历年间余象斗刻本，余象斗是明代著名阳刻书家，且该书被清列入禁毁（全毁）书目，故较为珍贵；《艺文类聚》为明嘉靖丁亥模宋小字本，已被选载《中国板刻图录》，四川仅此一部（见图9-4）。

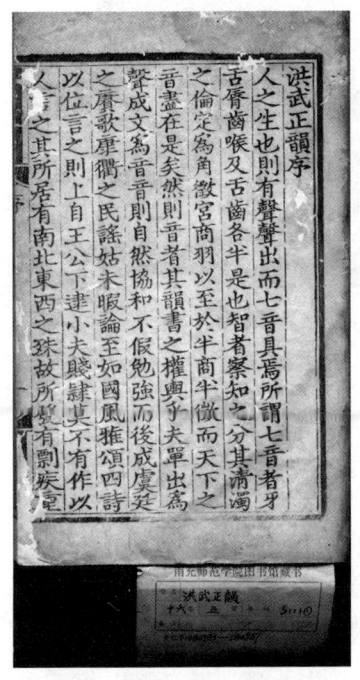 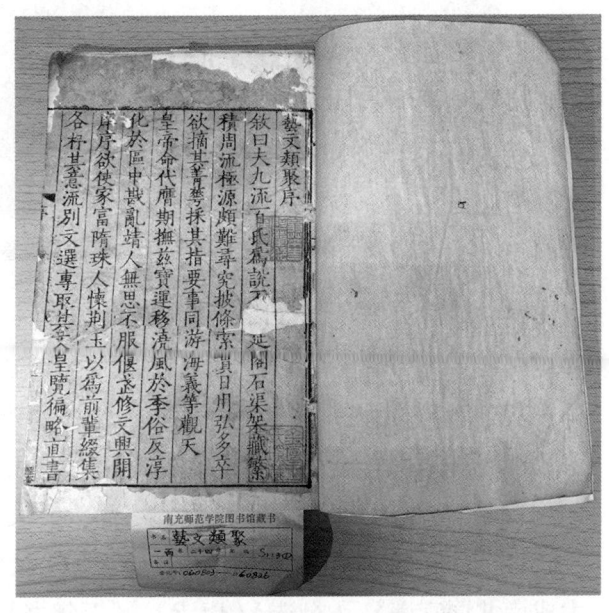

图9-3　西华师范大学图书馆所藏明版善本　　图9-4　西华师范大学图书馆所藏明版善本
　　　　　　《洪武正韵》　　　　　　　　　　　　　　　《艺文类聚》

馆藏清稿本和抄本中，《西域地理图说》为清乾隆年间稿本，封面上有清末著名西北地理学者李文田校记四则，李曰此书系"乾隆初定新疆之时旗人于役西疆者手笔"，"以其于布哈尔一带颇详，有足补诸书之缺者"，似为海内孤本（见图9-5）；《史平伯先生遗稿六种》为清史致准的未刻手稿；《大唐六典》为清抄本，其底本为嘉靖二十三年（1544年）浙江按察司校录重刻本，此本较为少见。

图 9-5　西华师范大学图书馆所藏明版善本《西域地理图说》

馆藏清乾隆及乾隆以前的刻本中,《大义觉迷录》《明纪编年》《二十一史弹词辑注》等为清代全毁书,《陋轩诗》《渔洋山人感旧集》《带经堂全集》《天傭子集》《渔洋山人精华录笺注》等为清代抽毁书。这些在清禁毁之前刻印的书,能完好地保存至今,实属难能可贵。清内府、武英殿刻印之书,写、刻、印均极精美,纸张墨色也很讲究,书品大,装帧美,颇为难得。如,墨印本《清世宗上谕内阁》《周易折中》《全唐文》等,朱墨二色套印的(新定)《九宫大成南北词宫谱》、(御选)《唐诗》、《万年书》等,朱、墨、蓝、黄、橙五色套印本(御选)《唐宋文醇》、《古文渊鉴》等,《金渊集》《直斋书录解题》等武英殿集珍板活字排印本。这些书都极为珍贵。

馆藏中另有(宋本)《广韵》等进呈御览本,《李义山集》《史记评林》等具有名人批校题识的清刻本,均稀见,价值高。

(二)古籍线装书的管理与利用

西华师范大学图书馆古籍线装书原存放于 20 世纪 50 年代末修建的老图书馆一楼。由于地势较低、保护条件差,部分图书出现霉烂、虫眼等情况,后多次搬迁收藏地;其管理最初也不善,1956 年南充师范专科学校图书馆成立后,大批线装书到馆,但因馆内人员紧张,未有专职人员管理。后由李凤仪、陈大荣兼管。1978 年,南充师范学院图书馆在对馆藏善本书进行普查时,对所有古籍线装书的受损情况进行了普查。据统计,当时馆藏线装古籍共有 5494

种 70 463 册，其中受虫害严重的有 2363 种 29 393 册，略受虫害的有 2198 种 28 186 册，未受虫害的有 933 种 12 884 册[①]。1979 年，古籍善本书总目编辑完成后，图书馆加强了对古籍线装书的管理，于 1980 年 4 月制定了《线装书借阅办法》，并采取了一些预防虫害的措施，对一些损害严重的古籍进行修补和重新装订。仅半年时间，就修补线装书 39 种 380 册，重新装订 116 种 1487 册，并在新装订书的前后加衬了自制的含有防虫红丹粉的红丹纸[②]。截至 1981 年 2 月，共完成 25 000 余册线装书的修补和装订[③]。

南充师范学院图书馆古籍线装书的分编和管理工作一直由国学功底深厚的李凤仪负责（1979 年前为兼管，后为专职管理）。他在管理古籍线装书期间，曾对古籍线装书的部分丛书子目做过标注工作，收回了各单位集体提借之书，降低了拒借率，并为 5 万多册线装书加装了防虫的红丹纸。1983 年，李凤仪退休后，由张国秀负责线装书的管理和借阅。她在管理期间，将线装书的遗失、残缺情况及复本情况进行了登记造册，便于补配或与其他馆相互交换配套，互通有无；并组织了善本书、方志、丛书的书名首字四角号码索引、书名首字汉语拼音索引、著者首字四角号码索引及分类索引共 4 套目录，方便读者使用。当时，图书馆古籍类图书的服务对象主要是有关专业教师，对于撰写毕业论文或进行专题研究的文史高年级部分学生也提供方便。其使用方式以馆内阅览为主，教师有确属工作需要、必须借出馆外使用者，有复本的一般古籍可短期借出使用，善本书一律不外借。1983 年 5 月，南充师范学院图书馆参与了四川省文化厅组织的部分图书馆古籍资料座谈会；6 月，《四川省古籍管理使用暂行办法》（征求意见稿）下发以后，图书馆又对古籍线装书进行了整理。1995 年，张国秀退休后，由陈淑容接替其工作。1996 年 6 月，流通部主任唐抚荣为进一步保护线装古籍，提交了《关于线装书库的报告》，提出"调整书库，改善环境"，"安排人员对每册书进行灭菌杀虫处理和翻书加红丹纸"，"增加除湿设备，减轻湿度"三点建议。2004 年，古籍线装书搬迁到新校区图书馆后，得到了重点保护。2007 年 3 月至 2011 年 3 月，古籍线装书库由闵红武

---

① 1980 年 6 月 3 日南充师范学院图书馆线装书《普查情况统计》，现藏于西华师范大学图书馆。

② 南充师范学院图书馆《1979 年工作总结》，现藏于西华师范大学图书馆。

③ 1981 年 2 月 28 日李凤仪《线装库的汇报》，现藏于西华师范大学图书馆。

负责管理。2013年，图书馆成立了古籍珍特藏部，进一步加强了古籍线装书的管理。

（三）省级古籍重点保护单位的申报与建设

2011年，新的领导班子组成后，馆领导对馆藏古籍线装图书资源建设非常重视，积极申报四川省古籍重点保护单位。2012年，召开了10多次党政联席扩大会议，研究古籍整理问题，并决定由李学宁副馆长主管这项工作，由韩亮具体负责提出建设意见和方案，使馆舍硬件、书库防潮、温度和湿度控制、消防安全保障、防虫措施等方面达到古籍保护要求，争取我馆成为四川省重点古籍整理保护中心。对此，学校领导也非常支持，拨给古籍整理及保护经费29.5万元。图书馆购置了铁质文件柜298个用于放置普通古籍，购置樟木书箱200个用于放置古籍善本，安装了JQ-QB-6800智能火灾报警控制器一套、书库监控记录系统一套，制定了《古籍线装书库出入库管理规定》《古籍线装书借阅规则》《古籍线装书库岗位安全管理规定》《书刊超期、污损、遗失、盗窃的处理规定》《古籍线装书编目规则》[①]等，对古籍图书进行保护和管理。为防止虫蛀，每册古籍均覆有万年红杀虫纸，善本古籍书柜采用金属文件柜内套樟木书箱双重保护。2012年5月20日，四川省图书馆、四川省古籍保护中心等相关领导到图书馆检查古籍整理保护工作情况。

2013年6月，按省文件规定，经学校批准，图书馆成立了古籍珍特藏部，由韩亮临时负责该部工作。6月23日，四川省文化厅、教育厅专家组来校考评图书馆申报"第一批省级重点古籍保护单位"工作情况。副校长彭正松和图书馆领导对古籍保护的相关工作进行了认真汇报，并同专家组进行了座谈。专家们认为图书馆拥有的古籍数量多，对图书馆所藏明洪武年间的《洪武正韵》、明嘉靖年间的《艺文类聚》、清乾隆年间的《西域地理图说》等3000余册善本书进行了认可，对图书馆古籍保护工作给予了充分肯定，同时对古籍保护方面存在的问题提出了宝贵意见。此后，图书馆在校领导大力支持下，对存在的问题进行了认真整改。12月中旬，四川省政府办公厅川办发〔2013〕80文件公布了第一批四川省古籍重点保护单位（共14个）和第一批四川省古籍保护

---

① 2013年3月西华师范大学图书馆《省级古籍重点保护单位申报书》，现藏于西华师范大学图书馆。

单位。西华师范大学图书馆成为四川省第一批古籍重点保护单位,并获得人民币3万元的奖励,主要用于古籍普查、古籍修复、古籍人才培养、古籍专项设备的购置等古籍保护工作的开展。西华师范大学图书馆申报"四川省古籍重点保护单位"获得成功,是西华师范大学古籍保护的标志性成果,这大大提升了西华师范大学图书馆古籍在全省的地位。当年,古籍珍特藏部编制了古籍电子目录,完成数据录入1075条20 000余册、书影7000余幅;并完成了《四川省古代科技文献联合目录》馆藏目录的编制工作,向四川省古籍保护中心提交科技文献目录510余条、书影1000余幅[①]。

2015年,图书馆获得古籍扫描及相关设备费98.8万元,为进一步加强图书馆古籍保护和管理提供了条件。

2016年12月,图书馆被评为"四川省古籍保护工作示范单位"(2017年4月授牌),古籍珍特藏部副主任韩亮被评为当年"四川省古籍保护工作示范工作者"。2017年,古籍珍特藏部核查校对数据152条,向四川省古籍保护中心提交书影374幅。

2019年,古籍珍特藏部编辑古籍电子目录241条约1200册。当年,图书馆有线装书5600余种77 281余册,善本书3000余册,并开展了古籍普查、古籍保护、古籍修复、可移动文物普查等工作。同年6月,韩亮第二次荣获"四川省古籍保护工作示范工作者"荣誉称号。

第五节 服务工作迈上新台阶

一、基础服务扎实推进

(一)借阅服务

随着西华师范大学图书馆各种现代化设备的投入使用,基础服务工作扎实推进,读者服务工作水平大幅度提高。

---

① 西华师范大学图书馆《2013年古籍珍特藏部年终总结》,现藏于西华师范大学图书馆。

2012年，图书馆为新生办证8503人次，为新教师办证35人次，为校外读者办证8人次[①]。本年，读者借还图书224 760册、预约借书22册、续借14 312册，办理毕业生离校手续8553人次[②]。

2013年，图书馆读者总人数为36 027人，其中教职工2713人、学生33 259人、校外读者55人[③]。本年，图书馆各阅览室共接待读者26 463人次；书刊外借116 878册次[④]。当年，由于图书馆中央空调安装施工，2—6楼未能按期安装好天花板，导致从6月到12月无法开馆，接待读者总人数比前些年有所下降。

2014年，读者借书113 955册、还书96 343册，预约借书48册，续借图书4090册；借书读者59 285人次。RFID启用后，9—12月进馆读者总共203 253人次，平均每天达1452人[⑤]。当年，读者利用数据库521 396人次，下载文献1 465 446篇次[⑥]。

2015年，新办证读者共11 930人，其中本科生8976人、高职生738人、研究生949人、专升本学生651人、新教师128人、校外读者488人。读者进馆682 200人次，其中校外读者9250人次。借还书180 657人次，年文献流通381 836册次[⑦]。

2016年，新办证读者9075人，其中本科生6980人、研究生985人、校外读者35人。校外读者凭身份证登记入馆阅读达3900人次。全年进馆读者1 040 000人次，借还书读者154 835人，借还图书336 562册[⑧]。全年读者自助打印资料704 599页、复印资料143 595页，图书馆主页访问1 103 176人次[⑨]。

2017年，图书馆读者座位总数达到4668个，其中阅览室座位3904个、

---

① 西华师范大学图书馆《2012年办公室工作总结》，现藏于西华师范大学图书馆。
② 西华师范大学图书馆《2012年流通部数据统计》，现藏于西华师范大学图书馆。
③ 西华师范大学图书馆《教育部高等学校图书馆事实数据库》报表，现藏于西华师范大学图书馆。
④ 西华师范大学图书馆《2013年工作总结》，现藏于西华师范大学图书馆。
⑤ 西华师范大学图书馆《2014年读者服务部数据统计》，现藏于西华师范大学图书馆。
⑥ 西华师范大学图书馆《2014年自动化部数据统计》，现藏于西华师范大学图书馆。
⑦ 西华师范大学图书馆《2015年工作总结》，现藏于西华师范大学图书馆。
⑧ 西华师范大学图书馆技术服务部、借阅服务部《2016年工作总结》，现藏于西华师范大学图书馆。
⑨ 西华师范大学图书馆技术服务部《2016年工作总结》，现藏于西华师范大学图书馆。

自习室座位 764 个；接待到馆读者 130 万人次，书刊外借 272 153 册次。电子资源下载 2 320 000 篇次[①]。本年，图书馆还延长了开馆时间，每天开放 14.5 小时，每周开放 101.5 小时，服务质量进一步上升。在四川省高校图工委发布的《2017 年四川省高校图书馆发展报告》（包括部属高校）中，西华师范大学图书馆书刊外借量排第 5 名，周开馆小时数排第 8 名。

2018 年，入馆读者 140 万人次。当年，新增读者 8645 人，其中专升本学生 729 人、本科生 6600 人、研究生 1316 人[②]。本年，借还书读者 99 030 人，借还图书 207 055 册[③]，读者自助打/复印资料 146 073 页，主页访问 360 000 人次[④]。

2019 年，入馆读者达 160 万人次，书刊外借 164 259 册次[⑤]。

（二）参考咨询工作

图书馆的参考咨询工作以前由科情室的同志负责进行。2011 年 10 月，为加强参考咨询服务，图书馆成立了以学生文献信息助理为主的信息咨询中心，在新校区图书馆二楼的入口处设立参考咨询服务台，由采编、阅览、科情等部室的学科馆员（如采编部郭明蓉，科情室黄楠、郎筠等）及学生文献信息助理轮流在咨询台值班，并做好咨询记录，由副馆长李学宁直接领导且定期召开咨询工作交流会，受到读者欢迎。

2014 年后，随着图书馆现代化、网络化、智能化建设的不断发展，参考咨询工作逐渐转移到网络及其他通信设备上进行。图书馆利用各种设施和先进的技术手段，如 FAQ、电话咨询、学科导航、虚拟咨询、E-mail 服务、短信服务、MSN、QQ 群、微信、微博等，为师生提供多途径的便捷咨询服务，让读者时刻获取图书馆的服务指引和解答。特别是 2018 年，图书馆与北京盈科千信科技有限公司合作，建立了"西华师大教师文献服务"QQ 群，方便快捷地为广大教师实时检索、提供所需文献，受到教师们的高度赞誉。

---

① 西华师范大学图书馆《2017 年工作总结》，现藏于西华师范大学图书馆。
② 西华师范大学图书馆技术服务部《2018 年工作总结》，现藏于西华师范大学图书馆。
③ 西华师范大学党委办公室、校长办公室编：《西华师范大学年鉴·2019》，西华师范大学 2019 年印本，第 158 页。
④ 西华师范大学图书馆《2018 年工作总结》，现藏于西华师范大学图书馆。
⑤ 2019 年西华师范大学图书馆技术服务部《技术服务部数据统计》及《教育部高校图书馆事实数据库系统》，现藏于西华师范大学图书馆。

（三）文献传递与馆际互借

为克服图书馆馆藏文献信息资源的局限性，最大限度地满足广大读者的需求，给读者提供更多的文献信息服务，进一步促进文献信息资源共建、共知、共享，西华师范大学图书馆积极开展文献传递与馆际互借工作。

2012年，图书馆为学校22名读者进行了CASHL文献传递注册，传递文献37篇。全年开展CASHL文献传递活动宣传3次。本年，开通了CALIS馆际互借，并传递文献17篇[①]。

2013年，图书馆为全校69名读者进行了CASHL文献传递注册，馆际互借借入79册次、借出151册次，文献传递传入946篇次、传出48篇次。开展CASHL文献传递活动宣传4次[②]。本年3月，西华师范大学图书馆由于各项工作成绩突出，被评为"四川省高等学校优秀图书馆"。

2014年，馆际互借传递文献2500余篇，借出图书6册。

2015年，为全校254名读者进行了CASHL文献传递注册，使西华师范大学图书馆CASHL用户数达到358人。本年，共传递文献1659篇，利用CALIS平台传递图书7册。

2016年，为读者传递文献1200篇。西华师范大学图书馆CASHL用户达到458人。本年，图书馆与台湾世新大学图书馆签订了《馆际合作——文献传递服务协议》[③]。

2017年，馆际互借借入13册次、借出45册次，文献传递传入723篇次、传出16篇次[④]。

2018年，与北京盈科千信科技有限公司合作，通过"西华师大教师文献服务"QQ群，为全校685名师生传递文献693篇次。CASHL平台新增用户32个[⑤]。

2019年上半年，图书馆协同教务处、各二级学院完成了全校8008名2019

---

① 西华师范大学图书馆《科情室、信息检索利用课教研室2012年工作总结》，现藏于西华师范大学图书馆。
② 西华师范大学图书馆《科情室、信息检索利用课教研室2013年工作总结》，现藏于西华师范大学图书馆。
③ 西华师范大学图书馆《2016年工作总结》，现藏于西华师范大学图书馆。
④ 西华师范大学图书馆《2017年工作总结》，现藏于西华师范大学图书馆。
⑤ 西华师范大学图书馆《2018年工作总结》，现藏于西华师范大学图书馆。

届本科生的毕业论文查重检测工作。

二、拓展服务得到升华

（一）设立研讨室

2013年，为了方便广大师生在图书馆进行学术交流和研讨，支持科研创新、教学研究及有效学习，华凤新校区图书馆将406室隔成了6间研讨室。在每个研讨室里，设置了桌椅、网络和投影设备，方便师生进行学术研讨、教学培训、课程学习、社团活动等。师生可通过图书馆的网络预约系统，方便快捷地使用研讨室。研讨室建成后受到广大师生的热烈欢迎，吸引了学校科研团队、特色班级以及学生社团等前来使用，如文学院的"读书社"等。每年有近100人次利用研讨室开展活动。

（二）建立教职工成果展厅和学科服务小组

2017年9月，为深化教学科研服务，展示西华师范大学教职工的科研成就，图书馆在118室组建了"西华师范大学教职工成果展厅"，收集、展出教职工科研成果。

2018年4月，图书馆出台了《图书馆关于进一步深化教学科研服务的十条思路和措施》，拟建立西华师范大学机构知识数据库（包括学术成果数据库、学者库等），为教职工科研项目申报和论文选题提供分析服务和相关参考资料；并提供教师新课程分析服务及相应的教案和PPT供教师参考。同时，图书馆准备与科研处合作，撰写西华师范大学学科分析报告，每年12月底前完成报告的分析和撰写，供校领导及相关学院领导参考。此外还为教师和研究生、本科生提供科研论文查重和分析服务等。为使上述学科服务落实，图书馆建立了学科分析报告制作撰写小组、学科平台服务和机构知识数据库建设组、二级学院学者成果库建设组等3个学科服务小组。学科分析报告制作撰写小组由郎筠任组长，成员有魏海霞、王玺，主要任务是到电子科技大学或成都理工大学图书馆学习学科分析制作，撰写本校学科分析报告，承担教师科研项目申报、论文选题及新课程开设等相关服务；学科平台服务和机构知识数据库建设组由王昆鹏任组长，成员有董屹、常青青，针对政治学和生态学两个申博学科与相关公司合作的问题，创建两个学科服务平台，组织两个学科的教师召开座谈会，征求教师意见，进一步收集和完善其成果的相关数据，与相关公司合作建立西华师范大学学术成果数据库；二级学院学者成果库建设组由韩亮任组长，成员有张红艳、王黎黎，主要对成果库的格式和内容进行探讨和研究，待条件成熟后选择一个二级学院的学者成果建立数据库，数据库建立成功后逐年、逐级推广到其他二级学院。

（三）建立离退休教职工阅览室

为满足学校大约800名离退休教职工的阅览需要，图书馆建立了离退休教职工阅览室。2017年9月22日上午9时，离退休教职工阅览室启用仪式在北湖老校区图书馆举行，校党委副书记聂应德、学校离退休总支委员、各二级单位离退休党支部书记、校离退休处和图书馆党政领导等共计30余人参加了启动仪式。会上，校党委副书记聂应德教授首先肯定了图书馆开设离退休阅览室是一件好事，要求图书馆、离退休处要利用好"离退休教职工阅览室"这个新平台，做好相关服务工作，把好事做好、做实。魏晟馆长表达了为学校全体离退休教职工老同志做好服务的愿望，指出"离退休教职工阅览室"作为图书馆的一个重要组成部分，将派专人负责管理，并保持长时间开放。王心良书记还为大家详细介绍了"离退休教职工阅览室"的设施设备情况、服务内容、开放时间及管理规定，并希望离退休同志多提意见和建议，促进图书馆不断改进和完善阅览室功能，提升服务质量，把阅览室建成老同志精神生活的温馨家园。

离退休教职工阅览室建在北湖老校区图书馆一楼，约100平方米，环境幽雅，安静卫生，配备有大阅览桌数张、椅子50把、书架4个、联网电脑2台、电子读报机2台，并备有茶水等。阅览室约有3000册各类图书、数百册生活健康类杂志、10余种报纸。

（四）为校友服务

2012年2月开始，图书馆向校友逐步有序开放免费使用电子资源。同年5月，图书馆到中学（学校的实习基地）调研，为在中学任教的校友及其推荐的优秀学生办理了借阅证，并建立了校友资源共享平台。

（五）向市民免费开放及为服刑人员服务

为市民提供服务是图书馆的社会责任。2015年4月，西华师范大学图书馆经学校批准，在"图书文化节"开幕式上宣布免费向南充市民开放阅读，从4月15日开始，市民可凭身份证到图书馆办理阅览证。至5月28日，校外读者有 150 余人到馆办理借阅证。到 12 月底，图书馆已为近 500 名市民办理了借阅证。当年，图书馆接待校外读者 9250 人次[①]。2016 年 3 月 22 日，为了更加快捷方便地让市民进馆阅读，西华师范大学图书馆发出"关于向市民进一步免费开放阅读的通告"，决定从 3 月 25 日开始，市民凭本人身份证在华凤新校区图书馆门口保安人员处和北湖老校区图书馆二楼工作人员处登记姓名、身份证号码、手机号码后，即可进入华凤新校区和北湖老校区图书馆读书学习，不再需要办理借阅证。

2017 年 11 月 24 日，西华师范大学图书馆为了彰显高校图书馆服务社会的功能，魏晟馆长与四川省嘉陵监狱领导在"阅读未来，奔向新岸"读书活动推介会上签订了图书资源共享协议书，并代表图书馆向四川省嘉陵监狱捐赠了价值约 20 万元的图书和设备。根据协议，图书馆向嘉陵监狱提供信息资源；为嘉陵监狱设立集体借阅账户，方便嘉陵监狱管理干部和服刑人员借阅图书；按嘉陵监狱所需图书清单提供图书资料，建立图书流动站；同时，定期对嘉陵监狱图书馆建设及管理提出意见、建议，帮助其提高图书馆的管理水平，并对服刑人员读书学习提供必要的引导服务。

2018 年 6 月 27 日下午，西华师范大学图书馆副馆长吴晓川、资源建设部主任李海蓉应邀参加了四川省嘉陵监狱举行的"'新岸·书香'读书计划指导会"，400 多名服刑人员参加了读书计划指导会。指导会上，吴晓川副馆长向服刑人员讲述了书籍在人类历史长河中的意义，强调书籍是人类进步过程中的重要载体，是丰富生活、提升修养、完善自我的必要养分，倡导服刑人员紧跟新时代的节奏、多读书、读好书，在阅读中获得新生；李海蓉主任深入浅出地开导：服刑人员要根据自身实际制订行之有效的阅读计划，通过不同种类书籍的阅读，达到享受阅读、享受教育、享受人生、提高生命价值的目的；同时，她还向服刑人员重点推荐了《少有人走的路》《超越原生家庭》两本"营养丰富、含金量十足"的书籍。指导会结束后，吴馆长和李主任对在场服刑人员的提问一一作了解答。本年 9 月，西华师范大学图书馆在四川省嘉陵监狱建立了分馆（分馆有 5000 册图书、2 台电脑及一些书架），帮助服刑人员"读好书，做好人"。图书馆先后派出 7 位职工和 2 名学生助理参加嘉陵监狱举办的"新

---

① 西华师范大学图书馆《2015 年工作总结》，现藏于西华师范大学图书馆。

岸·书香"读书指导活动，对部分服刑人员进行"一对一"读书辅导；并参加嘉陵监狱"12·5"开放日活动，同服刑人员共同开展读经典分享活动和讨论活动。

2019年4月3日，西华师范大学图书馆魏晟馆长、吴晓川副馆长参加了在四川省嘉陵监狱党委会议室召开的南充市"2019世界读书日启动仪式暨四川省嘉陵监狱开放日"专题联席会。会议围绕南充市图书馆服务联盟下设嘉陵监狱分馆的建设发展成果、推广以"书香文化"为主旨的"新岸"文化品牌、呼吁社会各界关心服刑人员改造、倡议全社会"读好书 做好人"、推动"全民阅读"向纵深推进等问题进行了研究。4月18日，西华师范大学图书馆与南充市公共图书馆、川北医学院图书馆、南充职业技术学院图书馆、四川省嘉陵监狱等单位联合举办了"南充市'4·23'读好书 做好人阅读活动启动仪式暨四川省嘉陵监狱'开放日'"活动。魏晟馆长参加了活动启动仪式（见图9-6），西华师范大学党委常委、副校长龙汉武教授参加活动并讲话，图书馆职工代表参加了活动。该项活动受到了中央新闻媒体关注和报道。

图9-6 2019年魏晟馆长（左二）参加"南充市'4·23'读好书 做好人阅读活动启动仪式暨四川省嘉陵监狱'开放日'"活动

（六）支持基层图书馆建设

西华师范大学图书馆十分重视对地方中小学及其他单位图书馆（室）建设

的支持工作。2013年10月14—18日、2014年11月8—11日，图书馆派采编部郭明蓉、罗琼珍到南充市仪陇县、西充县，对两地140余所中小学的图书管理员进行了培训，培训内容主要包括图书馆业务工作概论、中文图书分类、中文图书计算机编目等，极大地支持了基层图书馆建设和国家农村义务教育薄弱学校改造项目工程。

2014—2015年，图书馆帮助南充市中级人民法院、南充市第一中学在短时间内建立起了比较规范的图书室，并帮助他们制定了图书室借阅规则及书刊资料加工、分类、编目的工作细则，为他们今后开展工作打下了基础。

（七）建立图书馆服务联盟，服务地方文化建设

2015年6月，为更好地为南充地方文化建设服务，西华师范大学图书馆与南充市图书馆、川北医学院图书馆、南充职业技术学院图书馆签订了"南充市高校、公共图书馆服务联盟"协议。这一协议的签订促进了南充市高校图书馆与地方公共图书馆工作的交流及合作，形成了南充市地方文献资源共享服务体系，为共同推进南充全民阅读活动，促进南充经济发展，建设书香南充、人文南充打下了良好的基础。西华师范大学副校长刁永锋出席了签字仪式。本年12月3—4日，由"南充市高校、公共图书馆服务联盟"主办、西华师范大学图书馆承办的"川东北高校、公共图书馆学术论坛暨工作经验交流会"在西华师范大学图书馆学术厅举行。南充市文化局领导、三所高校的校领导出席开幕式并讲话。南充、广安、巴中、遂宁、广元等公共图书馆和四川职业技术学院图书馆等到会交流经验，探讨了为地方文化建设服务的有关问题，为地方公共图书馆和高校图书馆服务创新开辟了新路。

（八）为校外读者捐赠书刊

2014年，西华师范大学图书馆将198种3445册、价值31 993.20元的期刊分别捐赠给了西华师范大学附属小学和四川燕京啤酒有限公司，对丰富师大附小学生及燕京啤酒公司职工的文化生活提供了一定帮助。

2016年，图书馆为西华师范大学对口扶贫对象阆中市岳林垭村捐赠期刊141种848册，合计金额8326.40元，进一步丰富了该村村民的文化生活；并向西华师范大学实习基地南充市第十一中学捐赠纸质图书3932种6623册。

2017年，图书馆向营山中学捐赠金额33万元的图书17 041种30 078册。

2018年，图书馆为南充市第十一中学"留守儿童图书馆"捐赠图书5000册。

三、安装中央空调，营造舒适环境

为读者服务是图书馆的本质和核心内容。"新征程"时期，西华师范大学图书馆坚持"以人为本"的服务宗旨，不断更新管理理念，努力创造优美舒适安全的服务环境，为广大师生及社会读者服务。特别是中央空调的安装，营造了图书馆冬暖夏凉的怡人环境，使图书馆真正成为读书的好去处。

2011年9月，馆领导继续对图书馆安装中央空调进行调研和筹划，并写成调研报告提交校领导。学校领导对此十分重视和支持。当年，拨给图书馆中央空调安装及供电线路改造专项经费500万元。

2012年9月，华凤新校区图书馆中央空调安装进行招标。最终格力电器股份有限公司南充分公司中标。

2013年5月20日，召开了空调安装首次协调会，对空调安装的位置、气孔数量、双方的义务和配合等进行了协商。双方商议：施工过程中，施工方现场监理必须到场，"人到位、要管事"；图书馆全体职工要全力配合，大小领导要加强巡察或现场监督，争取早日安装完毕，为读者提供良好舒适的借阅环境。6月，中央空调安装施工方开始进场，进行空调安装的前期工作。7月，开始中央空调的安装。图书馆认真履行甲方现场代表的责任，全馆职工每天轮流坚持在施工现场值班，配合施工方做好安全和条件提供等方面的工作，重点防范图书馆文献资料的丢失及火灾的发生，时常提醒施工工人不能在施工现场抽烟。

2014年5月底，华凤新校区图书馆中央空调试运行；6月1日，中央空调正式投入使用，各阅览室、自习室、办公室中央空调全覆盖，为全校师生员工营造了理想的读书和工作环境。

2016年7月，北湖老校区图书馆开始安装中央空调；2017年夏，北湖老校区图书馆中央空调顺利运行。从此，图书馆所有阅览室、办公室实现了中央空调全覆盖，拥有了冬暖夏凉的舒适环境，极大地改善了师生读书环境，提升了图书馆的服务质量。

四、改善卫生条件，打造怡人环境

图书馆阅览环境的改善除安装空调外，还在于环境卫生的改善。2012年以前，图书馆各库室内的清洁卫生由工作人员自行打扫，所有的楼道等公共区域由1—2名临时工清扫。由于图书馆面积大、读者多、清洁工少，且工作人员忙于接待读者，清洁卫生始终不尽如人意。2012年开始，图书馆增加了8个临时工，专门负责图书馆的清洁卫生，实行承包制，每人负责1个楼层的保洁（包括阅览桌、阅览室地面、门窗、过道墙面、垃圾箱、洗手间、开水器）；把清洁卫生情况纳入临时工的考评管理中，进行日检查、月评比、年总结，并将评比结果与奖金挂钩。同时，图书馆专门制定了《图书馆清洁工岗位职责》[①]，让清洁工人明确自己的责任；并让广大读者自觉维护图书馆的清洁卫生。图书馆的环境卫生得到根本改善，服务质量明显提升。

五、重视文化建设，营造人文氛围

为改变华凤新校区图书馆"文化氛围不浓"的局面，营造浓郁的书香气氛，图书馆积极进行文化提升建设。2011年，图书馆专门请美术学院李斌老师设计了图书馆文化提升方案，并争取到文化建设专项经费50万元。2012年，图书馆文化建设费又增加5万元。2013年，图书馆文化建设项目开工建设。经过一年多的建设，至2014年5月，图书馆文化建设工程完成。该工程包括：在华凤新校区图书馆设置3个LED显示屏、70余幅字画、200余条名言警句，各种导示牌、警示牌162幅，主题文化墙8个，户外导示立柱1个，总导示牌1个[②]。其中，200多幅名言警句、字画等，按主题分类，分别挂在图书馆的每个楼层、各阅览区、过道及楼梯口，让读者处处受到文化的熏陶。文化项目建设的实施，极大地改变了图书馆冷清的格调，提升了图书馆文化氛围，陶冶了读者的情操，增强了环境育人的作用。

此外，在学校领导和各职能部门大力支持下，图书馆还先后完成了学术报告厅的改造装修、二楼大厅及其他楼层环廊休闲自习区的布置、卫生间和花园的改造、观光电梯的安装等工作。服务环境的改善，明显提升了图书馆的服务质量，使图书馆真正成了广大学生读者的第二课堂和每天的最佳去处，每天早

---

① 西华师范大学图书馆编：《图书馆制度汇编》，西华师范大学图书馆2016年印本，第15页。

② 《图书馆2014年工作总结及2015年工作打算》（魏晟馆长在校图书馆工作委员会第四次会议上的汇报材料），现藏于西华师范大学图书馆。

上不到 7 点就有不少学生在图书馆外排队等候进馆。

六、改造借阅空间，提供便捷服务

2013 年 6 月 3 日，根据图书馆发展及读者需要，图书馆召开了中层以上干部参加的党政联席扩大会，制定了华凤新校区图书馆空间改造及库室大调整方案，决定：在二楼大厅设置总服务台；撤销以前的库、室分割格局，将所有库、室的中外文书刊按学科类别进行排列、调整，依次放置在二至六楼的中外文书刊借阅区，每个楼层的书刊又根据中图分类号顺序分为 A 区、B 区、C 区和 D 区等，全力打造藏、查、借、阅一体的服务空间，并大量增加阅览座位。会后，将库室调整方案和所需经费（两次搬迁费需 20 万元）报告提交学校领导。之后，校长办公会同意了图书馆的库室调整和书刊搬迁方案及经费申请。图书馆会同学校纪委、国资、审计、计财等部门召开了两次搬迁招标会，并顺利实现了招标。同年 7 月，图书馆职工配合中标的搬家公司将六楼 3 个备用书库的图书搬迁至北湖老校区图书馆，腾出了能设置 700 个座位的空间；9 月，又用两周时间完成了华凤新校区图书馆旧报刊搬迁至北湖老校区图书馆的任务，腾出了许多空间，为增加 2000 个读者座位奠定了基础。当年，图书馆阅览座位总数达到 3260 个，其中阅览室座位 2360 个、自习室座位 900 个[①]。

2014 年 4 月至 5 月，为便于库、室调整后读者借阅书刊，采编部全体同志参与了在金盘图书馆管理系统中修改、调整馆藏图书条码和收藏地工作。本年，图书馆新增阅览座位 2100 个[②]。10 月下旬开始，图书馆全体职工配合搬家公司加班加点对华凤新校区二至六楼的书刊进行了大调整。至年底，在全馆职工及临聘人员的共同努力下，所有库室的书刊按计划调整到位，如将 A 类和 B 类中文图书放置在了二楼 201 室"社科类借阅区（一）"，C 类和 D 类中文书放置在 203 室"社科类借阅区（二）"，其他各类图书依次放置在三楼至六楼"中文图书借阅区"和"外文图书借阅区"的各借阅分区。图书馆服务空间改造后，库和室合一，"藏、查、借、阅、参"等服务融为一体，大大方便了读者。本年，图书馆还在大厅设总服务台，负责参考咨询、读者辅导、借阅证

---

① 西华师范大学图书馆2013年《教育部高等学校图书馆事实数据库系统》报表，现藏于西华师范大学图书馆。

② 《图书馆2014年工作总结及2015年工作打算》，现藏于西华师范大学图书馆。

挂失、书刊遗失赔偿等。

2016年，北湖老校区图书馆组织学生信息助理与工作人员一道进行图书电子标签的粘贴和书架整理，为实行藏、借、阅一体的管理模式奠定了基础。9月，北湖老校区图书馆设置了门禁系统，实现一体化开放。

2018年，在华凤新校区图书馆各楼层走廊设置桌椅，方便读者阅览。7月9日，在学校各级领导及相关职能部门的支持下，华凤新校区图书馆新安装的两部电梯正式启用。新电梯的安装极大地方便了师生读者，同时也方便了图书馆工作人员到各楼层处理工作及新书刊的搬运，大大提升了图书馆的服务水平。

第六节　营造书香校园

2011年以来，西华师范大学图书馆主动参与并推动校园文化的建设，开展了形式多样的文化展示与传播服务，营造书香校园。

一、举办图书文化节

2012年4月17日至5月初，为了丰富校园文化生活，开阔学生视野，培养学生阅读习惯，提升学生内在涵养和精神气质，在第17个"世界读书日"来临之际，西华师范大学图书馆联合学工部、校团委、教务处等单位成功举办了以"畅游书海　青春无悔"为主题的西华师范大学首届图书文化节（宣传海报和横幅见图9-7）。

这次图书文化节开展了"名师指路——专家系列讲座""书海导航——好书与好资源推荐""好书盛宴——精品图书展销""品味书香——读书反思征文""精神魅力——励志格言征集""博雅休闲——精品影视作品展播"等系列活动。在开幕式上，学生代表朗诵了《读书宣言》："读书，养修身之心性；读书，长齐家之智慧；读书，习治国之方略；读书，蓄平天下之志。品读国学经典，弘扬传统文化，博览世界名著，孕育创新理念。珍惜青春韶华，享受书香生活，培养高雅情趣，成就美好未来。我们坚信：只要勤学奋勉，定会春华秋实——桃李满天下，国富民更强。"图书文化节中，图书馆还邀请国务院发展研究中心信息网（简称"国研网"）培训讲师高颇主讲了"打开经济大门的金钥匙——国研网数据库认识及使用普及课堂"，西南财经大学图书馆馆长李天行主讲了"世界读书日谈读书"，南充市工商局开发区分局党组书记魏嘉阶主讲了"就业新路——谈大学生的创业与立业"。

图 9-7　2012 年西华师范大学首届图书文化节宣传海报和横幅

2013 年，在"4·23 世界读书日"期间，图书馆成功举办了西华师范大学第二届图书文化节。这次图书文化节共开展了"《图书情报工作》主编初景利教授学术报告会"、"移动图书馆开通仪式及使用培训会"、"优秀校友谈读书、谈成才"、"图书漂流"、"图书展销"、"悦读·助学　公益阅读走进贫困乡村小学"、"让读书成为一种人生方式"读者报告会、"瘦西鸿新书发布暨诗歌鉴赏会"等 8 大系列活动，突出"读书、学习"主题，整个活动持续了近一个半月。其中，4 月 18 日，移动图书馆的开通仪式，宣告西华师范大学图书馆信息化、智能化建设的开端。当天，还在华凤新校区图书馆二楼大厅设立了"图书漂流"书架，"图书漂流"正式向全校师生投入运行。首次运行"图书漂流"活动的书籍来自图书馆信息咨询中心全体文献信息助理捐赠的 110 册价值 3000 余元的图书。每一本漂流的图书中有一个系着红色绳子的书签，上面标注着该书书主的姓名和书名，每一位参与图书漂流的书主会得到一张感谢信笺，并由相关助理做好该书的详细登记信息，保证图书漂流活动中书籍的有序和无误。此活动推出后，受到师生广泛关注和踊跃参与。

2014年4月11日至5月中旬，西华师范大学图书馆举办了以"提倡全民阅读、共建书香校园"为主题的第三届图书文化节。这次文化节开展了"翰墨飘香"书法赛，"拓展CNKI应用，洞悉学术科研""国研网经济数据库新体验""大数据时代高校教学科研创新"等专题讲座，图书展销，百科知识竞赛，"听君一席话"讲座等9项活动。4月23日晚7点，图书馆邀请同方知网高级培训经理孙尧在学术大厅举行了"拓展CNKI应用，洞悉学术研究"专题讲座。本次讲座由魏晟馆长主持，学校400余名研究生、本科生及部分教师参加了听讲。孙尧经理从怎样选择研究课题、如何获取并管理好收集的文献资源、如何分享传播文献信息资源等几个方面介绍了利用CNKI平台的基本方法，并现场演示了查找文献信息资源的具体方法和步骤，着重介绍了CNKI的众多功能及具体操作。

2015年4月14日—5月8日，图书馆与校宣传部、学工部、校团委、研究生院共同主办的西华师范大学第四届图书文化节，于4月14日晚在图书馆学术厅开幕。校长张健，副校长刘玉平，图书馆、宣传部、学工部、校团委、研究生学院负责人，南充市图书馆负责人以及师生、市民、媒体记者300余人参加了开幕活动。刘玉平副校长主持开幕式，张健校长致辞。全场师生一同朗读了配乐诗《我的北方和南方》。本届图书文化节举办了两场专家学术报告会，邀请四川广播电视台副总编辑魏鸣主讲"新常态下新闻传播新格局"，并邀请北京超星集团副总经理叶艳鸣主讲"基于大数据发现的学术创新之路"。两场学术报告会内容丰富，学术性较强，听众近800人次。图书文化节期间，学生信息助理还组织了152人参加的夜跑活动，通过夜跑活动传播了健康生活理念。同时，图书馆组织了"'浓墨挥毫'书法杯"趣味比赛，举办了9次"听君一席话"影视交流活动，以及"百科知识竞赛""图书展销""图书漂流"等活动；并同川北医学院图书馆、南充市图书馆联合举办了"智慧天使"礼仪知识竞赛活动。这些活动极大地助推了校园文化建设。

2016年4月15日—5月27日，图书馆与学工部、校团委共同举办了第五届图书文化节。本届图书文化节主要以"名师指路""资源推荐""学科服务"为重点，以"推动全民阅读，创建书香社会"为主题开展各项活动。在开幕式上，副校长刘玉平教授致辞并分享他对读书的感悟和认知；几位学生信息助理朗诵了《诗韵》；校外读者代表王翔发言，并对图书馆进一步向市民开放阅读提出了意见和建议。在"名师指路"活动中,邀请了营山中学校长曾振宇作了《做一个会说话的苇草》的学术报告,"责商"理论创始人、成都责商管理学院院长谭焱心博士作了《大学生行为掌控力的训练与培养》学术报告。图书文化节期间,还开展了"资源推广""读书分享会""图书漂流""校友赠书""读书知识竞赛"等活动,与教材中心共同举办了"精品图书进校园"活动。4月25日,图书漂流行动在两校区举行,同学们通过图书漂流、以书换书,奉献了爱心,传播了文化。此外,图书馆还承办了"南充市高校、公共图书馆服务联盟"主办的"全民阅读"知识竞赛活动(本馆组织的学生代表队在竞赛中获得一等奖);组织学生参加了全国师范院校图书馆联盟全民阅读活动问卷调查和征文大赛,文学院2014级本科生余苗同学获得征文大赛三等奖。

2017年4月13日—5月30日,图书馆与学工部、校团委成功举办了西华师范大学第六届图书文化节。本届图书文化节开幕式于4月23日下午在南充市北湖公园举行,同时也是"南充市高校、公共图书馆服务联盟"、南充市图书馆学会联合举办的"'全民阅读,万卷南充'2017读书月"活动启动仪式。西华师范大学、川北医学院、南充职业技术学院三所高校图书馆和南充市图书馆的领导出席了启动仪式。在启动仪式现场,各种推动"全民阅读"的活动也同时展开,南充市图书馆的流动图书车陈列了千余册书籍,供现场市民尽情阅读;西华师范大学图书馆"川北历史文化普及基地"设立的"全民阅读"有奖知识问答擂台,吸引大量观众的积极参与,大学生科普志愿者还向市民发放了图书馆编印的各类宣传手册。图书文化节期间,图书馆还开展了"图书漂流""绸都赞歌朗诵赛""方言剧·经典情"情景剧大赛、知识竞赛、数据库使用培训活动、"国学与读书""精品导读"等活动。

2018年4月18日—5月11日,图书馆举办了西华师范大学第七届图书文化节。该年的图书文化节在总结前六届活动的基础上,突出"小型、分散、特色、阅读"主题,精心设计了文化、竞赛、培训、调查、评选为主的系列活动,开展了以"师大共读、经典导读、阅读调查、弘扬传统文化"为主要内容、以通识教育为目的的一系列阅读推广活动。文化节期间,共主办了七期"师大共读"活动,每期围绕一本书、一个主题,请一名教师或学生讲读书心得。七期"师大共读"活动共有近2000人参与,起到了以点带面的阅读效果。

这次图书文化节的活动重点是组织学生参加全国、省、市的朗读比赛、设计比赛、知识竞赛、征文比赛，并进行"寻找校园最美读书人"等校园文化活动，均取得较好效果。图书馆组织学生参加全国大学生朗读比赛获二等奖1项，参加四川省大学生朗读比赛获得三等奖1项、优秀奖1项；获得全国首届"图书馆杯主题海报创意设计大赛"二等奖1项、三等奖1项、入围奖1项；获得"全民英语口语大赛"入围奖2项；1人获得全省"最美读书人"称号。图书文化节期间，图书馆还举办了"川剧进校园"活动。

2019年4月19日晚，西华师范大学图书馆第八届图书文化节开幕式暨智慧图书馆推介活动在华凤新校区图书馆学术厅举行。活动由魏晟馆长主持，王心良书记介绍了这次"图书文化节"开展的活动内容，包括师大大学生阅读调查、大学生检索技能大赛、经典美文诵读大赛、"师大共读"、"听君一席话"等。开幕式上，文学院"汉文化学会"的成员还诵读了《三字经》（见图9-8）。开幕式后，举办了西华师范大学首届"超星杯"大学生信息检索技能大赛决赛（初赛于4月1日开始，全校有3500余名学生踊跃报名参加，经过为期15天的初赛，最终来自16个学院的18位选手以优异成绩晋级决赛），18位晋级决赛选手参加了决赛。最终，由管理学院的唐茂林、文学院的邹诗粤、数学与信息学院的刘文兰3位同学组成的团队荣获冠军，来自电子信息学院的邓文燕、政治与行政学院的杨慧、环境科学与工程学院的王高贵组成的团队荣获亚军，来自教育学院的邹佳丽、历史文化学院的张奇、计算机学院的伍俊敏组成的团队荣获季军，邢世豪（计算机）、曾玉红（化学）、蒲红（国土）、周杰（物空）、杨文静（学前）、曹小玉（文学）、徐璇（新传）、李富云（商学）、吴春艳（外语）等9位同学荣获优胜奖。这次比赛是图书馆"文献信息检索与利用"课堂教学工作的延伸，通过比赛，同学们得到了一次信息素养基础知识教育，为同学们日后的学科深造和研究做好了充分的前期准备。5月11日，图书馆邀请了历史文化学院曾为224名毕业生刻章留念的"网红教授"高然老师作为"师大共读"主讲嘉宾，讲解"红色"在古代的分类、来源、相关的历史故事、文化现象。活动当晚，高然老师的独家采访"师生印象"在中央电视台新闻频道《新闻周刊》栏目播出，受到西华师范大学师生及社会的高度关注与赞赏。

图9-8 第八届图书文化节开幕式暨智慧图书馆推介活动开幕式上学生朗诵《三字经》

西华师范大学图书馆历届图书文化节的举办，丰富了校园文化生活，陶冶了师生的情操，让师生感悟了知识的魅力，也加大了图书馆信息推送的力度，彰显了图书馆文化建设的活力。

二、举办迎新晚会及游园会

西华师范大学图书馆从2011年开始，每年举办迎新晚会或迎新游园会，丰富了校园文化生活，加强了校园文化建设。

2014年12月8日晚7时，由图书馆主办、图书馆信息咨询中心承办的"2015'墨度慧心'迎新晚会"在大学生活动中心（华凤新校区一期食堂三楼）举行。四川大木偶剧院负责人、国家级非物质文化遗产四川大木偶第五代传人李东，南充市电视台原科教频道总监杨东松，南充市电视台原科教频道制片人、国家级播音员文靖贤，校团委书记王方国，图书馆党政领导以及各个学院的学生干部和其他同学等共500余人参加了这次迎新晚会。晚会在充满青春活力的爵士舞Mamamia中拉开帷幕。晚会上，歌舞、小品、朗诵、魔术、时装秀等精彩的节目为在场观众呈现了一场别具特色的视听盛宴。其中，情景剧《师大图书馆》表达了西华师大学子对图书馆的热爱之情；川剧著名的"变脸"

惊艳全场，变脸大师与现场观众亲密接触，使现场气氛达到高潮。整个晚会气氛热烈、高潮迭起、精彩不断，获得观众阵阵掌声。晚会最后，图书馆信息咨询中心的各部门文献信息助理动情地演唱了《明天会更好》，唱出了同学们的坚定自信和对未来的美好期望，也展示了图书馆信息咨询中心的激情与活力。迎新晚会，严格按照艺术性、启迪性、教育性和娱乐性的要求，充分发挥了全体文献信息助理的积极性、创造性及其组织能力和凝聚力。这次迎新晚会，图书馆教职工首次参与了节目表演，展示了教职工的才艺和活力。

2016年11月19日周六晚7时，图书馆2017年"精神高地·悦读思行"迎新晚会在华凤新校区音乐厅举行。图书馆党政领导、教职员工、特邀嘉宾、文献信息助理等500余人参加了晚会。图书馆党总支书记王心良为本次晚会致辞，肯定了图书馆近年来的成绩，并强调大学生要快乐学习、踏实做事、回归书香，共同建设西华师范大学精神高地。晚会节目内容丰富、形式多样，有武术《尚武魂》、影子戏《About Us》、现代舞《All Right》、爱情戏剧《梁祝》、话剧《挑山母亲》、情景朗诵《中国报告》、走秀节目《锦绣民国》、情景剧《掌控人生》、歌曲《Power 乐潮》、小品《碰瓷》、魔术《Now You See Me》等。

2017年12月23日晚，图书馆主办、图书馆信息咨询中心承办的"伴书香智慧·行文明新风"2018年图书馆迎新游园活动在华凤新校区一期篮球场举行，得到师生的欢迎和积极参与。

2018年12月16日下午，图书馆以优秀传统文化为底蕴，在华凤新校区一期篮球场举办了"读书修身、立命兴业"大型2019年迎新游园活动，吸引了众多师生参与，取得良好效果。

2019年12月7日晚，图书馆在新校区一期模拟法庭举行了2020年"伴书香智慧，迎新年新风"迎新晚会。图书馆馆长魏晟，党总支书记王心良，副馆长李学宁、吴晓川、王玺、柏涛、李张春、郭明蓉、李海蓉、李华等馆员代表出席了晚会。

第七节　创建图书馆信息咨询中心

一、信息咨询中心的建立

2011年10月，西华师范大学图书馆在规划新型服务体系时，根据图书馆的功能与优势、学校战略发展目标及图书馆服务发展趋势，建立了图书馆信息咨询中心（以下简称"咨询中心"）（标识见图9-9）。该咨询中心是经学校分管领导、校图书馆工作委员会批准，由图书馆领导直接指导的校级学生组织，其宗旨是"营造浓郁书香氛围，引领大学精神生活"，积极为学生提供展示才华、锻炼技能的舞台，为各二级学院、科研机构的专家教授当好助手。其成员为文献信息助理。图书馆信息咨询中心成立后，采取公开招聘、自荐、各院系推荐等方式，在全校非毕业班近20 000名本科学生中筛选，通过三关考核和面试，组建了由10个学院近70名学生参与的首届文献信息助理队伍。文献信息助理由图书馆党总支书记、副馆长和科技情报室主任共同指导和管理。同年12月2日，由吴晓川副馆长主持召开了图书馆文献信息助理第一次大会，明确了文献信息助理的作用，建立了图书馆信息咨询中心文献信息助理组织机构和QQ群等。

图9-9　西华师范大学图书馆信息咨询中心标识

二、信息咨询中心的组织机构及建设

2011年，图书馆信息咨询中心成立后，设学生助理部长3人，咨询中心下设办公室、外联部、活动策划部、学科部、宣传部，各部设部长2人。学科部又分为文史哲、经管法、教育学、理工农、艺体等小组，各组设组长2人。图书馆信息咨询中心组织架构见图9-10。

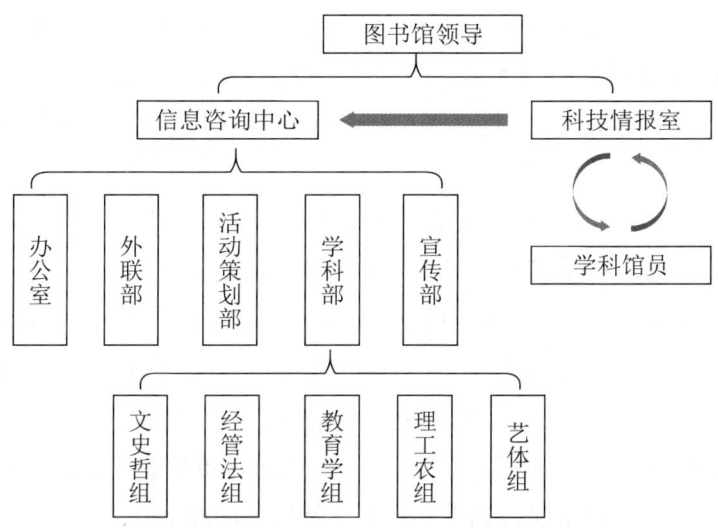

图 9-10　西华师范大学图书馆信息咨询中心组织构架图（2011 年）

2012 年，图书馆争取到校拨"信息咨询中心"建设费 3 万元。同年 2 月，由副馆长吴晓川主持召开了文献信息助理干部竞岗会，选出干部 10 人，并进行了分工。由李玲、罗继勇担任文献信息助理部长，由杨洁、付财婷担任信息咨询中心办公室主任，唐凌云、梁建担任外联部主任，由袁子英、雍丹、董松言负责活动策划部，由龚春丽、钟羽负责学科部。图书馆为信息咨询中心办公室添置了电脑、电话等设备。10 月，图书馆进行了新一届文献信息助理招收工作。

2013 年，图书馆完成了文献信息助理干部的换届工作，推选出第三届干部班子，并对他们进行了多次的指导和培训；同年 10 月完成了第三次招新工作，共招收新的文献信息助理 130 余人，他们是图书馆文献信息队伍的新生力量，也是图书馆建设的生力军。从 2013 年 10 月起，文献信息助理还兼任图书馆"川北历史文化普及基地"志愿者。

2014 年 5 月 13 日下午，第四届图书馆文献信息助理干部换届选举在图书馆 406 研讨室举行。这次选举采取单独面试、竞选演说的方式。担任本次选举的评委有魏晟馆长、吴晓川副馆长、郎筠老师、张艳红老师及信息咨询中心主任罗兵传、副主任杨婷婷和魏雪琦等。参选者来自图书馆信息咨询中心各个部门通过初试甄选出来的 25 位文献信息助理。竞选者依次入场进行演说，评委通过现场打分，选拔出1位中心主任、2位中心副主任，以及5个部室的5位部长和10位副部长。本年，图书馆文献信息助理队伍扩大到了200人左右，成为图书馆建设的一支生力军，为教师及科研人员提供了很好的文献信息服务。

2016年5月17日，图书馆信息咨询中心增加了拓展部（后改名为北湖拓展部）和科技部，产生了图书馆信息咨询中心第六届干部，选举计科院2014级学生吴杰言为中心主任，政行院2014级学生黄诗意、文学院2014级学生余苗、新传院2014级学生徐鑫宇为中心副主任，办公室主任由化工学院2014级学生李贵秋担任，学科部、活动策划部、科技部、外联部、宣传部、拓展部等部部长分别由顾少卿、龚婷婷、田汉军、罗文奇、胥梦迪、王善金担任。

2017年，图书馆信息咨询中心共有文献信息助理180人。

2018年，图书馆完成了第八届文献信息助理干部换届工作，招聘新成员240名。10月19日晚，在图书馆学术厅举办了信息咨询中心第八届新助理见面暨培训会。会议由图书馆总支书记王心良主持。王心良从思想、纪律、管理、业务、考核与评优要求等方面对新招文献信息助理进行了系统培训。本年，图书馆组织文献信息助理观看了优秀传统文化高端视频2部，开展学生助理党建小组学习活动5次[①]。

2019年10月18日晚，图书馆在朝阳楼107室举行了图书馆信息咨询中心第九届新助理见面大会。图书馆总支书记王心良发表了讲话，为新助理讲解了图书馆的重要性及使命。

2020年5月10日下午，受疫情影响，图书馆党总支借助"腾讯会议"软件举行了主题为"英雄精神，我辈传承"的信息咨询中心文献信息助理"线上读书分享会"。信息咨询中心成员100余人参与，网络分享会取得了圆满成功。

三、文献信息助理的作用及任务

（一）文献信息助理的作用

文献信息助理作为图书馆信息咨询中心及川北历史文化普及基地志愿者，其作用主要表现在以下几个方面。

---

① 西华师范大学图书馆《2018年党建工作总结》，现藏于西华师范大学图书馆。

第一，在图书馆学科馆员的带领下，尽快地熟悉馆藏、掌握信息检索技能，有效地利用图书馆的文献信息资源为各学院、科研机构的专家教授服务，当好他们的助手，为他们的教学与科研提供信息咨询和文献查找、文献推送服务，搭建起图书馆与师生读者之间的沟通桥梁。2011年，文献信息助理队伍建立后，各院系及各处（室）纷纷提出申请，要求文献信息助理为他们提供文献信息查询服务。本年，文献信息助理还在图书馆二楼入口处设置参考咨询台，与图书馆学科馆员共同为读者提供信息咨询服务（业务时间主要由文献信息助理值班），回答读者有关利用图书馆的各类问题近10 000人次。

第二，参与图书馆文化建设，举办每年的"图书文化节"系列活动及迎新晚会大型文化娱乐活动。如，在2012年的"4·23世界读书日"期间，来自18个学院的120余名文献信息助理在馆领导和学科馆员的培训及带领下，成功举办了西华师范大学首届图书文化节系列活动。2013年世界读书日期间，文献信息助理参与图书馆开展的"悦读·助学·公益阅读走进贫困乡村小学"活动，到南充市嘉陵区大兴乡碑亚村小学给小学生讲故事，教小学生画画、写日记，并同小学生一道做游戏。2014年，文献信息助理参与举办了"中国梦"情书创作朗诵大赛及7场"听君一席话"讲座、两场川剧舞台艺术影展等。他们还长期坚持开展"图书漂流"活动，漂流库藏图书超过1000册。本年，文献信息助理还协助图书馆参与了"川渝高校图书情报研究会第二十四次学术年会"的接待和会务工作，举办了"墨度慧心"迎新晚会。

第三，作为图书馆行风监督员，协助图书馆搞好行风建设及读者管理工作，对图书馆的服务和建设提出一些建设性意见。

第四，参与协助图书馆"川北历史文化普及基地"进行系列科普宣传活动。如，2014年，文献信息助理参与了社科普及进乡村、进社区、进企业、进学校、进军营等宣传活动，并参与编写科普手册5种。此后，"川北历史文化普及基地"开展的活动，均有文献信息助理参与。

（二）文献信息助理的任务

2012年4月6日，为加强对文献信息助理的培养和管理，图书馆党政联席会扩大会议讨论通过了《文献信息助理的培养目标与定位》，确立了文献信息助理的主要任务：在图书馆学科馆员的指导下，掌握比较扎实的信息检索技能，特别是掌握所学专业的信息检索技能；熟悉图书馆馆藏资源分布，协助所在院系有科研与教学信息需求的教授和副教授查找资料、借阅资料；协助图书馆"信息检索与利用"课教师上好该课，参与部分"信息检索"课教学实习指导工作，收集其他同学对教学工作的改进意见；结合担任文献信息助理的实践工作，参与图书馆学科馆员的相关研究，并在学科馆员的指导下撰写有一定质量的学术论文。

通过几年的建设，西华师范大学图书馆文献信息助理队伍建设成效显著，已成为一支图书馆资源推广和服务师生的重要力量。

第八节 读者教育与教研工作

一、读者教育及培训

（一）"文献信息检索与利用"课教学

西华师范大学图书馆于20世纪80年代初开设"文献检索与利用"课，2002年根据教育部《普通高等学校图书馆规程〔修订〕》第十七条之规定，改称"文献信息检索与利用"课（以下简称"信息检索"课），并继续开展新生利用图书馆的培训工作。面向大学生的信息素养教育工作一直保持传承下来，并不断改进教学方法和教育手段。

2012年，图书馆为全校18个学院的5897名2010级本科学生讲授"信息检索"课4531标准学时，并为5554名2012级本科新生及1425名高职院新生讲授了"怎样利用图书馆"236个标准学时。平均批改作业23 588份（每1专业学生完成4次作业），出考题（AB卷）44套，阅卷5897份。教学全部采用多媒体课件教学。并面向全校研究生和教师，分文科和理科分别进行了图书馆电子数据库的培训讲座共4次。为提高数据库的利用率，配合数据库商，进行了国研网、SciFinder等数据库培训[①]。

2013年，图书馆"信息检索"课任课教师有8人，信息素质教育听课总

---

① 西华师范大学图书馆《科情室、信息检索利用课教研室2012年工作总结》，现藏于西华师范大学图书馆。

人数达到6018人；同年6月，"信息检索"课教师郎筠被评为西华师范大学"优秀教学标兵"。

2015年，图书馆为全校2013级6682名本科生讲授"信息检索"课4870标准学时，并为6808名2015级本科新生、746名高职院新生进行了"怎样利用图书馆"的入馆培训，共计60.95个学时[①]。

2017年，为全校2015级本科生6790人授课5550.2学时；并对2017级8577名本科新生进行入馆培训36.25学时。当年，"信息检索"课教师增加到11人。信息素质教育听课总人数16 067人[②]。同年10月，魏海霞获西华师范大学"2017年多媒体课件大赛"优秀奖。

2018年，图书馆为全校2016级、2017级本科生10 691人讲授了"信息检索"课，并为25名留学生讲授了"信息检索"课。当年，信息素质教育课教师增加到12人[③]。

2019年，共授课4005个课时（包括公共必修和公共选修）。

（二）读者培训

西华师范大学图书馆除对本专科生及留学生进行"信息检索"培训外，还对全校师生进行"文献信息资源利用"专题培训及其他培训。

2013年3月，王心良书记和吴晓川副馆长为毕业生开设了"学术论文写作指导"讲座；同年11月，科情室的同志对新的文献信息助理进行了一系列专题讲座和培训。同年，为提高数据库的利用率，配合数据库商，对师生读者进行了SCI数据库使用培训。

2014年9月，图书馆将"图书馆简介及利用"相关内容嵌入到各学院的新生入学教育中。"信息检索"课的教师到各学院参与新生入学教育，向新生介绍图书馆的功能、资源（图书及其他文献资源、设备）和使用方法（馆内布局、书刊借阅流程），介绍图书馆的组织机构及信息咨询中心，在每个学院进行1学时，其中讲授半小时、学生参观半小时。

2016年4月20日，图书馆邀请超星集团公司闫文添老师在华凤新校区图书馆学术厅进行了"超星——让学习和阅读简单高效"的专题讲座，详细介绍

---

① 西华师范大学图书馆《信息咨询部2015年工作总结》，现藏于西华师范大学图书馆。
② 西华师范大学图书馆《信息咨询部2017年工作总结》，现藏于西华师范大学图书馆。
③ 西华师范大学图书馆《信息咨询部2018年工作总结》，现藏于西华师范大学图书馆。

"超星移动图书馆""歌德借阅机""超星发现"这三款应用程序在阅读、交互、考研、论文写作等方面的实用性。

2017年，图书馆举办了数据库使用培训3次，共500人参加；综合应用培训3次，共200人参加①。

2018年，图书馆举办数据库利用培训6次，培训读者1500人；综合应用培训3次，共180人参加。其中，4月24日，邀请超星培训讲师向仲香开设了"图书馆数据库带你玩转论文写作"专题讲座；10月举办了"Springer Nature为您的科研事业助力"的主题培训，邀请Springer Nature客户经理乔昆鹏主讲；11月，进行了Science Direct使用培训，邀请Science Direct培训师刘晓倩博士主讲。此外，还开展了"爱思唯尔"等其他专题数据库利用培训活动，帮助师生快捷方便使用外文资源，助力学校科研工作的有效开展。

二、教研工作及教材编写工作

（一）教研工作

西华师范大学图书馆领导十分重视"信息检索"课教学工作，对新任课教师进行培训和指导；在每个学期开学之初，召开教学工作布置会，并且规定每个馆领导每学期至少要听课4次，以促进"信息检索"课教学工作。

2017年9月，西华师范大学为了进一步增强广大教师的"质量兴校"意识、激发教师特别是青年教师钻研课堂教学的工作热情，开展了"课堂教学质量月"活动。图书馆为配合学校的"课堂教学质量月"活动，特组织"信息检索"课教研室对每一位任课教师的教学计划、教案、课件、作业、试卷的质量进行调研及检查。馆领导针对检查情况与每一位教师交换了意见，并按学校"课堂教学质量月"要求提出了整改方案。党政领导还对任课教师进行随堂听课，并开展竞教活动。9月14—15日，"信息检索"课教研室安排所有任课教师进行了竞教试讲。4位馆领导担任点评专家，教研室所有教师参与竞教、听课、讨论。参加本次竞教试讲的教师共10名。试讲过程中，各位教师准备了教案、课件，进行课堂教学仿真试讲。试讲结束后，由图书馆党政领导和听课教师从课堂准备、教学仪态、教学内容、教学方法、语言表达及PPT制作等

---

① 西华师范大学图书馆《信息咨询部2017年工作总结》，现藏于西华师范大学图书馆。

方面对试讲教师进行了深入细致的现场点评,在肯定大家优点的同时,重点指出各位教师在试讲中存在的问题与不足,并分别给出具体可行的改进建议。本次"课堂教学质量月"活动不仅为教师提供了锻炼和提升的机会,同时也加强了教研室各位教师的交流,对加快青年教师成长步伐、推动图书馆"信息检索"课师资队伍建设、提高教育教学质量具有重要意义。

2017年,韩亮、董屹、张红艳3位青年教师进行了试讲,馆领导及"信息检索"课教研室同志对他们进行了教学指导。

2019年9月1日,图书馆进行了"信息检索"课教学工作布置会。吴晓川副馆长要求授课教师务必提前了解各自上课的时间、地点,准备好教案、课件,防止出现教学事故;学生成绩复查、出错分数改登,应严格按教务处规定执行;并要求授课教师关注本课程前沿信息,内容不能陈旧,上课不能照念PPT,要引入新方法、新技能,把科研成果融入教学过程,防范课堂上出现网络舆情事件。

为提高"信息检索"课教学质量,除本馆教师之间互相听课、评课之外,还与其他高校图书馆"信息检索"课教师进行交流、互访。如,2013年3月19日,"信息检索"课教研室全体教师到川北医学院图书馆进行了教研活动。

(二)教改工作

为方便教学和考试,提高教学水平,西华师范大学图书馆"信息检索"课教师不断对教学方法和考试办法进行改革。2017年开始使用"对分易"教学平台,让上课点名、批阅作业、课堂信息反馈等变得简单易行;2018年4月,又开发试行了"西华师范大学信息检索考试系统",方便教师出考试题;2019年4月,开始试用教务处推荐使用的"学习通"考试系统,方便教师在线测试学生掌握信息检索知识的情况。

(三)教材编写工作

2013年,图书馆对使用了3年的"信息检索"课自编教材《当代信息技术》进行了修订,成立了《当代信息技术(第二版)》编写组(由10多位教师组成),指定了主编(魏晟、吴晓川)、副主编(黄浩耘、郭黎康、黄楠、王心良、李学宁)及编委,并与科学出版社签订了出版合同。2014年8月,《当代信息技术(第二版)》顺利出版。该版教材根据大学生的实际需求及信息发展趋势,吸收了信息检索领域的最新知识成果,全书分为总论、网络开放信息资源检索、国内综合信息检索平台、国外综合信息检索平台、专类信息检索平台、社会科学专业信息检索、自然科学专业信息检索、信息分析与利用等8章，系统介绍了国内外信息检索的工具与技能。该教材被列为普通高等教育"十二五"规划教材，受到相关学校教师的好评。

2018年，随着大数据时代的到来及现代信息检索技术的发展，图书馆再次对自编"信息检索"课教材进行了修改，增加了部分新内容，书名改为《信息检索》，由魏晟、吴晓川主编。同年8月，《信息检索》由人民邮电出版社出版，并入选高等院校素质教育课程"十三五"规划教材，旨在培养学生的情报意识、信息素养、信息分析及检索利用能力。

第九节 迎接"本科教学审核评估"

2016年5月，西华师范大学根据《教育部关于开展普通高等学校本科教学工作审核评估的通知》（教高〔2013〕10号）和四川省教育厅关于本科教学工作审核评估工作的整体部署，结合学校实际，制定并下发了《西华师范大学本科教学工作审核评估工作方案》。对此，图书馆党政领导高度重视、分工协作、狠抓落实，全馆职工全力以赴、上下齐心，以高度的责任心、饱满的精神状态及强烈的爱校情怀投入到配合学校"迎评"的工作中。

一、领导重视，做好"迎评"准备工作

自学校"本科教学审核评估"迎评工作启动后，图书馆成立了以馆长魏晟为组长，总支书记王心良和副馆长李学宁、吴晓川为副组长，各部室主任和工会主席为成员的迎评工作小组。图书馆先后召开了3次党政联席会和7次馆务会议，研究、布置、分解迎接"本科教学工作审核评估"任务；并跟随校领导考察学习兄弟学校迎评工作的经验和做法，组织全馆职工认真学习学校《自评工作报告》内容，召开全馆职工迎评工作动员会。根据不同岗位，对各部室工作人员、清洁工和保安人员提出了不同的要求和任务。根据任务分解，馆领导和部室主任进行了4次迎评工作专项大检查，对发现的问题采取强有力的整改措施，并把迎评和专家组进校评估期间员工的工作成绩纳入年终考核，同评

优、评奖挂钩。这些措施和办法对图书馆迎评工作起到了重要推动作用。

二、强力推进重点任务落实，确保如期完成专项工作

学校迎评工作启动后，校评建办、教务处给图书馆布置了四项重点任务：一是建设和开展教职工科研成果展览，二是准确全面真实地提供纸质资源、电子资源及其他资源的相关数据，三是完成好"信息检索"课的有关试卷、教学大纲、教学计划、规章制度、试题检查等工作，四是配合相关职能部门完成学术厅LED大屏幕的安装和调试工作，为审核评估专家召开各种会议做好充分准备。对于这四项重点任务，图书馆派专人分头负责，重点推进，列出了时间表、任务书。通过全馆职工相互合作、承办人员加班加点工作，到2017年9月24日前圆满完成了学校布置的四项任务，为学校本科教学审核评估工作作出了应有贡献。

（一）建立"西华师范大学教职工成果展厅"

为了搞好教职工成果展厅相关硬件建设和布展工作，馆领导王心良、李学宁于2017年3月中旬到兰州大学图书馆、西北师大图书馆、四川大学图书馆考察学习"教职工成果陈列室"建设和布展经验。两位馆领导考察学习回来后，图书馆专门召开馆务会议，听取情况汇报，结合学校实际展开充分讨论，确定了"西华师范大学教职工成果展厅"建设和布展方案。9月，图书馆与校评建办、教务处一道在校长办公会上汇报了"教职工成果展厅"家具、展柜的经费预算，并与国资处、招投标中心一起参与"教职工成果展厅"书柜、家具等的招标、合同签订等工作。到9月中旬，中标商家按合同要求安装好了"教职工成果展厅"的书柜、展柜等。为了收集教职工的科研成果，图书馆向全校教职工发出通知，要求教职工将2012—2017年5年内的科研成果送到图书馆；并指派资源建设部郭明蓉、曾瑛根据人事处提供的名单，在馆藏中查找教职工近5年出版的图书，派部分学生助理到各阅览室收集整理教职工的科研成果；同时，又与科研处取得联系，将2012—2017年教职工的科研成果收集、搬运到"教职工成果展厅"；最后，由资源建设部10多位同志对收集到的教职工科研成果整理上架。到9月15日，"西华师范大学教职工成果展厅"如期建成。

（二）"信息检索"课教学准备工作

为迎接"本科教学审核评估"，图书馆"信息检索"课教研室多次接受校内专家的检查和评估。根据校内专家意见，"信息检索"课教研室对试卷、成绩、教案、教学大纲、听课制度等进行整改，并配合学校9月份"教学质量月"活动，对每位任课教师的教案、上课情况、作业批改情况等进行了检查，开展教研活动，提出整改意见。馆领导还对教研室所有上课教师进行随堂听课，从教学仪态、教学内容、教学方法、语言表达及PPT制作、师生互动等方面进行点评，提出课改建议，其他教师参与讨论，进一步优化教学效果，为"本科教学审核评估"奠定坚实基础。

（三）汇报材料的准备

图书馆为了准确报送评估所需相关支撑数据，除准备好本馆相关数据外，还安排各部室主任、工会主席、相关任课教师分别到二级学院统计各院系资料室的纸质、电子资源数据及资料室座位数。经过统计和核对，为学校提供了真实全面的相关数据资料。

图书馆还借鉴兄弟学校迎评的经验和做法，认真总结我馆在服务本科教学、培养人才方面的具体做法、措施和效果，撰写了《紧密围绕提高本科教学质量，大力推进服务创新》的汇报材料初稿，经过反复讨论、认真修改，将之制作成PPT，形成了向专家汇报的材料。

（四）熟知校情，规范言行

为迎接"本科教学审核评估"，图书馆各部门员工认真学习并熟知西华师范大学《本科教学工作审核评估宣传手册》，了解学校基本情况和教学工作基本状态，熟知学校的教学宗旨、教学理念、教学目标以及图书馆服务育人的方法和途径；全体员工还对照图书馆的各项规章制度，端正服务态度，规范服务行为，真心实意为师生做好文献信息服务。

三、专家进馆审核评估

2017年9月24—28日，"本科教学审核评估"专家组对西华师范大学本科教学工作进行审核评估。9月25日上午，评估专家成都东软学院书记、校长张应辉教授到图书馆走访，查看了图书馆设备设施，走访了古籍珍特藏部、借阅服务部、技术服务部,了解资源建设和实时数据及师生进馆学习情况,并同馆领导、部室主任分别进行了交谈;9月25日下午,评估专家成都信息工程大学副校长何建新教授到馆走访,馆领导及全体部室主任与何教授进行了深入交流,魏晟馆长向何教授汇报了图书馆在服务本科教学和培养人才方面所采取的措施、取得的成绩。随后何教授走访了古籍珍特藏部(见图9-11)、借阅服务部等部门。评估审核期间,有一位专家到图书馆进行了暗访,还有一位专家到教室考察了图书馆王玺的上课情况。

图9-11　2017年评估专家何建新教授(前排右一)到图书馆古籍珍特藏部考察

评估工作结束后,图书馆对专家提出的意见进行了梳理,提出了整改方案。如,针对专家提出图书馆外文电子资源较少的问题,加大了外文原版电子资源的购买力度,并采取现场培训及网上培训的方式,让广大师生熟练使用外文资源;针对图书馆空间不足、服务创新不够、智慧图书馆建设力度不够等问题,争取学校最大限度的支持,采取强有力措施积极推进图书馆创新服务工作。

第十节　科研工作与学术交流

对图书馆学理论和图书馆实践进行研究探索，是提高图书馆人员素质和提升图书馆服务水平的重要手段。对外交流是开拓图书馆人员视野的有效途径。2011年以来，西华师范大学图书馆制定了新的科研奖励办法，支持和鼓励教职工搞科研，图书馆的科研工作稳步发展，对外交流也有效开展。

一、与时俱进的科研工作

（一）举办馆内学术研讨会

2012年5月2日，西华师范大学图书馆召开了科研工作会议，参加会议人员有党政领导、各部室主任、科情室的有关同志及馆内其他科研骨干。会上，魏晟馆长从评职称、年度考核等方面强调了科研工作的重要性。吴晓川副馆长从学校的科研导向、绩效标准、奖励办法等方面说明科研的重要，强调科研工作要在已有成果的基础上寻找新的方向，要组成科研团队，利用本地资源开展区域性研究，如进行"三国文化""嘉陵江文化"等方面的研究。王心良书记强调科研要注意"三个结合"，即：要结合图书馆的现实发展；要与地方资源结合，如南部县档案；要与国内同行的研究相结合，学习他们的经验，避免盲目性。科研秘书郎筠提出图书馆的科研可从大学生道德思想研究、古籍整理、数字图书馆、地方档案研究等方面入手进行。黄浩耘提出可从读者服务与美学教育、学校学科建设与图书馆协同、学科专业知识流分布、信息重组机理、互联网中的美学教育等方面进行研究。会上，确定由吴晓川副馆长负责抓图书馆科研工作，将有一定科研能力且愿意参与科研的图书馆职工分成几个科研小组，组成研究团队。

此后，图书馆多次召开科研工作会议，对促进图书馆科研工作起到重要作用。2015年7月4日，图书馆再次召开科研工作会议，重点讨论了省级及以上课题的申报问题。会上，党政领导均认为图书馆科研应结合本馆工作特色进行，要请同行专家到馆讲学，进行学术交流，学习他们的经验；并与核心期刊主编联系，加强编辑部与作者之间的交流。

2016年11月18日，图书馆召开了科研团队建设工作启动会。参会人员为图书馆正（副）高级职称人员、具有研究生学历以及近年来科研成果较多的青年教师，会议由魏晟馆长主持。魏馆长对图书馆科研工作的重要性及今后岗位绩效与科研成绩相关联问题进行了说明。吴晓川副馆长对图书馆建设科研团队的方案（草案）给大家作了介绍：图书馆成立由党政领导和教师代表参加的科研团队领导小组；原则上规定具有正（副）高级职称及研究生学历的职工必须加入科研团队，欢迎其他有科研成绩和潜力的职工加入团队；在参加国内各级各类学术会议、申报各级各类科研项目方面给科研团队以支持。会议对图书馆科研团队的组建工作、近期参与国家社科基金项目申报等作了安排。

2017年，图书馆先后三次召开科研工作小组培训会和申报会。1月5日下午，图书馆在四楼研讨室召开了科研团队选题预答辩会。党政领导、正（副）高级职称同志、具有研究生学历以及近年来科研成果较多的青年教师共30余人参加了选题会，会议由吴晓川副馆长主持。会上，魏晟馆长对图书馆科研工作的重要性进行了再次说明。吴晓川副馆长强调在学校建设一流大学的大环境下，科研对馆员的职业成长和职称评定所起的重要作用。会上，韩亮、张红艳、王黎黎、常青青、郭明蓉、周志容分别对当时业界相对空白的"川陕老区基层文化服务""自媒体时代图书馆微服务""数字时代深阅读的价值""南充历史名人文化研究""西华师范大学图书馆馆史""高校图书馆对弱势群体知识服务研究"等课题进行了预答辩。3月1日，图书馆召开了申报校级"英才科研基金专项""学校管理及辅导员科研资助专项"课题会议，要求符合学校申报条件的同志积极申报课题，并尽快完成申报书的填写工作。4月6日，图书馆召开了科研小组会议。5月26日下午，图书馆召开了科研申报专题研讨会，图书馆副高及以上职称者、具有研究生及以上学历者以及申报了各级科研课题的职工30多人参加了会议，特邀四川省社科联规划与评奖办黄兵主任列席指导，会议由魏晟馆长主持。会上，申报了学校"英才科研基金项目"的职工简介了自己的课题情况，黄兵主任对各申报者的课题在选题准备、选题构思、申报书写作、申报人员组成等方面作了针对性的点评，并回答了各申报者的提问。黄兵主任鼓励职工多关注自己的研究领域动态、善于发现问题、敢于参与项目申报、用心研读申报项目的《课题指南》，指出科研要有创新有价值，申报才会成功。6月21日，图书馆申报校级课题获得成功，其中有8人成功申报"英才科研基金专项"课题，获研究经费共计46万元。

2018年1月16日下午，在图书馆416研讨室召开了"2018年国家社科基金申报专题讨论会"，参加国家社科基金项目申报的同志及其他具有高级职称、研究生学历的相关同志参加了讨论会，会议由吴晓川副馆长主持。参加国家社科基金课题申报的8位同志利用PPT课件，对申报选题、研究内容、方法等进行了说明，其他同志对每个申报者的选题都进行了充分的讨论并发表了意见和建议。

（二）邀请著名专家学者来馆进行学术讲座

2013年4月10日，图书馆邀请了中国科学院国家科学图书馆编辑出版中心主任、《图书情报工作》主编初景利教授来馆作《图书馆发展趋势与战略转型》主题报告。参与报告会的除西华师范大学图书馆全体职工外，还有川北医学院图书馆教职员工和西华师范大学图书馆信息咨询中心的全体文献信息助理，共计120余人。初景利教授从"资源建设：从印本资源到数字资源""工作重心：从资源建设到用户服务""与用户关系：从基于检索、传递的中介到知识发现的嵌入式合作伙伴""服务内容：从文献信息服务到数字知识服务""服务方式：从固定服务到移动服务""图书馆形态：从物理图书馆到虚拟、泛在、智能、智慧图书馆""工作模式：从主体依赖人工到更多地依赖工具""图书馆形态：从物理图书馆到虚拟、泛在、智能、智慧图书馆"等8个方面讲授了图书馆的战略转型。他希望图书馆人面对数字化、网络化、智能化的图书馆发展趋势，要有忧患意识、危机意识、竞争意识，要有责任感、使命感和紧迫感，要敢于"跨界"，要成为信息管理专家、嵌入式信息专家，辅助科研者完成科研。关于论文写作，初教授提出：选题是关键，选题要具前沿性、要来自实践，避免从文献到文献，要找盲区、误区和疑区，论据材料要足够新颖，论证要严谨，"论文是研究出来的，不是写出来的"。初教授的讲解为图书馆职工打开了眼界，增长了知识。

2017年6月13日下午，图书馆邀请国家社科基金项目评议专家、教育部人文社科项目评审专家、四川省哲学社会科学项目评审专家、西华大学图书馆副馆长彭国莉教授在图书馆306会议室为全馆职工主讲了题为《图书馆、情报与文献学项目申报——以国家社科基金为例》的讲座，吴晓川副馆长主持了这次讲座。彭教授从科研要有一个长期的个人规划、要坚持自己的研究领域、密切关注学科前沿和学科动态、善于利用图书馆数据库资源优势发现研究问题等方面，给大家分享了她的科研心得；并联系其成功申报国家社科基金项目的实际，逐一从题目凝练、申报书填写要点等方面进行了详细的讲解。彭教授鼓励大家：只要坚持就会有收获，只有申报才有希望。这次讲座对图书馆职工的科研及项目申报有很强的针对性，大家收获很大。

图书馆通过邀请专家讲学，活跃了学术氛围，开阔了职工的学术视野，提高了他们的科研素质，对图书馆科研工作产生了很大作用。

此外，为提高图书馆工作人员的科研能力，图书馆还专门派出职工参加论文写作投稿研修班。如，2015年6月24—27日，李海蓉、韩亮、魏海霞、李学宁到成都参加了《图书情报工作》杂志社举办的"2015图书馆学情报学科研项目申请与论文写作投稿研修班"学习。

（三）科研成绩

通过"请进来、派出去"的方式和措施，近十年来，图书馆科研工作取得了较好的成绩。2011年，全馆发表论文26篇，其中CSSCI 1篇、CSSCI扩展版2篇、B级2篇，出版专著1部。2013年，图书馆职工发表B级文章2篇、C级论文3篇、普通论文24篇，获准科研课题5项。2014年，图书馆职工发表论文22篇，其中EI论文1篇、EI会议论文4篇、SCI四区论文4篇，出版专著2部。2015—2016年，全馆发表论文共86篇，其中EI论文1篇、SCI一区论文1篇、SCI二区论文1篇、SCI四区论文1篇、CSSCI核心论文3篇、ISSHP论文1篇。出版专著2部。2017年，图书馆成功申报校级英才科研课题8项、青年项目12项，发表科研论文51篇，其中C级以上核心刊物论文12篇。另申报软件著作权2项，参编专著1部。2018年，图书馆职工成功申报省、市、校级科研课题共7项，发表科研论文55篇，参编专著2部。2019年，图书馆职工成功申报市级科研课题5项，发表论文24篇，出版专著1部，获省级一等奖1项。另外，2014—2018年，图书馆职工董屹的"基于IPSec协议的工作流平台""基于三层架构下的代码自动生成器软件""图书RFID标签转换软件""基于socket通信的数据采集平台"等9项成果获得专利。

二、学术交流与馆际交往

（一）学术交流

1. 举办学术研讨会

举办学术会议能够推动图书馆业务发展，提升学术影响力。2011年以来，西华师范大学图书馆不遗余力地举办了多次国内较高水平的学术研讨会，以此调动职工从事科研的积极性，并对外宣传学校、宣传图书馆。

2014年11月4—7日，西华师范大学图书馆承办"川渝高校情报工作研究会第二十四次学术年会"。年会的议题是"转型时期的高校图书馆——新理念、新空间、新服务"。会议由图书馆会务组和服务组合力完成。会务组联系人有杨涛、舒拉、聂波、曹学艳，他们主要负责会议筹备、征集论文和会议议程安排，及参会嘉宾的住、食、机票预订等事务；服务组由刘晓穗、周沁怡等组成，主要负责参会嘉宾的接待及会间休息的茶水、糕点供给工作。会议开幕式由魏晟馆长主持，西华师范大学副校长刘玉平教授出席会议并致欢迎辞，四川高校图工委秘书长马继刚教授参会并致辞，重庆市高校图工委秘书长彭晓东教授参会并致辞，川渝高校情报工作研究会会长李泰峰教授参会并致辞。来自川渝的68所高校图书馆的191名代表参加了会议。会议共收到参会论文35篇。会上，西安交通大学邵晶教授作了"探索与实践：转型中的西安交通大学图书馆"的主旨报告，《图书馆杂志》副主编王宗义作了"专业思维建设与期刊论文写作"的主旨报告，《图书情报工作动态》编辑部主任于媛作了"夯实实践基础　培育理论根基——从武汉大学图情学科期刊发展现状看图书馆研究人员的论文发表情况"的主题发言，西华师范大学图书馆魏晟馆长作了"大力改善硬件条件　努力营造优良环境"的专题发言，西南大学图书馆副馆长章雷作了"西南大学人文社会科学研究发展报告"的专题发言，西华师范大学图书馆党总支书记王心良作了"活力图书馆建设的理念与实践——西华师范大学图书馆文献信息助理队伍建设初探"的交流发言。会议期间，智课教育科技（北京）有限公司、智诚阅品文化传播有限公司、武汉鼎森电子科技有限公司、北京方正阿帕比技术有限公司、成都联图科技有限责任公司、成都道源智能科技有限公司、北京方正世纪信息系统有限公司等近10家参展单位展出了多个图书馆自动化系统、多媒体指导系统及图书馆导读系统。

2015年12月3日，西华师范大学图书馆主办了"川东北高校、公共图书馆学术论坛暨工作经验交流会"。西华师范大学副校长刘玉平，川北医学院副院长李健，南充职业技术学院副院长郑小红，南充市文化广电新闻出版局局长陈家嘉、副局长兰海以及来自川东北区域的13家公共图书馆长参加了会议。会上，南充市文化广电新闻出版局局长陈家嘉对南充公共图书馆联合高校图书馆共建"图书馆服务战略联盟"进行了介绍，并提出服务联盟协调发展的构想。会上，西南交通大学图书馆馆长高凡、四川省图书馆原副馆长王嘉陵分别作"对高校图书馆战略规划的思考""高校图书馆怎样开展公共服务的思考"报告，其他与会的高校图书馆、公共图书馆的馆长们结合各自工作进行了主题发言和经验交流。

2016年4月26日，在图书馆306会议室举行了西华师范大学建校70周年学术活动——"川渝高校图书馆馆长论坛"，来自四川师大、电子科大、西南大学、重庆师大等25所川渝高校图书馆馆长参加了论坛。西华师范大学校长张健、副校长刘玉平参加了论坛开幕式，张健校长在会上致欢迎辞。与会馆长从图书馆资源建设、服务教学科研、推进学科服务及全民阅读、智慧图书馆建设等方面进行了深入讨论和广泛交流。

2017年5月18—20日，西华师范大学图书馆举办了"四川省高校图书馆建设发展研讨会"，来自全省77所高校图书馆的130余名代表参加了研讨会。四川省教育厅副厅长汪小帆、高教处处长杨亚培、上海交通大学图书馆副馆长潘卫、四川省图书馆学会秘书长王嘉陵、省高校图工委秘书长、四川大学图书馆馆长马继刚等省图工委领导及嘉宾出席了大会开幕式。魏晟馆长主持开幕式。西华师范大学党委书记王安平参加开幕式并致欢迎辞。马继刚馆长代表省图工委总结了四川省图工委2016年工作，对省图工委2017年的工作进行了安排。本次会议分为图工委秘书长会议、开幕式专家报告会、专题发言和讨论交流4个阶段进行。在讨论交流阶段，与会代表分为本科院校图书馆、社会力量办学院校图书馆、高职高专图书馆3个小组进行对口讨论交流。本次会议的成功召开，进一步增强了全省高校图书馆之间的交流，为推动四川省高校图书馆合作交流作出了应有贡献。该年11月8—9日，西华师范大学图书馆承办了主题为"新时代，图书馆创新服务"的"全国师范院校图书馆联盟第二届成员大会暨学术研讨会"。教育部高校图工委主任委员、北京大学图书馆原馆长朱强,全国师范院校图书馆联盟理事长、北京师范大学图书馆馆长张奇伟,台湾世新大学图书馆原馆长叶乃静,南充市委常委、宣传部部长何迎晓,西华师范大学党委常委、副校长李健及全国60多所师范院校图书馆馆长、馆员和专家110余人,西华师范大学图书馆党政领导、全馆职工参加了大会(见图9-12)。开幕式上,西华师范大学党委常委、副校长李健致辞欢迎前来参加会议的各位馆长、专家,并介绍了西华师范大学及图书馆建设发展情况;南充市委常委、宣传部部长何迎晓致辞欢迎全国各师范院校图书馆馆长、专家来到南充,肯定了高校及高校图书馆在人才培养、科学研究、文化传承、服务社会等方面具有十分重要的作用。图书馆全体职工着正装馆服参加了会议。在主旨报告会上,北京大学图书馆原馆长朱强、台湾世新大学图书馆原馆长叶乃静、华东师范大学教育学部高等教育研究所荀渊、上海图书馆副馆长刘炜、华中师范大学图书馆馆长李玉海等分别作了"双一流建设背景下高校图书馆发展""图书馆服务创新如何可能""教师教育体系制度变革与改革趋势""机器学习与智慧图书馆建设""当下师范院校图书馆的发展建设"等报告。会议还进行了联盟工作专题研讨、联盟业务中心工作汇报等议程。本年,图书馆成功举办了省级和全国级的学术研讨会,不仅宣传了学校,也为图书馆和兄弟高校图书馆资源共享、合作交流开辟了新的渠道。

图9-12　全国师范院校图书馆联盟第二届成员大会暨学术研讨会现场

2. 参加学术交流会议

为增强图书馆与外界的学术交流，推动图书馆业务的发展及科研工作的进一步开展，西华师范大学图书馆积极派出职工参加省内外各类学术研讨会。

2011年10月18—21日，黄浩耘到重庆参加了由长江师范学院图书馆承办的"川渝高校情报工作研究会第二十一次学术年会"。这次年会的议题是：情报研究方法创新与学科服务建设，图书馆数字资源的管理、利用与发展趋势研究，新信息环境下信息素质教育课程体系改革研究等。

2012年10月22—26日，王心良、郎筠、汤骅、董屹4人参加了由宜宾学院图书馆承办的"川渝高校情报工作研究会第二十二次学术年会"。该次年会的议题是：信息时代图书馆的建设、服务及管理创新。郎筠还在小组讨论会上作了交流发言。

2013年6月18日，韩亮到天津参加了"全国图书馆新型服务能力建设"学术研讨会；同年10月24日，李学宁、魏海霞、黄义芳、韩亮4人到重庆参加了"川渝高校情报工作研究会第二十三次学术年会"。魏海霞提交论文1篇。

2015年10月19日，图书馆总支书记王心良带领杨涛、孙明节、李华和邹英到西南大学参加了"川渝高校情报工作研究会第二十五次学术年会"，并到重庆大学图书馆、重庆师大图书馆和西南大学图书馆进行学习考察。

2016年10月20—22日，馆长魏晟和技术服务部主任王昆鹏参加了"全国师范院校图书馆联盟理事会暨'互联网+'环境下的师范院校图书馆管理创新学术论坛"，开阔了视野，增长了见识。10月26—28日，吴晓川、李海蓉、韩亮、郎筠参加了在泸州召开的"川渝高校情报工作研究会第二十六次年会"。吴晓川副馆长还在这次年会的常委会上作了"在全民阅读背景下，图书馆参与公共文化服务的新探索"的交流发言。同年11月22—25日，馆长魏晟、办公室主任杨涛、技术服务部主任王昆鹏、借阅服务部主任周沁怡、信息咨询部主任郎筠一行5人参加了在重庆大学A区306国际会议厅召开的"第二十一届西南地区高校图工委联席会议"。会议期间，5人还考察了重庆师范大学图书馆和西南大学图书馆，并同两馆的相关部室进行了工作交流。

2017年4月1日，韩亮到杭州参加了"智慧图书馆从理论到实践学术研讨会"。

2018年5月16—19日，魏晟馆长和技术服务部主任王昆鹏到自贡参加了由省高校图工委主办、四川理工学院图书馆承办的全省高校图书馆建设发展研讨会；10月11日，魏晟、韩亮2人到大连参加了辽宁师大承办的"全国师范院校图书馆联盟理事会暨'新时代·新挑战·新服务'图书馆建设学术论坛"。11月14日，韩亮还到南京参加了第三届全国大学生阅读推广高峰论坛会议。

（二）馆际交往

2011年以来，西华师范大学图书馆先后与川北医学院、南充职业技术学院、四川师范大学、西南石油大学、成都理工大学、成都大学及西华大学、电子科技大学、乐山师范学院、成都师范学院、西南大学等省内外高校的图书馆建立常务性沟通机制，进行交流互访，促进了图书馆事业的发展。

2012年6月，西南石油大学图书馆付晓文馆长、杨春丽书记一行来馆交流指导工作。

2016年1月12日下午，图书馆举行了南充市"高校、公共图书馆服务联盟"2016年工作协调会，南充市图书馆、川北医学院图书馆、南充职业技术学院图书馆的馆长参加了会议。本次工作协调会对2016年由服务联盟主办、图书馆具体承办的"嘉陵江大讲堂"、"全民阅读"百科知识竞赛、"科学与读书"夏令营、"博视"亲子公益阅读（教育）四个主题大型活动项目策划草案进行了讨论。经过各位馆长的讨论协商，初步达成推动四个大型活动的合作意向，并由图书馆与南充市图书馆统一协调推进。

2017年10月17日下午，乐山师范学院图书馆副馆长张静一行到图书馆访问。馆领导魏晟、王心良、吴晓川同乐山师范学院张静副馆长就"本科教学审核评估"工作中图书馆应做的工作、需要重点关注的问题、经验和教训等深入坦诚地进行了交流。随后张静一行还参观了图书馆。该年11月23日下午，成都师范学院图书馆付晓丽馆长一行到图书馆访问交流，图书馆党政领导及各部室主任参加了交流活动。交流座谈会在图书馆四楼研讨室进行，魏晟馆长主持了交流座谈会。党政领导及部室主任分别介绍了资源建设、读者服务、文化建设、文献信息助理队伍建设等情况，付晓丽一行针对相关问题进行了咨询。双方就两馆硬件建设、咨询服务、队伍建设等问题进行了广泛交流。交流会结束后，付晓丽一行到图书馆各部室进行了交流走访。

2018年，西华师范大学图书馆与兄弟高校图书馆及社会有关单位合作交流不断扩展，资源共享、服务社会步伐更加坚实有力。4月12—13日，魏晟馆长带领图书馆杨涛、王昆鹏、韩亮、魏海霞4人及美术学院李斌老师到四川大学、电子科技大学图书馆考察学习，就学科服务、新技术条件下图书馆服务创新、文库建设等方面同两馆领导及有关工作人员进行了深入坦诚交流。李斌老师还重点参观学习了两校文库建设情况。这次学习交流，为进一步深化图书馆为学校教学科研服务提供了有益经验。7月，图书馆党员在王心良书记的带领下，到延安大学图书馆和陕西师范大学图书馆进行了学习和交流。同年，西华师范大学图书馆与重庆大学图书馆等全国30余家高校图书馆签订了智慧图书馆共享合作协议，智慧图书馆建设步伐明显加快。同时，图书馆与全国师范院校图书馆联盟合作交流项目也正在落地落实。

2019年5月和6月下旬，西华师范大学图书馆党政领导、部室主任、工会主席、业务骨干分别到四川电影电视学院及电子科技大学、成都理工大学、重庆大学、西南大学、重庆工商大学等川渝高校的图书馆，就图书馆创新服务、新馆功能分布等进行了专题考察和学习交流，返校后对各馆的成功经验进行了认真梳理，对学校即将开建的图书信息大楼功能设计形成了书面意见。

第十一节　党务及民主党派工作

一、党务工作

（一）党总支委员及支部建设

1.党总支委员建设及工作

2011年7月3日，新任馆领导王心良、魏晟、吴晓川与总支委员郭黎康、陈炜、牟高惠、杨涛、李学宁见面，并就图书馆党建工作、建立学习型图书馆及绿色图书馆等进行了讨论。9月15日，图书馆再次召开了党总支委员会议，对2011下半年总支工作、拟在图书馆网站和室外橱窗开辟党建专栏、工会专栏、"创先争优"专栏及设置助理馆员等问题进行了讨论。12月，召开党总支委员会，对请宣传部领导到图书馆指导文化建设、建立学习型党组织、党务政务网上公开、李张春转正、王茂成申请入党等事项进行了讨论，并学习了党的十六大相关文件。

2012年2月17日，图书馆召开了由李学宁、陈炜、杨涛、牟高惠参加的党总支委员会议，讨论新年工作计划，内容包括：支持行政开展工作，为图书馆发展提供思想政治保障；继续深度开展"创先争优"活动，为群众办实事；落实示范岗位；建立学习型党总支；预备党员转正、发展党员、培养积极分子；增设文献信息助理宣传部；提倡党员带头学习业务和开展科研工作；为社会服务，引领南充精神生活，引导市民文化消费；开展党员户外活动等。3月28日，召开了党总支委员会，王心良、李学宁、郭黎康、陈炜、杨涛、牟高惠参加。会上，宣布李张春加入党组织，并介绍了韩亮、董屹2位新党员。

2017年5月10日上午，图书馆由党总支书记王心良主持召开了总支委员会改选会议，对总支委员进行了换届。会上，王书记对图书馆上一届党总支工作进行了全面总结，并表扬了全体党员在图书馆各项工作中起到了先锋模范作用；副馆长李学宁统计了到会的两个支部的党员人数，并宣布了监票员、计票员，宣读了总支改选的相关文件和差额改选办法，介绍了各位候选人的简况。会议通过全体到会党员的无记名投票，选举产生了西华师范大学图书馆第四届总支委员。他们是王心良、魏晟、吴晓川、李学宁、王昆鹏5人。其分工情况为：王心良任党总支书记，魏晟任统战委员，吴晓川任宣传委员，李学宁任组织委员，王昆鹏任纪检、政保、治保委员。该年，党总支进行党员个别谈话20余人次，馆领导讲党课5次。

2020年6月，经校党委会研究决定杨红旗任图书馆党总支委员。9月，周申立任图书馆党总支书记、总支委员。

2. 党支部建设

2012年11月21日，图书馆党支部进行了换届选举，选举结果及分工为：一支部，胡晓任书记、郎筠任组织委员、董屹任宣传委员；二支部，李海蓉任书记、韩亮任宣传委员、廖昌敏任组织委员。

2016年11月，图书馆党支部再次进行换届选举，选举结果：一支部，王玺任书记、李张春任宣传委员、胡晓任组织委员；二支部，王茂成任书记、李海蓉任组织委员、韩亮任宣传委员。新的支部书记产生后，总支书记王心良对两位新任支部书记进行了谈话，希望他们尽快转换角色、严格要求自己、多学习、多出去考察、尽快成长。当月，总支书记王心良带领两个新任支部书记及总支书记助理一行4人，到乐山师范学院、成都理工大学、四川大学、四川师大、成都大学、省委党校等校图书馆进行党务及文化建设考察。考察中，乐山师范学院图书馆的红色经典阅读共享空间、特殊教育文献专藏、图书分类号上方的Logo，省委党校图书馆的读者园地、特色数据库，成都理工大学图书馆的离退休读者服务、馆员个人空间，四川大学图书馆的沐心小屋、学生课题申报指导、阅读推广，成都大学图书馆的地方文化研究中心、"大书墙"等令人印象深刻，四川师大图书馆的社区服务活动、户外拓展活动、同书共读共享等特色鲜明的活动深深吸引着他们。

（二）丰富多彩的党组织生活

2012年2月21日，图书馆党总支请黄浩耘为全体党员讲授了"生命健康知识"。11月21日，召开全体党员会议，学习党的十八大会议精神，特别学习了十八大报告中的新思想、新观点、新部署。

2013年，图书馆党总支开展了"实现伟大中国梦　建设美丽繁荣和谐四川"各项活动。9月10日，召开全体党员会议，学习党的十八届三中全会精神。

2014年12月23日，图书馆召开了全体党员、干部会议，学习《中央第九巡视组向四川反馈巡视情况》《党政领导干部选拔任用工作条件》《四川省干部监督工作会议精神》《关于开展选人用人不正之风整顿整治工作方案》等10个中央及省级文件。该月，图书馆党总支还组织党员到重庆红岩村学习英雄精神。

2015年3月31日，全体党员过组织生活，学习了习近平总书记关于"三严三实"的重要论述；学习中共中央办公厅《关于加强基层服务型党组织建设的意见》《关于推进学习型党组织建设的意见》等文件；讨论了发现和培养图书馆入党积极分子的问题。5月6日，全体党员学习了《习近平关于党风廉政建设和反腐败斗争论述摘编》《四川省高校服务型党组织评价标准（试行）》等；5月23日，全体党员到遂宁市听取遂宁市委党校原常务副校长石平作的"节点崛起——遂宁区域经济发展研究"报告，并考察了遂宁蓝彩电子公司生产车间，还到四川职业技术学院图书馆进行了参观交流。5月26日，图书馆党总支建立了党员QQ群，方便党员之间的学习交流。11月14—15日，图书馆党总支组织党员到巴中马鞍乡考察川陕革命根据地、将帅碑林，并到朱德纪念馆参观，学习英雄及伟人精神。12月8日，在图书馆学术厅开展了"三严三实"教育活动,图书馆全体党员和其他职工、国土学院全体教职工、图书馆文献信息助理及学校部分研究生近300人一起听朱德故里景区管理局彭冬冬科长讲述朱德元帅事迹。

2016年3月15日,图书馆党总支开展了全体党员"两学一做"学习教育活动,学习新《党章》有关内容;6月,开展了新《党章》知识竞赛、党支部"三分类三升级"测评活动等,使每个党员充分认识到学习贯彻新《党章》的重要意义,增强了党章意识、为民意识和纪律意识,提高了维护《党章》最高权威的自觉性。

2017年4月18日,图书馆党总支根据中共四川省委2017年1号文件精神,组织全体党员及川北历史文化普及基地的学生志愿者前往离市区47公里的顺庆区龙桂乡,开展了"文化下乡,助力四好村创建"科普三下乡特色党组织活动。王心良书记应邀给龙桂乡的各村干部及精准扶贫对象作"喜看神州正崛起,实干开创新生活"报告。报告会后,图书馆党总支还给乡政府领导赠送了从图书馆各数据库下载的关于新农村建设、扶贫工作、生态建设、乡村文化建设等方面的各种资料及一些科普宣传手册。5月10日上午,总支书记王心良组织全体党员观看了《永远在路上》系列警示片。5月24日,全体党员到四川省川中监狱接受警示教育。9月,图书馆开展了"亲历的感动,祖国的发展"党员故事会,由每个党员讲述近五年来自己亲身经历的故事,可以是身边的感人故事,也可以是国内外旅游见闻等,要求故事真实感人、积极乐观、催人奋进,体现时代发展主旋律。每人讲5分钟,并评出了一、二、三等奖。11月1日,党员组织生活,观看"4月26日茂县高位山体滑坡"及"8月8日九寨沟7.0大地震"中党员干部抗震救灾的先进事迹纪录片,全体党员受到了深刻的教育。

2018年5月25日,图书馆党总支与校机关第三总支、第四总支、美术学院党委、音乐学院党委联合举行了"学习英雄精神,岗位建功立业"活动,特邀西昌市公安局副局长、南充市禁毒委员会办公室副主任杨平波讲述其禁毒缉毒事迹。7月,图书馆总支开展了"传承延安精神,永葆党员本色"7日考察学习活动,组织党员到延安、梁家河、照金等地学习考察,并于9月举办了"考察归来话英雄,延安精神代代传"故事竞赛活动。当年,图书馆申报的校级党建特色项目"学习民族英雄精神系列活动"被评为三等奖。

2019年3月29日，图书馆党总支组织全体党员观看了警示教育片《贪欲之祸——蒋建平、任爱民、秦水平等违纪违法案件警示录》。5月28日下午，党总支书记王心良组织全体党员在406研讨室进行了《党员教育管理条例》专题学习。

2020年上半年，图书馆党总支组织全体党员开展了"亲历全球抗疫，感受国之温暖"故事交流会及反腐倡廉专题会等，并讨论了曾木森转正的问题。

（三）党员队伍建设

图书馆党总支十分重视党员队伍建设，积极做好入党积极分子的培养、预备党员的发展工作。一旦发现职工中的"好苗子"，总支委员就与他们进行个别谈话，讲明党的新建设、新发展，并给其锻炼的机会，进行重点培养。2013年7月，通过职工自愿申请、支部考察推荐等程序，王茂成发展成为正式党员。2017年5月，杨洋发展成为正式党员。该年12月，总支书记王心良与新党员进行了集中谈话，要求新党员在思想上、组织上、行动上入党；他还要求新党员积极参加组织生活，学习相关文件、参与相关活动，融入党组织，与其他党员共同成长；并要求新党员在行动上以党员的标准严格要求自己，做到言行一致。2019年7月，通过党组织的考察和培养，曾木森被批准成为预备党员，为图书馆基层党组织的建设和发展输送了新鲜"血液"。

图书馆党总支通过不断发展和吸收新党员，壮大了党员队伍。至2019年6月，图书馆党总支的党员人数已达到31名，占全馆职工的32%。党员队伍的不断壮大，增强了图书馆工作的骨干力量，并为图书馆的良性发展储备了人才。

（四）党建合作工作

为进一步丰富党组织工作和党员组织生活，图书馆党总支于2018年10月10日与四川省嘉陵监狱相关领导就党建工作合作事宜进行了座谈。双方以交流思想、资源共享、合作共赢、造福社会为初心，合作开展了如下活动：（1）读书活动。包括共建图书分馆、开展各种读书活动、举办各种时政讲座和读书讲座（如邀请专家到监狱作讲座）。（2）大型群团、工会活动。如合作举办迎新晚会、户外健身活动等，增进了解，发展友谊。（3）对现行服刑人员的帮扶教育活动。主要包括：合作引导服刑人员更好更快地改造，引导他们读书、读好书，做好人；引导部分具有特殊技能的服刑人员进行创新潜能的开发，改进他们的创新条件，推动其创新实践，达到"改造一个罪犯，造福一家人"的目的。

二、民主党派工作

西华师范大学图书馆是个多党派的大家庭，职工中有多名中国民主同盟、中国国民党革命委员会、九三学社等民主党派的成员。他们积极参与学校和图书馆的民主建设和管理，为学校和图书馆的各项工作作出了自己的贡献。为加强图书馆的民主管理与统战工作，中国共产党西华师范大学图书馆总支部委员会（简称"党总支"）不定期召开统战工作会议，听取、征求各民主党派同志对图书馆建设和发展的意见和建议。如2015年12月22日，党总支书记王心良主持召开了图书馆统战工作会议，中国民主同盟盟员、中国国民党革命委员会会员和无党派人士共20人参会，民盟西华师范大学委员会主任委员李化树参加了会议并讲话。

图书馆工作人员（包括离退休人员）中，汤骅、黄义芳、孙明节、胡雪莲、李美琼、谢蓉、陈芳、李华、罗琼珍、闵红武、黄楠、贾固清、彭张力、付必逊、冯泽英等人为中国民主同盟盟员。其中，汤骅于2003年开始任民盟西华师范大学委员会委员、民盟西华师范大学委员会第三支部主任委员，组织图书馆盟员开展了丰富的组织生活。2018年4月，民盟西华师范大学委员会第三支部被授予"民主党派先进基层组织"称号。图书馆李惇绪、韩芹等为中国国民党革命委员会会员。

第十二节　工会及安全保卫工作

一、工会工作

（一）支持和参与民主管理图书馆

图书馆基层工会在全体工会委员共同努力下，紧紧围绕图书馆中心工作，结合图书馆自身工作性质和特点，认真履行工会基本职责。如，列席图书馆党政联席会议，积极参与馆务工作及图书馆一些重大改革方案的制定和一些重大决议的讨论。特别是在全校岗位聘任工作中，工会提出了一些建设性意见。图书馆工会还经常有针对性地协助馆领导做好职工的思想政治工作，做职工的贴心人，维护职工的合法权益；积极收集职工关心的热点难点问题，及时向上级领导反映职工的意愿，充分发挥工会的桥梁和纽带作用，调动职工的工作积极性。

（二）组建图书馆工会委员会

为密切配合学校工代会的召开，图书馆工会顺利完成了各届新的工会委员换届选举工作，组织委员们认真参加每届校工会代表大会，并收集图书馆职工的提案向大会提交，截至2019年6月，图书馆工会共提交有效提案10余个，其中王心良等5人提出的"开发校园的生态潜能，建设新型园林校园"提案被评为西华师范大学第六届第二次工代会优秀提案，真正发挥了二级工会的作用。

2011年11月，图书馆召开了全体工会会员大会，总结了工会工作情况，对工会委员进行了换届选举，选举产生了7名新一届工会委员，研究讨论并布置了新的工作任务。新一届工会委员有：吴晓川、李美琼、孙明节、杨涛、李张春、郎筠、陈芳。其分工为：孙明节为工会主席；吴晓川为副主席，兼评议监督委员；李张春为组织宣传委员，郎筠为文体委员，李美琼为女工委员，杨涛为生活福利及经费审查委员，陈芳为提案工作委员。

2016年1月，图书馆工会委员再次进行了换届选举，选举孙明节、吴晓川、李张春、郎筠、李美琼、陈芳、魏海霞为新一届工会委员。

2017年5月，图书馆工会委员换届选举，吴晓川、李美琼、孙明节、舒拉、李张春、魏海霞、王剑波7人当选为委员。其分工为：孙明节为工会主席、吴晓川为副主席及评议监督委员、魏海霞为组织宣传委员，李美琼为女工委员，李张春为文体委员，舒拉为生活福利及经费审查委员，王剑波为提案工作委员。

（三）积极开展送温暖活动

关心职工生活，积极反映职工的合理意见和要求。图书馆工会建立了困难职工档案，帮助有困难的职工解决日常生活中的实际困难，切实将对职工的人文关怀落到实处。对所有生病住院的职工或有亲属病逝的职工，工会都同馆领导一起组织人员前去探望或慰问；对生了小孩的女职工也表示慰问和祝贺，直接把领导和工会的关心送到职工的心坎上；对家庭生活困难的正式职工和临时工，工会积极主动关心他们，并及时地向上级工会反映其情况，为他们争取学校和上级工会的经费援助。2017年9月29日，在国庆、中秋双节到来前夕，图书馆党政领导和工会委员分别到图书馆10余位离退休老同志家里进行了慰问。

积极做好服务女职工的工作。女职工是图书馆队伍重要的组成部分，图书馆工会积极维护女职工的合法权益和特殊利益，做她们的知心朋友，为她们排忧解难。对出现家庭纠纷和矛盾的女职工，工会配合馆领导耐心细致做好调解工作，帮助她们解决实际问题，让她们感到组织的温暖和热心，使她们能够更好地投入工作。图书馆工会还关心女职工的身心健康，积极配合校"女工委"，为全馆女职工办理了重大疾病保险；并动员女职工积极参加健美健身运动，组织女职工参加每年校工会举办的"三八"节庆祝活动，或开展丰富多彩的图书馆"三八"庆祝活动。2012年3月，由于工作出色，图书馆被评为西华师范大学第四届"三八红旗集体"。

积极做好临聘人员入会工作。临聘人员是图书馆工作人员队伍的重要组成部分，他们也希望加入工会组织，得到关心。2014年，图书馆工会正式向校工会提出临聘人员加入工会的申请，经校工会研究决定，同意图书馆临聘人员加入校工会。在得到校工会同意后，图书馆工会积极组织临聘人员自愿填写《入会申请表》和《入会人员情况统计表》，建立临聘人员入会档案，提交校工会备案。至2020年上半年，图书馆加入工会组织的临聘人员共计30余人。

配合学校做好职工每年生日慰问和节假日慰问工作，并组织职工开展"献爱心、送温暖"活动。如2013年，组织全馆职工为雅安芦山地震灾区捐款共计3280元，献出了职工的一份爱心。

（四）组织并参与各项文体活动

1.组织各种文体活动

图书馆工会在保证图书馆业务工作正常开展和完成的情况下，根据图书馆的工作性质和特点，开展了多样化的工会活动。如组织职工参观市政建设，开展登山活动、庆"三八妇女节"活动、春游和秋游活动。

2011年10月，为提高图书馆职工的身体素质，工会特配合党总支为每个职工办理了"西山风景区"的登山卡。还添置健身器、乒乓球台、台球桌、棋、牌、毽子等健身设备，在图书馆602室组建了"职工之家"，丰富职工业余生活。

2012年3月，图书馆工会利用周末组织职工到南充市京都镇野炊，职工们度过了一个愉快的周末。同年，图书馆工会还组织职工和文献信息助理共同举办了摄影作品展。

2015年12月9日，图书馆工会与党总支、文献信息助理联合举办了"2016图书馆'文心雕龙'迎新晚会"。晚会中，馆员王首升演唱的《滚滚长江东逝水》、杨浪演奏的萨克斯乐曲均获得好评，充分展示了图书馆职工的风采。

2016年11月，工会与党总支、文献信息助理联合举办了"2017迎新晚会"，并进行了微博直播、微信视频直播。

2017年10月17日，图书馆工会组织职工在南充市体育公园开展了跳绳比赛。张霞、郑英、常青青3人获得一等奖，林兰等获得二等奖，王慧、李美琼、段平英3人获得三等奖，其他参赛职工获纪念奖。此次活动，为全馆职工提供了一个交流互动的平台，增进了彼此友谊，营造了和谐、健康、向上的氛围。12月23日，图书馆工会与党总支、文献信息助理联合举办了"伴书香智慧，行文明新风"2018年迎新游园会。该游园会以党的十九大精神为背景、中华优秀传统文化为底蕴，强调思想迎新、文化迎新、作风迎新。

2018年3月，图书馆工会组织职工到苍溪"梨博园"参观，感受新农村的变化。

2019年3月，工会组织职工到南充市"凤仪湾湿地公园"开展春游活动；还于5月组织职工参加第五届四川省"玫瑰书香"家庭文化建设年活动，送出书画、摄影、征文作品多项参赛。

图书馆工会通过组织各种文体活动，既丰富了职工精神生活，加强了干群关系，也进一步增进了职工的团结力、凝聚力，促进了图书馆的和谐建设。

2.参与校工会举办的各项活动

图书馆以党总支为凝聚核心，充分发挥工会组织的联系和号召作用，积极配合上级工会，组织职工参加校工会举办的扑克牌"双扣"比赛、篮球比赛、排球比赛、拔河比赛、田径运动赛、歌咏比赛、冬季环校园长跑等文体活动，并取得了良好的成绩。如2012年，图书馆排球队参加校乙级排球比赛，获得第一名的好成绩。2014年，图书馆参加校工会组织的拔河比赛，获得第一名。2018年12月16日，图书馆近30人报名参加了西华师范大学第十一届环校园冬季长跑男（女）青年组和男（女）中年组全部四个组别的比赛，并取得了好成绩。韩亮、李张春分别获得男子青年组、男子中年组的第一名，其他参赛职工也获得了参与奖。职工通过参加校工会举办的各项文体比赛，既磨炼了意志、锻炼了身体，又充分展现了我馆教职工热爱体育、崇尚运动的健康风貌。

此外，2017年11月28日，图书馆工会还联合川北医学院图书馆工会、南充职业技术学院图书馆工会共同参与了四川省高校图工委在西南交通大学举办的庆祝"四川省高校图工委成立30周年"文艺汇演。南充三所高校图书馆工会组织的舞蹈《水墨书韵》以中国元素创意、精美的舞蹈造型和表演得到省图工委领导和到会观众的高度称赞，荣获文艺汇演一等奖。

二、安全保卫工作

图书馆安全无小事。西华师范大学图书馆一贯重视安全保卫工作。首先，安保工作由党政领导齐抓共管。馆领导始终把消防安全工作列为馆里的头等大事来抓，在馆里的干部会或全馆职工大会上，将上级有关消防安全工作的指示、通报、会议精神等传达给中层干部及全馆职工，组织职工学习《消防法》，不断强化职工的安全保卫意识，并结合本馆存在的问题，在大会上提出整改措施，做到常讲不烦、常抓不懈。同时，加强维护、检查力度，做到及时消除隐患，防患于未然，特别是节假日放假前，馆领导及部室干部都要进行全馆安全大检查，为平安校园建设保驾护航。其次，搞好制度建设，抓好群防群治。为搞好安全保卫工作，图书馆制定了《消防安全工作职责》《图书馆防火公约》《书库安全公约》等一系列规章制度，并制定了具体的平安校园活动实施方案和消防安全预案，形成了改造图书馆消防安全系统的有效机制。同时，调动每位职工的积极性，落实消防安全责任制。在每年年初，与每位职工签订《综合治理责任书》和《消防安全责任书》，将"管好自己的人，做好自己的事，看好自己的门"落到实处。通过以上措施，做到人防、物防、技防相结合。

2011年10月，在图书馆的每个楼层设立了"消防应急疏散示意图"，并确立了每层楼的安全疏散引导员，层层落实，明确责任。党总支书记王心良要求工作人员做到"三懂、三会",即:要懂基本消防常识、要懂消防设施使用方法、要懂逃生方法;要会查改火灾隐患、要会扑救初期火灾、要会组织人员疏散。同时,图书馆还配合保卫处检查了图书馆消防设施,如消防栓、灭火器及消防通道等,并配合保卫处对职工进行了消防知识培训和消防实习演练。

2014年,为保证师生安全及图书馆安全,在学校相关部门支持下,图书馆聘请了2名安保人员,每天由安保人员在图书馆二楼入口处轮流值班,值班时间为8:00—22:30。图书馆还专门制定了"图书馆安保人员岗位职责",要求他们"每天至少在公共区域轮流巡查5次以上,高度关注进出馆的安全问题"。

2015年10月,图书馆成立了以王心良、魏晟为组长,吴晓川、李学宁为副组长,郭黎康、杨涛、李海蓉、刘晓穗、郎筠、王昆鹏、周沁怡、邹英、韩亮、李华、孙明节为组员的安全工作领导小组,并进行了责任分工。为建立有效的安全防范工作机制,防止事故的发生,快速有序地处置事故,保障读者、全馆员工的生命安全和图书馆的国家财产,图书馆还结合实际制定了《西华师范大学图书馆安全应急疏散预案》,内容包括"安全工作预案"和"人员、物资疏散及逃生预案"。

2016年3月,在《图书馆制度汇编》中,专门制定了"图书馆钥匙管理办法""图书馆监控安全保密管理制度""大型活动安全管理制度及安保方案""图书馆安全与应急疏散预案"等,为图书馆安全工作提供了制度保障。9月29日上午,馆领导魏晟、王心良、吴晓川、李学宁等会同图书馆治保人员、办公室人员对新老两个校区图书馆进行了全面的安全大检查。检查人员按照"三防"工作要求,重点对全馆的消防设施、监控设施、疏散通道、电梯、水电管线等进行了全面的检查。检查过程中,馆领导还询问了各部室人员管辖区域的安全情况,并要求各部室提醒员工在工作期间注意安全,发现安全隐患及时上报。

2018年,党政领导还结合图书馆实际,在做好安全保卫工作的基础上,不断在职工中强化安全意识,要求全体职工牢固树立安全重于一切的观念,以主人翁的精神对待安全工作,把安全隐患消灭在萌芽中。5月15日,王心良书记在全馆职工大会上,强调了"网络安全"。9月26日下午,在图书馆新学期第一次政治业务学习会上,邀请南充"政安消防"主任宋文龙对职工进行了消防安全知识培训。宋主任讲解了火灾的危害、火灾发生时处置火情的方法以及如何完善单位防火安全预案等相关知识。9月29日,图书馆党政领导带领馆办公室人员对北湖老校区图书馆和华凤新校区图书馆进行了节前例行安全大检查。重点检查馆内防火设施、设备及人员安全疏散通道等;特别关注了北湖老校区图书馆存在的漏水现象、华凤新校区图书馆存在的阅览区吊顶部分松动问题,并由办公室将相关情况书面上报给学校相关部门。

2019年12月3日下午,图书馆邀请南充市高坪江东消防救援中队上官惠中指导员助理对全体职工讲解了火灾的分类、火灾的四个阶段及火灾报警要点、火灾逃生方法等相关知识,并对消防器材使用进行了解说和演示。

第十章　西华师范大学图书馆人

人是生产力中最活跃最根本的因素，图书馆工作的好坏绝大部分取决于工作人员[①]，图书馆人是图书馆工作的重要因素。西华师范大学图书馆建馆70余年来，从初创时期的私立川北农工学院图书馆到私立川北大学图书馆、公立川北大学图书馆，到成长时期的四川师范学院图书馆，再到分校设立的南充师范专科学校图书馆、发展时期的南充师范学院图书馆、创新时期的四川师范学院图书馆，及至今天新征程时期的西华师范大学图书馆，先后有200余人在图书馆工作过，他们是图书馆历史的创造者和图书馆成长的见证人，他们中的每一个人都以自己的方式参与了图书馆的建设，为今天的西华师范大学图书馆发展作出了积极贡献。在他们中间，有著名图书馆学家，有南下干部、土改干部、退伍军人，有国务院特殊津贴专家，有四川省知名教授、专家，而更多的则是平凡的普通员工。70余年来，一代又一代的师大图书馆人秉承"读者第一，服务至上"的办馆宗旨，默默奉献、甘为人梯，为全校师生员工提供周到服务，为助力学校的教学和科研工作作出了重要贡献。从他们身上，特别是从老一代师大图书馆人的身上，我们看到了艰苦奋斗、爱岗敬业的精神。他们的这种精神永远是西华师范大学图书馆的宝贵财富，是激励西华师大图书馆人不断奋进的力量源泉和不竭动力。

西华师范大学图书馆历经70余年的历史沧桑。在这70余年的岁月里，西华师范大学图书馆人经历了风风雨雨的考验。他们中的每一员，都是一部书，都有动人的故事，都有闪光点，但限于篇幅，无法一一见载。本章根据现有资

---

① 郭明蓉：《试谈〈普通高等学校图书馆规程〉的"新"》，乐山师范学院学报2017年第2期，第135—140页。

料，以任职先后为序简介历届图书馆主要负责人，从事图书馆工作 20 年以上、或曾任图书馆中层主要干部、或具有副高及以上职称的部分离退休职工，以及目前在岗的副高及以上职称者，他们是师大图书馆人的优秀代表；其余未在本章列出的图书馆人，我们将永远铭记其业绩、学习其精神，继往开来，更上一层楼。

第一节　图书馆历届主要负责人

一、历届主要负责人及任期

（一）历届图书馆主任、馆长及任期

1.历届主任（包括负责人）

马复瑛（1948 年 10 月—1950 年 3 月）（代理主任）

卿迪夫（1950 年 4 月—1950 年 11 月）（负责人）

傅英伟（1950 年 12 月—1952 年 10 月）

于哲文（1952 年 10 月—1956 年 7 月）

汪应文（1956 年 8 月—1966 年）

2.历届馆长（含主持工作的副馆长）

袁载春（1975 年 11 月—1978 年 10 月）

唐克强（1978 年 11 月—1979 年 6 月）（负责人，主持工作）

唐克强（1979 年 7 月—1983 年 12 月）

杨正业（1984 年 1 月—1986 年 4 月）（副馆长，主持工作）

胡孝章（1986 年 5 月—1987 年 5 月）（副馆长，主持工作）

胡孝章（1987 年 5 月—1991 年 11 月）

刘廷武（1991 年 12 月—1996 年 1 月）

张怀绥（1996 年 1 月—1999 年 1 月）（副馆长，主持工作）

陈国勇（1999 年 1 月—2006 年 12 月）

杨和平（2007 年 1 月—2011 年 6 月）

魏　晟（2011 年 6 月—2020 年 5 月）

(二)历任直属党支部书记、党总支书记及任期

1.历任直属党支部书记

唐克强(1978年11月—1982年1月)

常冑民(1982年1月—1983年3月)

唐克强(1983年3月—1984年1月)

杨正业(1984年1月—1986年4月)

胡孝章(1986年10月—1987年8月)

陈兰英(1987年9月—1992年7月)

刘廷武(1992年8月—1993年3月)

童恩涛(1993年4月—1997年3月)

2.历任党总支书记

童恩涛(1997年3月—1999年1月)(副书记)

张怀绥(1999年1月—2003年8月)

童恩涛(2003年9月—2006年9月)

郭黎康(2006年10月—2011年6月)

王心良(2011年6月—2020年5月)

二、历届主要负责人简介

(一)历任主任(馆长)简介

1.马复瑛(1919—?):男,四川蓬溪人。国立四川大学农艺学系毕业,获农学学士学位。1946年9月,到川北农工学院任教[①]。1947年秋至1949年任蓬溪县立中学[②]教员,兼蓬溪县简易师范学校教员。1948年8月,任川北农工学院农艺系园艺学讲师,每周授课3小时,并兼任川北农工学院农场助理员[③]。同年10月至1950年3月代理川北农工学院图书馆主任[④]。其后事迹不详。

2.卿迪夫(1923—?):男,别号卿骏,四川遂宁市人。副研究馆员。

---

① 《川北农工学院全院职员姓名册》(1949年1月),现藏于南充市档案局。

② 大英县政协教科文卫委员会:《大英县文史资料》第1辑,2000年12月印本,第178页。

③ 《川北农工学院呈报开办用表》(九)"教员履历表",现藏于南充市档案局。

④ 马复瑛先生聘函,现藏于南充市档案局。

1949年毕业于重庆大学法律学系，曾在中学任教。1950年到川北大学图书馆工作。1950年4月至11月，负责川北大学图书馆工作。重视图书馆文献资源建设，曾发函催促何德新、陈世劼、林泰孟、张福畛、尹载之、刘伯纪等离校教职员还回《近代新历史》《虚数详论》《经济学及赋税之原理》等书。1953年，毕业于西南师范学院图书博物专修科。同年，在四川师范学院图书馆工作，担任图书采购工作。1956年8月，四川师范学院分校后，到成都的四川师范学院（今四川师范大学）图书馆工作，直至退休。历任四川师范学院图书馆采访组等组长兼"文献检索与利用"课教研室主任等职。曾任四川省图书馆学会理事和分类编目研究委员会委员。编有《图书馆目录》等讲义，发表《谈科学小品类书籍的分类》、《中文普通图书著录一例》(《四川图书馆》1981年第4期)、《中文普通图书著录举例》(《四川图书馆》1981年第5期)、《略论索引》(《四川图书馆学报》1987年第1期)等论文多篇①。

3. 傅英伟（1897—1980）：男，四川简阳人。北京大学预科毕业。后留学德国，毕业于柏林大学经济学专业。1929年至1938年在国民政府陆海空军总司令部招待所任德文翻译②。其间，于1933年兼任中国社会事业促进社理事③，1934年兼任中德编译学社理事④。1942年4月任国民政府财政部川康直接税局南充分局局长。1944年2月任财政部川康直接税局三台分局局长⑤。后曾任上海东亚大学教授。1949年前曾任财政部江苏区直接税局南通分局局长⑥。1949年后任川北大学教授，主要担任川北大学农业经济系经济学教学工作，每周授课3小时。1950年12月至1952年10月，任川北大学图书馆主任⑦。1962年

---

① 麦群忠，朱玉培主编：《中国图书馆界名人辞典》，沈阳：沈阳出版社1991年版，第542-543页。
② 傅英伟：《蒋介石聘用的四届德国顾问》，见全国政协文史资料委员会编《文史资料存稿选编》第7辑《抗日战争(下册)》，北京：中国文史出版社2002年版，第559页。
③ 蔡鸿源，徐友春主编：《民国会社党派大辞典》，合肥：黄山书社2011年版，第144页。
④ 蔡鸿源，徐友春主编：《民国会社党派大辞典》，合肥：黄山书社2011年版，第182页。
⑤ 本书编委会编：《南充市国家税务志(1707—2003年)》，2008年版，第226-227页。
⑥ 南通市文史资料编辑部编：《南通文史资料选辑》第9辑《南通解放纪实》，中国人民政治协商会议江苏省南通市委员会文史资料研究委员会1989年12月第1版，第178页。
⑦ 1950年12月5日川北大学校务管理委员会《公布本校图书馆借书暂行规则》，现藏于四川师范大学档案馆。

进入四川省文史研究馆①。译有〔德〕埃赫堡的《财政学》(中德书局1930年版)②,〔德〕莫拉的《货币学》(南京东海书店1936年版)③。著有《近代经济战争论》(南京兴华图书馆1937年印本),撰有《抗战中的三台》《从世运会感想到边疆的人口和体育问题》等论文。

4. 于哲文(1905—？):男。曾在东北大学求学。1938年7月7日,革命烈士温怀玉曾给他写过信④。1952年10月至1956年7月负责四川师范学院图书馆工作,任主任。分校后到成都的四川师范学院工作,任图书馆主任至1957年⑤。其后事迹不详。在南充任四川师范学院图书馆主任期间,根据院系调整的需要完成了川北大学图书馆书刊资料的调出工作,亲自接收了川东教育学院、重庆师范学院等校图书馆调入的书刊。

5. 汪应文(1908—1991):男,湖北汉阳人。教授。我国图书馆界"第二代"学人、现代图书馆学家。曾用名"汪应闻",写稿时曾以"莲子""莲只""征应"为笔名。懂英、日、法、德、俄等国语言。入小学前曾读私塾6年。1933年考入武昌文华图书馆学专科学校(以下简称"文华图专")本科。1934年加入中华图书馆协会。1935年6月以优秀成绩毕业,为文华图专第11届毕业生。其后留校任教,讲授"图书分类法"等。1935年7月至1938年7月,在文华图专任助教,并兼任注册主任。1936年6月,曾与毛坤一起带领专科和讲习班两班毕业生赴武昌兰陵街湖北省立图书馆见习。1938年6月,随文华图专迁往重庆,力主开办档案科。1938年8月至1941年10月,任文华图专讲师,1940年春起担任该校训导主任。1938年秋至1941年春,曾应《中国的空军》《教育与文化》等刊物特约撰稿。1940年秋,文华图专档案科开始招生,兼任档案科主任,并讲授"档案分类法"课程。1941年10月至1947年1月,在重庆江北任文华图专讲师、副教授、教授兼训导处主任,其

---

① 参见四川省人民政府参事室四川省文史研究馆相关资料。
② 夏国祥:《近代中国税制改革思想研究(1900—1949)》,上海:上海财经大学出版社2006年版,第113页。
③ 谈敏主编:《中国经济学图书目录:1900—1949年》,北京:中国财政经济出版社1995年版,第816页。
④ 东北大学北京校友会、沈阳校友会合编:《东北大学建校65周年纪念专刊》,东北大学北京校友会、东北大学沈阳校友会1988年印本,第145—146页。
⑤ 李成良主编:《四川师范大学校史》,成都:四川人民出版社2002年版,第516页。

间，于 1944 年晋升为教授，年仅 36 岁。1942 年 10 月至 1944 年 1 月，兼任重庆《今文月刊》主编，以"莲只""莲支"为笔名发表文章多篇。1944 年 5 月，与柳诒徵、何日章等 18 人被选举为中华图书馆协会监事。1945 年抗战胜利后，随文华图专回到武汉。1947 年 2 月，任文华图专教授兼教务主任，主持文华图专教务工作。在文华图专任教期间，还讲授了"图书馆学概论""目录学""档案学""史料学""史地概论""中国古典文学"等课，曾编有《图书分类法》、《图书及档案分类法》，均为文华图专油印本。1947 年 2 月至 1949 年 5 月，兼《华中日报》总主笔、总编辑及该报副刊《图书与文献》主编。1949 年 2 月离开武汉。1949 年 7 月至 1950 年 10 月，任重庆国立女子师范学院史地系教授兼图书馆主任。1950 年 12 月至 1951 年 8 月，任重庆西南人民图书馆图书部主任。1951 年 9 月至 1954 年 7 月，任西南师范学院图博科教授兼副主任，讲授"图书馆学通论""图书馆经营法""图书馆实习及图书编目学"课程，编撰的《图书馆经管法》《图书馆实习（分类编目）要点》等讲义由西南师范学院油印。1954 年 8 月调至南充，任四川师范学院中文系教授。1956 年 8 月，任南充师范专科学校图书馆主任。1958 年 11 月始，任南充师范学院图书馆主任。1966 年至 1978 年底，在南充师范学院中文系资料室工作。1979 年 1 月起，任南充师范学院图书馆业务指导至 1987 年 7 月退休。在南充工作期间，曾任四川省图书馆学会第一、二届副理事长，第三届学术顾问，并任四川省高教局图书馆学科高级职称评审委员会委员及南充师范学院社会科学学术委员会委员。在大学授课期间，除编有油印本讲义外，还编有《索引法》《书籍选择法》《普通目录学》《档案学》《史地概论》《历史目录学》《史料整理法》《屈赋浅释》等讲稿[①]。主要学术研究领域为图书馆学理论、图书馆学教育。主要著作有《图书馆学导论》（四川省图书馆学会业务教材）（油印本）、《图书馆学简论》（南充地区文化局等铅印本）；发表的论文有《子部分类管窥》《版本研究和目录学的关系》《办好图书馆专业教育》等 23 篇；留有《书史学》《普通目录学》《历史目录学》《国外有关中国史学论著和译文编目》《西方史学和各类史籍的发展》《索引学综论》《档案学资料辑录》《说文臆说》《古汉语音读及其通转关系》等 9 种未出版稿本。以上三方面的论著共约 200 万字，

---

① 汪应文先生档案，现藏于西华师范大学。

"其中有些是国内学术界未曾触及的论题（如《书史学》等），有些是值得领导文教工作的部门予以注意的建议（如《办好图书馆专业教育》等）"[1]。论文《图书馆学教育的过去现在和未来》《图书馆起源于档案库考》等收入《汪应文论文选》。汪应文对南充师范学院图书馆的贡献，参见《励精图治，殚精竭虑——谈汪应文先生对南充师范学院图书馆的贡献》一文[2]。

6.袁载春（1911—2003）：男，原名袁正浩，曾用名袁仲仪[3]、周宗文[4]，四川广安县人。1934年8月至1935年7月，在广安县图书馆任职员。1938年2月至1939年2月，任广安县立女子小学教员。1938年10月加入中国共产党，后与党组织失去联系。1939年9月至1940年1月，任重庆江北土主镇战时儿童保育会直属第三保育院教员。1944年7月至1945年12月在四川苍溪东溪镇私立宋水初级中学任训育主任。1948年10月任璧山大路场私立大道小学教师，被中共璧山特支重新吸收加入中国共产党，并担任支委[5]。1949年7—12月，仟中共潼南中心县委平滩区委委员[6]。1949年10—12月，在潼南组织游击队，任潼南纵队党代表，化名周宗文，为解放潼南作出了贡献。中华人民共和国成立后，1950年7月任全国总工会西南办事处秘书处副处长[7]。1951年12月至1953年9月，任西南军政委员会文教部工农教育处科长。1953年10月至1955年1月，在西南党校理论班学习。1955年2月至1957年11月，任中

---

[1] 汪应文先生个人总结，现藏于西华师范大学。

[2] 郭明蓉：《励精图治，殚精竭虑——谈汪应文先生对南充师范学院图书馆的贡献》，《长江丛刊》2018年第26期。

[3] 铜梁县党史县志办公室编：《中国共产党历史大事记（1922—2000）》，2005年印本，第24页。

[4] 中共铜梁县委组织部、中共铜梁县县委党史研究室、铜梁县档案局编：《中国共产党四川省铜梁县组织史资料（1927.8—1987.10）四川省铜梁县政军统群系统组织史资料（1949.12—1987.10）》，1991年印本，第22页。

[5] 中共重庆市璧山县委员会党史研究室编著：《中国共产党重庆历史·璧山县卷》，重庆：重庆出版社2012年版，第43页。

[6] 中国共产党重庆市潼南县档案史志局编著：《中国共产党重庆历史·潼南县卷》，重庆：重庆出版社2012年版，第42页；铜梁县党史县志办公室编：《中国共产党历史大事记（1922—2000）》，2005年印本，第25页。

[7] 杨尚平、陈旦元主编：《西南地区工会运动（1949—1954）》，成都：四川人民出版社1990年版，第16页。

共教育部干部文化教育局科长。1957年12月，调至南充师范专科学校。1958年3月至1959年6月任南充师范学院院长办公室副主任，1958年8月任南充师专党委成员之一[①]，1959年2月任南充师范学院第一届院务委员会委员[②]。1959年起，任南充师范学院历史系主任。1975年11月至1978年10月，任南充师范学院图书馆馆长。1979年，任该校历史系主任、教授。1983年6月退休。任南充师范学院图书馆馆长期间，对"文革"后图书馆的工作进行了恢复和改进，使图书馆各项业务工作走上了发展的道路。

7. 唐克强（1932—1997）：男，曾用名唐文湘，四川南充人。四川省南充师范学校肄业。1950年2月参加工作。1950年5月至8月，在川北粮食公司遂宁分公司工作。1951年1月至1952年12月，任西南革命大学川北分校组织科干事。1952年6月加入中国共产党。1953年1月至1956年8月，任四川省第二行政干部学校组织科干事。1956年9月至1957年3月，任四川省委组织部干训处干事。1957年4月至1960年3月，任南充师范专科学校、南充师范学院人事科保卫干事。1960年4月至1978年10月，任南充师范学院物理系党支部书记、副书记。1978年11月至1979年6月，任南充师范学院图书馆负责人（主持工作），兼党支部书记。1979年7月至1983年12月任南充师范学院图书馆馆长，期间曾兼党支部书记。1984年1月至1986年1月，任南充师范学院汉文系党总支书记。1986年1月至1992年4月，任南充师范学院机关二党总支书记及四川师范学院机关二党总支书记[③]。1992年4月退休。曾于1952年在西南革命大学川北分校被评为抗美援朝模范，于1991年评为四川师范学院优秀党务工作者。其主持图书馆工作期间，重视工作人员业务学习，于1979年3月制订了《图书馆业务学习计划》（草案），为工作人员的专业水平和文化素质的提高打下了基础。

8. 杨正业（1937— ）：男，曾用名杨士渊，四川渠县人。研究员，硕士

---

① 佘正松,王治权主编：《四川师范学院院史(1946—1996)》,重庆:西南师范大学出版社1996年版,第58页。

② 佘正松主编：《西华师范大学校史(1946—2006)》,成都:四川大学出版社2006年版,第39页。

③ 佘正松,王治权主编：《四川师范学院院史(1946—1996)》,重庆:西南师范大学出版社1996年版,第262页。

生导师。1945年9月至1949年10月，在渠县静边小学读书。1949年10月至1950年7月，在渠县三清庙读私塾。1952年7月至1958年7月，在渠县师范学校读书。1958年7月至1960年7月，在南充师范学院读书，曾任学生会学习部副部长。1960年9月大学毕业后，留南充师院中文系任教，担任过写作学的助教、讲师。1960年12月，加入中国共产党。1976年2月，脱产参加《汉语大字典》编写工作，任四川第五编写组（南充师范学院编写组）组长，1978年改任副组长，兼支部副书记。1984年1月至1986年4月[①]任南充师范学院图书馆副馆长、党支部书记。1986年4月至1992年3月，先后任四川师范学院高教研究所副所长、《四川师范学院学报（哲社版）》主编。曾于1991年7月，被评为优秀共产党员。主要论著有：《中国古代格言大全》（1988年11月获四川省第三次哲学社会科学优秀科研成果三等奖）、《中国现代格言大全》、《学生常用格言辞典》等。研究方向为词典学。曾讲授"词典学概论""词典学专题研究""文献阅读"等课程。出版有《难字考》、《汉语大字典难字考》、《万用学生字典》、《万用学生词典》（以上四册均为四川辞书社2004年出版）、《语文词典编纂史》（中国文联出版社2006年出版）。2002年7月至2006年1月，曾3次延迟退休。在主持南充师范学院图书馆工作期间，使图书馆机构设置逐步健全，加强了图书馆书刊借阅工作的规范管理，先后制定了9种借阅规则和办法，并进一步加强了工作人员队伍建设和文献资源建设，图书馆购置了珍贵文献《景印文渊阁四库全书》。

9. 胡孝章（1938—　）：男，四川省资中县人。1962年7月毕业于南充师范学院中文系并留校任教。1962年9月至1983年12月在南充师范学院中文系任教，期间担任中文系"作品分析"教研室主任。1966年1月加入中国共产党。1979年任讲师，1987年任副教授。1984年1月至1987年5月，任南充师范学院图书馆副馆长（于1986年5月至1987年5月主持工作）；1986年10月至1987年8月，任南充师范学院图书馆党支部书记；1987年5月至1991年11月，任南充师范学院图书馆馆长。1991年11月底，调任达县师范高等专科学校校长。曾任达县师范高等专科学校巴渠文化研究所所长、四川省

---

① 佘正松主编：《西华师范大学校史（1946—2006）》，成都：四川大学出版社2006年版，第267页。

图书馆学会常务理事。长期从事高校教学与管理工作，曾先后参与编著《毛主席诗词讲义》《鲁迅作品选讲》《中国现代文学史》《中国现代文学作品选》《张澜文集》《沙汀年谱》《社会科学文献检索与利用》等。其中，《张澜文集》（任副主编）1992年获四川省哲学社会科学优秀成果三等奖，《沙汀年谱》（与雷家仲合编）1984年获四川省哲学社会科学优秀成果四等奖[①]。任南充师范学院图书馆馆长期间，为图书馆职工争得了评聘中高级职称的权利和指标[②]，使图书馆中层干部的行政级别和待遇得到了确立[③]，主持完成了图书馆新馆（今北湖老校区图书馆）的规划和搬迁工作，加强了图书馆党员队伍建设和安全保卫工作，制定了《防火公约》。

10. 刘廷武（1936—2019）：男，四川宜宾人。教授。1952年8月至1955年8月，在宜宾县白花中学读书。1955年9月至1958年8月，在宜宾第一中学学习。1958年9月至1962年9月，在南充师范学院读书，毕业后留校。1962年10月至1991年11月，在南充师范学院中文系从事"写作""政论文""古代汉语"课程教学，任助教、讲师、副教授、教授、副系主任、系主任。1981年8月，加入中国共产党。1991年12月至1996年1月，任四川师范学院图书馆馆长[④]，其中于1992年8月至1993年3月，兼任图书馆党支部书记。曾任中国训诂学研究会、中国音韵学研究会、全国高师古汉语研究会理事，南充市书法家协会理事，南充市文联副主席。出版著作有《古代诗歌选》《古代汉语》《蜀词诗文选注》。另有《"完聚"解》《兼词小议》《声韵用于训诂》《音韵学教学初探》《读〈尚书译注〉》等论文[⑤]。任四川师范学院图书馆馆长期间，修订了《图书馆职工考勤及请假》有关规定，对图书馆中层干部班子进行了调整，新成立了阅览部；对南充师范学院图书情报委员会进行了换届和

---

① 参见中国大学校长名典编辑委员会编：《中国大学校长名典（上卷）》，北京：中国人事出版社1995年版，第890页；刘茂才主编：《四川人才年鉴：1979—1994》，成都：四川人民出版社1996年版，第1168页。
② 办公室原主任曹智英口述。
③ 胡孝章2020年11月28日于其女儿家中口述。
④ 佘正松主编：《西华师范大学校史（1946—2006）》，成都：四川大学出版社2006年版，第267页。
⑤ 曹亦冰主编：《高校古籍整理研究学者名录》，北京：北京师范大学出版社1991年版，第155页。

更名，成立了四川师范学院图书情报委员会和四川师范学院学生图书馆管理委员会；加强图书馆工作人员馆内业务培训和珍特藏文献建设工作，开办了计算机学习班，组织开展了职工业务知识和工作技能竞赛，组织购置了《续修四库全书》《四库全书存目丛书》等珍藏文献及计算机等新办专业相关文献；重视图书馆科研工作，并出色承办了"四川省高校情报工作第三次学术研讨会"。

11. 张怀绥（1946—　）：男，四川南充人。副研究馆员，中国图书馆学会会员，曾任四川省高等学校图书情报工作委员会常委、南充市图书馆学会副理事长。1964年12月参加工作。1972年10月开始，在南充师范学院（今西华师范大学）图书馆工作至退休。1985年7月，毕业于四川省广播电视大学汉语言文学专业。1987年9月至1988年7月，在南开大学图书馆学情报学系进修。1989年1月，经群众推荐，任四川师范学院图书馆副馆长；1996年1月至1999年1月主持图书馆工作；1999年1月至2003年8月，任四川师范学院图书馆总支书记兼副馆长；2003年9月至2007年1月，任西华师范大学正处级调研员。在担任图书馆副馆长及总支书记期间，分管图书馆业务工作和财务工作。1996年7月，评为副研究馆员。2007年2月退休。在图书馆工作30余年，主要从事图书馆学、情报学研究及图书馆管理工作。在《四川师范学院学报》《四川图书馆学报》等学术刊物上发表了《"文献检索与利用"课研究综述》《四川师范学院图书馆史略》《"学科馆员"制度研究》《知识经济与图书馆管理》《深化改革，迈向21世纪》等论文。主持四川师范学院图书馆工作期间，顺应时代发展，促进了图书馆现代化建设，组织构建了图书馆局域网，使图书馆各项业务工作初步实现了计算机管理。

12. 陈国勇（1950—　）：男，重庆渝江北区人。编审。1969年3月至1972年4月，在岳池县西板乡插队劳动。1972年4月至1982年7月，在南充师范学院工作并在历史系读书。1982年7月从南充师范学院历史系毕业后，分配到《南充师范学院学报》编辑部工作。1982年7月至1999年1月，先后任《南充师范学院学报》（1989年起改名为《四川师范学院学报》）编辑部编辑、办公室主任、副主编、编辑部副主任、编辑部主任等职。定向专业为中国近代史，尤为注重近代川边历史的研究。1993年6月至1996年6月，兼任中共四川师范学院机关二总支副书记（主持工作）。1997年12月，评为编审。1999年1月至2006年12月，任四川师范学院图书馆及更名后的西华师范大学图书馆馆长；2004年开始在历史文化学院担任中国近现代史专业硕士生导师；2007年3月至2011年3月，任西华师范大学调研员。2011年4月，调入西华师大历史文化学院。2013年10月退休。曾任四川省高校学报研究会副理事长、四川省高校图书馆自动化网络化评估专家组副组长。在图书馆担任馆长期间，积极主持、策划、组织、管理、协调图书馆各项工作，工作有魄力，敢于管理，善于管理，建章立制；团结全馆同志克服各种困难，开馆时间由原来的每周70小时延长至每周98小时；调动馆内各种积极因素，圆满完成了迎接四川省普通高校图书馆自动化网络化评估及教育部对学校本科教学水平评估工作；组织并参与新校区图书馆的布局、搬迁和组建工作；重视图书馆业务骨干的培养和服务质量的提高，图书馆综合治理工作常抓不懈。先后被学校评为优秀共产党员（2次）、优秀教育管理干部（5次）、三育人先进个人、综合治理先进个人（3次）、见义勇为先进个人、抗震救灾先进个人；被省高校图工委评为高校图书馆先进个人、高校图书馆抗震救灾先进个人。曾于1996年12月被国家教委条件装备司评为"1995年度优秀编辑"，获田家炳基金奖励。公开发表论文40余篇，计30余万字。近四分之一的论文被《新华文摘》《人大复印报刊资料》《高校文科学报文摘》《近代史研究》《辛亥革命史研究备要》等书刊摘录或全文转载。主编学术出版物1部，参编3部。

13. 杨和平（1966— ）：男，四川省平昌县人。教授。1983年9月就读于南充师范学院历史系，1987年7月毕业，获历史学学士学位。1987年9月至1990年7月，在华东师范大学世界史专业学习，获历史学硕士学位。1990年分配回四川师范学院历史系任教。主要从事世界近现代史及相关专业的教学与研究。1995年获校青年教师教学艺术比赛第二名。1997年评为副教授。1999年1月，任四川师范学院历史系副主任、历史文化学院副院长，担任硕士研究生导师。2002年被评为教授。多次被评为优秀教师、优秀教学管理干部。2007年1月至2011年6月，任西华师范大学图书馆馆长。2011年6月底，调任《西华师范大学学报》编辑部主任、副主编。出版《20世纪中美关系与国际法》《20世纪战争、和平与国际法》等学术著作10余部；在《世界历史》《史学月刊》等杂志上发表《维也纳体制的稳定性及其瓦解》《论法西斯意大利的外交选择》《雅尔塔体制"瓦解"质疑》《邓小平"东西南北"理论与当代世界的主要矛盾》《魏玛共和民主的专制机理》等学术论文30余篇。

担任西华师范大学图书馆馆长期间,加强了图书馆电子文献资源建设,新添置"中国基本古籍库""晚清、民国期刊全文数据库"及"'读秀学术搜索'知识库"、"化学文摘数据库"等;完善了图书采购工作制度;制订了"文献信息检索与利用"课师资培养计划。

14. 魏晟(1960—):男,四川营山人。教授,硕士生导师。1986年7月毕业于南充师范学院汉语言文学专业,获文学学士学位。1986年9月至1994年8月,在学校教务处工作,任教务处办公室主任。1994年9月至1998年12月,在地理系任党总支副书记,主持党总支工作。1999年1月至2006年3月,在音乐学院任党总支副书记,分管学生工作,并多次担任班主任工作;2006年4月至2009年3月,任音乐学院党总支书记;2009年3月至2010年10月主持音乐学院行政工作。2011年6月至2020年5月,任西华师范大学图书馆馆长。长期从事高校思想政治教育教学、科研和管理工作。担任学校"两课"教学中的"思想道德修养与法律基础""形势政策""毛泽东思想和中国特色社会主义理论体系概论"等课程的教学工作。2002年12月参加学校"思想品德"课堂教学艺术比赛获一等奖。2002年、2005年两次被学校评为优秀教师。多次被学校评为优秀共产党员、优秀政工干部、优秀管理工作者。出版有专著《大学生道德建设的理论与实践》(该书于2006年12月获四川省教育厅、省高校教学会优秀科研成果一等奖)、《数字图书馆资源建设与服务创新》。在《社会科学家》《思想理论教育导刊》《西华师范大学学报(哲社版)》《黑龙江高教研究》《社会科学论坛》等省级以上刊物发表论文25篇,其中在学校认定的C类核心期刊发表文章6篇。承担并完成省级科研项目1项、校级科研课题2项。担任西华师范大学图书馆馆长期间,完善了《图书馆规章制度》,改造了图书馆服务空间和模式,组织建立了图书馆信息咨询中心、古籍珍特藏部和离退休教职工阅览室,完成了图书馆文化提升建设、督促安装了中央空调、加强了图书馆自动化信息化和智能化建设,主持了"全国师范院校图书馆联盟第二届成员大会"的召开。

(二)历任直属党支部书记及党总支书记简介

1. 唐克强(1932—?):见前文"历任主任(馆长)简介"。

2. 常青民(1913—?):男,原名常金铠,山西省清徐县徐沟村人。1938年1月在临汾参加工作。1939年前后在山西民族革命大学教务处任教务科长、教务副主任①。1939年冬，加入中国共产党。1946年5月至1947年6月任忻县范亭中学教员、教导训育处科长。1942年8月至10月，任五案县政府代理县长。1949年12月28日遵《西北入川工作团（工作）委员会通知》前往四川②，1950年1月至1951年1月，任川西区华阳县人民政府县长，为新中国成立后该县的第一任县长。1951年2月至1952年7月，任成都会计专科学校副校长。1952年8月至1953年8月，任川西行署办公厅科员。后调至四川南充地委组织部工作③。1956年6月至1957年10月，任南充专署文教科科员。1957年11月至1977年3月，任四川省南充高级中学职员、副校长。1979年任南充师范学院图书馆副馆长。1982年1月至1983年3月，任图书馆党支部书记。1983年4月退休。撰有《冬学考试和竞赛的办法》，于1942年2月7日发表在《抗战日报》上。

3. 杨正业（1937— ）：见前文"历任主任（馆长）简介"。

4. 胡孝章（1938— ）：见前文"历任主任（馆长）简介"。

5. 陈兰英（1937— ）：女，四川资中人。1954年9月至1957年8月，在资中第二中学读书。1957年9月至1958年8月，在资中金带乡小学代课。1958年9月至1960年8月，在南充师范学院历史系读书。1960年8月至1970年4月，在南充师范学院党委办公室工作。1961年11月，加入中国共产党。1970年5月至1977年1月，在南充师范学院政工组、组织组工作。1977年2月至1987年2月，在南充师范学院组织部工作，期间于1984年11月任组织部秘书（正科级）。1987年9月至1992年7月，任四川师范学院图书馆直属党支部书记。1992年8月退休。在图书馆任职期间，认真抓好全馆职工的形势教育，积极做职工的思想政治工作，顾全大局，作风正派，办事公道，关心同志疾苦，乐于为群众办实事。曾被评为"优秀党务工作者"。撰有论文《浅谈新时期图书馆思想政治工作》。

---

① 《山西文史资料》编辑部：《山西文史资料全编》第5卷第50—60辑，1999年印本，第1077页；杨进发、张理明、张忠政主编：《山西通志》第37卷《教育志》，北京：中华书局1999年版，第643页。

② 陈先哞主编：《灌县和平解放和剿匪平叛》，1991年印本，第209页。

③ 中国人民政治协商会议原平市委员会文史资料研究委员会编：《原平文史资料》第4辑，1994年印本，第100页。

6. 刘廷武（1936—2019）：见前文"历任主任（馆长）简介"。

7. 童恩涛（1950— ）：男，四川南充人。馆员。1962年9月至1969年2月，在南充青居小学、青居初级中学读书。1969年4月至1973年3月，在中国人民解放军八三一〇部队参军。1973年4月至8月，在家务农。1973年9月至1977年1月，在南充师范学院数学系读书。1977年3月至1982年8月，留校任数学系教师。1982年9月，调至南充师范学院图书馆工作。1984年1月，任图书馆采编组副组长。1985年9月至1986年7月，到大连工学院进修图书馆学、情报学专业。1988年3月至1993年3月，任四川师范学院（今西华师范大学）图书馆采编部主任。1989年6月至1993年3月，任四川师范学院图书馆党支部副书记，兼采编部主任。1993年4月至1997年3月，任四川师范学院图书馆党支部书记（副处级）。1997年3月至1999年1月，任图书馆党总支副书记。1999年1月至1999年9月，任图书馆副馆长。1999年10月至2003年8月，任四川师范学院化学系党总支书记。2003年9月至2006年9月，任西华师范大学图书馆党总支书记。在图书馆工作期间，主持采编部工作及中文普通图书的编目工作，主持图书馆直属支部及总支工作，参与图书馆部室干部的调整、华凤新校区图书馆搬迁的筹备等工作。热爱图书馆，工作认真踏实，积极主动，不计个人得失；大胆管理，敢于批评不良现象，做了大量深入细致的思想工作，为图书馆党的组织建设和员工的思想建设作出了积极贡献。曾编写《中文普通图书著录细则》（初稿），并制作了《著录统计表》《油印加工登记表》《盖章打号统计表》《采访预订统计表》等10余种报表。曾两次被评为学院"优秀教育管理干部"。

8. 张怀绥（1946— ）：见前文"历任主任（馆长）简介"。

9. 郭黎康（1960— ）：女，重庆綦江人。研究馆员。1982年7月毕业于南充师范学院化学系。毕业后，到绵阳东方绝缘材料厂研究所工作。1985年8月到南充师范学院图书馆（今西华师范大学图书馆）工作。2001年9月，任四川师范学院图书馆馆长助理（正科级）。2002年6月，被评为研究馆员。2003年4月至2006年9月，任西华师范大学图书馆副馆长。2006年10月至2011年6月，任图书馆党总支书记，兼副馆长。主要从事"文献检索与利用"课教学及图书馆管理工作。发表论文《大熊猫等七种珍稀动物中文文献分析》《对CALIS特色数据库的调查与分析》《近十年特色数据库研究论文的统计与分析》《对师范大学图书馆网上参考咨询服务的调查与分析》《网络环境下高校图书馆开展情报研究工作的探讨》《中国珍稀动物多媒体信息系统的开发》《浅论大学生的信息素质教育》《关于开展情报研究工作的实践与探讨》等20余篇，参编学术著作4部。主持省级课题"四川珍稀动物信息系统的开发与研究"等多项，参与省级及国家级科研项目"大熊猫及金丝猴、扭角羚、梅花鹿、白唇鹿、小熊猫、麝文献情报"等多项。2003年被评为学院优秀教育管理人员。2005年3月，被授予西华师范大学第一届"三八红旗手"。

  10. 王心良（1963— ）：男，四川巴中人。副教授。1984年7月，于南充师范学院化学系本科毕业。1986年为北京师范大学访问学者。1987年参加四川省讲师团，到基层中学支教。1993年，于北京大学有机化学硕士研究生毕业。曾任四川师范学院化学系和西华师范大学化工学院副系主任、副院长、党总支副书记、党总支书记。曾下派锻炼，任南充市顺庆区委常委、区政府副区长。2011年6月至2020年5月，任西华师范大学图书馆党总支书记。主要从事"中学化学""中学化学教材教学法实验""有机化学""有机化学实验""生物有机化学""自然辩证法"等课程教学及相关研究，专业研究方向为"有机合成"，重点研究"手性催化与手性合成"。现主要研究方向为"中华优秀传统文化的力行与效用"。在省级以上学术刊物上发表论文《N-BOC-L-Tyr制备方法的改进》《氨基酸溶解性规律及离子—屏蔽晶体模型》《废旧油泵的改进与利用》《手性相转移催化剂的研究进展与应用》《文献信息助理队伍建设与信息检索教学实践创新研究——以西华师范大学图书馆为例》等20余篇，合作专著1部，申请国家发明专利1项（《高浓度无水HBr/CH_3COOH试剂的制备方法及装置》）。承担的"农村中学化学微型实验研究及推广"课题获教育部办公厅颁发的"世界银行贷款师范教育发展项目改革课题"优秀成果三等奖。担任图书馆总支书记期间，加强了图书馆党员队伍建设，建立了"图书馆信息咨询中心"，参与主持了图书馆文化提升项目建设，主持召开了"西华师范大学图工委"会议，主持举办了西华师范大学8届"图书文化节"及图书馆每年的迎新晚会或游园会，培养了9届文献信息助理干部。

三、现任党政领导简介

（一）现任党总支书记

周申立（1967— ）：男，四川威远人。硕士研究生导师。1992年7月毕业于西南师范大学（与中国科学院水利部成都山地灾害与环境研究所联合培养）自然地理专业（环境工程研究方向）。毕业后到四川师范学院（今西华师范大学）工作至今。1992年至2007年6月，先后担任四川师范学院国土资源学院函授秘书、教研室主任、副院长、副书记；2007年7月至2016年5月，任西华师范大学国土资源学院党委书记、嘉陵江流域研究中心主任；2016年6月至2020年8月任西华师范大学机关第四总支书记（兼任基建处副处长）；2020年9月，调至图书馆任总支书记。2000年以来，作为课程与教学论（地理方向）硕士生导师，培养硕士研究生61人；担任过3届本科学生班主任；承担过函授、本科、研究生的自然地理学、地貌学、水文学、地质学、应用地理学、现代地理研究方法与技术、房地产企业管理等课程教学任务。作为项目负责人承担过科研项目53项（主要是与四川省国土资源厅，广安市及所辖区县、达州市及所辖区县国土资源局合作），项目内容主要涉及地理教育、环境地质灾害治理、土地利用规划、基本农田保护、国土综合整治、地质遗迹保护、地质公园规划设计与旅游开发等；发表文章41篇；主编出版《直击高考——地理综合题全解》《现代地理教学论——中学地理教学理念与方法》《滑坡研究》；作为副主编出版有教材《水资源计算与管理》等。曾获四川省政府高等教育成果三等奖、中华人民共和国国土资源部优秀成果二等奖、四川省国土局科技进步一等奖、四川省国土局科技进步二等奖。

（二）现任馆长

杨红旗（1973— ）：男，四川安岳人。教授，硕士研究生导师。四川省省级精品资源共享课程《美学》、四川省精品在线开放课程《大学美学》负责人。2007年毕业于四川大学文学与新闻学院，获文艺学博士。2011年10月，任西华师范大学教务处副处长。2015年11月至2020年5月，先后任西华师范大学新闻传播学院副院长、院长。2020年6月，任西华师范大学图书馆馆长。主要从事媒介批评、文艺传播、美学等方面的教学和研究。主持国家级、省级本科教学工程项目4项，主持国家级、省部级科研项目3项；主编及副主编教材 3 部；发表学术论文《〈人间〉重述神话的叙事伦理》《意境论与文化化合——兼论古代文论的研究方法》《理论何为？——从"审美意识形态论"论争说起》《文学伦理批评的重建危机与内在理路》《美学术语与美学视野的汉语生成》《弱关系下突发性公共事件的网络谣言传播原因探析——以新型冠状肺炎时期的微博谣言为例》等 50 余篇（其中教研论文 6 篇）；出版学术专著《以意逆志与诠释伦理》1 部。获省级教育教学成果奖 1 项、省社科成果奖 2 项。

（三）现任副馆长

1. 李学宁（1964— ）：男，重庆梁平人。副研究馆员。1985 年于成都科技大学金属材料系本科毕业。毕业后，到南充师范学院（今西华师范大学）图书馆工作至今。其间，于 1988 年至 1990 年到南京大学文献情报学系图书馆学专业在职学习，获第二学士学位。1991 年 6 月至 1996 年，任图书馆流通部副主任。1999 年至 2003 年，任技术服务部主任。2003 年至 2007 年 6 月，任流通部主任。2007 年 6 月至今，任西华师范大学图书馆副馆长，主管图书馆职工业务学习考勤、寒暑假值班安排及图书馆各类报表的填报等业务工作，并分管北湖老校区综合服务部、资源建设部等部的业务工作。1999 年被评聘为副研究馆员。主要从事图书馆学研究，曾公开在省级以上刊物发表论文《高校图书馆特色数据库建设问题及对策》《对高校图书馆推广全民阅读的探讨》《浅议 RFID 在图书馆应用的必然性》《论高校图书馆文化建设》《对高校图书馆免费开放的探讨》等近 20 篇。其研究成果曾于 1996 年获四川省科学技术委员会"四川省科技情报行业三等奖"。1998 年，获四川省教育委员会"四川省普通高等学校图书馆先进工作者"称号。2008 年，被评为四川省高校图工委"四川省高等学校图书馆先进个人"。

2. 吴晓川（1963— ）：男，湖北大悟人。教授，硕士研究生导师。西华师范大学"传播理论与实务"科研创新团队负责人，"四川省电视艺术家协会高校专业委员会"常务理事，四川省现当代文学研究会理事，南充市文艺评论家协会主席。1986 年 7 月毕业于南充师范学院中文系，并留校任教。1986 年 7 月至 2006 年，期间评为副教授，曾任文学院"中国当代文学"教研室主任；2006 年 6 月至 2011 年 6 月，在新闻传播学院任教，期间任副院长。2008 年被评为教授。2011 年 6 月至今，任西华师范大学图书馆副馆长，分管图书馆信息咨询部、古籍珍特藏部、"信息检索"教研室及图书馆科研工作，兼任"四川省川北历史文化普及基地"负责人、西华师范大学川北文献信息服务研究中心负责人。长期从事"中国现当代文学""影视文学""纪录片创作"等课程教学，主要研究方向为"中国现当代文学""文化与传播"。主持省级社科规划项目1项，省社科重点研究基地、教育厅项目5项，校级科研项目4项。已出版专著《思潮流派与文本模式的散点透视》；主编有《西华诗选》《当代信息检索技术》《信息检索》《百年南充人文学术名人文选》等；参编《巴蜀文化大典》等10余部著作及教材。在《文艺争鸣》《当代文坛》《新闻界》等刊物发表学术论文40余篇；研究成果获得四川省哲学社会科学优秀奖1次、南充市哲学社会科学二等奖1次、优秀奖1次；创作的纪录片获中国纪录片学术委员会一等奖1次、获四川电视节"金熊猫"国际比赛单元奖1次、获国家及省级各类纪录片单项奖多次。2018年，获"全国社科工作先进个人"称号。

第二节 图书馆职工简介及名录

一、部分老职工简介

根据现有资料，主要介绍在图书馆工作20年以上、或曾任图书馆中层干部、或具有副高级及以上职称的老职工。按职工姓氏的汉语拼音顺序介绍。

1. 曹智英（1942— ）：女，四川大邑人。副研究馆员，中国图书馆学会会员。1966年3月，加入中国共产党。1966年6月至1968年12月，在重庆师范专科学校中文科学习。1969年1月至1971年7月，在荣县农场参加劳动。1971年8月至1978年8月，在荣县中学任语文课教师。1978年9月，到南充师范学院图书馆工作，至1998年退休。在图书馆工作期间，1978年9月至1980年4月，在采编室参与中文图书分编工作；1980年5月至1983年12月，任办公室秘书，兼做部分中文图书分编、资料交换、图片及画册整理分编工作；1984年1月至1996年，任南充师范学院图书馆及更名后的四川师范学院图书馆办公室主任，协助馆长处理馆内日常工作，进行图书馆经费预算、决算、制订年度计划、完成年终总结，协助草拟、修订图书馆各项规章制度，独立进行图书馆设备、后勤物资的计划、购进、验收及各类文件管理等，并在清产核资的基础上建立了图书馆流通、借阅、财产统计制度，指导来馆的实习生四批12人。曾任四川师范学院爱国卫生委员会成员。发表《二、三次文献的开发和高校图书馆》《高校图书馆办公室主任工作探讨》等论文，参与翻译《鹿之民》《觉醒·汤姆索亚历险记》等著作，撰有《浅谈图书馆办公室的职责和任务》在川东片区图书馆管理年会上交流；写有3篇报道图书馆的文章刊登在《四川师范学院院刊》上，并向四川师范学院广播站投稿14篇。长期担任图书馆办公室主任，很好地协助馆长抓好全馆各项工作，工作能力和组织能力强，并具有较强的科研能力和文字表达能力，工作成绩突出，曾被授予"优秀共产党员"和"三育人先进个人"称号。

2. 陈大荣（1926—2021）：男，四川璧山人。馆员。1940年至1942年春，在璧山职业中学简易化学工业科学习。1942秋至1944年春，在荣昌私立伯侨中学学习。后曾参加远征军，1947年3月退伍。1952年秋至1954年3月，先后在四川师范学院秘书处文书组和总务处庶务组任职。1954年3月，调入四川师范学院图书馆，先后在编目组和流通组工作。1956年，四川师范学院分校后，在南充师范专科学校图书馆流通组工作。1958年，南充师范专科学校升格为南充师范学院后，调图书馆特藏室线装库做借阅工作，并协助做馆藏线装书和旧版书书本草目的编排及蜡纸刻写后的校对工作。1959年至1960年初，下放到南充市华丰公社和河东公社劳动锻炼。1960年至1967年在图书馆采编组分编中文、日文图书及古籍线装书。1970年春至1979年7月，随学校师生去贵州遵义从事生产劳动。1979年10月回馆工作至1987年8月退休。从事图书馆工作33年，工作勤恳、踏实，对图书分类、编目、著录、校对等工作很熟练，业务能力强，经验丰富，知识面广博，对读者和蔼、热情周到。先后参加过馆藏珍善本书的鉴别、编制《提要》和《目录》的工作，并担任馆藏稀有珍贵图书和馆藏中文工具书目录的编辑工作，编写了《中文精平装、线装图书校对工作细则》，还为编写院史提供了图书馆的有关资料。

3. 陈淑容（1952—　）：女，四川乐山人。副研究馆员。1971年8月初中毕业后，到四川省犍为县罗城新盛公社太平大队参加劳动。1974年9月至1977年7月，在北京大学历史系中国史专业学习。1977年7月毕业后到南充师范学院历史系工作，曾于1979年至1980年到西南师范大学历史系进修学习一年。1982年从南充师范学院历史系调到图书馆工作。1998年11月，被评为副研究馆员。2007年10月退休。从事图书馆工作近30年，先后在图书馆教师阅览室、线装书借阅室从事读者服务工作。工作认真负责，一丝不苟，业务能力强。发表《略谈现代图书出版中的几个问题》《谈谈图书馆实行开架借阅后的参考咨询服务》《精平装汉文图书版本简论》《工具书的特点及其价值》《二十世纪中国早期函授教育的创始者——张元济》等论文。1996年，与黄浩耘、李学宁、李惇绪、杨涛等人合作的"中国现代蚕业、丝绸期刊论文与图书分布规律研究"获四川省情报行业三等奖。

4. 成万强（1939—　）：男，四川岳池人。主任科员。1958年3月至1959年5月，在岳池县石垭镇任小学教师。1959年5月至1960年8月，在岳池县石垭粮站任保管员。1960年9月进入南充师范学院图书馆工作至退休，从事图书馆工作近40年。在图书馆工作期间，于1960年9月至1964年8月在学生阅览室工作，在罗静思老师的带领下，很快学到了一些图书馆业务知识；1964年9月至1966年，在基本书库、流通大库工作。1970年5月至1971年8月，到贵州遵义从事生产劳动。1971年9月至1976年5月，回图书馆流通大库工作。1976年6月至1982年，在教师参考室工作，对交换资料、中学课本、小册子进行了归类、装盒，写明类别名称及上架，并和易德琼等同志一起组织了"万有文库""丛书集成"的书名目录，曾主动陈列工具书、编制旧版书书名目录。工作中爱动脑筋、肯钻研，能主动、细致地完成工作任务，独立承担、处理工作中的疑难问题，能编制一定范围的目录、索引，工作效率高、业务熟。曾于1977年12月获南充师范学院"忠诚党的教育事业"奖。

5. 冯泽英（1953—　）：女，四川三台人。副研究馆员。1977年8月开始，在南充师范学院图书馆工作至退休。其间于1985年9月至1988年7月在南充师范学院政治系夜大专科学习，获毕业证。先后在图书馆流通部、科情室、阅览部工作，主要从事图书借阅、资料交换及读者参考咨询工作。曾任图书馆工会体育委员。多次参加四川省高校情报工作研究会年会。2001年6月，被评为副研究馆员。2008年9月退休。发表有《网络环境下高校图书馆参考咨询服务工作探析》《论网络环境下高校图书馆信息资源的共建共享》《高校图书馆人力资源管理探讨》《新世纪网络环境下高校图书馆信息资源的构成及开发与利用》《试探图书馆工作人员轮岗制度》《高校图书馆管理工作中激励方式探析》《高校图书馆信息资料交换工作中的问题及对策》《高校图书馆开架阅览利弊浅析》等论文，并参加3次省级图书馆学术论文交流活动。

6. 付大敦（1928—2020）：男，湖北房县人。馆员。1943年9月至1949年8月，在家乡读初中、高中。1949年11月在重庆参军。1952年5月至1954年8月，任川东公安大队直属中队、西南军区第八文化速成中学教员。1954年8月至1988年5月，在四川师范学院图书馆、南充师范学院图书馆工作。在图书馆工作期间，于1954年8月至1956年8月从事图书流通工作；1956年9月至1960年3月，从事图书验收兼总务工作；1960年3月至1979年12月，担任图书采购工作，同时管理图书经费（后经费管理工作交由刘安珍负责）。1980年1月起，主要从事图书馆文献采购工作。1982年曾任四川省图书馆学会函授学校南充函授站"藏书建设"学科的辅导教师[①]。从事图书馆工作30余年，先后从事图书流通、图书验收、采访及总务等工作，对工作热情负责，一丝不苟，肯动脑筋，认真钻研业务，比较系统地掌握了图书馆学的基础理论和专业技能，尤其对图书采访的各环节业务技术十分熟练，能得心应手地组织整个采访工作，且有一套系统的科学方法和工作经验，为图书馆藏书建设作出了较大贡献。发表有《高校图书馆应组织推荐性的参考书目》《试论组织推荐性的书目》《精而实用，讲求效益——文献的收集与使用》等论文多篇。

7. 贾荣昭（1919—1992）：女，江苏如皋人。馆员。1935年6月，于镇江崇实女中初中毕业。同年秋，考入南京江苏省立女子师范学校。1937年9月，随父到成都，在成都省立女子师范借读一年，1938年7月毕业。1938年秋，在成都私立励精小学教书。1942年9月至1946年6月，在重庆璧山国立社会教育学院图书博物管理系读书。1946年9月至1947年7月，在国立女子师范学院图书馆做管理员。1947年9月至1949年8月，在（南京）中国地理研究所图书室工作两年。后曾在达县师范学校任教，兼管图书室。1951年4月，调至南充，在川北大学图书馆工作，曾任图书馆编目组组长。其图书馆工

---

① 四川省图书馆学会函授学校南充函授站给南充师范学院图书馆的邀请函，现藏于西华师范大学图书馆办公室。

作，历经川北大学图书馆、四川师范学院图书馆、南充师范专科学校图书馆、南充师范学院图书馆几个阶段。1977年6月退休。主要从事图书管理、核对、图书目录排列、检查复本书，及外文书刊的登记等工作。工作积极，业务熟悉，效率高。

8. 贺益镠（1922—2012）：女，湖南长沙人。馆员。1932年8月至1937年7月，在南京市立邓府巷小学、南京私立钟南中学学习。1937年8月至1939年7月，随母亲从南京逃难到长沙、常德等地。1939年8月至1944年7月，在湖南安化省立五中及七星街省立一中读书。1944年8月至1945年6月，在湖南安化欧阳氏小学和易氏小学任教。后曾在湖北汉口社会服务处任办事员。1948年1月至8月，在湖北汉口中山公园图书馆任管理员。1949年8月至1951年2月，在四川巴县歇马场私立景慧小学任教。1951年10月至1952年9月，在川东教育学院图书馆任管理员。1952年10月至1953年3月，在重庆师范学院图书馆任管理员。1953年3月至8月，在四川师范学院数学科读书。1953年9月至12月，在四川师范学院总务科工作。1954年1月至1956年8月，在四川师范学院图书馆任管理员，主要负责各类新书的登记及统计，兼做采购室及编目室的一些工作，如写目录卡片等。1956年暑期，参加四川师范学院分校的图书分配工作。"川师"分校后，留在南充。1956年9月起，在新成立的南充师范专科学校图书馆及升格后的南充师范学院图书馆工作。其间，于1956年9月至1960年2月，从事图书采购工作；1961年2月，曾下放到河东乡卫星八队参加农业劳动。1978年5月退休。从事图书馆工作近30年，工作认真、负责、细致，能尽力按期完成领导交给的任务。

9. 黄浩耘（1950— ）：男，四川仪陇人。研究馆员。四川省有突出贡献的优秀专家，中国图书馆学会会员，中国情报学会会员。1957年9月至1963年8月，在仪陇县骑龙公社读小学。1963年9月至1973年9月，在仪陇县马安中学读书和在家务农。1973年9月至1977年1月，在南充师范学院物理系读书，毕业后留校任教。1977年1月至1982年8月，在物理系从事普通物理教学工作。1982年9月至2013年10月，在南充师范学院图书馆及升格更名后的西华师范大学图书馆科技情报室从事科技情报研究及"文献检索与利用"课的教学工作。曾先后到成都科技大学、重庆大学、南京大学进修图书馆学、情报学、情报检索、情报研究和计算机科学。1984年5月，率先为南充师范学院高年级本科生开设"文献检索与利用"课，承担的文献检索课曾连续两次被评为学校优秀教学成果二等奖，并曾被评为"优秀青年教师""优秀骨干教师""教学六认真优秀教师"。1984年至1991年6月，任图书馆科技情报室及"文献检索与利用"课教研室副主任。1991年6月至2003年，任图书馆科技情报室及"信息检索"课教研室主任。2003年6月评聘为研究馆员。先后主持和承担校级科研课题4项，省级科研课题3项，参与国家科研课题1项。在《情报学报》《情报科学》等重要学术期刊上发表《信息重组浅论》《信息利用教育深入发展的社会基础》《信息检索中的美学与美育方法》等学术论文14篇，主编科普著作1部，以主研人员身份参与编辑出版《文献情报集》2部，主持编写出版"信息检索与利用"课教材5部。参与研究的成果曾获国家科技进步三等奖、四川省科技进步二等奖、南充地区首届哲学社会科学优秀成果三等奖、四川省科技情报行业成果三等奖。长期担任科技情报研究工作及"文献（信息）检索与利用"课教学工作，经验丰富，成绩突出。1999年3月，获四川省委、省政府授予"1998年度四川省有突出贡献的优秀专家"荣誉称号。

  10. 黄齐仙（1927—2015）：女，四川威远人。馆员。1951年1月至1952年9月，在川东人民行政公署文教厅工作。1952年10月至1954年8月，在四川省教育厅工作。其间，于1953年3月加入中国共产党，曾任小组组长、支委、副书记。1954年9月至1955年9月，任四川师范学院附设工农速成中学人事科干事；1955年10月至1956年7月，任四川师范学院人事科科员。1956年8月至1957年8月，任南充师范专科学校人事科科员。1957年9月至1959年8月，在南充师范学院图书馆流通组任组长。1959年9月到1961年3月，到武汉大学图书馆学系进修，完成图书馆学系4年应学的所有专业理论课程。1961年3月至1981年3月，先后任南充师范学院图书馆采编组组长、秘书资料组组长[①]、期刊组组长。1985年6月退休。从事图书馆工作近30年，先后担任流通组、采编组、秘书资料组、期刊组的组长，对图书馆各组各个环节的工作都有多年的实践经验，对图书馆业务工作的各个方面均熟悉，能胜任书刊的

---

  ① 1978年12月28日中共南充师范学院委员会院党干字〔1978〕16号《关于黄齐仙等三同志任职的通知》，现藏于西华师范大学。

流通管理、报刊资料的收集整理及宣传等工作；特别是担任期刊组组长时，能根据当时的客观条件，从理论和实践上解决工作中出现的问题，并提出改进意见。

11. 李惇绪（1943—　）：男，四川中江县人。副研究馆员。1950年至1965年，在南充师范学院附属小学、附属中学上小学、初中和高中。1965年1月，下乡到苍溪、两河、龙山等地当知青。1977年回南充师范学院，担任体育组保管员。1978年至1985年8月，在南充师范学院附属小学任教。1985年9月，调至南充师范学院图书馆工作。在图书馆工作期间，曾在技术服务部、科情室、期刊阅览室工作。1988年3月，任读者服务部主任，后为副主任。1988年9月至1989年7月，到武汉华中师范大学图书情报系进修图情专业。曾参与编辑图书馆馆刊《文献情报信息》，并参与筹办南充师范学院院史陈列室；另外，还曾兼职大学生辅导教师及学校纪委监察员。1998年后，长期负责图书馆音像阅览室的管理工作。曾任民革四川师范学院支委，积极参加民主党派的参政议政工作。1999年2月，评为副研究馆员。2004年2月退休。发表有《图书馆与信息高速公路》《论高校图书馆信息资源的开发与利用》《新形势下高校图书馆的信息服务》《中国现代丝绸文献的核心期刊与主要出版社》等论文8篇，参与编写专著《影响未来的十大科技》1部。与黄浩耘、李学宁、陈淑容、杨涛等完成的《中国现代蚕业、丝绸期刊论文与图书分布规律研究报告》于1996年获四川省科技情报行业成果三等奖。从事图书馆工作近20年，工作积极主动、认真负责、任劳任怨，曾多次受到表扬。1991年被评为"南充市文化市场工作先进个人"，2000年被民革南充市委授予"优秀基层党务工作者"称号。

12. 李凤仪（1928—2016）：男，原名李新安，河南汤阴人。馆员。1935年至1947年8月，在河南汤阴县读书，分别读私塾9年、读初中2年、读高中2年。1947年9月至1949年5月，参军。1950年8月至1952年5月，任川北军区剑阁军分区炮兵营文化教员。1952年7月至1954年8月，任川北军区文化速成小学、西南军区第三、第八文化速成中学等校文化教员。1954年8月至1956年7月，为四川师范学院图书馆职员，负责中外文期刊的采集、登记及期刊阅览室的管理等。1956年8月，"川师"分校后，在南充师范专科学校图书馆、南充师范学院图书馆工作至1983年8月退休。在图书馆工作期间，先后在期刊、采编、流通等组工作，负责报刊阅览室管理、图书的验收和总括登记、馆际资料交换、线装书管理等工作，其中管理线装书时间较长（1956年至1958年、1963年至1970年、1973年至1983年）。工作细致、积极主动，对馆藏较熟悉，业务能力较强，能提出中肯的改进管理和保护线装书的建议和方法。尤其是积极参与普查馆藏善本书、试制红丹纸以防虫，主持修补线装书，以及为《汉语大字典》编写组查对例句、为文史两系教师和研究生查找线装书资料等方面做了不少工作，师生反映好。曾草拟《借书须知》《借书券使用说明》《目录查法》等，参与编辑有《西南地区抗日时期出版物联合目录》，独立编辑有《南充师范学院图书馆馆藏方志目录》（后汇编入《四川方志联合目录》），撰有《续西域地理图说》《我馆古籍的保护与抢救》等文。

13. 李元强（1935— ）：男，四川南充人。馆员。1943年2月至1956年8月，在南充龙泉完全小学、七宝寺中学、南充高中分别读小学、初中和高中。1956年9月始，在南充师范专科学校图书馆、南充师范学院图书馆、四川师范学院图书馆工作。其间，1956年9月至1958年3月，在南充师范专科学校图书馆编目室工作，后在图书馆流通组工作。1971年3月，加入中国共产党。1978年至1987年，任流通组副组长。1988年至1998年，任流通部主任。1989年，被评为南充地区教育系统"尊师重教先进个人"、四川师范学院"优秀教师和教育工作者"。1991年，被评为院优秀共产党员。发表有《藏书的复选与剔旧》等论文。从事图书馆工作30余年，热爱图书馆事业，工作认真负责、任劳任怨，刻苦钻研业务，有比较系统的基础理论知识和熟练的工作技能，对图书的典藏、流通等业务很熟悉，受到读者好评。

14. 凌泽芬（1935—2020）：女，四川永川（今属重庆市）人。馆员。1948年9月至1951年1月，在永川读中学。1951年2月至1954年8月，在永川师范学校读书。1954年9月至1959年8月，在铜梁城关镇小学任教。其间，于1958年10月加入中国共产党。1959年9月调至南充师范学院图书馆采编组工作，主要从事精装、平装图书的分类及刻片。1962年至1965年，到流通组负责内部书、线装书的借阅和组织目录。1965年后到采编组。1978年12月，任采编组副组长，后为组长，从事图书分编、目录组织、校对等工作。1977年12月，被评为学院"先进个人"。1980年参加四川省中心图书馆举办的"图书资料情报人员进修班"学习。1987年6月，被评为馆员。1990年7

月退休。从事图书馆工作30余年，工作积极主动，认真负责、严谨，如发现分编错误，会逐一改正；有比较全面而系统的理论知识，业务能力强，经验丰富，对图书分类造诣甚佳，并能熟练地组织编目工作。主持采编组工作期间，敢于创新，改革烦冗的工作程序，建立实用简明的工作流程，健全采编组各项规章制度，并编写《登记验收工作细则》《油印、贴标细则》《公务目录组织细则》等，其撰写的《应该重视图书资料的剔旧问题》论文被四川省中心图书馆采用，汇编成书发行。

15. 刘世蓉（1935—2007）：女，四川璧山人。馆员。1955年8月至1958年8月在璧山中学读高中。1958年9月至1962年7月，在南充师范学院生物系读书。1962年10月至1972年9月，在蓬溪县星光中学任教。1972年10月至1981年2月，在南充市丝二厂子弟校任教。1981年3月，调入南充师范学院图书馆工作。1984年4月至1987年6月，任图书馆期刊组组长。1987年6月，加入中国共产党。1990年12月退休。在图书馆工作期间，先后在学生期刊借阅室、过刊阅览室从事期刊管理及读者服务工作。热爱图书馆事业，工作认真负责、勤恳、踏实，有吃苦耐劳的精神。担任期刊组组长后，除负责该组的全面管理工作外，还负责期刊库的管理，新到刊的验收、登记等工作，具有独立工作的能力。撰有论文《期刊整理工作点滴》。

16. 刘天成（1931—2005）：男，四川中江人。研究馆员，国务院特殊津贴专家，四川省高等学校情报研究会委员、南充地区科学技术情报学会副理事长、中国科学技术情报会会员、中国图书馆学会会员。1950年7月毕业于三台师范学校。1950年8月至1951年3月，在遂宁地委干部训练班学习。1951年3月至12月，在盐亭团委参加土改工作，任组长。1952年3月至1956年6月，在岳池师范学校及南充地区师范学校任教。1956年7月至1962年9月，在南充师范学院附属中学任副校长。1962年10月至1997年1月，在南充师范学院图书馆及改名后的四川师范学院图书馆工作，从事图书馆工作35年。在图书馆工作期间，于1979年至1984年任采编组组长，1984年至1991年任科情室和"文献检索与利用"课教研室主任，先后担任中外文图书、期刊的分编及"文献检索与利用"课教学工作。1993年11月取得研究馆员任职资格。曾参与编写高等师范院校《社科文献检索》《理科文献检索》教材2种。并为南充电大图书馆学专业两届学生讲授《图书分类》和《文献编目》，教学效果良好。组织人力并亲自主持、参与大熊猫等珍稀动物的情报研究，并取得了丰硕成果。1987年，主持出版的《大熊猫文献通报》于1988年获四川省科学技术进步三等奖；1990年，申报的四川省重点软科学研究项目"中国珍稀动物信息数据库"获得立项，主编的《大熊猫及金丝猴、扭角羚、梅花鹿、白唇鹿、小熊猫、麝文献情报》获四川省科学技术进步二等奖，1992年该项成果获国家科学技术进步三等奖；1993年，主持的"多媒体技术应用研究"项目获国家科委"八五"科技攻关课题立项；1996年，主持的"建立大熊猫多媒体信息管理与咨询系统研究"项目获四川省科技进步三等奖。在长期的情报研究工作中，对情报的采集加工、分析及理论方法研究取得了突出成就，四次获得国家及省级科技进步奖，是我国珍稀动物情报研究的开拓者，在情报研究中首先采用情报报道与分析研究相结合，将一、二、三次情报融为一体，其成果达到了国内外先进水平，产生了广泛的影响，取得了显著的社会、经济效益[①]。此外，还撰写有《论高校图书·情报·资料·档案一体化》《高校图书馆改革与图书情报一体化》等论文，与胡锦矗教授一起编写出版的《熊猫风采》在亚运会上被当作我国赠送外国代表团的礼品，产生了广泛的影响。

17. 罗静思（1923—2001）：女，广东肇庆人。1925年至1936年，在上海艺文小学、广东罗克小学、南京中大附中等校读书。1938年至1943年，在四川营山城中心小学、营山深堂完小任教。1949年12月至1950年1月，任南充民主妇联筹委会委员。1950年2月至1951年8月，曾在南充市老乡庙小学及南充市民族小学任教。1952年10月至1956年6月，到四川师范学院教务处出版组任职。1956年6月，调入四川师范学院图书馆工作。四川师范学院分校后，在南充师范专科学校图书馆及升格后的南充师范学院图书馆工作。1972年4月退休。主要从事图书编目工作。工作认真负责、细致，受到领导和同志好评。

18. 史惠芳（1930—2003）：女，吉林省长春市人。新中国成立初期，在当地从事妇女工作、抗美援朝后防工作和夜校教学工作。1952年11月至1954年8月，在长春市第七消费合作社任职。1954年8月至1956年11月，随夫到四川。1956年12月至1964年在四川师范学院（今四川师范大学）出版科、

---

① 刘天成《四川省学术和技术带头人后备人选登记、推荐表》，现藏于其子刘箭家。

印刷厂工作。1964年8月，调入南充师范学院图书馆工作，至1985年11月退休。其间，曾于1970年5月至1971年7月，到贵州遵义五七农场参加劳动。从事图书馆工作20余年，期间主要从事图书的流通阅览工作。工作积极主动、热情、任劳任怨，有很强的责任心和无私奉献精神，热爱读者和本职工作，受到广大师生好评。

19. 唐抚荣（1951— ）：男，四川南充人，曾名唐甫云。主任科员。1968年3月，应征入伍。1970年12月加入中国共产党。1983年1月至1986年5月，从部队转业到南充师范学院总务处伙管科工作，任管理员。1986年6月，调入南充师范学院图书馆工作。1986年6月至1989年9月，任图书馆会计；1989年10月至1993年4月，担任图书馆总务工作；1993年5月至1995年3月，任图书馆技术服务部主任；1995年4月至2003年任图书馆流通部主任。长期担任图书馆党支部委员和部主任，工作认真负责、积极肯干，有奉献精神，不计得失，能带领组里的同志很好地完成工作任务。关心集体，团结同志，在图书馆综合治理工作中成绩尤为突出。曾多次被评为四川师范学院"消防工作先进个人"；1997年被评为四川师范学院"'95—97年度优秀共产党员"；2008年被评为"四川省高校图书馆抗震救灾先进个人"。

20. 唐建华（1930—2016）：男，四川营山人。九三学社社员，副研究馆员，曾任中国管理科学院四川文献信息研究所研究员。1938年2月至1943年6月，在营山县茶盘乡梓橦庙初小、高小读书。1943年7月至1946年，在营山县私立晋德中学、茶盘乡中心校读书。1946年至1948年，在四川省立南充高级中学读书。1950年1月，参加工作。1951年9月至1955年8月，任四川昭化县宝轮小学教员、昭化县小学教师联合会秘书等职。1955年9月至1958年9月，在南充师范专科学校历史科读书。毕业后留校工作。1958年11月至1962年10月，由南充师范学院人事科调入附中任教，并任附中历史教研组组长。1962年10月底，调入南充师范学院图书馆工作。1962年11月至1965年，主要担任外文（特别是俄文）的分编工作。1965年至1971年，在教师参考室工作，为教师设置工具书阅览架，受到欢迎。1971年至1972年，管理线装书库。1972年至1979年，从事资料宣传工作，用剪报资料向师生宣传科学知识。1979年至1990年，在科情室担任科技情报的手工检索和国际联机检索工作，并为数学、物理、生物、化学及政治系高年级学生上"文献检索与利用"

课。曾于 1963 年参加四川省中心图书馆委员会组织的图书馆干部训练班学习，于 1964 年 5 月至 1965 年 6 月到南充青居乡参加社教工作。1990 年 11 月退休。从事图书馆工作近 30 年，热爱图书情报工作，工作热情而积极，努力学习业务，知识面较宽，颇得读者好评。与戴克瑜等合撰有《工具书学初探》（该文 1984 年 9 月获四川省一九八四年哲学社会科学科研成果三等奖）、《工具书学再探》、《类书的沿革》（该文 1986 年获四川省图书馆学会优秀论文一等奖）；撰写的《为抢救大熊猫提供文献资料》1986 年获四川省科协优秀论文奖、中国图书馆学会庆祝建国四十周年特别奖，《工具书学就是文献信息控制学》获 1985—1989 年南充地区优秀科技论文一等奖，《文献信息控制学与知识经济社会》1997 年获四川省科技情报行业二等奖。另撰有《图书馆效用分析的数学模型——图书馆运筹学》《文献信息控制学》《市场经济发展的信息控制理论与技术研究》《博约矛盾与信息压缩技术研究》《信息计量学与数字化图书馆》《计算机对知识自动总结》《生物医学、化学、教育文献信息控制学》《文献信息控制学与知识生成学》《文献信息控制的计算机模拟》《文献信息控制的革命是现代社会的经济和技术的源泉》等论文。1982 年曾任四川省图书馆学会函授学校南充函授站"参考咨询"学科辅导教师[①]。

21. 王锦（1963—　）：男，四川成都人。教授。1983 年毕业于南充师范学院化学专业，入南充师范学院图书馆工作。主要从事情报资料收集工作及"文献检索与利用"课教学工作。1986 年 7 月至 1988 年 7 月到大连工学院图书馆进修图书馆学情报学专业。1993 年被评为副研究馆员。1996 年任图书馆期刊部主任。1998 年调至四川师范学院计算机中心工作。在图书馆工作期间，曾任图书馆党总支宣传委员、统战委员及组织委员，承担国家科委科研项目 1 项、四川省科技厅科研项目 2 项。参与的"大熊猫及金丝猴、扭角羚、梅花鹿、白唇鹿、小熊猫、麝文献情报"项目获得四川科技进步二等奖，"大熊猫等 7 种珍稀动物文献情报研究"项目获国家科技进步三等奖。发表《对高校数据库建设的思考》《对高校情报工作的思考》《光盘对图书馆的影响》等多篇论文，参编《科技文献检索与利用》《信息检索利用技术》等。

[①] 四川省图书馆学会函授学校南充函授站给南充师范学院图书馆的邀请函，现藏于西华师范大学图书馆办公室。

22. 王淑珍（1927—2000）：女，四川潼南人。1944年毕业于潼南中学。1945年3月至1961年10月，先后在潼南塘琪小学、城关小学、崇龛小学及四川师范学院附小和幼儿园等任教。1961年11月，调入南充师范学院图书馆。主要在采编组担任新书的登录、盖章和打号等工作。1984年退休。在图书馆工作20余年，兢兢业业、任劳任怨，不计名利、甘为人梯，受到广大师生好评。

23. 夏志玉（1951—2016）：女，四川广安人。副研究馆员。1959年9月至1965年7月，在广安城关新平路小学读书。1965年9月至1968年7月，在广安一中读书。1969年3月至1972年5月，插队落户到枣山公社。1972年5月至1973年7月，被推荐到广安师范学校读书。1973年9月至1977年3月，在广安县枣山公社小学任教。1977年3月至1980年1月，在南充师范学院政史系读书。1980年1月至1984年7月，在广安县协兴中学任教。1984年9月至1987年7月，在广安第一中学任教。1985年，被广安县妇联评为"三八红旗手"。1987年7月，到南充师范学院图书馆工作至2006年退休。在图书馆工作期间，主要从事图书分类、主题标引及编目工作。曾于1989年9月至1990年7月在武汉华中师范大学图书情报系参加国家教委举办的图书情报培训班，学习分类学、声像设备管理、中文编目、图书情报学概论、藏书与图书馆史、国际联机检索、目录学等十几门学科。1993年至2002年，任图书馆工会主席。1996年至2001年9月，任图书馆采编部主任。1999年12月，评为副研究馆员。工作积极主动、认真负责，专业知识丰富、业务能力强，图书分类、标引准确度较高；热爱集体，关心同志，乐于帮助年轻同志熟悉业务、解答他们工作中的疑难问题。撰有《疑难图书文献分类标引六题》《试论我馆书目数据库的构建》《浅谈〈中图法〉儿童馆、中小学馆版的得与失》《开发地方文献　服务地方建设》《图书在版编目（CIP）分类数据错误辨析及控制措施》，合撰有《健笔破旧蹊，鸿篇开新局——评〈女子教育大辞典〉》《西部大开发带给西部高校图书情报工作的思考》等论文。

24. 肖桂珍（1940—　）：女，四川峨眉人。馆员。1951年1月至1956年12月，在峨眉县九里公社读小学、初中。1957年1月至1959年8月，在峨眉第一中学校读书。1959年9月至1962年7月，在乐山师范学校幼师班学习。1962年8月至1965年9月，在峨眉县青龙幼儿园任教，兼任副园长。

1965年10月至1976年12月，在南充师范学院幼儿园任教。1977年1月起，在南充师范学院图书馆工作，至1995年退休。在图书馆工作期间，先后在马列书库、马列阅览室、期刊阅览室工作。1981年10月加入中国共产党。1984年2月任期刊组副组长，1988年3月至1993年5月任期刊部副主任。工作认真负责、积极肯干，能吃苦耐劳，常带病坚持工作；有钻研精神，积极想办法改进阅览室管理；熟悉报刊的特点、分类、登记、制卡、管理、流通及读者的兴趣爱好、借阅倾向等。撰有《管理开架期刊阅览室的几点体会》《浅谈期刊工作中的几个问题》《让精神文明之花常开》等论文。

25. 易德琼（1929— ）：女，四川乐山人。馆员。1937年至1949年在乐山、成都等地读书。1950年5月至1953年5月，任大邑县人民政府税务局人事秘书股长。1953年6月至1954年9月，任《四川日报》政校（社会主义学校）办公室干事。1954年9月至1955年9月，在南充四川师范学院附中任教。1955年11月，调入四川师范学院图书馆流通组工作。1956年9月，四川师范学院分校后，留在南充师范专科学校图书馆工作，从事图书流通出纳工作，并任流通组组长。长期从事图书流通工作。1982年11月退休。

26. 张国秀（1939— ）：女，四川万源人。馆员。1955年9月至1958年8月，在达县中等师范学校学习。1958年9月至1959年12月，在万源县板桥公社小学任教。1960年1月至12月，在万源县文工团做演员。1961年1月至1973年1月，在万源县城完小任教。1973年2月至1977年2月，在南充师范学院幼儿园任教。1977年3月，调至南充师范学院图书馆工作。1984年1月，加入中国共产党。1990年任图书馆党支部纪检委员兼政保委员。1995年退休。先后在图书馆流通组出纳台、采编组、流通组学生阅览室及线装书库工作。工作主动、积极、踏实、认真。在学生阅览室工作期间，曾自制了一套学生阅览室藏书分类目录，供学生使用；在线装书库工作期间，自编《馆藏善本书目（第二编）》和《馆藏线装书丛书书名目录》，并对线装书库的四套目录一一核对，补齐缺失的目录片，改正错误的目录片。1988年下学期开始，组织了一套线装书著者目录，让读者查找图书"一索即得"。十分热爱图书馆工作，曾于1989年谢绝了学院组织部调其任学院女职工委员会主任（副处级待遇）一职。曾参加"四川图书馆学中专函授班""西南西北古籍善本书（整理）学习班"，并自修大学汉语言文学专业及外语专业。热心工会工作，

1979年至1993年，历任南充师范学院图书馆工会主席、四川师范学院图书馆工会主席，多次评为院"工会工作积极分子"。撰有《浅谈流通组的内务工作》《浅谈线装库的内务工作》等论文。

27. 张效赤（1957—　）：男，四川南充人。研究馆员，硕士生导师。1982年毕业于南充师范学院外语系，留校在图书馆工作。1984年1月，任图书馆外文组副组长。曾到上海大学进修图书情报专业。1988年3月，任期刊部主任，对期刊工作进行了规范管理。1993年9月，参加出国前培训学习半年。1994年3月，被评为副研究馆员。1996年5月，被推选为图书馆副馆长。1996年6月，参加市属以上院校教职工"爱祖国，爱教育，爱岗位"演讲比赛获二等奖；10月，参加学院举办的青年干部培训班学习。1999年上半年，被评为研究馆员，当年调任四川师范学院党委办公室、院长办公室副主任及外事处副处长。2003年3月至2013年7月，任西华师范大学外国语学院党委书记。撰有《联合办学中的馆际协作》、《试论外刊合作采购》、《广告情报源的初步研究》（该文获四川省高等学校1990—1993年图书馆学优秀论文三等奖）、《我国社科文摘期刊现状剖析》（该文获四川省高等学校1994—1995年图书馆学优秀论文三等奖）、《中国信息市场的培育与发展》、《面向21世纪的高校社科信息服务》、《可靠性市场情报的判断方法与实例》、《中美百科全书索引体系的比较研究》、《网络环境下高校图书馆的信息服务》等论文50余篇，并在国外10余个国家发表有关高等教育、英语教学及跨文化交流的英文学术论文50余篇。曾赴北京大学、武汉大学、美国哈佛大学等国内外20余所高校进修学习、参观访问和学术交流，多次担任四川省高等学校教师高级职称评审委员会专家、四川省社会科学优秀成果评审专家。

28. 赵兰英（1932—2010）：女，四川乐山人。馆员。1940年9月至1951年10月，在乐山读书。1951年10月至1959年9月，在犍为县工作，曾任中共犍为县委会组织部干事、犍为县委办公室干事。1954年9月加入中国共产党。1959年9月，调入南充师范学院图书馆工作。1959年9月至1961年，在图书馆采编组工作，任组长。期间编制了采编工作计划，对查重、校对、组织目录、统计财产及收（送）图书等一系列工作十分熟练。1961年至1988年，在图书馆流通组工作，任组长。在图书馆工作期间，对图书管理、典藏、读者服务、参考咨询等理论有系统的了解，对读者热情周到，能熟练地组织目录和解答读者咨询的问题，并提供图书资料；作为图书馆流通组组长，能大胆、科学有效地管理图书流通、阅览等各项业务工作。1965 年至 1978 年，任教务处支部副书记；1978 年 11 月，图书馆党支部建立，任图书馆党支部副书记。1988 年 2 月退休。在图书馆工作近 30 年，事业心强，刻苦钻研业务，对图书馆学的有关理论知识能系统理解与掌握，工作认真踏实、负责，有丰富的工作经验。

29. 郑慧珍（1956— ）：女，亦名"郑惠珍"，湖南龙山人。副研究馆员。1982 年 6 月毕业于四川大学历史系。1985 年 6 月，到南充师范学院图书馆工作至退休。主要从事"文献检索与利用"课的教学和研究。1993 年 5 月至 2003 年，任图书馆阅览部主任。1995 年 3 月被评聘为副研究馆员。在《南充师范学院学报》《四川师范学院学报》《四川图书馆学报》等学术刊物上发表《大熊猫文献通报》（与人合作）、《大熊猫研究概况——大熊猫文献通报代序言》（与人合作）、《高校文检课教学问题探讨》、《古籍文献的积聚与整理述略》、《对大学生窃毁图书现象的思考》、《师范大学生的读书倾向调查及其对策》等论文，合作出版专著《文献情报知识问答》等。曾参与《巴蜀文化大典》编撰工作，撰写"吴受彤""古耕虞""康心如""范崇实""黄志煊""吴晋航""胡仲实""林铭合""萧松立""顾鹤皋"等词条。论文《师范大学生的读书倾向调查及其对策》获四川省高等学校 1990—1993 年图书馆学优秀论文三等奖。

30. 周体佳（1944— ）：男，四川南充人。副研究馆员。1964 年底，作为知青下乡至四川苍溪。1979 年 6 月回到南充师范学院，学院安排到图书馆工作。1979 年至 1984 年，在图书馆流通部书库工作。1984 年，参加成人高考后，到西南师范大学图书馆干部专修科学习。1986 年 7 月毕业后，回南充师范学院图书馆流通部工作。1988 年 3 月任流通部副主任，负责学生阅览室工作。1991 年 6 月，调到采编部工作，担任采编部副主任，先后从事图书的分类、编目等工作。图书馆实行计算机管理后，担任图书分编数据的总校和统计等工作。2002 年，被评为副研究馆员。2004 年 3 月退休。在图书馆工作近 30 年，热爱图书馆事业，工作勤恳、认真负责，业务能力强，曾多次担任馆内业务人员培训的教学工作，并担任南充市图书馆组织的地区基层公共图书馆、中小学图书馆管理人员的培训工作。在图书馆搬迁、物资清理、图书回溯建库等工作中表现突出，受到领导好评。

31. 庄玉林（1925—1995）：男，四川遂宁人。馆员。1937年1月至1949年7月，先后在家乡及南充读私塾、小学、初中、高中。1949年7月至12月在川北大学文学院读书。1953年参加工作。1954年5月至1956年2月，任蓬溪县盐场管理处槐花场务所会计。1956年3月，调至四川师范学院图书馆工作。1956年8月起，在南充师范学院图书馆从事期刊管理工作。1988年6月退休。从事图书馆工作30余年。在图书馆工作期间，认真负责、热心为师生服务，努力学习图书馆专业知识及外语基础知识，精于图书馆中外文期刊管理；并主动帮助、指导其他同志熟悉和开展中外文期刊各项管理工作。同时，十分注重图书馆理论与实际工作相结合，积极开展科研工作，曾撰写多篇学术论文和工作总结，对于促进图书馆的科学化管理具有参考价值。由于工作出色，曾三次被评为南充师范学院先进工作者和积极分子。

二、在职高级职称人员简介

按人员姓氏的汉语拼音顺序介绍。

1. 高晋蜀（1961—　）：女，山西太原人。副研究馆员。1979年10月至1981年6月，在南充市东风公社二小任数学教师。1981年9月考入南充师范学院生物系。1985年6月毕业后留校，在南充师范学院图书馆科技情报室工作。1999年12月，被评为副研究馆员。主要从事图书情报及"文献检索与利用"课教学和研究。先后发表了《大学图书馆开展科普教育活动的探索与思考》《全民阅读背景下高校图书馆推动社会化服务实践研究——以西华师范大学图书馆为例》《基于TRS平台中国珍稀动物多媒体数据库的建设与研究》《论新世纪我国大学图书馆用户信息素养教育》《网络信息资源整合与高校图书馆重点学科虚拟资源的建设研究》《论我国高校数字图书馆建设与发展对策研究》等近20篇论文，参编教材3部。在20世纪80至90年代的近十年时间里，作为主要研究人员之一，完成了四川省级及国家级科研项目"大熊猫及金丝猴、扭角羚、梅花鹿、白唇鹿、小熊猫、麝文献情报"的文献调研和相关数据库的建设工作，1991年获得四川省科学技术进步二等奖，1992年获国家科技进步三等奖。

2. 黄楠（1963— ）：女，四川成都人。副研究馆员。1985年6月毕业于南充师范学院外语系。毕业后留校，1985年7月在南充师范学院图书馆（今西华师范大学图书馆）科技情报室工作至今，主要从事图书情报及"文献检索与利用"课程教学与研究工作。1998年，被评为副研究馆员。2003年12月，任图书馆科情室及"文献信息检索与利用"课教研室副主任。2004年至2011年，任科情室及"文献信息检索与利用"课教研室主任。先后发表了《大熊猫等7种珍稀动物外文文献分析》《高校建立多媒体专题数据库的探索与实践》《PBL运用于信息检索课教学的探索》《对师范大学图书馆网上参考咨询服务的调查与分析》《通识视野下信息素养课堂教育的功能开发——心理健康教育与通识教育》《网络时代深浅阅读相互迁移的价值及实现策略——高校图书馆面临的新挑战》等论文。1990年参与的"大熊猫及金丝猴、扭角羚、梅花鹿、白唇鹿、小熊猫、麝文献情报"获四川科技进步二等奖，1992年获国家科技进步三等奖。

3. 郎筠（1979— ）：女，重庆万州人。副研究馆员。2002年6月，本科毕业于四川联合大学信息管理专业。2002年7月，在四川师范学院图书馆工作。2012年，任图书馆科情室副主任。2013年6月硕士毕业于西华师范大学教育技术学专业。2016年，被评为副研究馆员。2017年，任图书馆信息咨询部主任。主要从事"文献检索与利用"课程、参考咨询等方面的教学和研究，发表有《基于通识教育的高校图书馆阅读推广服务》《全民阅读时代大学生阅读现状调查——以西华师范大学为例》《地方院校图书馆参与高校图书馆联盟实践研究》《嬗变与复归：图书馆智慧与服务研究探析》《高校图书馆的发展趋势与业务重组》等学术论文。主持完成"高校智慧图书馆服务模式研究""云时代古籍出版研究""大数据时代高校图书馆数据素养教育策略研究"等省级及校级科研课题。

4. 李春兰（1967— ）：女，重庆丰都人。副研究馆员。1985年12月，在南充师范学院图书馆工作至今。先后在图书馆期刊部、读者服务部工作，主要从事期刊管理和图书借阅服务。2003年6月毕业于西华师范大学函授本科。2008年5月，评为副研究馆员。发表有《新型传媒视阈下档案信息服务的关系范畴》《RFID技术在高校图书馆管理中的应用》《试析高校图书馆与教师的互动关系》《论数字图书馆的知识服务》《浅论图书馆的竞争情报与知识服务》

《论高校图书馆的知识服务》《WTO与高校图书馆工作》等论文。

5. 李海蓉（1974— ）：女，四川营山人。副研究馆员。1999年，本科毕业于四川外国语学院。2002年，研究生毕业于四川师范学院，获硕士学位。2002年7月，在四川师范学院图书馆工作至今。2008年1月至2011年12月，任图书馆期刊部副主任。2012年至今，任图书馆资源建设部主任。先后从事图书馆外文期刊采购及分编、"文献检索与利用"课教学、信息咨询服务、中外文图书及电子资源采购等工作，曾在武汉大学和北京大学进行过短期进修。2013年8月，被评为副研究馆员。主要研究领域为信息资源组织方法、信息资源建设及服务、图书馆服务管理等。工作以来，发表论文《MOOC浪潮下的高校图书馆服务创新探讨》《基于语义模板的文档自动分类模型研究》《基于概念向量空间的文档语义分类模型研究》《终身学习时代的大学生个人知识管理探讨》《Web 2.0用于文献检索课教学初探》《差分方法在期权定价中的应用》等14篇，其中2篇B类、1篇C类；参编教材3部。主持校级项目2项（1项已结题），参与省教育厅重点项目1项（已结题）、一般项目1项。

6. 李华（1971— ）：女，甘肃民勤人。副研究馆员。1990年6月毕业于甘肃省武威师范学校。1990年7月，被分配到甘肃省民勤县六坝小学任教。2000年8月，调至四川师范学院图书馆工作至今。主要在阅览部从事读者服务工作。2007年1月，西华师范大学汉语言文学专业本科毕业。2010年5月，被评为副研究馆员。2014年2月，任图书馆阅览部副主任。2015年11月，任资源建设部副主任，主要负责北湖老校区图书馆综合服务部的管理工作。发表论文《杜绝占座，有效发挥高校图书馆管理育人功能——以西华师范大学图书馆为例》《〈普通高等学校图书馆规程〉的学与用——以西华师范大学图书馆为例》《图书馆阅览服务中的美学》《大学图书馆新兴岗位探析》《图书馆空间的新利用》《推行5S管理打造图书馆新形象》《网络阅读与图书馆对策》《图书馆如何实施服务补救》《树立人本服务理念 实行学科馆员制度》《高校图书馆数字化建设中的特色服务》等20余篇。

7. 刘晓穗（1966— ）：女，四川大邑人。副研究馆员。1985年12月至1987年6月，在南充师范学院农副产品加工研究中心工作。1987年7月，在南充师范学院图书馆工作至今。长期从事读者服务工作。1997年12月至1999年5月，任四川师范学院图书馆办公室副主任。1999年6月至2003年11月，任图书馆期刊部主任。2003年12月至2008年1月，任图书馆阅览室部主任。2008年2月至2011年6月，任流通部主任。后又任期刊部和北湖老校区综合服务部主任。2002年6月，被评为副研究馆员。撰写有《Blog——图书馆发展的新契机》《从Google的新算法看图书馆的变数》《变中求变的普通高校图书馆之变革》《大数据时代普通高校图书馆的发展策略》《数字时代高校结构调整对普通高校图书馆的影响》《论高校期刊信息资源管理的三大转变》《从大学生创新创业看普通高校图书馆创客培养》等论文。

8. 闵红武（1961— ）：女，四川南充人。副研究馆员。1981年，在南充师范学院图书馆工作至今。1988年，毕业于南充师范学院政治与历史专业。2000年，四川师范学院双专科毕业。1981年至2003年，主要在图书馆流通部从事图书外借工作。2004年至2007年，在采编部工作。2007年3月至2011年3月，在流通部线装书库工作。2009年，被评为副研究馆员。2011年4月至今，在北湖老校区图书馆综合服务部工作。发表有《图书馆移动服务在高校的发展探索》《论加强高校图书馆的文献资源建设》《论高校图书馆人力资源建设》《以人为本视域下的图书馆"两大理念"建设》《十年来我国高校图书馆信息素养教育研究综述》《论高校图书馆核心竞争力的构建》《高校图书馆员工职业倦怠及其对策研究》《浅析网络环境下大学图书馆管理的价值取向》《高校电子阅览室管理的新思路》等论文。

9. 孙明节（1963— ）：女，四川广汉人。副研究馆员。1983年12月，在南充师范学院图书馆工作至今。先后在流通部、采编部，从事图书借阅、目录组织及图书编目、分配等工作。1998年9月至1999年7月，到南开大学信息资源管理系进修学习1年。热心工会工作，2002年9月至今任图书馆工会主席，积极组织职工参与馆内和上级工会组织的各项活动，并多次获奖。2007年6月，被评为副研究馆员。2007年11月，到西安参加国家图书馆培训中心举办的"新版中国机读目录格式使用手册"上岗培训，获上岗证书。发表有《浅议网络环境下图书馆的个性化信息服务》《论高校图书馆中的档案建设管理》《试论高校图书馆社会化服务》《浅谈网络环境下高校图书馆读者服务工作》《高校扩招后图书馆采访工作所面临的挑战及对策》等专业论文。曾获西华师范大学"2009—2011年度优秀女教职工"称号。2013年3月，荣获"四川省高等学校图书馆先进个人"称号。

10. 汤骅（1964— ）：女，重庆涪陵人。副研究馆员。1984年9月考入西南师范大学（今西南大学）生物学专业，1988年7月毕业，获理学学士学位。1988年7月分配到南充师范学院图书馆工作。1993年，参与国家科委立项的"八五"科技攻关课题"多媒体技术应用研究"。1994年7月，参加四川师范学院生物系生物学助教进修班学习1年，获结业证书。1995年2月，评为图书馆馆员。1997年到南开大学信息资源管理专业进修学习1年。1999年12月，被评为副研究馆员。2001年9月任采编部副主任。2003年12月任阅览部副主任，2008年任阅览部主任。主要从事文献资源建设及读者服务工作。发表有《抓住新机遇 适应新形势 促进新发展——谈新形势下高校图书馆作用的发挥》《现代信息技术与文检课教学手段的改革》《科技发展与图书馆流通服务变革——以西华师范大学图书馆为例》《通识教育背景下学生综合能力在图书馆的养成》《分享读者资源 提升图书馆的服务品质》《加强有形展示管理 提升图书馆服务质量》《全面质量管理视野下图书分类质量反馈体系的建立》《高校图书馆如何应对突发事件》《图书馆对读者违章处理的法律依据》《依法建立与完善图书馆的规章制度》等学术论文20余篇。

11. 王昆鹏（1979— ）：男，河南宝丰人。副研究馆员。2002年6月，毕业于华中师范大学教育技术学专业。2002年7月，到四川师范学院图书馆工作。2008年，任西华师范大学图书馆自动化部主任。2010年6月，获西华师范大学教育技术专业硕士学位。2016年，被评为副研究馆员。主要从事图书馆自动化管理、信息资源建设工作和研究。发表有《基于APP客户端的图书馆信息推送服务分析》《基于数据前端分析的图书管理信息检索模型》《云存储在数字图书馆中的应用》《图书馆计算机病毒集中防护系统的构建》《基于抽象工场模式的图书馆数据库框架建设》等论文。

12. 谢蓉（1970— ）：女，四川南充人。副研究馆员。1995年毕业于南充职业技术学院，后在南充市高坪区青莲初中任英语教师。2003年，调至西华师范大学图书馆工作。主要从事读者服务工作和研究。2011年，被评为副研究馆员。发表有《网络环境下高校图书馆信息资源建设的原则与策略》《〈五种遗规〉开封府刻本印行过程述略》《论高校图书馆数字参考咨询服务》《深化高校数字图书馆信息服务》《关于高校图书馆安全建设的探讨》《治理电子阅览室"网吧化"的方法》《清代图书出版及管理研究》《杂志与图书馆》等论文。

13. 曾瑛（1972— ）：女，四川威远人。研究馆员。1995 年 6 月，毕业于内江高等师范专科学校物理教育专业。1995 年 7 月，任教于威远县东联镇中学。2003 年 2 月，调入四川师范学院图书馆工作。主要从事期刊管理与外文期刊采购工作。2003 年 6 月，毕业于四川大学法律专业本科。2015 年 6 月，获西华师范大学管理学院公共管理专业硕士学位。2019 年 1 月，被评为研究馆员。先后主持了四川省教育厅重点项目"现代理念与社会责任：图书馆社会包容问题研究"、四川省教育厅一般项目"图书馆公共文化服务的公众赋权研究"、南充市社科研究"十三五"规划课题"高校图书馆智库服务政府决策研究"、南充市社会科学研究"十三五"规划 2018 年度项目"乡村振兴战略下家庭图书分馆阅读研究"及校级课题"全媒体时代高校图书馆阅读推广服务研究"等多项课题。发表有《高校图书馆智库服务政府决策的价值、困境及实现路径》《国外高校图书馆学术出版服务进展及启示》《四川省高校图书馆外文数据库建设现状及思考》《〈现代情报〉2009—2011 年载文及相关情况分析》《图书馆权利冲突论：一个微观的视角》《基于用户体验的数字图书馆信息服务模型构建探索》《突变模型在图书馆的应用研究》《B2E：图书馆发展的新契机》《加强高校图书馆外文期刊服务的探讨》《高校图书馆人力资源的开发与管理探析》等论文，并出版专著《图书馆公共文化服务研究》。

14. 周志容（1969— ）：女，四川邻水人。副研究馆员。1993 年 6 月，毕业于西南师范大学思想政治教育专业。1993 年 7 月至 1998 年 8 月，在邻水石永中学任教。1998 年 9 月至 2008 年 8 月，在长江师范学院图书馆工作。2008 年 9 月至 2010 年 8 月，在河南师范大学图书馆工作。2010 年 9 月，调至西华师范大学图书馆工作。主要从事读者信息服务工作。2011 年，被评为副研究馆员。在《图书情报工作》等刊物上发表论文《地方高校图书馆参与农村留守女童文化服务研究》《试论川东北地区高校图书馆旅游资源特色馆藏建设》《试论高校图书馆社会化服务》《试论地方高校图书馆参与非物质文化遗产保护工作》《关于无障碍图书馆建设与发展的思考》《高校图书馆电子阅览室"网吧化"现象探析》《高师院校图书馆对残疾弱势群体知识援助的思考》等 10 余篇。

三、20 世纪 80 年代以来正式职工名录

（一）1987—1988 年在册正式职工名录[①]

汪应文、吴仲俘、刘天成、张中慧、胡孝章、唐建华、陈兰英、付大敦、刘世蓉、陈大荣、陈云秀、张祥忠、杨发英、顾真、张淑华、熊泽蓉、向学锋、衡列兵、闵红武、陈红、赵健、刘晓东、黄秀川、张勤、曾德玉、孙明节、徐赤、李春华、李晓霞、李翠英、凌泽芬、庄玉林、李元强、唐志伟、陈英、曹智英、陈淑容、张国秀、童恩涛、黄浩耘、杜素琼、蒋秀莲、成万强、张效赤、杨汉新、唐抚荣、肖桂珍、张碧琼、夏志玉、张怀绥、李惇绪、郑慧珍、袁蓉、郭黎康、王锦、冯泽英、雍景琼、李学宁、杨世平、周体佳、赖晓蓉、张彬、高晋蜀、黄楠、李晓蓉、陈忠杰、秦国祥、於力军、彭冬、贾固清、何薇。

（二）1990 年在册正式职工名录[②]

李元强、周体佳、杜素琼、成万强、张国秀、陈忠杰、陈红、赵健、胡军、陈凌、陈芳、衡列兵、雍景琼、闵红武、李翠英、孙明节、冯泽英、赖晓蓉、杨国清、韩学华、柯效伟、刘天成、黄浩耘、唐建华、李学宁、郑慧珍、郭黎康、黄楠、高晋蜀、王锦、唐志伟、陈淑容、杨世平、袁蓉、汤骅、曾德玉、张彬、彭冬、刘箭、秦国祥、张效赤、肖桂珍、刘世蓉、蒋秀莲、何薇、李春兰、李晓霞、顾真、贾固清、刘晓东、刘晓穗、熊泽蓉、张勤、凌民、张碧琼、童恩涛、凌泽芬、陈英、李晓蓉、杨汉新、夏志玉、杨涛、李春华、张淑华、黄秀川、唐庆嘉、胡孝章、张怀绥、陈兰英、向学锋、曹智英、杨发英、陈云秀、唐抚荣、张祥忠、李惇绪。

（三）1999 年在册正式职工名录[③]

唐抚荣、杜素琼、陈淑容、邓任远、贾固清、张淑华、闵红武、杨国清、张玉华、付必逊、衡列兵、李翠英、陈芳、牟高惠、余岚、郑英、郑慧珍、贾玉清、韩学华、李晓霞、马益英、陈炜、郭明蓉、胡晓、杨涛、柯效伟、阳文

[①] 1987 年 1 月—1988 年 3 月《南充师范学院工资发放名册》,现藏于西华师范大学图书馆。

[②] 1990 年 1 月 2 日《四川师范学院图书馆工作人员考勤表》,现藏于西华师范大学图书馆。

[③] 1999 年 12 月《图书馆职工生活补贴发放表》,现藏于西华师范大学图书馆。

辉、罗琼珍、周沁怡、唐江、黄浩耘、郭黎康、黄楠、高晋蜀、汤骅、冯泽英、蒲世贵、刘箭、李春兰、顾真、熊泽蓉、唐庆嘉、何微、李春华、蒲茌平、赵海红、周虹、李又明、李学宁、李惇绪、陈忠杰、张怀绥、贾固琼、刘晓穗、陈国勇、周体佳、夏志玉、刘晓东、王剑波、孙明节、赵健、邹英、陈素蓉、左荣芳、黄友麟、冯运涛、李张春、李思。

（四）2003年在册正式职工名录[①]

唐抚荣、周沁怡、陈芳、陈淑容、余岚、付必逊、贾固清、张淑华、胡雪莲、肖金平、李翠英、张玉华、郭明蓉、汤骅、夏志玉、周体佳、孙明节、赵健、牟高惠、王剑波、黄友麟、郑慧珍、陈炜、李思、马益瑛、韩学华、陈媛华、韩芹、唐江、李华、罗琼珍、杨国清、顾贞、吕小琴、闵红武、阳文辉、舒拉、李美琼、杨丽、曾瑛、王荣光、谢蓉、魏海霞、衡列兵、刘晓穗、周虹、刘箭、李春兰、黄义芳、李海蓉、熊泽蓉、唐庆嘉、李又明、李春华、蒲茌萍、蒲世贵、陈忠杰、左荣芳、赵昕、黄楠、高晋蜀、胡晓、冯泽英、黄浩耘、郎筠、陈国勇、童恩涛、郭黎康、张怀绥、杨涛、贾固琼、熊玮、赵海红、刘屹、邓任远、李学宁、邹英、强爱萍、王茂成、李张春、冯运涛、郑英、陈素蓉、王昆鹏、李惇绪。

（五）2020年（截至7月）在职职工名录[②]

1. 正式职工名录

魏晟、王心良、杨红旗、吴晓川、郭黎康、李学宁、郭明蓉、黄楠、高晋蜀、刘晓穗、汤骅、孙明节、李华、闵红武、李春兰、曾瑛、李海蓉、谢蓉、郎筠、周志容、王昆鹏、杨涛、郑英、罗琼珍、赵健、邹英、陈炜、余岚、胡晓、陈芳、周沁怡、唐庆嘉、左荣芳、黄义芳、胡雪莲、张霞、常青青、廖昌敏、李美琼、黎晓华、魏海霞、韩亮、韩芹、李张春、董屹、王玺、王茂成、张红艳、王黎黎、罗永兰、舒拉、李思、冯运涛、彭张力、葛菲、牟高慧、王剑波、阳文辉、冉隆辉、唐凯、郑立红、刘箭、衡列兵、王勤、刘宇、孔霞、张小琴、高绍玲。

---

① 2003年12月31日《图书馆职工考勤表》，现藏于西华师范大学图书馆。
② 2020年7月《图书馆职工名册》，现藏于西华师范大学图书馆。

2. 临聘职工名录

周孟孟、蒲玉萍、姚小英、刘登君、陈丹丹、柏涛、李小红、何祖琼、刘春芳、林兰、段平英、林凤舞、周林、曾木森、杨琴、刘雯、陈奉君、张丽蓉、王慧、秦菡、贾梅、付小立、杨晓清、李国兆、谢红梅、董维、白亚萍、杨美玲、陈强、唐玉华、胡小玉、杨霞、贾芳、杨永清、蒲勇。

第十一章　西华师范大学图书馆科普基地

西华师范大学图书馆科普基地——川北历史文化普及基地（以下简称"基地"）是四川省社会科学普及基地，是四川省委宣传部、四川省社会科学界联合会领导下的省级社会科学普及机构，由西华师范大学承建，四川省委宣传部和四川省社会科学界联合会给予工作指导，2013年10月获省委宣传部、省社科联批准授牌。

第一节　川北历史文化普及基地概况

一、科普基地的建立

2013年3月，四川省社科联下发了《关于开展申报2013年度四川省哲学社会科学普及基地的通知》。图书馆接到通知后，在学校领导的大力支持和科研处的直接指导下，整合学校档案馆、历史文化学院、文学院等多个二级单位资源，组织申报"川北历史文化普及基地"。8月下旬，省社科联专家组到校进行了实地考察和初评。10月，经四川省委宣传部、省社科联批准，图书馆申报的"川北历史文化普及基地"被确定为四川省哲学社会科学普及基地，并授牌。该基地为四川省第四批哲学社会科学普及基地，是四川省委宣传部、四川省社会科学界联合会领导下的省级社会科学普及基地，由西华师范大学承建，四川省委宣传部、四川省社会科学界联合会给予工作指导。基地依托西华师范大学图书馆，整合学校档案馆、历史文化学院等单位的资源，通过举办科普活动、出版科普读物、开展暑期夏令营等形式走进校园、社区、军营等宣传普及川北历史文化，逐步成为川北地区科普文化宣传阵地、寻常百姓了解川北历史文化的重要窗口及川北经济发展、文化建设的重要助推力量。基地官方徽章见图11-1。基地的口号是"普及社科知识，服务社会大众"。

图 11-1 川北历史文化普及基地徽章

二、基地的主要任务及工作

（一）主要任务

基地的主要任务是：①利用高校教学研究资源、人才资源，创造性地开展川北历史文化的各类社科普及活动，服务地方经济和地方文化建设；②努力建设一批社科普及活动阵地，推出一批高水平的社科普及成果；③把川北历史文化挖掘、整理、传承、普及工作推向深入，将高校的研究成果转化为社科普及成果。

（二）主要工作

基地的主要工作包括：①制订年度社科普及工作计划，管理各类工作的实施，完成年度社科普及工作总结；②发布社科普及课题指南，下达社科普及科研项目；③建设社科普及讲坛、展览、网站、广电等科普阵地；④与川北地方政府及社会组织联合开展"三下乡""六进"等各类社科普及活动；⑤将西华师范大学新老校区两个图书馆打造为社科普及场所，对校外读者免费开放。

三、基地组织机构及人员队伍

（一）基地组织机构

川北历史文化普及基地依托西华师范大学图书馆，建立了健全的组织机构及管理体系，确定以图书馆党政领导班子为"基地"领导决策小组。该基地设领导小组、办公室、宣教部、创研部、志愿者部等机构及实践基地。实行主任负责制。设主任1名、副主任2名。办公地址在西华师范大学华凤新校区图书馆209室及北湖老校区图书馆二楼。

基地领导小组成员有：分管校领导李健副校长、吴晓川副馆长（基地专职主任）、魏晟馆长（专职副主任）、杨小平教授（兼职副主任）、吴佩林教授（兼职副主任，后调离西华师大）。

办公室：负责基地的行政工作、会务工作、各种文件的管理和建档、接待来访、对外联络等。图书馆郎筠为办公室主任。

宣教部：负责基地活动计划，开展基地讲坛、展览、竞赛，发放读物、制作视频等工作，并与地方政府及社会组织联合开展各类社科普及活动。图书馆胡晓任部长。

创研部：负责发布社科普及项目指南、下达社科普及研究项目、对项目进行管理、举办社科普及研讨会、制作社科宣传品等。图书馆黄楠任部长。

志愿者部：主要负责组织大学生志愿者参与基地各项工作和活动。图书馆魏海霞任部长。另有学生负责人贾欢欢（文学院本科生）。

实践基地（第一批）：有南充市档案局、南充市城乡规划和测绘地理信息局、南充市嘉陵区金凤镇人民政府、南充市高坪区走马乡人民政府、阆中师范学校、西充中学、大竹中学、苍溪中学、南充十中、南充市嘉陵区实验小学、广安市武胜县沿口小学、南部县玉镇乡正觉寺村委会、南充市睿智国学院共13家单位于2016年11月8日授牌建立。负责实践基地的有图书馆郎筠、学生志愿者负责人陈玲玲（马克思主义学院研究生）。

为便于开展工作和活动，基地制作了印有"川北科普　西华师范大学图书馆"字样的文化衫、帽子、公文包、徽章等。

（二）人员队伍

基地负责人为图书馆副馆长吴晓川。基地有图书馆专职工作人员7人、兼职工作人员13人；有校内兼职专家93人（含部分离退休教授）、校外兼职专家32人，志愿者队伍（西华师范大学在校研究生、本科生）每年保持100人以上。

图书馆的基地专职人员有吴晓川、魏晟、郎筠、胡晓、黄楠、高晋蜀、魏海霞，兼职人员有王昆鹏、董屹、李张春、王玺、韩亮、张红艳、杨涛、舒拉、牟高惠、李海蓉、郭明蓉、曾瑛、周志容。

基地依托西华师范大学社科专业门类齐全、教学研究人员数量众多的优势，在专门从事川北历史文化研究的教师中遴选出基地兼职专家93名（含部分离退休教授），为基地实现研究成果向社科普及成果转化，社科普及讲坛、展览、竞赛、网站开放、读物发放等工作的顺利开展提供了强有力的人才队伍支撑。基地校内兼职专家有：王安平（校党委书记、教授）、李健（副校长、教授）、蔡东洲（历史文化学院院长、教授）、曾晓安（音乐学院院长、教授）、蒋晓春（历史文化学院教授）、蒋玉斌（文学院教授）、李东风（美术学院教授）、王沪川（音乐学院副教授）。基地校外兼职专家有：原四川省侨联主席冯文广、原四川文理学院党委书记李万斌、川北医学院宣传部部长杨竹秋、南充市社科联党组书记喻淑蓉、南充市文联党组书记李永平、南充市图书馆副馆长刘军、原南充市政协副主席李盛文、四川省大木偶剧院院长唐国良、南充市川剧团团长汤勇、南充新闻网总监刘晓雄、南充市广播电视台科教频道总监杨东松等。校外兼职专家的加入，为"川北历史文化普及基地"各项工作的开展提供了强有力的支持和保障。

基地为有效开展工作，重点强化科普队伍素质建设，组织了各类宣传技能培训，特别是有计划、有目标、有步骤地组织大学生科普志愿者参加培训，逐步提高他们参与科普工作的素质和水平。

四、基地经费及基础设施

（一）基地经费

基地经费主要来源于西华师范大学事业费，年度经费由计财处每年按预算单独列支管理；同时，获得四川省社科联、南充市社科联相关专项经费资助。图书馆文献信息资源建设费2014年至2016年，平均每年超过600万元，其中70%用于购置社科类资源（包括图书、期刊、数据库）。基地科普工作年度业务费2014年度为187 100元（其中校拨办公电话费2000元）、2015年度为197 000元、2016年度为285 200元[①]。2017—2019年，年度业务费共计22万元。

（二）基地阵地及设施设备

基地活动场地依托西华师范大学图书馆。社科普及场地有34 000平方米（包括北湖老校区图书馆和华凤新校区图书馆），有阅览座位4668个、学术厅2个、研讨室10个、专用教室3个、400平方米展览大厅1个、电子阅览室2个（电子阅览室有数字阅读云桌面计算机200余台、平板电脑120台），厅室均配备多媒体展示系统；馆内配备有自助打/复印设备、电子读报机、电子书借阅机等设备；全馆无线网络全覆盖；图书馆还有三个LED显示屏、4个玻璃报栏橱窗（用于基地每月展出专题科普挂图），有纸质、电子图书总计近500万册、现刊1599种、过刊合订本1 094 687册、各种电子资源数据库近80个。

用于基地开展社科普及活动的还有清代南部县衙档案展览馆（基地专家吴佩林为策划设计负责人）、川北道署（基地专家蔡东洲、吴佩林等策划设计）、川北行署历史陈列馆（基地专家王安平为负责人）等场馆。

基地建立了QQ群、微博、微信群等公共交流平台，图书馆还专门建有"川北历史文化普及基地"网站（https://cblswh.cwnu.edu.cn/index.htm），为基地对外发布有关信息提供了阵地。

五、基地管理制度

为便于管理和开展工作，基地于2013年11月制定了《川北历史文化普及基地管理办法》，文件共5章，对基地的性质、宗旨、主要任务、组织机构、经费使用、领导成员的任务、拟开展的活动等进行了相关规定和介绍；2014年1月制定了《川北历史文化普及基地办公室管理办法》《川北历史文化普及基地志愿者管理办法》《川北历史文化普及基地档案管理细则》《川北历史文化

---

① 2017年6月西华师范大学图书馆《四川省川北历史文化普及基地2014—2016年社科普及工作汇报材料》，现藏于西华师范大学图书馆。

普及基地设备管理制度》《资料室阅览规则》《基地人员考核》《基地活动定期发布办法》等各项管理制度6个。

基地定期召开会议，制订工作计划，进行工作总结。做到科普工作有人抓、年度计划有安排、科普活动有方案、年终总结有成果。每年11月底，根据省社科联的统一要求，由基地办公室统计当年的工作情况；完成年度工作总结和活动汇总登记表的填写，经基地领导小组评定后存档，并上报省社科联科普部。每年12月底，召开年度工作会议，制订次年的工作计划，并根据年度计划的工作内容，传达给基地办公室及各部；同时，上报省社科联科普部。如，2014年1月，图书馆召开了基地2014年春季工作协调会，会议由基地负责人吴晓川副馆长主持。会上，组织参会人员学习了《四川省科学技术普及条例》，总结了基地2013年下半年工作情况，同时对基地2014年春季工作进行了讨论与部署：一是决定把西华师范大学华凤新校区图书馆209室（面积65平方米）作为"川北历史文化社科普及基地"文献陈列与研究室，安装相关室内实施、设备，并在室外走廊安装展览橱窗，制作相关文化标识等；二是与南充市电视台继续进行《南充人话南充》的科普栏目合作，拟安排西华师范大学吴晓川教授、杨小平教授、甘秋霞副教授三位专家分别主讲"南充美食文化探秘""川北方言杂谈""川北民俗奇闻趣事"；三是拟在3月科普宣传月活动中组织基地专家宣传"中国梦——追逐复兴梦想、拥抱民族希望"和"培育践行社会主义核心价值观"，并上街头、进乡村进行宣传活动，大力弘扬中国梦和社会主义核心价值观的内涵与精神，提升广大市民、村民践行社会主义核心价值观的思想水平，激发广大市民、村民实现中华民族伟大复兴中国梦的动力与热情；四是由基地负责人杨小平教授组织起草基地与南充市社科联联合发布社科普及研究课题的相关计划，在争取到南充市社科联的支持后，进行项目发布及组织申报等工作；五是扩大基地科普志愿者组织，积极发展南充市社科志愿者协会会员，开展各种形式的培训活动；六是积极参加南充市社科联组织的各项活动。

第二节　川北历史文化普及基地的主要活动

一、开展系列科普宣传活动

基地成立后，围绕四川省委宣传部、四川省社科联、南充市委宣传部、南充市社科联的统一部署和年度宣传工作安排，依据《中华人民共和国科学技术普及法》《四川省科学技术普及条例》，以开展"科普活动月""科技活动周"系列宣传活动，"天府人文讲坛"系列宣传讲座，研究生"百姓讲堂"、"周末课堂、夏令营"活动，"中华传统礼仪知识竞赛""汉语桥""南充人话南充"电视讲座，发放社科普及知识宣传小册子等形式，对社会公众宣传普及中华传统文化及新时代新知识，传递社会正能量。

（一）举办"科普活动月""科技活动周"系列宣传活动

"基地"每年在春节期间、3月和5月的第三个星期，定期举办"春节三下乡""科普活动月""科技活动周"等系列宣传活动。以"三下乡""六进"（进社区、进学校、进广场、进企业、进机关、进军营）的形式，组织社科讲坛、展览、知识竞赛、发放科普读物、播放科普音频视频，开展社科主题宣传，把党和国家的新形势、新政策宣传到广大公众中去。基地先后到南充市北湖公园广场、南充市高坪安汉广场、南充市顺庆区铁欣路社区、南充市消防支队高坪特勤中队、阆中市西山乡、南充市顺庆区龙桂乡、南充市嘉陵区七宝寺镇、西充中学等进行各类社科知识普及活动。

2014—2016年，基地独立举办"三下乡"活动累计84次、"六进"活动累计31次。其中，2014年，基地以"科普宣传月""科普宣传周"为导向，以"中国梦""社会主义核心价值观""党的群众路线教育实践活动""中华传统美德教育""纪念世纪伟人邓小平""建国65周年建设成就"等为主题，组织西华师范大学及川北医学院大学生科普志愿者，一共举行了16次"六进"社科普及宣传活动，意在打造城市新文化、传播科普正能量。活动包括：南充市顺庆区北湖广场2次、南充市高坪区安汉广场1次、高坪区都京镇1次、南充市消防特勤中队2次、顺庆区铁欣路社区1次、顺庆区白土坝社区1次、华凤第二小学1次、南充市第一中学1次、南充市第十中学1次、西充中学1次、燕京啤酒厂1次、西华师范大学2次、川北医学院1次[①]。2015年暑期，基地将科普宣传活动与大学生暑期"三下乡"社会实践活动结合起来，把我校大学生科普宣传志愿者及川北医学院大学生科普宣传志愿者组成三个小分队，分别到广元旺苍县、巴中通江县、南充阆中市举办了阅读宣传展览及宣讲等活动共17次；9月，基地又在南充市顺庆区漾华社区、东南街道办举办了"庆祝中国抗战胜利70周年""低碳环保科普文化进社区"等主题宣传活动3场。2015年，基地到南充市顺庆区、嘉陵区的乡镇和社区共举行阅读宣传、科普宣传活动30场次[②]。

2017年，基地开展了形式多样的"三下乡"和"六进"社科普及宣传活动共24次。其中，2017年2月10日，基地专家和大学生志愿者到南充市顺庆区共兴镇，以"南充非遗——蛤蟆节"（又称"蛴蟆节"）为主题，对共兴镇村民及参加共兴蛤蟆节的南充市市民宣传讲解了蛤蟆节的来历及历史意义，并发放《川北非物质文化遗产保护》等5种科普宣传手册500余册；并按照四川省社科联的统一部署，在3月全省"科普活动月"、5月第3周"科技活动周"、9月第3个公休日的"全国科普日"等法定时间里独立开展了宣传活动；同时，承接了四川省社科联、南充市社科联等政府部门下达的各项社科普及宣传任务。3月—10月，基地专家及大学生志愿者到南充市顺庆区的新复乡、同仁乡、龙桂乡、华凤镇、李家镇，高坪区的合力村和黄溪乡，嘉陵区的金宝镇、七宝寺镇及西充县金山乡，南部县正觉寺村，蓬安县的利溪镇和骑龙乡等乡、镇、村，进行"四好村建设""科技强国创新中国""非遗传承与乡村文化建设""感恩奋进自强脱贫"等主题宣传，发放"四好村建设""创新中国""社会主义制度核心价值""川北非遗""川北美丽乡村""川北红色文化"等多种系列科普宣传手册和普及读物近7000册。大学生科普志愿者为乡镇群众发放科普宣传手册现场见图11-2。

---

① 《四川省川北历史文化普及基地2014年工作总结》，现藏于西华师范大学图书馆。
② 西华师范大学图书馆《2015年工作总结》，现藏于西华师范大学图书馆。

图 11-2　川北历史文化普及基地志愿者为乡镇群众发放科普资料现场

2018年,基地承担完成省社科联布置的科普"三下乡""六进"宣传32场,受众3万余人。2019年,基地联合南充市科普协会开展了"陈寿与三国文化""乡村振兴与特色乡村建设""绿色环保与我同行""中国医学与中药文化"等形式多样的"三下乡"和"六进"社科普及宣传活动共44场,受众人数达52 400余人。

1. 科普活动进广场

2014年4月2日,基地与南充市社会科学界联合会联合主办、南充市社会科学普及志愿者协会承办的"社会主义核心价值观"科普宣传活动在南充市北湖公园广场举行。活动主要通过主题图片展览、专家现场宣传、大学生讲解员现场讲解、展览内容有奖知识问答等形式进行。宣传活动中,南充市社科联任毅书记亲临现场指导,四川省社科联科普委员会专家冯文广教授也亲临现场。南充市社科联贾英副秘书长,图书馆"基地"负责人魏晟馆长、吴晓川副馆长、李学宁副馆长及黄楠、郎筠也参加了本次活动的咨询和组织工作。《南充日报》、南充市电视台等媒体对本次活动进行了报道。

2017年4月23日,在由"南充市高校、公共图书馆服务联盟"与南充市图书馆学会联合举办的"2017年世界读书日——'全民阅读、书香南充'"活动(启动仪式在北湖公园广场举行)中,基地设立的"全民阅读"有奖知识问答擂台，吸引了现场大量观众的积极参与。

2. 科普宣传进校园

2014年9月和10月，为纪念邓小平110周年诞辰，迎接中华人民共和国65周年华诞，图书馆基地与南充市社会科学界联合会联合在南充市第十中学、西充中学举办了"缅怀小平伟绩、共话改革开放"主题科普宣传活动。在南充市第十中学，科普宣传活动分别在教室内外两个地点开展，室内活动主要以基地志愿者进行课堂讲解的形式，全面介绍邓小平的生平事迹和丰功伟绩，并穿插与宣传主题相关的歌曲、有奖知识问答等互动环节；室外活动主要通过在南充市第十中学校园内悬挂展览图片、摆放展板、大学生宣讲员宣讲的形式，讲述邓小平事迹及新中国成立65周年的建设成就。直观的展览形式、生动的讲解，以及围绕宣传主题的有奖问答，吸引了广大师生的观看和参与。在西充中学，社科普及宣传活动主要在该校蝴蝶广场举行，通过丰富的挂图展览和文字介绍，图文并茂地介绍了邓小平的人生经历及其开启改革开放大业的卓越功勋。

2017年5月20日，基地专家及大学生志愿者采用展板展示、宣传讲解等形式，对西华师范大学在校生进行了"绿色环保文化普及"主题宣传，并发放"创新中国"宣传资料400余册。5月25日，基地专家和大学生志愿者到南充市嘉陵区火花第三小学，采用展板展示、宣传讲解的形式对小学生进行"科技强国与创客文化"宣传普及教育，并发放"创新中国"宣传资料500余册。12月18日，基地专家和大学生志愿者到南充市嘉陵区实验小学，对该校全体教师、部分班级小学生及家长开展"学习'十九大'精神"宣讲活动，现场发放"川北红色文化""川北美丽乡村"系列科普宣传手册12种共500册。12月21日，基地专家和大学生志愿者到营山中学，采用展板展示、现场讲解的形式，对师生进行"学习、贯彻党的十九大精神"宣传，现场发放十九大学习资料及"川北历史文化"系列科普手册500余册。基地专家和大学生志愿者还在西华师范大学华凤校区一期篮球运动场开展了"宣传十九大精神，新时代、新气象、新作为"主题宣传活动，并发放宣传资料及"川北历史文化"系列科普手册300余册。

3. 科普宣传进工厂

2014年10月20日下午，为庆祝新中国成立65周年、纪念邓小平110周年诞辰，基地和南充市社会科学界联合会联合在四川燕京啤酒有限公司生产厂区举办了"中国梦——追逐复兴梦想、拥抱民族希望"主题科普宣传活动。四川燕京啤酒有限公司董事长吴永阳、西华师范大学图书馆党总支书记王心良、副馆长吴晓川，四川燕京啤酒有限公司办公室、工会、团委负责同志，西华师范大学图书馆科情室和期刊部的部分同志参加了这次科普宣传活动。宣传活动通过"邓小平理论简介""改革开放十大成就""'一国两制'理论简介"等主题宣传挂图和丰富的文字说明，以及由科普志愿者大学生讲解员进行讲解，为工人们宣传了邓小平的光辉事迹及新中国成立65周年的建设成就。

（二）举办"天府人文讲坛"系列活动

"天府人文讲坛"是由四川省社科联主办、川北历史文化普及基地联合南充市社科联承办的社科宣传系列讲座活动。讲座内容主要有两个方面：一是川北历史文化知识相关主题内容；二是党和政府重点宣传的社科主题内容。讲座以聘请高校及社会专家担任讲师，利用社会听众集中的各种场所，结合"三下乡""六进"，以开放的形式进行。

2014年，基地依托西华师范大学图书馆已有的"听君一席话"讲座平台，开办科普讲座7次，承办四川省社科联主办的"天府人文讲坛·嘉陵江论坛"1次。2015年，基地与南充市社科联联合举办了"天府人文讲坛·嘉陵江论坛"共4期，邀请了四川省侨联原主席冯文广教授担任主讲人，开办了"农村普法"专题讲座和"南充神奇蛤蟆节"专题讲座；并邀请西华师大文学院周晓琳教授主讲了"经典重读的现实意义——以《水浒传》为例"。2016年，基地共举办"天府人文讲坛"20场。

2017年，基地举办"天府人文讲坛"12场次，听众达4000余人次[①]。其中，3月11日，基地负责人吴晓川教授在高坪区凌云山景区宣讲了"凌云山儒释道文化"，川北医学院留学生、西华师范大学及川北医学院大学生共200余人参加了听讲；4月18日，基地负责人王心良书记在顺庆区龙桂乡宣讲了"喜看神州绽新颜，实干开创新生活"，龙桂乡各村干部、村民代表150余人参加；5月20日，副馆长吴晓川教授在西华师范大学图书馆宣讲了"我们的家园——地球"，南充市涪江路小学学生及家长、市民300余人参加。本年，吴晓川副

---

① 《川北历史文化普及基地2017年工作总结》，现藏于西华师范大学图书馆。

馆长还于 5 月至 10 月，分别在嘉陵区金宝镇、高坪区黄溪乡、阆中市河溪镇白堡村、蓬安县骑龙乡等乡镇宣讲了"感恩奋进，自强脱贫"，各乡镇、村干部、扶贫户村民、小学学生 700 余人参加了听讲。11 月 17 日，基地负责人吴晓川副馆长又在西华师范大学朝阳楼的学术厅宣讲了"嘉陵江生态文化的当代价值"，四川省环境教育联盟中小学领导及部分教师、西华师范大学师生 200 余人参加听讲。12 月 7 日，在南充市档案局，王心良书记宣讲了"漫谈修齐治平与十九大精神"，南充市档案局全体工作人员及西华师范大学志愿者 30 余人参加听讲。12 月 18 日，副馆长吴晓川在南充市嘉陵实验小学宣讲了"学习'十九大'精神，对新时代我国小学教育的思考"，嘉陵实验小学全体教师、部分班级小学生 200 余人参加听讲。12 月 21 日，魏晟馆长在营山中学宣讲了"学习、宣传、贯彻党的十九大精神"，营山中学全体教师、高中一年级 10 个班学生共 700 余人参加听讲。

2018 年，基地通过科普"三下乡"、进社区、进学校、进企业、进军营等，组织高校专家、教授及社会人士，完成"嘉陵江讲坛"22 场。

2019 年，基地完成"嘉陵江讲坛"25 场，受众共 7630 人。其中，5 月份在南充市顺庆区双桥镇开展的"天府人文讲坛"吸引了大批民众，讲座现场见图 11-3。

图 11-3　2019 年"天府人文讲坛"现场

（三）开展研究生"百姓讲堂"系列活动

从2015年6月开始，川北历史文化普及基地与西华师范大学研究生学院共同举办研究生"百姓讲堂"。通过专家组遴选，组建10—12个二级学院的研究生宣讲团在每年的6—10月期间，深入南充市及周边的乡镇、社区、学校，举办面对村民、社区居民、中小学生等受众的有关政治、经济、法律、教育、科技、文化等主题讲座。该系列讲堂深入基层、内容丰富、形式灵活多样，深受广大群众欢迎。《光明日报》《中国青年报》《中国教育报》等媒体进行过报道。2015年，基地组织11个研究生宣讲团，共开展"百姓讲堂"112场，受到广大受众好评。2016年，开展了"维护失地农民权益 提高社区治理能力"等系列"百姓讲堂"活动共125场。2018年开展系列"百姓讲堂"共计120场，受众24 000人①。2019年6—9月，基地共开展"百姓讲堂"系列讲座61场。其中，在嘉陵区西兴初级中学、李渡小学分别开展了"共赏绘本，滋养童心""快乐倾听，伴你同行""监护人如何做好孩子的家庭教育"系列讲座，在南充市顺庆区滑滩河社区、嘉陵区火花街道宝光山社区、顺庆区花园坝社区和同兴社区等分别开展了"如何正确有效地进行家庭教育""'防拐防骗'进社区""学法懂法，用法维权——务工农民的权益保障""乡村振兴，巾帼行动——家政、服务员技能培训"等系列讲座。

（四）开展"科学与读书——周末课堂、夏令营"活动

2015年开始，川北历史文化普及基地专门设计了针对广大青少年学生的"第二课堂科普活动"，每次以一个或者多个主题，组织中小学生参与。由高校不同学科、不同专业的师生志愿者组成辅导、讲师团队，开展"周末课堂"和"夏令营"活动。"夏令营"在暑假期间举行，"周末课堂"在周末不定期举行，为青少年提供课外阅读和生活体验的平台。2015—2016年，"基地"在西华师范大学图书馆、南充市华凤第二小学、阆中市西山小学、广元旺苍县中学等开展了"机器人科普知识——周末课堂""环境保护——周末课堂"等活动28场次，听众达10 000余人次；在广元旺苍县、巴中通江县、南充高坪区斑竹乡等地开展了"留守儿童夏令营""科学与读书——夏令营"等活动，受到中小学生的欢迎。

---

① 《川北历史文化普及基地2018年度活动统计表》，现藏于西华师范大学图书馆。

（五）开展社科普及知识竞赛活动

川北历史文化普及基地联合驻市其他高校及驻市部队，精选社科普及知识竞赛主题，举办针对在校学生及社会公众的各类社科普及知识竞赛活动。如，在西华师范大学举办了"川北传统灯谜比赛"、在川北医学院举办了"中华传统礼仪知识竞赛"、在南充市消防支队高坪特勤中队举办了"中国梦感恩行——嘉陵江情书大赛部队分赛"等活动，并在西华师范大学进行了"中华传统礼仪知识竞赛"总决赛。2014—2016年，基地举办各类社科普及知识竞赛28场。2018年，基地联合南充其他3所高校共同举行川北历史文化主题知识比赛9场。

（六）举办"汉语桥——中华优秀传统文化传播交流"系列活动

2016年6月开始，基地为宣传中国气派、巴蜀特色、南充风格的历史文化知识，与南充市社科联、南充其他驻市高校联合举办"汉语桥——南充历史文化传播交流"系列活动，旨在为南充驻市高校留学生普及、传播中华优秀传统文化，集中展示南充的历史文化风貌和城市魅力，增进他们对南充历史文化的了解，为"一带一路"沿线国家培养更多"知华友华"的国际人士，增进中外大学生的交流和友谊。"汉语桥"活动启动仪式部分人员合影见图11-4。

图11-4　2016年"汉语桥"启动仪式部分参与者合影

2017年基地举办各类"汉语桥"活动10余场次。其中，3月11日，基地专家和大学生志愿者在南充市高坪区凌云山开展了"南充凌云山儒道释文化体验之旅"主题宣传活动，宣传对象为川北医学院2016届全体留学生。活动现场发放了中国文化宣传资料（英文），并进行了中国文化礼仪、服饰表演（由川北医学院"长歌青衫国学社"表演）。3月22日，基地在川北医学院新校区留学生公寓及"留学生之家"开展了"川北美食体验"主题活动，川北医学院2014—2016届全体留学生参加了活动，活动现场发放了川菜（川北）烹饪、饮食文化宣传资料（英文），中国师生志愿者还在现场教留学生烹饪四川菜。4月7日、9日、11日，基地专家和大学生志愿者分别在川北医学院新校区、西华师范大学华凤新校区图书馆和逸夫楼开展了"开汉南充——汉式婚礼"主题宣传活动，对川北医学院2014—2016届全体留学生、西华师范大学的老挝和美国留学生宣传讲解了中国古代"汉式婚礼"中婚服、礼器及婚礼六个阶段仪式等相关知识，举办了南充市首届"汉式婚礼"摄影图片展览，活动现场发放了"开汉南充——汉式婚礼"宣传资料（英文），并由中国大学生志愿者教留学生着汉装、使用汉式婚礼礼器、模拟完成汉式婚礼六个阶段仪式等。4月19日，基地在西华师范大学华凤新校区音乐厅为西华师范大学和川北医学院的留学生举办了"川北戏曲观摩交流"活动，现场进行了中国京剧、川剧、川北灯戏表演交流，发放了英文宣传资料，并由西华师范大学"国韵戏剧社"师生志愿者教留学生穿中国戏曲服装、学表演程式和简单唱腔等。10月4日，基地专家和大学生志愿者在川北医学院图书信息大楼开展了"中秋节赏月联欢会"，对川北医学院2016级留学生进行了中国传统中秋节知识宣传，发放了"中国中秋团圆文化"宣传资料（英文）。10月28日，在中国传统节日"重阳节"当天，基地联合南充市社科联、西华师范大学国际教育学院、南充市文化科学普及协会，在西华师范大学华凤新校区图书馆二楼大厅举行了"'汉语桥'之川北历史文化交流分享会"。来自西华师范大学、川北医学院两高校"一带一路"沿线国家的50多位留学生（西华师范大学2017届全体留学生、川北医学院留学生代表）参加了活动，感受中国博大精深的中国传统文化。活动现场，中外学生进行了敬老、爱老主题文艺表演，发放了"中国重阳节思亲感恩"英文宣传资料。11月4日，基地在南充市嘉陵区凤垭山开展了"南充农家生活文化体验之旅"主题活动，西华师范大学2017级留学生代表参观了中国乡村农家生产生活情况。11月17日,"基地"在川北医学院图书信息大楼1204教室为川北医学院2016届全体留学生开设"嘉陵江讲坛——学习宣讲十九大精神之'构建人类命运共同体'"讲座。12月9日,基地在西华师范大学华凤新校区图书馆二楼大厅开展了"川北文化·安汉赏灯猜谜晚会",西华师范大学2017届全体留学生、川北医学院2016和2017级留学生参加了晚会。晚会现场进行了中国武术表演、中国戏曲表演、中国乐器演奏、中华服饰表演、留学生歌舞表演等,并进行了中国灯谜、汉服服饰文化交流,大学生志愿者还教留学生制作中国灯笼、穿中华服饰等,现场发放了"川北文化·安汉赏灯猜谜"宣传资料(英文)。12月22日,基地在南充江月商务大酒店(原石油财经校宾馆)举办了"一带一路中外学生迎新晚会",参加人员有基地专家、大学生志愿者、西华师范大学2017届部分留学生、川北医学院2015—2017级留学生,晚会现场进行了印度歌舞、非洲歌舞、中国武术表演、中国汉服服饰表演,中外学生合作表演了中国戏曲,留学生还进行了哑剧表演等。

2018年,基地承办南充市社科联布置的"一带一路·汉语桥"系列宣传活动共11场次。2019年上半年,"基地"共主办了"安汉花朝节""陈寿与三国文化""四川历史名人李白《将进酒》诗歌品鉴""中国医学与中药文化"等系列"汉语桥"文化宣传活动共6次,1640人参与[①]。其中,3月在西华师范大学华凤新校区迎曦湖畔和图书馆前花园举办的"安汉花朝节"中华优秀传统文化分享活动,吸引了川北医学院国际教育交流学院、西华师范大学国际学院"一带一路"沿线国家留学生代表、美国短期留学生代表、南充驻市高校师生代表及南充市民共500余人参加。

至2019年7月,基地共举办"汉语桥——南充历史文化普及交流"系列活动近30场次,吸引了来自印度、孟加拉、巴基斯坦、老挝、坦桑尼亚、乌干达等国家的数百名留学生,参加活动的留学生(来自11个国家)达600余人次,受到国外新闻媒体多次报道。

(七)举办川北历史文化大型摄影展览

川北历史文化普及基地广泛征集校内外摄影家、摄影爱好者的摄影作品,精选川北历史文化社科普及展览主题,每年不定期举办社科普及摄影展览。

---

① 《川北历史文化普及基地2019年社科普及工作总结》,现藏于西华师范大学图书馆。

2014年，在图书馆承办"川渝高校情报工作研究会暨第二十四次年会"期间，举办了"南充国家级非遗项目传承人'川剧名丑'——陈全波舞台艺术"大型摄影展览，共有大学生、市民近万人次参观了展览。来自川渝高校图书馆的200余名馆长、专家、学者对南充市川剧界的大师陈全波的舞台艺术进行了高度评价，重庆、成都的一些高校图书馆馆长还向基地发出邀请，希望能到他们学校去宣传南充非遗文化。本年，基地还与南充市摄影家协会联合举办了"川北民俗文化影像记录者——谢奇摄影精品回顾展"。2015—2016年，基地共举办大型科普摄影书画展7场次。2017年4月，基地举办了"开汉南充——汉式婚礼""川北环境与生态"等主题摄影图片展共5次，观众近万人次。2018年，基地举办川北历史文化大型摄影展览2次。

二、编撰社科普及资料

（一）编撰大型社科普及图书

1. 编撰《百年南充人文学术名人文选》

基地专家杨小平、吴晓川、吴佩林（均为副主编）等参加了南充市人民政府重大招标项目《百年南充人文学术名人文选》的编撰工作。该书于2015年12月由四川人民出版社出版。全书分为上下两册，共130万字，收录1912—2011年南充籍和寓居南充的57位学者的学术论著，集中体现了南充学人在人文学科方面的突出成就，为研究南充学人提供了资料。

2. 编撰《南充民间传统文化资料丛书》

基地专家康大寿（副主编）、杨小平等参与了《南充民间传统文化资料丛书》的编撰工作。该套丛书于2016年11月出版，共14册，420余万字。其中包括专著《南充民间传统文化概论》1册，《南充方言》《民间故事》等10册，由四川人民出版社出版；以历史照片为主体的影像文集《民间艺术》《民间风俗》《码头、古镇、古建筑》3册，由四川美术出版社出版。该套《南充民间传统文化资料丛书》生动展示了南充厚重的文化历史和鲜明的地域特征，为民众了解南充相关人文知识提供了资料。

（二）编撰社科普及简易读本

为了广泛宣传社科知识，推进"阅读推广"工作，基地成立了专门的社科普及简易读物编写组，由基地负责人吴晓川副馆长任组长、信息咨询部主任（兼基地办公室主任）郎筠任副组长，信息咨询部黄楠、高晋蜀、胡晓、魏海霞及部分大学生志愿者为编写组成员，负责每期简易读本的选题、资料收集、编写、排版制作等工作。2014年，基地编印了《中华传统美德·孝文化》《川北非物质文化遗产保护》《川北饮食》等8种科普宣传读物，并在"六进"宣传活动中发放，受到公众好评。2016年，编辑印刷了"川北红色文化"科普宣传手册《巴中红军故事》《巴中红军标语》《巴中红军歌谣》《达州红军故事》等4种，发放近2000册[①]，得到市民、村民的点赞。2017年，基地编辑印刷了《建设美丽乡村政策法规》《建设美丽乡村十大模式》《美丽乡村的文学故事》《四川的美丽乡村》等"川北美丽乡村"系列科普宣传手册及"社会主义核心价值观科普宣传手册"之《社会层面篇》《国家层面篇》《个人层面篇》等共22 000册，发放1万余册。2018年，基地编印了《司马相如》《陈寿》《朱德》《张澜》《罗瑞卿》等"川北历史名人文化系列"科普宣传手册6种，另有科普插图读物《家风千秋》《中国传统佳节》2种。共印刷社科普及读物12 000册，并在"三下乡""六进"科普宣传中广泛发放，受到公众好评。2019年，基地编印了《川北大木偶》《川北灯戏》《川北皮影》等"川北非物质文化遗产"（国家级）系列普及读物及川北名人《落下闳》宣传手册，共4种8000册，并在"三下乡"和"六进"科普宣传中广泛发放。2020年上半年，"基地"编印了《北斗阑干——话说二十四节气与川北》等"二十四节气文化系列"普及读物，及《金钱板与南部评书》等"川北非物质文化遗产系列"普及读物。

至2020年上半年，"川北历史文化普及基地"共编撰印刷了"川北非遗"系列（9种）、"川北红色文化"系列（4种）、"川北美丽乡村"系列（4种）、"社会主义核心价值观"系列（3种）、"中华传统美德"系列（3种）、"川北历史名人文化"系列（6种）、"二十四节气文化系列"（1种）等30种简易读本（部分读本封面见图11-5），在"三下乡""六进"等各类宣传活动中发放2万余册，受到广大群众的欢迎。

---

① 西华师范大学图书馆《2016年工作总结》，现藏于西华师范大学图书馆。

图 11-5 基地编撰的部分社科知识普及简易读本封面

（三）绘制社科普及挂图

基地成立了社科普及挂图组，副馆长吴晓川任组长，黄楠任副组长，组织来自美术学院的研究生、本科生志愿者，根据各类科普活动主题绘制社科普及挂图，每年完成数十件。挂图组成立后，先后制作了《非遗文化在你我身边》《朱德》《清代南部县衙档案揭秘》等科普挂图。挂图组设计讨论现场见图11-6。

图 11-6 基地挂图组成员在进行挂图设计讨论

三、制作社科普及微视频

基地成立了社科普及微视频制作组,由吴晓川任组长、胡晓任副组长,组织来自新闻传播学院、教育学院(教育技术专业)的教师、研究生、本科生志愿者,根据各类科普活动主题,拍摄、剪辑社科普及微视频;同时,组织基地专家参与其他单位的社科普及微视频制作。2017年,基地通过西华师大图书馆LED大屏幕展播了"科普中国——环境保护"等微视频20余集。至2018年,基地参与和独立完成了《天下遗珍——清代南部县衙档案》《四川好人的初心》《南充丝绸》《川北大木偶》《川北剪纸》《丝绸蜀绘》《川北凉粉》等多项微视频的制作。

四、举办文化宣传广播、电视节目

(一)开办《南充人话南充》电视系列讲座

川北历史文化普及基地与南充广播电视台科教频道(2015年1月改版后在文娱频道播出)合作开设《南充人话南充》历史文化社科讲座节目。该节目以讲述南充历史、传播南充历史文化为内容,每周播出2期,通过南充卫视、南充网络电视台覆盖南充市700余万电视观众。

2014年,基地专家在南充市电视台科教频道的《南充人话南充》栏目开设了"南充美食探源"(副馆长吴晓川主讲)、"南充方言"(杨小平教授主讲)、"营山历史人物"(魏晟馆长主讲)、"南充传统民风民俗"(甘秋霞副教授主讲)、"仪陇客家文化"(李仕华主讲)、"清代南部档案"(蔡东洲教授主讲)等专题电视讲座共48讲[①]。2015年,基地组织3位专家在南充电视台文娱频道开设了"南充丝绸""南充乡镇地名探秘"等讲座48讲。2014—2016年,基地专家共开设《南充人话南充》电视系列讲座149讲,覆盖南充市辖三区六县电视观众数百万人,受到公众好评。

(二)开设《社科宣传》系列广播节目

基地与南充市广播电台"FM1004"频道合作,开设《社科宣传》节目,每天播出1期,早上8:05—8:10,晚上19:15—19:20,共播出2次,覆盖南

---

① 西华师范大学图书馆《川北历史文化普及基地2014年工作总结》,现藏于西华师范大学图书馆。

充市 700 余万广播听众。广播稿由西华师范大学图书馆与南充市社科联组织高校专家、学者撰写，内容包括：南充客家文化、南充方言、非遗留存、节庆民俗、民间故事等。2017—2018 年，基地与南充市广播电台合办的《社科宣传》"FM1004"频道广播节目共播出 836 期。

五、建立社科普及实践基地

为使"全民阅读"和文化宣传普及活动更好地得到实施和推进，图书馆联合川北区域中小学、地方政府部门、企业单位共同建立了"四川省历史文化普及教育 1＋N"合作平台，整合各种社会资源，共同推进"全民阅读"和文化宣传工作向更广泛、更深入的社会空间拓展。

2016 年 11 月 8 日上午，基地在图书馆 306 会议室举行了"四川省历史文化普及教育 1+N 项目签字授牌暨工作交流会"。西华师范大学副校长刘玉平、科研处副处长文廷海，基地负责人魏晟、吴晓川、吴佩林、杨小平以及来自南充市档案局、南充市城乡规划和测绘地理信息局、嘉陵区金凤镇政府、南充市高坪区走马乡政府、阆中师范学校、西充中学、大竹中学、苍溪中学、南充十中等 13 家单位的代表参加了本次活动。基地与这 13 家单位签订了协议书，决定共同开展川北历史文化社科普及教育活动，开设社科普及讲座，共同开发乡土教材、校本教材，组织社科普及参观、知识竞赛等内容。在签字授牌仪式上，刘玉平副校长为校外社科普及实践基地授牌，并主持了基地负责人与各单位负责人的签字仪式。到 2018 年，基地已经与 14 家单位达成了"四川省历史文化普及教育 1＋N"战略合作协议。

六、发布社科普及研究项目

2016 年，基地根据社科普及成果产出的需要，开始发布社科普及研究项目。经基地组织专家评审，2017 年立项"胡耀邦川北工作简史""南充乡镇地名探秘""南充民生礼义民俗""川北丝绸文化""川北非遗：大木偶、皮影、灯戏的前世今生"5 个项目，并列入西华师范大学科研处校级项目管理，每项资助经费 5000 元，已由学校计财处下达。

七、开办中华优秀传统文化"传习学堂"

为贯彻落实习近平总书记重要讲话和全国教育大会精神，深入推进中华优秀传统文化全方位融入高校教育，根据《教育部关于开展中华优秀传统文化传承基地建设的通知》，基地联合西华师范大学的"书法协会""陶笛协会""手工协会""国韵戏剧社""摄影协会"等相关社团组织，从2019年开始增设了"传习学堂"，开展各类中华优秀传统技艺知识的讲授和传承活动，促进大学生们汲取中国智慧、弘扬中国精神、传播中国价值，坚定文化自信，增强文化自觉，充分发挥中华优秀传统文化育人作用，落实立德树人根本任务，以美育人、以文化人。2019年，基地举办了"中华书法技艺""陶笛吹奏技艺""传统手工技艺""传统戏曲演唱技艺"等相关知识讲授及技艺传承活动共120次，共约14 800人参加[①]。

第三节　川北历史文化普及基地的社会影响

一、获得省级以上表彰奖励

川北历史文化普及基地自建立后，以各种方式开展了各类社科普及活动，成绩突出，受到相关部门的认可和表彰。

2014年7月，基地专家蔡东洲获得全国第十六次社会科学普及工作经验交流会组委会授予的"全国优秀社会科学普及专家"称号。

2018年9月，基地由于成绩突出，获得全国大中城市社科联第27次工作会议主席团授予的"2016年度全国社科组织先进单位"称号，基地负责人、图书馆副馆长吴晓川荣获"全国社科工作先进个人"称号。荣誉证书见图11-7。

---

① 2019年川北历史文化普及基地《社科普及活动完成情况表》，现藏于西华师范大学图书馆。

图 11-7　吴晓川获"全国社科工作先进个人"荣誉证书

二、得到省市（州）以上新闻媒体宣传报道

　　基地开展的各类社科普及宣传活动受到了社会的关注，影响范围广，除"四川社会科学在线"及"四川省社会科学界联合会"官网等进行新闻报道外，人民网、光明网、网易新闻、凤凰网、四川在线、南充新闻网、南充宣传网、华西都市报、南充日报、南充晚报、南充广播电视台等数十家媒体对基地的相关科普宣传活动进行了报道。如，2014年，凤凰资讯频道以《喜闻乐见送科普，道德宣传进社区》为题，对川北历史文化普及基地在南充市顺庆区白土坝社区开展的"宣传中华美德，共建道德新风"系列主题宣传活动进行了报道；"四川省社会科学界联合会"官网以《弘扬中华美德，感恩教育进校》为题，对基地走进南充市顺庆区华凤镇第二小学开展的感恩教育活动进行了报道；"四川社会科学在线"以《天府人文讲坛·嘉陵江论坛在南充开讲》为题，对图书馆副馆长、基地负责人吴晓川在西华师范大学图书馆讲授《南充美食文化》进行了报道，并评价吴馆长的讲授"形象生动，现场感强"。2015年5月，"四川在线"新闻网以《南充　保护文化遗产政府高校村民三效互动》为题，报道了基地专家走进南充市嘉陵区三会镇，与当地200余村民及小学生面对面交流三会镇特色民俗"蛤蟆节"的来源及寓意的事迹。2014—2017年，"四川社科在线"网站刊登了8次基地的社科普及宣传活动，"四川省社会科学界联合会"官网刊登了 11 次基地的社科普及宣传活动。

三、基地特色活动被推广

基地探索与新闻媒体共同举办社科普及宣传活动的做法，得到了南充市宣传部、南充市社科联的充分肯定。南充市社科联认为基地利用广播进行社科普及宣传，具有受众面广收听率高、本土特色吸引听众、内容丰富寓教于乐、选材得当亮点突出等特点，于 2017 年 6 月专门发文将基地联合南充市广播电台"FM1004"频道开办社科宣传专题栏目的做法向全市各区（县）社科联、各科普基地进行推广[①]。

[①] 南充市社会科学界联合会《南充市社会科学界联合会关于FM1004南充综合广播〈社科宣传〉的表彰通报》，现藏于西华师范大学图书馆。

附录一 图书馆中层机构沿革及主要负责人

1946—1950 年

设四股：

总务股　未设股长

编目股　未设股长

阅览股　未设股长

期刊股　未设股长

1950—1952 年

设二股：

分类编目股　未设股长

阅览股　未设股长

1952—1956 年

设二组：

分类编目组　组长：贾荣昭

阅览组　组长：不详

1956—1958 年

设二组：

编目组　组长：贾荣昭

流通管理组　组长：易德琼（1956—1957 年）

　　　　　　　　　　黄齐仙（1957—1958 年）

1958—1963 年

设二组：

采编组　组长：贾荣昭（1958 年）

　　　　　　　赵兰英（1959—1961 年）

　　　　　　　黄齐仙（1961 年后）

流通组　组长：黄齐仙（1958—1960 年，兼图书馆秘书）

　　　　　　　赵兰英（1961 年后）

1963—1978 年

设三组：

采编组　组长：黄齐仙（兼图书馆秘书）

流通组　组长：赵兰英

期刊阅览组　组长：不详

1978—1979 年

设三组：

秘书资料组　组长：黄齐仙

采编组　副组长：凌泽芬

流通组　组长：赵兰英

　　　　副组长：李元强

1979—1980 年

设三组：

采编组　组长：刘天成

　　　　副组长：凌泽芬

流通组　组长：赵兰英

　　　　副组长：李元强

期刊阅览组　组长：黄齐仙

1980—1984 年

设三组二室：

采编组　组长：刘天成

　　　　副组长：凌泽芬

流通组　组长：赵兰英

　　　　副组长：李元强

期刊资料组　组长：黄齐仙

办公室　秘书：曹智英

科技情报资料室　主任：黄孝诚

1984—1988年

设四组二室：

中文采编组　组长：凌泽芬

　　　　　　副组长：童恩涛

流通组　组长：赵兰英

　　　　副组长：李元强（1988年3月前）

期刊组　组长：刘世蓉

　　　　副组长：肖桂珍

外文组　副组长：张效赤

办公室　主任：曹智英

　　　　副主任：张怀绥

科技情报资料室　主任：刘天成

　　　　　　　　副主任：黄浩耘

1988—1990年

设四部三室：

采编部　主任：童恩涛

流通阅览部　主任：李元强

　　　　　　副主任：杜素琼、周体佳

期刊部　主任：张效赤

　　　　副主任：肖桂珍

读者服务部　主任：李惇绪

办公室　主任：曹智英

　　　　副主任：张怀绥（任职至1989年）

科情室及"文献检索与利用"课教研室　主任：刘天成

　　　　　　　　　　　　　　　　　副主任：黄浩耘

1991—1993 年

设四部三室：

采编部　主任：童恩涛

　　　　副主任：周体佳

流通阅览部　主任：李元强

　　　　　　副主任：杜素琼、李学宁

期刊部　主任：张效赤

　　　　副主任：肖桂珍

读者服务部　副主任：李惇绪

办公室　主任：曹智英

科情室及"文献检索与利用"课教研室　主任：刘天成（1991 年 6 月前）

　　　　　　　　　　　　　　　　　　　黄浩耘（1991 年 6 月后）

　　　　　　　　　　　　　　　　副主任：郭黎康

1993—1999 年

设五部三室：

采编部　主任：童恩涛（1993—1996 年）

　　　　　　　夏志玉（1996—1999 年）

　　　　副主任：周体佳

流通部　主任：李元强

　　　　副主任：杜素琼、李学宁

期刊部　主任：张效赤（1993 年—1996 年 5 月）

　　　　　　　王锦（1996 年—1998 年 10 月）

　　　　副主任：肖桂珍（任职至 1993 年 5 月）

　　　　　　　　蒲世贵（1996—1999 年）

技术开发服务部　主任：唐抚荣（1995 年 4 月前）

　　　　　　　　副主任：李惇绪

阅览部　主任：郑慧珍

　　　　副主任：贾玉清

办公室　主任：曹智英（任职至 1996 年）

　　　　副主任：刘晓穗（1997 年—1999 年 5 月）

科情室及"文献检索与利用"课教研室　主任：黄浩耘
　　　　　　　　　　　　　　　　　　副主任：郭黎康

1999—2001 年
设五部三室：

采编部　主任：夏志玉
　　　　副主任：周体佳
流通部　主任：唐抚荣
　　　　副主任：邹英
期刊部　主任：刘晓穗
　　　　副主任：周虹
技术服务部　主任：李学宁
　　　　　　副主任：李惇绪
阅览部　主任：郑慧珍
　　　　副主任：郭明蓉
办公室　副主任：杨涛
科情室及"文献检索与利用"课教研室　主任：黄浩耘
　　　　　　　　　　　　　　　　　　副主任：郭黎康

2001—2003 年
设五部三室：

采编部　主任：郭明蓉
　　　　副主任：汤骅
流通部　主任：唐抚荣
　　　　副主任：邹英
期刊部　主任：刘晓穗
　　　　副主任：周虹
技术服务部　主任：李学宁
　　　　　　副主任：李惇绪
阅览部　主任：郑慧珍
　　　　副主任：陈炜
办公室　副主任：杨涛

科情室及"文献检索与利用"课教研室　主任：黄浩耘

　　　　　　　　　　　　　　　　　　副主任：郭黎康

2003—2008 年

设五部三室：

采编部　主任：郭明蓉

流通部　主任：李学宁

期刊部　主任：周虹

自动化部　主任：邹英

阅览部　主任：刘晓穗

　　　　副主任：汤骅

办公室　主任：杨涛

科情室及"文献信息检索与利用"课教研室

　　副主任：黄楠（2003—2004 年）

　　主任：黄楠（2004—2008 年）

2008—2011 年

设五部三室：

采编部　主任：郭明蓉

流通部　主任：刘晓穗

期刊部　副主任：李海蓉

自动化部　主任：王昆鹏

阅览部　主任：汤骅

　　　　副主任：周沁怡

办公室　主任：杨涛

科情室及"文献信息检索与利用"课教研室　主任：黄楠

2012—2014 年

设六部三室：

采编部　主任：李海蓉

流通部　主任：周沁怡

　　　　副主任：邹英

期刊部　主任：刘晓穗

自动化部　主任：王昆鹏
阅览部　主任：汤骅
　　　　副主任：李华（2014年2月任职）
古籍珍特藏部　2013年成立，韩亮临时负责
办公室　主任：杨涛
科情室及"文献信息检索与利用"课教研室　副主任：郎筠

2015—2018年
设六部二室：
资源建设部　主任：李海蓉
　　　　　　副主任：李华
借阅服务部　主任：周沁怡
　　　　　　副主任：邹英
技术服务部　主任：王昆鹏
北湖校区综合服务部　主任：刘晓穗
古籍珍特藏部　副主任：韩亮
办公室　主任：杨涛
信息咨询部及"文献信息检索与利用"课教研室
　　副主任：郎筠（2015—2017年）
　　主任：郎筠（2017—2018年）

2018—2020年
设五部二室：
资源建设部　主任：李海蓉
　　　　　　副主任：李华
借阅服务部　主任：周沁怡
　　　　　　副主任：邹英
技术服务部　主任：王昆鹏
古籍珍特藏部　副主任：韩亮
办公室（含北湖老校区综合服务部）　主任：杨涛（2018年—2019年7月）
　　　　　　　　　　　　　　　　副主任：刘宇（2019年7月至今）
信息咨询部及"文献信息检索与利用"课教研室　主任：郎筠

附录二　现任党政领导班子及中层机构

一、党政领导集体

（一）党务

党总支书记：周申立

统战委员：杨红旗

宣传委员：吴晓川

组织委员：李学宁

纪检、政保、治保委员：李海蓉

（二）行政

馆长：杨红旗

副馆长：李学宁

副馆长：吴晓川

二、中层机构

（一）部室

办公室　副主任：刘宇

资源建设部　主任：李海蓉

　　　　　　副主任：李华

技术服务部　主任：王昆鹏

信息咨询部　主任：郎筠

借阅服务部　主任：周沁怡

　　　　　　副主任：邹英

古籍珍特藏部　副主任：韩亮

（二）党支部

1. 第一党支部

书记：王玺

组织委员：胡晓

宣传委员：李张春

2. 第二党支部

书记：王茂成

组织委员：李海蓉

宣传委员：韩亮

附录三 图书馆大事记（1946—2020）

1946 年

5月，"乘东北大学迁移后，就其原有设备，因地制宜，改设川北农工学院。"5月16日，私立川北农工学院筹备会开始办公。这一天成为西华师范大学校庆纪念日。

本年，利用东北大学图书馆迁余的部分图书，建立私立川北农工学院图书馆。

1948 年

10月，马复瑛代理图书馆主任。

1949 年

5月，私立川北农工学院改名为私立川北大学。本月，私立川北大学董事会成立大会胜利召开，推徐堪为董事长、龙杰三为代理董事长。

本年，川北农工学院图书馆随学校的更名，改名为私立川北大学图书馆。

1950 年

7月15日，川北行署文教厅厅长贾子群代表川北行署正式接管私立川北大学和私立川北文学院，将两校合并组成"公立川北大学"。

9月，按川北行署文教厅指示，"公立川北大学"校名取消"公立"二字，改称"川北大学"。

本年，私立川北大学图书馆改名为川北大学图书馆，仍隶属校教务处。先后由卿迪夫负责、傅英伟任主任。

1952 年

3月，民盟中央委员会主席张澜给川北大学赠送了3册由人民出版社出版的《毛泽东选集》（第一卷）。

10月，于哲文任图书馆主任。

本月，全国院系调整，川北大学图书馆调出水利工程、土木工程、农业经济、企业管理、化学工程、农艺等系的相关资料；调入川东教育学院的数理系、二年制数学专修科，四川大学师范学院二年制物理化学专修科、一年制数学专修科、教育系及华西大学中国语言文学系、历史系、化学系、教育系等系科的相关文献资料。图书馆主任于哲文和编目组组长贾荣昭代表川北大学校务管理委员会接收各校移交的文献资料。贾荣昭具体负责清点移交书刊。

11月，川北大学更名为四川师范学院。川北大学图书馆改名为四川师范学院图书馆。图书馆有工作人员10名，馆藏图书约6万册。

1953 年

本年，全国院系调整工作继续进行。

3月，原重庆师范学院撤销，该校中文系二年制语文专修科、数学系一年制专修科学生全部并入四川师范学院。

6月20日，重庆师范学院图书馆中文系、数学系相关专业文献资料移交四川师范学院图书馆。

1956 年

4月，四川师范学院图书馆各类藏书已达218 693册，其中哲学社会科学类占56%，自然科学类占18%，其他类占26%；图书馆工作人员已有20多人。

7月，教育部给四川师范学院下达分校指示，本科部分于暑假迁往成都建校，校名仍为四川师范学院；专修科部分留在南充建校，校名为南充师范专科学校。

8月25日，南充师范专科学校正式成立，由原四川师范学院副院长苏藜任校长。

本年，南充师范专科学校图书馆设立。汪应文任图书馆主任。图书馆设编目组（贾荣昭任组长）和流通管理组（易德琼任组长），共有工作人员10名，书刊资料86 310册。

1958 年

春，新建图书阅览楼竣工，建筑面积为1450平方米。

6月，图书馆编印了《南充师范专科学校新书简目》《南充师范专科学校旧版书草目》。

11月18日，四川省人民委员会川办〔58〕776号文批复南充师范专科学校改为南充师范学院。南充师范专科学校图书馆随学校的升格更名，改为南充师范学院图书馆。汪应文仍为图书馆主任。

年底，馆藏图书增加到255 000册。

1959 年

11月，图书馆编印了《南充师范学院外文书目》和《南充师范学院线装书草目》。

1963 年

10月，制定了《南充师范学院图书馆工作、学习及生活制度》。

本年，图书馆新成立了期刊阅览组。

1964 年

9月，接四川省高教局通知，成都的四川师范学院历史系撤销，其历史系除毕业班外，二、三年级学生及绝大部分教师调整到南充师范学院继续学习和工作。历史系资料室所藏图书资料和全部文物，以及从图书馆提出的一套"二十四史"和部分历史专业书刊共计2774种9464册作为历史教学参考资料，移交给南充师范学院。

9月，图书馆制定了《教工阅览室规约》《外文库借书办法补充规定》《借书券的使用及借书手续的几点说明》《期刊借阅暂行办法》。

10月,图书馆制定了《内部及特藏书库书刊借阅暂行办法》。

12月,图书馆制定了《图书损毁遗失处理办法》。

1965年

本年,图书馆新馆竣工,建筑面积为3219平方米。图书馆藏书增加到365 912册。

1969年

4月,南充师范学院图书馆革命领导小组成立。由黄齐仙和李元强负责。

1975年

11月,历史系主任袁载春到图书馆主持工作。

1976年

7月,图书馆革命领导小组写出《关于改进图书馆工作的报告》,提出了一些改进图书馆工作的办法。

12月,制定了《图书馆借书须知》。

1977年

3月,制定了《马、恩、列、斯、毛主席著作阅览室规则》《普通书库规则》《外文书库借阅规则》《期刊库借阅规则》《线装书库借书规则》《学生阅览室规则》《资料、杂志阅览室规则》《基本书库、教师参考室阅览规则》《开门办学借用书刊须知》等书库与阅览室规章制度。

1978年

本年,图书馆直属党支部建立,唐克强任书记,赵兰英任副书记。图书馆经费增加到3万元人民币。

1979年

2月,四川省图书馆学会成立,南充师范学院图书馆成为理事馆。

3月，图书馆制订了《图书馆业务学习计划（草案）》。

10月27日，南充师范学院召开第四次工会会员代表大会，建立了包括图书馆在内的14个基层工会，张国秀任图书馆工会主席。

本年，唐克强任图书馆馆长。

1980年

3月，原属教务处的图书情报室并入图书馆，黄孝诚教授随情报室调入图书馆，并任图书馆科技情报资料室主任。

1981年

本年，图书馆经费增加到11万元。

1982年

4月27日，图书馆工会委员进行了改选，选举产生了张国秀、付大敦、杨发英、张怀绥、冯泽英5名工会委员。张国秀任工会主席，付大敦任生活委员兼房管委员，张怀绥任宣传委员，杨发英任组织委员，冯泽英任体育委员。

9月，南充师范学院图书馆委员会成立。邓学界为主任委员，汪应文、唐克强为副主任委员，汪泽树、李耀仙、李道华、潘明元、顾永兴、孔东迁、蔡铎昌、邓廷献、周定滨、龙厚禄、孟怀芬、王治权、常青民等13人为委员，草拟了《南充师范学院图书馆委员会暂行条例》。

1983年

本年，图书馆有工作人员63人。图书馆经费增加到15万元，占学校教育事业费的4.16%。

1984年

1月，杨正业任图书馆副馆长，并主持工作。

5月，黄浩耘为生物系毕业生开设"生物文献检索与利用"讲座。图书馆的"文献检索与利用"课由此开始。

11月，图书馆举办了为期1周的《文献著录总则》学习班，由刘天成主讲。

11月1日起，读者一律凭借阅证进图书馆借阅书刊。

本年，图书馆设立外文组，负责外文书刊的订购、采编和流通阅览，张效赤任外文组副组长。图书馆设办公室、中文采编组、流通组、期刊组、科技情报资料室和外文组6个组室。曹智英为办公室主任；刘天成任科技情报资料室主任，黄浩耘任副主任；张效赤任外文组副组长；凌泽芬任中文采编组组长，童恩涛任副组长；赵兰英任流通组组长，李元强任副组长；刘世蓉任期刊组组长，肖桂珍任副组长。

本年，图书馆有普通中文精平装图书527 543册、线装书72 701册（其中善本254部3656册）、外文图书43 911册，中外文期刊合订本47 210册。

本年，学生阅览室实行开架阅览。

本年，唐建华和戴克瑜、夏发奎、邵森万合撰的《工具书学初探》获四川省第一次哲学社会科学优秀成果三等奖。

1985年

6月，图书馆职工参加南充师范学院排球比赛，获得冠军。

本年，图书馆经费为28.64万元，当年进馆中文图书4.4万册，平均每生拥有新书13册。

本年，馆刊《科技简讯》（由科技情报资料室编辑）刊出6期。

1986年

10月，图书馆党支部进行了改选，经学院党委常委研究同意，胡孝章任图书馆党支部书记，赵兰英任副书记，曹智英任组织委员，王锦任宣传、统战委员，童恩涛任纪检委员。

本年开始，图书馆每年为新生开设"怎样利用图书馆"讲座。

本年，汪应文撰写的论文《图书馆起源于档案库考》获四川省第二次哲学社会科学优秀成果三等奖。

1987年

1月，新建图书馆（今北湖老校区图书馆）竣工，总建筑面积为9500平方米。

4月10日，图书馆开始迁馆。

5月，胡孝章任图书馆馆长。

7月，新馆正式启用。

8月，图书馆制定了《防火公约》。

9月，学院组织部调陈兰英到图书馆任支部书记。

1988年

3月，图书馆机构由原来的6组室发展为7部室，即：采编部、流通阅览部、期刊部、科情室、"文献检索与利用"课教研室（与科情室两块牌子，一班人马）、读者服务部和办公室。曹智英任办公室主任，张怀绥任副主任；李元强为流通阅览部主任，杜素琼和周体佳为副主任；张效赤为期刊部主任，肖桂珍为副主任；童恩涛为采编部主任；刘天成任科情室主任，黄浩耘为副主任；李惇绪为读者服务部主任。

4月，刘天成、李成渝主持完成的"大熊猫文献通报"项目获四川省科技进步三等奖。

本年，图书馆工作人员增加到79人。

本年，图书馆馆藏图书共计105万册，其中中文精平装书共128 392种793 649册，古籍线装书5227种78 721册，外文图书32 903种49 843册报刊5523种127 700册。

1989年

1月，张怀绥为图书馆副馆长。

1月9日，四川省人民政府批准南充师范学院恢复1952—1956年时期的"四川师范学院"校名。图书馆更名为四川师范学院图书馆。

12月，唐建华著的《图书馆效用分析的数学模型——图书馆运筹学》由学苑出版社出版。

本年，图书馆在册读者5393人，其中教职工1425人、研究生33人、本科生2977人、专科生439人、进修生519人。

本年，图书馆"文献检索与利用"课获四川师范学院"优秀教学成果奖"。

1990 年

5月，图书馆编制了《四川师院图书馆藏全国高校优秀教材首届获奖书目》；教师参考室、学生综合图书阅览室、学生期刊阅览室、线装书库、流通部第一出纳台被评为四川师范学院"优质服务窗口"。

7月，图书馆党支部被南充市地委评为"一九九〇年度先进基层党组织"。

本年，图书馆有正式职工76人。

本年，馆办刊物《科技简讯》更名为《文献情报信息》。

本年，图书馆"文献检索与利用"课被评为四川师范学院"优秀基础课"。

本年，由图书馆科技情报室刘天成主持，黄浩耘、王锦、黄楠等人参与编辑的《大熊猫及金丝猴、扭角羚、梅花鹿、白唇鹿、小熊猫、麝文献情报》获四川省科技进步二等奖。

1991 年

1月，图书馆荣获四川师范学院"1991年元旦教工文艺汇演"舞蹈一等奖。

3月，图书馆按院办〔1991〕5号文件精神和院领导关于物资清理整顿的指示，成立了以副馆长张怀绥为组长的图书馆物资清理整顿小组，对图书馆的物资进行了清理和整顿。

4月，图书馆制订了"八五"规划。

6月，学院对图书馆部室干部进行了调整。童恩涛任采编部主任，周体佳任副主任；李元强任流通部主任，杜素琼、李学宁任副主任；张效赤任期刊部主任，肖桂珍任副主任；黄浩耘任科情室主任，郭黎康任副主任；李惇绪任读者服务部副主任；曹智英续任办公室主任。

9月，四川师范学院图书馆馆刊《文献情报信息》开始编辑和印发。

11月，图书馆荣获四川师范学院"九一年度教工乒乓球比赛女子团体第一名"。

12月，刘廷武任四川师范学院图书馆馆长。

本年，唐建华编著的《文献信息控制学》由学苑出版社出版。

1992 年

1月，图书馆荣获四川师范学院"一九九一年度消防工作先进集体"称号。

5月5—7日，图书馆出色承办了"四川省高校情报工作第三次学术研讨会"。

本年，采编部、流通部、期刊部分别完成了《中文工具书书本目录》《大学生必读名著书本目录》《旧报刊书本目录》的编制工作。

本年，由图书馆科情室刘天成主持，黄浩耘、王锦、黄楠等人参与编辑的《大熊猫及金丝猴、扭角羚、梅花鹿、白唇鹿、小熊猫、麝文献情报》获国家科技进步三等奖。

1993 年

4月，童恩涛任图书馆直属党支部书记。

5月，图书馆增设阅览部。郑慧珍任阅览部主任，贾玉清为副主任。

9月，南充师范学院图书情报委员会进行换届更名，成立四川师范学院图书情报委员会。图书情报委员会由佘正松、刘廷武、张怀绥、杨正业、曾庆锡、王国辉、徐安兴、陆正明、查之彦、姚荣、侯文蓉、吴毅、付灿邦、杨世明、谢增寿、李传永、聂应德、张运陶、唐廷载、王治权等20人组成，佘正松任主任委员，刘廷武任副主任委员。

12月1—3日，图书馆顺利通过"四川省普通高等学校图书馆评估"检查。本月26日，图书馆职工参加院工会、宣传部组织的"纪念毛泽东诞辰一百周年教工文艺汇演"，获一等奖。

本年，图书馆文献购置经费增加到43万元，馆藏书刊增加到112万册，其中中文精平装书853 512册，线装书75 361册，外文书54 651册，中文报刊合订本98 466册，外文报刊合订本35 298册，缩微音像资料2028件。

本年，夏志玉任图书馆工会主席。

1994 年

2月，四川师范学院学生图书馆管理委员会成立。由黄强、袁河、黄谷、唐唯、陈莉等 17 位同学组成，黄强任主任委员，袁河任副主任委员。

本年，阅览部完成了对教师阅览室 6 万多册基藏图书的清点整架工作。

1995 年

本年，图书馆职工发表论文 35 篇，论文数在四川师范学院排名第 5。

本年，科技情报室同志编辑、制作的《华夏珍宝——大熊猫》中英文多媒体光盘著作由杭州矽谷光碟公司出版，向海内外发行。

1996 年

1 月，刘廷武馆长退休，副馆长张怀绥代为主持工作。本月，图书馆制定了《计算机工作站职责及规定》。

5 月，副馆长张怀绥正式主持图书馆工作，推选张效赤任副馆长。

6 月，张效赤在市属以上院校教职工"爱祖国，爱教育，爱岗位"演讲比赛中获二等奖。本月，图书馆女子篮球队获院教工篮球比赛女子组第一名。

本年，学生综合图书阅览室评为四川师范学院"文明窗口"。

本年，图书馆规定：职工在国家级刊物上发表论文者，每篇奖励 15 元；在省级刊物上发表论义者，每篇奖励 10 元。

本年，刘天成等完成的《多媒体技术应用研究——建立大熊猫多媒体信息管理与咨询系统研究》获四川省科学技术进步三等奖。

本年底，"世界银行贷款"所购 486 型主机（1 台）和 386 型分机（10 台）安装调试投入使用。

1997 年

1 月，图书馆开始进行馆藏书目数据库建设工作。

3 月，经中共四川省委常委会研究决定，成立中共四川师范学院图书馆总支委员会，童恩涛任图书馆总支副书记。

4 月，图书馆义务消防队在学院举行的消防技能竞赛中荣获团体总分第一名。

12 月 18 日，图书馆开始实现计算机管理开架外借图书。

本年，图书馆引进了由清华大学金盘电子有限公司研制的"金盘图书馆集成管理系统"软件，建立了图书馆局域网。

本年，图书馆建立了读者库，为读者办理了机读借书证。

本年，图书馆争取到学校专款，购买了"四库全书存目丛书"和"续修四库全书"。

本年，图书馆在册读者达到7349人。周开馆70小时。

本年，图书馆在学院首次评选系、处"目标管理先进单位"活动中获一等奖，获得奖金1000元。

本年，全馆共发表论文43篇，并获省教委重点科研课题1项。图书馆科研成果在学院8个理科系中排名第三位。

本年，图书馆党支部被评为四川师范学院"先进党支部"和南充市"先进基层党组织"。

1998年

6月，图书馆科技情报研究室被四川省教育委员会评为"四川省普通高等学校图书馆优秀部室"。

本年，书刊采访、编目、典藏、流通、文献检索等业务基本实现了计算机现代化管理，并实现了图书馆局域网与校园网的连通。

本年，设立了教育实习查询室、学术期刊计算机查阅室和音像阅览室。

本年，自建了"大熊猫多媒体信息系统数据库"，并开展了计算机联机检索。

本年，购置了"中国学术期刊（光盘版）""中文科技期刊数据库（光盘版）"。

本年，制定了《中文图书著录细则》《开架借书工作细则》《读者库建库细则》《中文图书回溯建库细则与步骤》《多媒体电子阅览室检索阅览规则》《计算机主机室管理规则》《网络管理制度》《数据安全及备份制度》等。

本年，馆刊《文献情报信息》改名为《文献与信息》。

本年，图书馆组织了第三期工作人员业务学习。

本年，"文献检索与利用"课开课率达到100%。

本年，学校开始在南充市顺庆区华凤镇白土坝村建设新校区。

1999 年

1月，陈国勇任图书馆馆长。张怀绥任图书馆党总支书记兼副馆长。

3月，黄浩耘被四川省人民政府授予"一九八八年度四川省有突出贡献优秀专家"称号。

5月，图书馆中层干部班子进行调整。唐抚荣任流通部主任，邹英任副主任；夏志玉任采编部主任，周体佳任副主任；郑慧珍任阅览部主任，郭明蓉任副主任；刘晓穗任期刊部主任，周虹任副主任；李学宁任技术服务部主任，李惇绪任副主任；黄浩耘任科情室及"文献检索与利用"课教研室主任，郭黎康任副主任；杨涛任办公室副主任。

9月，"艺术及教学实习参考阅览室"设立。

本年，图书馆办证读者9932人，其中学生读者8141人（本科生8041人、研究生100人）、教职工1729人、校外读者62人。

2000 年

本年，图书馆文献购置费增加到796 471元。

本年，图书馆建立了有40台电脑、100个座位的电子出版物阅览室。

本年，图书馆在册读者达13 423人。

本年，图书馆工会在四川师范学院开展的特色工会活动中荣获二等奖。

2001 年

7月，图书馆党总支进行了换届选举，张怀绥继任党总支书记，党总支委员会由张怀绥、陈国勇、陈炜、唐抚荣、李学宁5人组成，陈国勇为统战委员，陈炜为组织委员，唐抚荣为纪检、政（治）保委员，李学宁为宣传委员。

8月，图书馆自编的"文献检索与利用"课教材《信息检索利用技术》由四川大学出版社正式出版发行。

9月，郭黎康任图书馆馆长助理（正科级）；郭明蓉任采编部主任，汤骅任副主任；陈炜任阅览部副主任。

10月25日，图书馆将教学楼（今朝阳楼）七楼的几间教室改成临时阅览室，组建成立有 300 余个座位的"新校区综合阅览室"。

本年，图书馆计有中外文图书 131 万册、报刊 5880 余种。

2002 年

9 月，图书馆安装了"金盘电子阅览室管理系统"，实现了电子阅览室的自动化管理。

本年，图书馆第一次引进硕士毕业生。

本年，图书馆初步完成了网站的建设工作，制作了图书馆网页，并完成了服务器的组建工作，使图书馆的信息能顺利地在互联网上与读者共享。图书馆进入了自动化网络化新时期。

本年，图书馆集成管理系统接入 CALIS 联机编目系统。

本年，对馆藏书刊进行了大规模加工和回溯建库。

本年，图书馆开馆时间延长至每周 98 小时。

本年，孙明节任图书馆工会主席。

2003 年

1 月，图书馆荣获四川师范学院"2002 年度校园治安综合治理先进集体"称号。

4 月 16 日，教育部以教发函〔2003〕109 号文件《教育部关于同意四川师范学院更名为西华师范大学的通知》，同意四川师范学院升格更名为"西华师范大学"。

4 月，四川师范学院图书馆更名为西华师范大学图书馆。郭黎康任副馆长，领导班子进一步加强。编印了《西华师范大学图书馆规章制度汇编》。

6 月 28—30 日，四川省教育厅组织的"普通高校图书馆自动化网络化建设"评估专家组对西华师范大学图书馆的自动化网络化建设工作进行了评估。图书馆在评估中获得"优秀"评价。

9 月，童恩涛任图书馆党总支书记。

10 月 20 日，华凤新校区图书馆主体工程竣工验收。

12 月，图书馆部（室）干部进行了调整和任免。杨涛任办公室主任；郭明蓉任采编部主任；邹英任自动化部主任；周虹任期刊部主任；李学宁任流通部主任；刘晓穗任阅览部主任，汤骅任阅览部副主任；黄楠任科情室及"信息检索与利用"课教研室副主任。

本年，图书馆有工作人员 85 人，其中行政人员 6 人、专业技术职务人员 61 人、工人 18 人。

本年，图书馆文献资源购置费为 200 万元，占学校教育事业费 3.85%。馆藏文献总量达 1 285 293 册（件）。

本年，图书馆制订了《"信息检索与利用"课教学工作规范》。

本年，"金盘图书馆管理系统"从第二代 Windows 版升级到第三代 GDLIS XP 版。主机室进行了重新装修、布置；增设了 Web 服务器以及 FTP 服务器，完善了图书馆网站建设。

本年，购买了"教育网电子图书数据库"、"中国生物学文献数据库"、"中国科学引文数据库"、"北京中科全文期刊数据库"、"中文社会科学引文索引""全国报刊索引数据库"（2003 年开始为网络版）、EBSCOhost 等电子文献数据库。

本年，图书馆申报的省级科研项目"四川省珍稀动物信息系统的开发和研究"及"信息重组机理研究"均获批准。图书馆职工参编专著 3 部，发表论文 42 篇（其中 B 级 1 篇，C 级 10 余篇）。

本年，图书馆综合治理工作取得了 99 分的优秀成绩，被评为"校园社会治安综合治理先进集体"。

2004 年

1 月，新建图书馆所有分部、分项工程按照施工合同图纸及变更合同全部完工，建筑面积为 24 500 平方米。

2 月 10 日，华凤新校区图书馆开馆接待读者。

4 月，西华师范大学全面启动了教育部"本科教学工作水平评估"的迎评工作。图书馆对照教育部的"评估指标"，在"文献资源建设""管理手段先进"及"图书馆使用效果好"等方面积极准备，配合学校迎评。

6 月，陈国勇馆长与学校签订了迎评责任书。

本年，图书馆文献购置费为 425 万元，占全校教育事业费的 7.49%。

本年，规划、组建了新校区图书馆的局域网和主机房，并完成了所有设备的调试和验收。

本年，图书馆在册读者总人数 23 833 人，其中新办证读者 5824 人。

本年，图书馆建立了学科馆员制度，设置了学科馆员，并制定了《学科馆员工作职责》。

2005 年

2月22日，华凤新校区电子阅览室正式向读者开放。

3月，郭黎康被授予西华师范大学第一届"三八红旗手"。

9月26日，建立了新书开架借阅书库。

10月25日上午，四川省教育厅本科教学工作水平预评组专家到图书馆指导工作。

12月5日上午，教育部本科教学工作水平评估专家组考察了新校区图书馆主机室及老校区教师阅览室、基藏书库、珍特藏书库和旧版书库等处。

本年，图书馆在编正式职工增至 87 名。其中女职工 65 人、男职工 22 人。

本年，组建了华凤新校区教师阅览室。

本年，学校下拨文献资源购置费 500 万元，占学校教育事业费的 8.58%。生均新购图书（不含电子图书）6 册，馆藏文献总计达 2 121 696 册。

本年，图书馆正式启动省级科研项目《川北名人数据库》建设，对张澜、朱德、罗瑞卿等名人的相关图书、论文等文献进行了搜集和录入。

2006 年

10月，郭黎康任图书馆党总支书记。

12月，图书馆工会委员会进行了换届，选举产生了 7 名工会委员。孙明节任工会主席、杨涛任副主席，郎筠任工会文艺委员、李春华任生活福利委员、陈媛华任体育委员、陈芳任女工组织委员、李张春任宣传委员。

本年，"文献信息检索与利用"课开始采用多媒体教学。

2007 年

1月，杨和平任图书馆馆长。

6月，李学宁任图书馆副馆长。

7月，馆领导进行了分工。郭黎康任图书馆总支书记兼副馆长，分管学务、工会、离退休、宣传、教学科研、档案资料、图书采购与典藏；李学宁副馆长分管读者服务、馆里的行政事务、纪检、安全工作；杨和平馆长分管财务、人事工作；陈国勇调研员总体协管各项事务；童恩涛调研员协管新校区图书馆的安全和纪检工作。

本年，图书资料专业人员初级职务评审委员会学科评议组进行了换届和调整，杨和平任评议组组长，郭黎康任副组长，成员有陈国勇、李学宁、黄浩耘、郑慧珍、黄楠、郭明蓉、刘晓穗。

本年，图书馆对外文图书进行了回溯建库。

本年，图书馆第二党支部被评为校"先进党支部"。

2008年

2月，"信息检索与利用"课教材《信息检索利用技术》第2版出版。

5月，"5·12"汶川地震发生后，图书馆党政领导班子带领全馆职工顾全大局、坚守岗位，先后配合高职院、物电学院、文学院、历史文化学院等安置学生在新老校区图书馆住宿避震。全馆职工共捐款4620元，捐赠衣物300多件；图书馆党员交纳特殊党费3518.50元。

本年，完成了图书馆科级干部换届聘任工作。杨涛任办公室主任；郭明蓉任采编部主任；王昆鹏任自动化部主任，李海蓉任期刊部副主任；刘晓穗任流通部主任；汤骅任阅览部主任，周沁怡任阅览部副主任；黄楠任科情室、"文献信息检索与利用"课教研室主任。

本年，选举产生了新一届党支部委员。杨涛为第一党支部书记，强爱萍为第一党支部组织、纪检委员，胡晓为第一党支部宣传、统战、政（治）保委员；牟高惠为第二支部书记，周沁怡为第二支部组织、纪检委员，邹英为第二支部宣传、统战、政（治）保委员。

2009年

本年，购置了"中国基本古籍库"及"读秀学术搜索"知识库。

本年，图书馆办证读者达到32 385人，其中教职工2455人，学生29 841人，校外读者89人。

本年，图书馆职工共发表论文20篇，其中C级5篇；撰写并出版专著1部。

本年，图书馆职工参加校工会组织的乒乓球比赛，女子组获得了团体第一名。

2010年

3月，郭明蓉的专著《中国高等教育发展进程中的高校图书馆研究》获四川省第十四次哲学社会科学优秀成果三等奖。

5月，金盘图书管理系统升级为GDLIS XP Version 3.0.63版本。

8月，图书馆自编新教材《当代信息检索技术》由科学出版社出版。

12月17日，人事处刘进处长、周芳副处长、唐加军科长等到图书馆调研人事情况。

本年，图书馆正式在册职工有71人。

本年，图书馆工作重点转移到新区的任务基本完成。

本年，CALIS对成员馆免费（免年费、下载费）提供书目数据下载服务。

本年，购买了"晚清民国期刊全文数据库"及化学文摘数据库"SciFinder"。

本年，图书馆"文检信息检索与利用"课教师有：黄浩耘、郭黎康、黄楠、高晋蜀、胡晓、李海蓉、郎筠、魏海霞、王昆鹏，共9名。

本年，图书馆职工为玉树地震灾区捐款4950元，为舟曲灾区捐款3350余元。

2011年

6月底，学校处级干部换届调整。魏晟任图书馆馆长，王心良任图书馆党总支书记，吴晓川任图书馆副馆长，李学宁任图书馆副馆长。图书馆新的领导集体形成。

8月，图书馆修改了域名和主页设计。

9月，图书馆职称评审小组进行了改选。魏晟任组长，王心良任副组长，成员有吴晓川、李学宁、郭黎康、郭明蓉、汤骅、黄楠、刘晓穗。

本月，馆领导开始对图书馆安装中央空调进行调研和筹划，并写成调研报告，提交校领导。

10月开始，全馆职工实行指纹考勤，每个月公示考勤情况。

10月，建立了"图书馆信息咨询中心"。

10月31日，召开馆务工作会议，讨论传统公务目录停止使用问题。

11月，召开了科级干部换届述职会。

12月2日，吴晓川副馆长主持召开了图书馆文献信息助理第一次大会。

12月22日下午，王心良书记主持召开了"西华师范大学2011年图工委"会议。

2012年

3月，图书馆被评为西华师范大学第四届"三八红旗集体"。

4月6日，党政联席会扩大会议讨论通过了《文献信息助理的培养目标与定位》，明确了文献信息助理的主要任务。

4月22—27日，图书馆联合学工部、校团委、教务处等举办了以"畅游书海 青春无悔"为主题的西华师范大学首届"图书文化节"。

5月10—12日，在图书馆118室与中国科技资料进出口总公司联合举办了外文原版书展。

5月20日，省图书馆、省古籍保护中心等相关领导到图书馆检查古籍整理保护工作情况。

9月17日，高晋蜀副研究馆员在2012级新生开学典礼上对生命科学院的新生进行了新生入馆培训及川北历史文化宣传教育活动。图书馆新生入馆培训教育开始嵌入到各二级学院的开学典礼中。

12月，召开了西华师范大学第二届图书馆工作委员会。

本年，图书馆总预算经费为600万元。

2013年

1月16日，图书馆开展了青年教师竞教活动；18日，图书馆在306会议室召开了2012年工作总结大会。

2月25日，图书馆召开了新学期第一次全体员工大会。

3月19日，图书馆"文献信息检索与利用"课教研室教师到川北医学院图书馆开展教学交流活动。

4月10日，图书馆邀请中国科学院国家科学图书馆学科咨询部主任、《图书情报工作》主编、博士生导师初景利教授作"图书馆发展趋势与战略转型""论文写作过程与要求"学术报告。

4月17日，图书馆开始对华凤校区的馆藏图书进行剔旧，为库室大调整和服务空间改造做前期准备。

4月18日，移动图书馆开通。校党委书记杨树政教授、副校长刘玉平教授、南充市图书馆馆长胡仲良，以及校学工部、科研处、研究生院和二级学院领导、师生代表近300人参加了开通仪式。"图书漂流"正式向全校师生投入运行。

5月11日，图书馆与四川省作家协会、《星星诗刊》杂志社、南充市作家协会、南充市广播电视台、南充市文艺评论家协会共同主办的"瘦西鸿新书发布暨诗歌鉴赏会"在学术厅举行。

5月20日，召开了图书馆中央空调安装首次协调会。

6月，成立了古籍珍特藏部，由韩亮负责。

6月3日，召开中层以上干部参加的党政联席扩大会，制订了华凤新校区图书馆空间改造及库室大调整方案。

6月5日，校图工委召开了关于图书馆文化建设及内部服务区域调整论证会。电子科技大学图书馆馆长李泰峰到图书馆访问交流。

6月13日下午，国家社科基金项目评议专家、教育部人文社科项目评审专家、四川省哲学社会科学项目评审专家、西华大学图书馆副馆长彭国莉教授在图书馆306会议室为图书馆员工主讲了"图书馆、情报与文献学项目申报——以国家社科基金为例"。

6月13—15日，魏晟馆长、李学宁副馆长参加了"2013年四川省高校图书馆工作会议"。

6月26日，四川省文化厅、教育厅专家组考评图书馆申报"四川省第一批省级古籍重点保护单位"工作。

8月19日，四川省委宣传部、四川省社会科学界联合会专家组考察图书馆申报四川省社科普及基地——川北历史文化普及基地的建设情况。

9月10日，图书馆全体党员在图书馆118教室开展了"群众路线教育实践"学习活动。

9月26日，馆长魏晟、副馆长吴晓川、自动化部主任王昆鹏及董屹同志赴电子科技大学（清水河校区）图书馆考察学习。

9月19—28日，图书馆组织生命科学学院和音乐学院教师分别赴武汉三新书业有限公司和北京人天书店有限公司参加秋季图书博览会采购图书。

10月14—18日，图书馆郭明蓉研究馆员、罗琼珍馆员到仪陇县教育局对仪陇全县100所中小学的100名图书管理员进行了培训，支持国家"薄改项目"工程。

10月24日，图书馆申报的"川北历史文化普及基地"通过了四川省委宣传部、四川省社会科学界联合会的专家会议评审，获批为四川省第四批哲学社会科学普及基地。

11月4日，图书馆召开了"文献信息检索与利用"课教材《当代信息检索技术》修订工作会；校图工委在图书馆118会议室召开了图书馆信息化建设项目论证会。

11月28日，西华师范大学图书馆通过四川省文化厅、教育厅专家验收、评审，成为四川省第一批古籍重点保护单位。

12月26日，图书馆信息咨询中心在学术厅举办了学年总结暨表彰大会。

本年，馆领导提出图书馆7大整改方案和信息化建设8大项目方案。

本年，图书馆在册读者总人数达到36 027人，其中教职工2713人、33 259学生人、校外读者55人。

本年，图书馆文化提升建设项目开工建设。

2014年

4月11日—5月中旬，图书馆成功举办了以"提倡全民阅读、共建书香校园"为主题的第三届图书文化节。

4月23日晚7点，邀请同方"知网"高级培训经理孙尧在图书馆学术大厅举行了"拓展CNKI应用，洞悉学术研究"专题讲座。

5月13日下午，第四届图书馆文献信息助理换届选举在406研讨室举行。

6月1日，华凤新校区图书馆中央空调正式投入使用，各阅览室、自习室、办公室中央空调全覆盖。

6月26日，RFID射频系统正式投入使用，图书馆实现了一站式管理和馆藏借阅一体的开放借阅模式。

8月，由魏晟、吴晓川主编的《当代信息技术》（第二版）由人民邮电出版社出版，并入选为高等院校素质教育课程"十三五"规划教材。

11月4—7日，图书馆成功举办了"川渝高校情报工作研究会第二十四次学术年会"。

11月8—11日，郭明蓉和罗琼珍对西充县40多所中小学的图书管理员进行了培训，支持基层图书馆建设和国家农村义务教育薄弱学校改造项目工程。

12月，图书馆党总支组织党员到重庆红岩村学习革命英雄。

12月8日，由图书馆信息咨询中心承办的2015"墨度慧心"迎新晚会在大学生活动中心（一期食堂三楼）举行。

本年，图书馆实现了馆内无线网络全覆盖；安装了自助借还书机，通过RFID技术实现了读者自助借书、还书、续借及图书馆高效大批量图书流通。

本年，图书馆文献购置实行政府招标。

2016年

1月12日，王心良书记主持召开了西华师范大学第四届图工委员会。图工委主任刘玉平副校长对图书馆2014年文化建设项目的实施、文化氛围的提升、借阅模式的改变、空调的安装等工作进行了充分肯定。

4月15日，图书馆在"图书文化节"开幕式上向社会公布免费向南充市民开放阅读。

5月26日，建立了图书馆党员QQ群。

6月，西华师范大学图书馆与南充市图书馆、川北医学院图书馆、南充职业技术学院图书馆签订了"南充市高校、公共图书馆服务联盟"协议。副校长刁永锋出席签字仪式。

9月，全馆职工在教学楼108室听取学校党委书记王安平教授谈新一届领导的治校思路。

11月，图书馆对部分部（室）名称进行了更改和恢复。原采编部改名为资源建设部，自动化部恢复"技术服务部"原名，科技情报室改名为信息咨询部。

12月3—4日，"川东北高校、公共图书馆学术论坛暨工作经验交流会"在图书馆举行。

12月22日，王心良书记主持召开了图书馆统战工作会议。

2016年

3月，完成了《图书馆制度汇编》编印工作。

本月，图书馆网站再次进行改版、扩容。首次在单位名称前增加了能体现西华师范大学图书馆形象的馆徽。

本月开始，图书馆不再办理借阅证，读者进出图书馆、借还图书、使用储物柜等均通过智慧图书馆 App 实现。

3月4日，党政联席会研究了图书馆管理和服务如何上台阶的问题。

3月22日，发出"关于向市民进一步免费开放阅读的通告"，决定从3月25日开始，市民凭本人身份证进行登记即可进入图书馆阅读。

4月26日，在图书馆306会议室举行了西华师范大学建校70周年学术活动——"川渝高校图书馆馆长论坛"。

5月25日下午，空军指挥学院马健少将、朱和平少将一行莅临图书馆参观交流，南充市委常委、宣传部部长何迎晓，南充市委常委、南充军分区司令员刘桂忠，校领导王安平、张健陪同考察。

5月27日，选举产生了"图书馆信息咨询中心"第六届文献信息助理干部；图书馆信息咨询中心增设拓展部（后改名为北湖拓展部）和科技部。

7月，北湖老校区图书馆开始安装中央空调。

9月，北湖老校区图书馆设置了门禁系统，实现一体化开放。

11月，图书馆党支部进行了换届选举。王玺任一支部书记，李张春任一支部宣传委员，胡晓任一支部组织委员；王茂成任二支部书记，李海蓉任二支部组织委员，韩亮任二支部宣传委员。

本月8日，图书馆"川北历史文化普及基地"第一批实践基地授牌建立。

本月18日上午，图书馆科研团队建设工作启动会召开。

本月19日周六晚，图书馆2017年"精神高地·悦读思行"迎新晚会在华凤校区音乐厅成功举行。

12月，图书馆被评为"四川省古籍保护工作示范单位"。

本年，图书馆实行人脸识别考勤，考勤结果同评优、评奖及年度考核挂钩。

本年，聘请20名学生作为图书馆行风监督员，收集读者意见，改进图书馆工作。

本年，图书馆文献购置费达到1000万元。

本年，图书馆与台湾世新大学图书馆签订了"馆际合作——文献传递服务"协议。

2017年

3月1日，召开申报校级科研课题（"英才科研基金专项""学校管理及辅导员科研资助项目"）会议。

4月18日，全体党员到南充市顺庆区龙桂乡开展"文化下乡，助力四好村创建"的"科普三下乡"组织生活。

5月18—20日，"四川高校图书馆建设发展研讨会"在图书馆召开，来自全省77所高校图书馆的130余名代表参加了会议。省教育厅副厅长汪小帆、校党委书记王安平等出席大会开幕式并讲话。

5月26日下午，召开了科研申报专题研讨会。图书馆副高及以上职称者、具有研究生及以上学历者，以及申报了各级科研课题的同志30多人参加了会议，并特邀了省社科联规划办主任黄兵列席指导。

6月16日，召开了馆领导碰头会，商讨了智慧图书馆建设的具体措施。

6月21日，图书馆申报校级科研课题获得成功，其中有8人成功申报"英才科研基金专项"课题。

7月6日，四川省高校图书馆服务创新案例大赛在电子科技大学举行，西华师范大学图书馆选送的"移动终端读者认证服务"荣获三等奖。

9月中上旬，"西华师范大学教职工成果展厅"在图书馆118室建成。

9月22日，"离退休教职工阅览室"启用仪式在北湖老校区图书馆举行。

9月25日，"本科教学审核评估"专家成都东软学院书记、校长张应辉教授及成都信息工程大学副校长何建新教授到图书馆走访、考察。

9月28日，四川省社会科学界联合会科普部部长杨德志等省"社科联"专家组到图书馆川北历史文化普及基地进行考察调研。

11月8—9日，"全国师范院校图书馆联盟第二届成员大会"在图书馆召开。来自全国60多所师范院校的图书馆馆长和同仁、专家110余人参加了会议。

11月24日，魏晟馆长与四川省嘉陵监狱领导在"阅读未来，奔向新岸"读书活动推介会上签订了资源共享协议书。

11月28日，在庆祝"四川省高校图工委成立30周年文艺汇演"中，西华师范大学图书馆与川北医学院图书馆、南充职业技术学院图书馆合作表演的舞蹈《水墨书韵》荣获一等奖。

12月22日，图书馆在图书馆306会议室召开全校图书馆工作委员会会议，讨论2018年图书及电子资源采购预算方案。

12月23日，图书馆工会与党总支、文献信息助理联合举办了"伴书香智慧，行文明新风"2018年迎新游园会。

本年，图书馆完成了两个校区100多万册中外文图书的RFID标签转换，全部实现自助式开放借阅，校区之间通借通还。

本年，读者座位总数达到4668个，其中阅览室座位3904个、自习室座位764个；图书馆周开馆7天，共101.50小时。

本年，"文献信息检索与利用"课教师使用"对分易"教学平台进行教学。

2018年

1月12日，南充市社科联党组书记、主席喻淑蓉，主任谢宏林到图书馆川北历史文化普及基地进行工作调研，基地主任吴晓川副馆长、副主任杨小平教授等参加了调研活动。

4月，西华师范大学民盟图书馆支委（西华师范大学第三支部）被中共西华师范大学委员会授予"民主党派先进基层组织"称号。

本月，与北京千信科技有限公司合作，建立了"西华师范大学教师文献服务"QQ群。

4月12—13日，魏晟馆长、杨涛、王昆鹏、韩亮、魏海霞及美术学院李斌老师一行到四川大学、电子科技大学图书馆考察学习。

4月18日—5月11日，图书馆成功举办了西华师范大学第七届图书文化节。

5月22日晚，图书馆总支与机关第三总支、第四总支、美术学院党委、音乐学院党委在学校音乐厅联合举行了"学习英雄精神，岗位建功立业"活动，邀请西昌市公安局副局长、南充市禁毒委员会办公室副主任杨平波作禁毒缉毒事迹报告。

7月14—20日，图书馆党总支组织党员赴延安、梁家河、照金、富平、西安开展了为期一周的党性教育学习考察活动。

9月，图书馆川北历史文化普及基地荣获"2016年度全国社科组织先进单位"。基地负责人、副馆长吴晓川教授获"全国社科工作先进个人"称号。

本月，图书馆在四川省嘉陵监狱建立了分馆，帮助服刑人员"读好书，做好人"。

10月10日，图书馆党总支与四川省嘉陵监狱领导座谈党建工作合作事宜。

11月，对校图书馆工作委员会委员进行了换届改选。改选后的委员会由校领导（1人）、二级学院委员（27人）、校机关及教辅部门委员（12人）、研究生委员（2人）、本科生委员（4人）共46人构成。

12月16日上午，西华师范大学第十一届环校园冬季长跑赛在华凤新校区举行。图书馆韩亮、李张春分别获得男子青年组和男子中年组第一名；下午，图书馆主办的"读书修身，立命兴业"2019迎新游园活动在西华师范大学一期篮球场隆重举行。

本年，图书馆完成了第八届文献信息助理干部换届工作，招聘新成员240名。

本年，图书馆文献购置费增加到1200万元。年进文献272 069册（含电子书），馆藏文献总量达到4 784 855册，数据库增加至73个。新增读者8645人，读者进馆151万人次。

本年，西华师范大学图书馆与重庆大学图书馆等全国30余家高校图书馆签订了"智慧图书馆共享"合作协议。

2019年

4月，举办了西华师范大学首届"超星杯"大学生信息检索技能大赛。

4月3日下午，魏晟馆长、吴晓川副馆长参加了南充市"2019世界读书日启动仪式暨四川省嘉陵监狱开放日"专题联席会。

4月19日晚，西华师范大学第八届图书文化节开幕式暨智慧图书馆推介活动在华凤新校区图书馆学术厅举行。

5月11日晚，邀请历史文化学院"网红教授"高然讲解"红色"在古代的分类、来源、相关历史故事、文化现象。

6月18日下午，在图书馆306室进行了专家"普法"讲座和业务学习。邀请了法学院前院长、四川省法理学会副会长刘永红教授作"法治的现代意蕴"主题报告。

6月，图书馆协同教务处、各二级学院完成了2019届本科毕业生的毕业论文查重检测工作。

9月24日晚，图书馆合唱队68人在学校二期灯光球场参加了由西华师范大学主办、校工会、学工部、校团委承办的"我和我的祖国"师生大合唱比赛，荣获三等奖。

9月29日上午，四川省文旅厅专家团一行5人在组长林英的带领下，到图书馆进行四川省第一批省级重点古籍保护单位复检工作。

2020年

4月30日下午，图书馆举行了学生返校到馆的疫情防控演练。

6月1日下午，在图书馆306会议室召开了全馆职工大会，传达学校党委对图书馆领导班子调整决定。党委常委、副校长刘进、组织部副部长冯涌与新任馆长杨红旗到会，会议由副馆长吴晓川主持。

6月29日上午，校党委常委、副校长刘进到图书馆调研指导工作，与图书馆班子、部室主任、工会主席、馆员代表进行了座谈。

7月10日，图书馆开通网上荐购平台，面向全体读者开展"图书荐购"服务。

9月，图书馆开设"青年教师研习专区"，方便青年教师学习和研究。

本年，图书馆为西华师范大学22个学院7000余名新生进行了入馆教育培训，共26场。

后 记

蔡元培先生指出:"研究学问要有基础,为研究学问计,最普遍是图书馆。"[①] 西华师范大学的教学和科研离不开图书馆的服务与支持,因而研究西华师范大学图书馆史具有重要作用。2008年,我在撰写《中国高等教育发展进程中的高校图书馆研究》一书时,发现高校图书馆馆别史甚少,认为这对高校图书馆及高等教育的发展和研究十分不利。因此有了撰写《西华师范大学图书馆史》的想法。2017年,学校为推动科研工作的发展,设立了"西华师范大学2017年度英才科研基金项目",利用这个机遇,我申报了西部高校图书馆史研究相关课题,获得批准,开启了我研究西华师范大学图书馆史的历程。西华师范大学图书馆已有75年历史,馆藏资源丰富,是川东北文献信息资源中心,在我国"一带一路"文化交流与传播方面起着重要的作用。为全面准确反映西华师范大学图书馆75年的办馆历史、总结办馆经验、继承和发扬老一代图书馆人的优良传统、推动西华师范大学图书馆事业更好更快地发展,我撰写了《西华师范大学图书馆史》一书。

在撰写本书的过程中,我查阅了大量的历史档案和文献。先后查阅了李学宁副馆长保管的馆史资料(含图书馆历年工作总结、各类统计表、报表等)、办公室杨涛主任保管的各类文件等档案资料,还查阅了学校档案馆所存图书馆相关资料、人事处和校工会所存图书馆相关资料,以及南充市档案局、三台县档案馆、四川师范大学图书馆、四川师范大学档案馆和校史馆所藏川北农工学院时期、川北大学时期、四川师范学院时期图书馆的相关资料。同时走访了一些知情老馆员,包括:李元强、张中慧、曹智英、张国秀、冯泽英、张淑华

---

① 高平叔编:《蔡元培全集》第四卷,北京:中华书局1984年版,第64页。

等老师，获得了一些口述材料。在此基础上，我参阅了《西华师范大学校史（1946—2006）》，本着实事求是的科学精神、"详近略远"的修史传统，潜心撰写、仔细校对，沿着西华师范大学历史的发展脉络，将西华师范大学图书馆75年来在馆舍、人员、设备、经费、管理体制、藏书建设、读者服务、学术研究、对外交流、消防安全等方面的发展变化尽可能全面地反映出来，重点突出各历史阶段图书馆的服务和资源变化，充分反映各个时期图书馆所取得的成就和积累的历史经验，追叙几代图书馆人默默无闻的服务工作和他们为促进学校教育事业发展的筚路蓝缕之功。全书力求突出重点、覆盖全面，客观准确地反映西华师范大学图书馆历史全貌，真实再现图书馆建设发展的轨迹。由于西华师范大学图书馆历史较久、发展曲折，史料缺失严重，撰写难度较大，加之著者水平有限，书中疏漏之处在所难免，不妥之处，敬请同行专家学者及广大读者批评指正。

　　本书是"汇众人之智，聚众人之力"的结晶。在撰写本书的过程中，我得到了学校党政领导及科研处、人事处、档案馆、工会等部门领导和工作人员的帮助；得到了图书馆周申立书记、杨红旗馆长、李学宁副馆长、吴晓川副馆长的大力支持。同时，本书的写作也得到了图书馆许多老领导、老馆员的热情支持与帮助。原馆长杨正业、胡孝章、陈国勇、杨和平、魏晟，原党总支书记张怀绥、童恩涛、郭黎康、王心良，以及曹智英主任、李元强老师、张国秀老师、黄浩耘老师等给予我诸多指导，并提供了相关资料及照片。老领导张怀绥书记毕生从事图书馆工作，从1972年底开始在南充师范学院图书馆工作，直至2007年退休。他把自己所经历的图书馆的发展、变化记录下来写成了论文，为我们留下了许多珍贵的资料；他还在退休前将自己精心整理、保存多年的资料悉数交给了李学宁副馆长，为本书的写作提供了宝贵的材料。童恩涛书记审读了书稿全文；陈国勇馆长为本书提出了许多宝贵意见，并亲自指点修改第八章的相关内容；魏晟馆长不但支持我收集和使用图书馆的相关资料，还亲自指点修改第九章的相关内容，并为本书作序；王心良书记提供了部分相关资料和照片；胡孝章馆长、曹智英主任、李元强老师、张国秀老师采用口头讲述的方式将他们所了解的西华师范大学图书馆历史一一道来，为本书提供了丰富的资料；李学宁副馆长、吴晓川副馆长提供了大量相关资料和照片。在此，一并对所有支持和帮助我的领导和老师表示诚挚的感谢和崇高的敬意！

后 记

书中的照片大多由西华师范大学图书馆办公室原主任杨涛提供，部分由图书馆吴晓川副馆长及孙明节、李张春、刘箭、黄楠、郎筠、胡晓、王昆鹏、汤骅、李华、李晓霞、周沁怡等同事提供；另有部分照片来自原馆长胡孝章及作者所藏。在此，对照片的提供者表示衷心的感谢！

本书得到了图书馆古籍珍特藏部韩亮、陈芳、王茂成、韩芹，读者服务部黎晓华，资源建设部李海蓉、孙明节、刘晓穗等同事的支持和帮助；得到了图书馆所有在职高级职称同志以及其他同人的大力支持，在此对他们表示衷心感谢！

本书还得到了南充市档案局、三台县档案馆的大力支持和帮助。在此，表示诚挚的谢意！

在本书的撰写过程中，得到了乐山师范学院副院长杜学元教授的诸多支持，在此谨表衷心谢忱！

四川师范大学图书馆谭英副馆长、邹勤副馆长、资源建设部主任赵崇荣老师及流通部唐莉老师，三台县档案馆罗承副馆长个各为我提供了宝贵资料和指导，在此对他们表示衷心感谢！

国家图书馆出版社图书馆学编辑室主任邓咏秋编审及助理编辑张晴池对书稿提出了宝贵的修改意见和建议，并为本书的出版付出了大量的心血。在此，对她们表示诚挚的感谢！

郭明蓉

2020 年 12 月